电商供应链运营

主　编　苏　飏　吴春尚　冯　静

副主编　李铁光　董　蕊

参　编　缪丹妮　朱俊帆　曾　旺

北京理工大学出版社

BEIJING INSTITUTE OF TECHNOLOGY PRESS

内 容 简 介

本书采用项目任务式教学的教材编写体例，全面深入地介绍了电商企业的供应链运营工作。为了帮助读者更好地理解与实践电商供应链运营，本书精心设计了八个教学项目，系统地讲述了电商供应链规划与设计、电商供应链采购运营、电商供应链仓储运营、电商供应链订单处理与配送、电商供应链金融模式、电商供应链风险评估与控制、电商供应链绩效评价以及电商供应链数据分析与优化等关键领域。

本书适用于中高职院校电子商务、物流管理等专业的教材，同时，也可以作为相关行业的在职培训用书。此外，本书配有教学课件、课程标准、微课、动画、思维导图等教学资源，并上线了智慧职教教学资源库平台。通过本书的学习，不仅可以帮助学生掌握电商供应链管理的基本理论和方法，还可以提高在职人员的实际操作能力，为企业的供应链管理工作提供有力的支持。

图书在版编目(CIP)数据

电商供应链运营 / 苏飚,吴春尚,冯静主编. --北京:北京理工大学出版社,2024.3

ISBN 978-7-5763-3718-1

Ⅰ.①电… Ⅱ.①苏…②吴…③冯… Ⅲ.①电子商务-供应链管理-运营管理-教材 Ⅳ.①F713.36 ②F252.1

中国国家版本馆 CIP 数据核字(2024)第 058397 号

责任编辑：武丽娟　　**文案编辑**：武丽娟
责任校对：刘亚男　　**责任印制**：施胜娟

出版发行 / 北京理工大学出版社有限责任公司
社　　址 / 北京市丰台区四合庄路 6 号
邮　　编 / 100070
电　　话 / (010) 68914026（教材售后服务热线）
(010) 68944437（课件资源服务热线）
网　　址 / http://www.bitpress.com.cn

版 印 次 / 2024 年 3 月第 1 版第 1 次印刷
印　　刷 / 唐山富达印务有限公司
开　　本 / 787 mm×1092 mm　1/16
印　　张 / 18.5
字　　数 / 428 千字
定　　价 / 92.00 元

前 言

随着电子商务的蓬勃发展，信息技术的迅猛进步正引领着供应链领域的深刻变革。本书旨在深入剖析电子商务领域中的供应链运营，聚焦现代信息技术如物联网、大数据分析在电商供应链中的关键应用，促使仓储和物流实现数字化转型，为企业提供更为智能化、高效化的运营支持。

党的二十大报告明确提出，要推动数字经济发展，构建数字中国，发展数字产业。在这一背景下，我国电子商务已经成为经济发展的重要引擎，为实现供应链数字化提供了有力支持。充分发挥物联网的作用，建设高效顺畅的电商流通体系，降低物流成本，是中国电子商务发展的战略目标之一。

“十四五”规划强调要推动数字化转型，提升供应链的智能化水平。我国已初步构建了“通道＋枢纽＋网络”的物流运行体系，为电子商务提供了坚实基础。在新时代，电商物流迎来了更多创新驱动，包括网络货运、智能仓库、自动分拣系统等新业态新模式不断涌现。这不仅为电子商务行业注入新活力，也推动了整个供应链数字化、网络化、智慧化的进程。

本书采用“学、做、操作、自主学习”的体例进行编写，每个项目设立了五个模块：模块一为“项目背景”；模块二为“学习标杆”，让学生通过对案例的阅读和分析，通过共同讨论、实践，来培养和提高其实际管理工作能力，了解处理解决问题的方法和过程；模块三为“任务导入”，发布工作任务要求，锻炼学生的职业技能；模块四为“任务实施”，给出实践内容与应用步骤，培养学生的动手能力；模块五为“任务拓展”，仅提供任务背景和任务内容，要求学生自主完成任务，锻炼学生独立解决问题的能力。另外，每个项目还设置了“学习目标”，启发学生的学习兴趣。本书融“教、学、做、思”为一体，强化学生的能力培养。

本书由广东财贸职业学院教师团队与深圳市怡亚通供应链股份有限公司合作开发，是校企合作的双元特色教材。本书由广东财贸职业学院的苏飚、吴春尚、冯静担任主编，李铁光（深圳怡亚通供应链股份有限公司）、董蕊担任副主编，缪丹妮、朱俊帆、曾旺参编。其中，苏飚负责全书的架构设计并编写项目六、项目七，吴春尚编写项目一，冯静编写项目八，李铁光负责全书的案例搜集与整理，董蕊编写项目五，缪丹妮编写项目四，朱俊帆编写项目二，曾旺编写项目三。

通过学习《电商供应链运营》教材，读者将全面掌握电商供应链运营的关键知识和技能。无论是从事供应链管理工作的专业人士，还是希望提升自身供应链管理能力的学习者，本教材都将成为一份实用而全面的指南，帮助他们在电商供应链运营领域取得成功。

编　者

2023 年 12 月

目 录

项目一 电商供应链规划与设计 …… 1

任务 1 电商务供应链战略规划 …… 2

一、供应链战略管理的含义 …… 4

二、竞争战略与供应链战略 …… 4

三、供应链战略系统的主要内容 …… 6

任务 2 电商供应链流程与设计 …… 12

一、供应链设计的原则 …… 13

二、供应链设计的标准 …… 14

三、供应链设计的步骤 …… 16

项目二 电商供应链采购运营 …… 24

任务 1 采购需求预测 …… 25

一、采购需求预测定义 …… 26

二、需求预测重要性 …… 26

三、预测分析步骤 …… 27

四、采购需求预测方法 …… 27

任务 2 编制采购计划 …… 35

一、采购计划 …… 36

二、编制采购计划的主要环节 …… 36

三、电子采购 …… 41

任务 3 供应商选择 …… 49

一、电商供应链环境下供应商的作用 …… 50

二、供应商分析 …… 51

三、新供应商开发 …… 52

四、原有供应商选择 …… 54

五、电商供应链环境下供应商的选择 …… 56

任务 4 签订采购合同 …… 69

一、采购谈判 …… 70

二、采购合同 …… 70

项目三 电商供应链仓储运营 …… 79

任务 1 仓库布局 …… 80

一、仓库布局规划 …… 82
二、仓库布局设计 …… 85
三、库房走线设计 …… 87
四、货架通道设计 …… 89
任务 2　仓储管理 …… 93
一、仓储及仓储管理概述 …… 94
二、仓储管理作业流程 …… 96
三、仓储合理化 …… 100
四、电商仓储管理流程控制 …… 101
任务 3　库存分类管理 …… 109
一、电商企业的库存结构 …… 110
二、ABC 分类法 …… 112

项目四　电商供应链订单处理与配送 …… 121

任务 1　订单管理 …… 122
一、订单处理过程 …… 123
二、订单处理形式 …… 126
三、订单处理的影响因素 …… 127
任务 2　配送管理 …… 136
一、配送的种类 …… 136
二、配送模式及其选择 …… 138
三、电商物流服务细则 …… 141
四、电商配送成本控制方法 …… 142
任务 3　退换货管理 …… 150
一、电商退换货管理解决方案 …… 152
二、退换货战略 …… 154
三、电商物流退换货成本控制 …… 159
四、客户投诉处理 …… 160

项目五　电商供应链金融模式 …… 168

任务 1　B2C 电商平台的供应链金融模式 …… 169
一、电商平台供应链金融定义 …… 170
二、电商平台供应链金融特点 …… 170
三、电商平台供应链金融运作的模式 …… 170
四、电商领域供应链金融类型化 …… 172
任务 2　基于第三方支付的供应链金融模式 …… 184
一、第三方支付概述 …… 184
二、第三方支付的发展历程 …… 186
三、第三方支付的运营模式及操作方式 …… 188

项目六　电商供应链风险管理 …… 204

任务1　电商供应链运营风险评价 …… 205
一、电商供应链风险定义 …… 206
二、电商供应链风险分类 …… 206
三、电商供应链风险评价 …… 207
任务2　电商供应链运营风险处理策略 …… 214
一、电商供应链风险处理策略 …… 215
二、电商供应链的防控对策 …… 217

项目七　电商供应链绩效评价运营 …… 222

任务1　电商供应链绩效评价管理 …… 223
一、电商供应链绩效管理概述 …… 224
二、电商供应链绩效评价工具 …… 224
三、电商供应链绩效评价指标 …… 225
四、电商供应链绩效评价流程 …… 229
任务2　电商供应链绩效评价应用 …… 234
一、基于 BSC + KPI 的电商供应链绩效概述 …… 235
二、基于 BSC + KPI 的电商供应链绩效指标 …… 236

项目八　电商供应链数据分析 …… 248

任务1　电商供应链数据采集与处理 …… 249
一、电商数据采集概述 …… 250
二、数据采集的渠道及工具 …… 251
三、数据处理与预处理 …… 254
四、数据清理 …… 257
任务2　电商供应链数据分析方法 …… 268
一、电商数据基础分析方法 …… 269
二、电商数据描述性统计分析 …… 273

参考文献 …… 285

项目一　电商供应链规划与设计

项目背景

A 企业是一家具有雄厚技术实力的电子商务公司，其主要业务涵盖了多个领域，包括电子产品、时尚服装、家居用品、生活用品等。随着电子商务市场的竞争日益激烈和消费者对便捷性与选择的不断要求，A 企业决定进行电商供应链的全面规划和设计，以确保产品的及时交付、库存的最优管理和客户体验的提升。

项目目标

知识目标

- 了解供应链战略管理的概念和重要性。
- 熟悉竞争战略与供应链战略之间的关系，以及如何使它们相互匹配。
- 掌握竞争战略和供应链战略在电商环境中的应用。
- 了解电商供应链设计的原则。
- 熟悉电商供应链设计的标准。
- 掌握电商供应链设计的步骤。

能力目标

- 通过对企业现状的深入分析，能够确定最适用于电商环境的供应链战略。
- 通过案例分析和实际操作，熟练掌握电商供应链设计的原则，并能在实际情境中应用。
- 通过项目实践，熟练运用电商供应链设计的步骤，能够提出具体的供应链设计方案并评估可行性。

素养目标

- 通过学习电商供应链战略规划，学生将培养战略思维和创新能力。
- 学生能够在竞争激烈的商业环境中制订有效的战略计划，同时也将深化对可持续经济和社会责任的理解，为企业在可持续发展方向上做出贡献。
- 通过学习电商供应链流程与设计，学生将培养问题解决和创新能力。
- 学生能够在复杂的商业环境中构建高效的供应链，提高企业竞争力，同时也将深化对可持续发展和环境保护的意识，为可持续供应链管理做出贡献。

项目导航

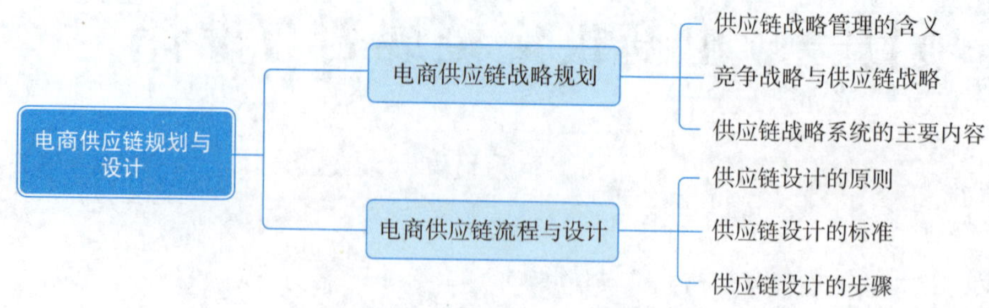

任务1 电商务供应链战略规划

任务导入

为了满足不断增长的市场需求和提高竞争力，主管命令管培生小王制定一套A企业的战略规划。他要求在电商大背景下为公司提供明确的方向，以应对电商领域的挑战和机会。

学习标杆

深耕供应链，苏宁易购的破局之法

受原材料涨价、房地产市场低迷、疫情等多方面因素影响，国内家电市场的成绩并不十分理想，行业普遍承压，市场表现疲软，整体规模也有所下滑。《2022中国高端家电市场报告》显示，2022年全年我国大家电市场整体销售额预计同比下滑5.3%，小家电产品预计同比下滑1.9%，消费电子类产品预计同比下滑12.4%，通信产品类预计同比下滑9.6%。低迷的市场态势下，多家家电企业都不得不调低预期，收缩业务，退守核心，以保持盈利。

然而，苏宁易购则在与品牌商联合发起的几场“战役”中实现了逆势突破，连打了几场翻身仗，苏宁易购也正在成为国内外头部家电品牌撬开国内高端家电市场的重要入口。

一、供应链优势最大化背后的秘密

苏宁易购几场漂亮的翻身仗背后，离不开其核心战略——立足家电赛道，持续巩固供应链优势，通过和头部家电品牌优势互补实现共赢。

强大的家电产品供应链体系一直是苏宁易购的核心竞争优势。经过三十多年发展，其不仅通过旗下包括苏宁易购主站、猫宁、自营门店、零售云以及全新推出的苏宁易家等在内的多种业态，逐渐搭建起了完善的线上线下全场景优势，还与苹果、华为、海尔、美的、格力等头部家电 3C 品牌均保持了长期深入的合作关系。

以苏宁易购和海尔为例，双方不仅自成立初期就已经开始合作，“私交甚笃”，最近两年，更是在供应链、物流仓储、金融、营销、下沉市场等多方面互动频频。

2021 年 7 月，苏宁易购与海尔达成三年千亿战略合作，其中发力高端家电市场成为双方共识。同年 11 月起，双方相继在东南西北四大片区召开卡萨帝动员会，并开始有序推动共建 300 家三翼鸟全场景体验厅的计划落地。2022 年 1 月 25 日，双方还合作揭牌了海尔苏宁经营公司，海尔 150 人团队进驻苏宁易购总部，与苏宁易购团队“共用食堂，共用生活空间”，开展联合办公。

二、供应链优势的持续深化和探索

在行业人士看来，苏宁易购与海尔的紧密协同充分体现了供应链上下游的优势互惠。一个立足多种业态的线上线下全场景优势，一个立足自身的产品创新优势，通过深化供应链合作达成资源集聚，最大化实现供应链端的协同和各自优势的融合。

优势互补往往容易带来共赢。一个典型例证是，2015 年，苏宁易购和海尔第一次多角度聚集双方优势，打造“717 超级品牌节”时，曾创下销售额 5 亿元、同比增长超 200% 的业界记录。此后，随着双方合作的持续深入，最新的第八届“717 超级品牌节”销售额已经进阶到 13 亿元规模。

苏宁易购和品牌商们显然都深谙这一点。2022 年 11 月以来，苏宁易购已经与包括海尔、康佳、博西家电、泸州老窖、小天鹅等在内的近 10 家企业纷纷宣布了最新战略合作规划和目标。

值得注意的是，苏宁易购 2022 年以来在供应链优势最大化这件事上做的努力，远不止继续深化与品牌商的合作那么简单。

从年初开始，它就在持续优化门店结构，调整关闭部分亏损、低效的自营门店，大力推进店面降租的同时，持续推进门店产品升级、优化体验，并积极通过零售云业务加快对下沉市场的渗透。2022 年下半年，其更是紧扣消费者的家电换新需求和成套化家电购买的趋势，推出了聚焦家庭场景解决方案的全新业态——苏宁易家，并与美团达成了合作，成为正式入驻美团平台的首家家电 3C 品类大型连锁品牌。

此外，值得一提的是，随着人们需求的变化，“家消费”市场正在进入新的发展周期，品质升级、需求前置、一站式置家等趋势渐显，今年以来鼓励新一轮家电下乡等政策利好，也在加速家电家居行业一体化、品质化、场景化升级。这为家电行业带来了新的市场空间和机遇，也对一众家电企业提出了新的要求。

业内人士认为，在此背景下，苏宁易购在供应链优势上的持续深化和探索，为自身积蓄力量的同时，也为行业提供了一个可供借鉴的经验和范本。奥维云网总裁郭梅德就曾评价称，苏宁易家的创新将成为“家消费”行业高质量发展的又一范例。

（资料来源：https://new.qq.com/rain/a/20221227A0314Q00）

思考

国内家电市场低迷的现状下，苏宁易购是如何破局的？

随着经济全球化的加深，企业之间的关系变得更加复杂，企业管理不再仅限于企业内部

的管理，而且包含企业所在的供应链的管理。从供应链管理概念产生到20世纪90年代末期，供应链管理非常强调内外部的资源整合，认为供应链管理的目的是提高供应链整体绩效。从20世纪90年代末期开始，供应链管理开始强调战略思维在供应链管理过程中的重要性，如战略协调、战略合作、长期绩效等，很多企业纷纷将供应链管理上升到企业的战略层面。

一、供应链战略管理的含义

供应链战略管理是指企业从战略的高度对供应链进行全局性的计划、控制和管理。供应链管理的战略思想是要通过企业与企业之间的有效合作，建立一种高效率、响应性好、具有敏捷性的企业经营机制，产生一种超常的竞争优势，使企业在成本、质量、时间、服务、灵活性方面的竞争优势显著提高，以赢得市场。从狭义上看，供应链战略管理涉及的是企业确定自身的供应链战略并使之与自身的竞争战略相匹配方面的内容；从广义上看，供应链战略管理是从企业发展战略的高度考虑供应链管理中事关全局的核心问题，是涉及组织战略、经营思想战略、共享信息战略、绩效度量战略等的系统。

二、竞争战略与供应链战略

（一）竞争战略

战略（Strategy）的本义是对战争的谋略，引申义是谋略。谋略是针对整体性、长期性、基础性问题的计谋。对一个进行战略管理实践的企业而言，其企业战略是一个战略体系，包括竞争战略、发展战略、技术开发战略、市场营销战略、信息化战略、人才战略等。竞争战略（Competitive Strategy），顾名思义，是对竞争的谋略。根据迈克尔·波特教授的竞争战略理论，企业可以采取3种基本竞争战略，使自身获得竞争优势。这3种竞争战略分别是总成本领先战略（Cost Leadership Strategy）、差异化战略（Differentiation Strategy）和集中化战略（Centralization Strategy）。

（1）总成本领先战略，又称成本领先战略。采用该竞争战略的企业，往往尽最大努力降低成本以降低产品价格，维持竞争优势。要做到成本领先，企业必须在管理方面对成本进行严格控制，成本较低的企业可以获得高于产业平均水平的利润。在与竞争对手进行竞争时，由于自身的成本低，竞争对手没有利润可图时，企业还可以获得利润，从而在竞争中获胜。

（2）差异化战略，又称别具一格战略。采用该竞争战略的企业，提供的产品或服务别具一格，或功能多，或款式新，或更加美观。如果别具一格战略可以实现，它就能成为企业在行业中赢得超常收益的可行战略，利用顾客对品牌的忠诚而使企业获得竞争优势。

（3）集中化战略，又称目标聚集战略。该战略指企业主攻某个特定的顾客群、某产品系列的一个细分区段或某一个地区市场。其前提是，企业能够以更高的效率、更好的效果为某一狭窄的战略对象服务。该战略具有让企业赢得超过行业平均水平收益的潜力。电商企业在执行竞争战略时，所有职能部门（产品研发、市场营销、运营、分销、服务等）都需要协同发挥作用，而且每个职能部门都必须制定本部门的职能战略。例如，产品研发部门需要拟定产品开发战略，明确企业将要开发的新产品组合，确定该工作是通过企业内部进行还是外包；市场营销部门需要拟定营销和销售战略，确定如何进行市场细分，产品如何定位、定价和促销。

（二）供应链战略

供应链战略（Supply Chain Strategy），是指企业从战略的高度对供应链进行全局性规划，它确定原材料的获取、物料的运输、产品的制造或服务的提供，以及产品配送和售后服务的方式与特点。供应链战略包括对供应链总体结构的说明，以及许多传统上被称为“供应战略”“运作战略”“物流战略”的内容。供应链战略突破了一般战略规划仅关注企业本身的局限，通过对整个供应链进行规划，进而实现为企业获取竞争优势的目的。供应链战略所关注的重点，不是企业向顾客提供的产品或服务本身给企业增加的竞争优势，而是产品或服务在企业内部和整个供应链中运动的流程所创造的市场价值给企业增加的竞争优势。

供应链战略根据产品的需求模式可划分为两大类：效率型供应链战略和响应型供应链战略。根据产品的需求模式，产品可分为功能性产品和创新性产品。功能性产品是指顾客可以从很多零售店买到的主要产品，这些产品满足顾客的基本需求，需求稳定且可以预测，产品生命周期长。但是，需求稳定意味着竞争激烈，进而导致利润较低。创新性产品是指为满足顾客特定需求而生产的产品，企业在产品样式或技术上进行创新以满足顾客的特殊需求。尽管创新性产品能使企业获得更高的利润，但创新性产品的新颖性使需求不可预测，而且产品的生命周期一般较短。对应功能性产品，效率型供应链战略能够以最低成本将原材料转化成产品，并有效解决运输问题。由于功能性产品的需求可以预测，生产该类产品的企业可以采取各种措施降低成本，在低成本的前提下妥善安排订单、完成生产和产品交付，使供应链存货最小化和生产效率最大化。因此，生产功能性产品的企业应该采用效率型供应链战略。

对应创新性产品，响应型供应链战略强调企业快速对需求做出反应。创新性产品所面临的市场是非常不确定的，产品的生命周期也比较短，企业面临的重要问题是快速把握需求的变化并能够及时对变化做出有效反应。因此，生产创新性产品的企业应该采用响应型供应链战略。

（三）竞争战略与供应链战略的匹配

企业在进行供应链管理时，必须考虑各种战略之间的匹配，即需要从系统的观点出发，通过全面规划相关战略来实现供应链战略、企业竞争战略及其他职能战略之间的协调一致。首先，企业的供应链战略必须和企业竞争战略相匹配。波特提出了 3 种基本竞争战略，即总成本领先战略、差异化战略和集中化战略。效率型供应链战略需要与总成本领先战略相匹配，而响应型供应链战略需要与差异化战略或集中化战略相匹配。其次，供应链战略作为一种职能战略，需要与新产品开发战略及市场营销战略等其他职能战略相匹配。对于响应型供应链战略而言，新产品开发战略和市场营销战略都需要围绕提高反应能力来设计。新产品开发战略需要使顾客和供应商及时参与新产品的设计与开发，提高企业的反应能力。市场营销战略则要求建立足够的零售网络，避免缺货，与顾客进行良好的沟通，投放有效的广告和开展促销活动。对于效率型供应链战略而言，新产品开发和市场营销战略都要围绕降低成本来设计。新产品开发战略需要通过采用标准件和通用件来降低成本。市场营销战略则要求在扩大市场占有率的基础上，尽量降低销售成本。

事实上，竞争战略与供应链战略的匹配，是要实现一种竞争战略所要满足的“以顾客为中心”的理念和供应链战略旨在建立的供应链能力的一致性。实现这种战略匹配，一般具有以下 3 个基本步骤。

1. 理解顾客需求和供应链面临的不确定性

企业必须理解其目标顾客群的需求，以及在满足这些需求过程中供应链所面临的不确定性。这些顾客需求帮助企业决定需求的成本和服务要求。供应链面临的不确定性帮助企业识别供应链必须准备面对的需求中断或延迟的不可预知程度。由于顾客对产品个性化的不断追求，要求更短的交货期、更快的订单响应速度及更高的服务质量，现代企业面临的顾客需求的不确定性，实际来自供应链计划满足的那部分需求与顾客期望的那部分需求之间存在的距离，即隐性需求不确定性（Implied Demand Uncertainty）。功能性产品的隐性需求不确定性较低，而创新性产品的隐性需求不确定性往往较高。

2. 理解供应链能力

企业在考虑顾客需求不确定性时，从供需的两端考虑供应链能力带来的不确定性也是极其重要的。例如，当一种新型元器件引入手机产业时，生产工艺的优质率会很低并可能导致停产。这时，企业按照预定计划交货就存在困难，最终造成手机制造商的隐性供给不确定性增加。随着生产技术和管理技术的改进与提高，企业能够按照计划交货，于是供应链的不确定性降低。因此，供应链的供给能力和需求端的顾客需求类似，都存在隐性不确定性，而且在完全可预测和完全不可预测之间，存在一个隐性不确定性的连续带，越靠近左侧，供应链的隐性不确定性程度越低，供给（需求）可预测程度就越高。

3. 进行战略匹配

战略匹配是指确保竞争战略与供应链战略匹配，即确保供应链响应性（供应端）同隐性需求不确定性（需求端）保持协调一致。其目标是给高隐性需求不确定性的供应链设定高响应性，而给低隐性需求不确定性的供应链设定高效率。也就是在面临高隐性需求不确定性时，企业实施的是差异化战略，此时与之匹配的是响应型供应链战略；当面临低隐性需求不确定性时，企业实施的是总成本领先战略，此时与之匹配的是效率型供应链战略。

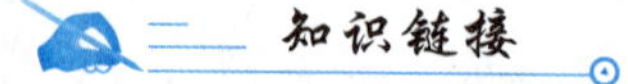

供应链战略的提升

三、供应链战略系统的主要内容

供应链战略系统，是系统地对整个供应链的发展方向、运营模式、经营绩效等从战略高度进行设计和管理的有机体。供应链战略系统涉及的范围较大，企业可重点围绕以下 5 个方面的要求进行考虑。

1. 组织战略

供应链管理是一种不同于一般的管理模式。虽然这里用了“管理”一词，但是其含义与过去的只在一个企业内部发生的管理行为不同。供应链管理是一种成员企业间的协调问题，供应链企业要认识到这一点，并在组织结构上进行重新设计，使之能够适应供应链管理的运行要求。如果协调问题发生在一个大的集团公司内，集团公司总部则要起到计划和协调的作用。

2. 经营思想战略

创立供应链优势、改变传统采购模式不仅是一种职能，还是一种战略思想。认识到这一点是企业改革原有经营管理思想和模式的重要前提。供应链管理的实践已经表明，它不是一种单纯的操作方法，而是一种改变人们对企业职能认识的战略。传统企业管理模式和供应链管理模式的区别可以表述为以下几个方面的内容。

（1）传统企业的目标是制造与销售，供应链企业的目标是按订单安排生产。

（2）传统企业的管理目标是减少与优化库存，供应链企业的管理目标是创新。

（3）传统企业提高生产效率的主要方法是增加批量，供应链企业提高生产效率的主要方法是提高企业的柔性。因此，企业实施供应链管理首先要在经营思想上提高认识，这样才能制定出符合企业发展目标和供应链管理运行规律的战略。

3. 共享信息战略

供应链的优势在于使企业能够共享信息。通过共享信息，供应链上的企业能及时响应或调整生产策略，以便在市场上占据主动。制造商、供应商、分销商愿意相互开放，并且希望有较早介入供应链的机会。这样一来，共享信息战略是供应链管理必须考虑的战略之一。

4. 利用先进技术的战略

要从供应链上获得优势，企业需从一些基础技术，如物流过程自动化、企业资源计划（Enterprise Resource Planning，ERP）系统等做起，把先进技术作为支持供应链协调运行的基础，并且要随着技术的发展随时向新的、更先进的技术推进。

5. 绩效度量战略

绩效度量是实施任何一种战略必不可少的内容之一。企业管理者只有知道某一战略的实施效果，才能做出有效决策。绩效度量还被看作是保持战略层和执行层迈向共同目标的黏合剂，因为系统运行绩效是执行层努力的结果。

素养园地

京东发布2022年面向中小企业5 000亿采购计划

第十七届中国国际中小企业博览会和首届中小企业国际合作高峰论坛开幕，11家企业共同发布2022年面向中小企业的产品和服务采购信息。其中，京东发布2022年面向中小企业的产品和服务采购计划，总金额为5 000亿元。京东集团副总裁、京东零售企业业务事业部总裁李靖在高峰论坛上表示，中小企业的健康高质量发展，不仅需要中小企业在转型升级中提高自身价值链、聚焦主业增强竞争力，也需要更多新型实体企业来“助攻”。

科技兴则民族兴，人才强则国家强。习近平总书记在党的二十大报告中指出：“必须坚持科技是第一生产力、人才是第一资源、创新是第一动力，深入实施科教兴国战略、人才强国战略、创新驱动发展战略，开辟发展新领域新赛道，不断塑造发展新动能新优势。”“加快实施创新驱动发展战略。加快实现高水平科技自立自强。”

根据工信部最新数据显示，目前我国已经培育了三批共4 762家专精特新“小巨人”企业，带动各地培育省级“专精特新”中小企业4万多家。为更好地帮助中小企业冲刺“小巨人”，从政府到产业，各方都推出了多种举措，助力中小企业向专精特新，进而向“小巨人”方向发展。

同时，根据不同区域中小企业的发展需求，京东企业购以城市为单位，联合各地政府机构、商协会、SaaS服务商、品牌厂商打造“一城一策”城市专项服务。例如在河北省，以服务特色产业带中小企业为重点，该公司陆续在白沟、辛集、衡水、邢台、张家口、沧州等多个地区落地服务行动。此外，该负责人表示，公司将坚持“以实助实”，依托扎实的基础设施、高效的数智化社会供应链，以及创新的技术服务能力，来推动资源开放共享、技术外溢、大中小融通，助力更多的中小企业加速向专精特新“小巨人”企业发展。

一、实训目标

通过完成本实训任务，学生将能够更好地以供应链管理为基础，深入了解电子商务对现代供应链业影响，熟练掌握供应链管理基本原则，结合企业发展情况制定合适的供应链战略，从而提升企业的供应链管理水平。

二、实训步骤

（一）A公司供应链战略管理

小王首先对于A公司的基本情况展开了分析。A公司是一家主要从事环保生活用品的电子商务公司。

1. 顾客需求分析

小王通过分析得知，在消费客群上，以35～65岁年龄的客群为主（图1－1－1），其中主要人群为女性，消费区间主要在20～80元。

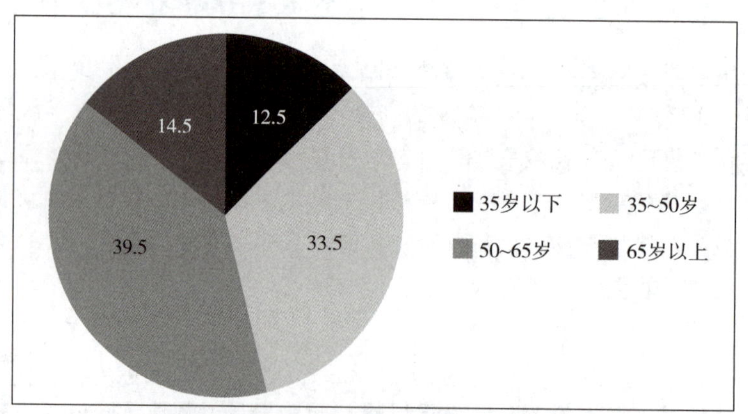

图1－1－1　A公司主要消费客群年龄图

在顾客的产品需求方面，小王通过整理得到以下需求数据（表1－1－1）。

表 1-1-1　A 公司顾客产品需求

产品	购买占比/%	每月平均需求总量/箱
洗洁精	18	2 050
地板清洁剂	52	5 545
洗衣机清洗剂	30	2 650

2. A 公司供应链分析

基于顾客分析结果，小王对于 A 公司供应链能力展开分析，面对不断增长的地板清洁剂需求，小王需要明确供应链能力水平，从而推动稳定生产。目前地板清洁剂的生产能力如下（表 1-1-2）。

表 1-1-2　A 公司地板清洁剂生产能力

生产班组	单月产量/箱
班组 1	950
班组 2	2 500
班组 3	1 350

通过计算可知，目前 A 公司三个生产部门合计产量为 950 + 2 500 + 1 350 = 4 800 箱，不能匹配客户每月 5 545 箱的消费需求，小王需要对供应链进行优化设计，提升生产效率。

（二）A 公司竞争战略与供应链战略的匹配

在供应链领域，SCOR 模型用于实践场景更多，对于 A 公司这种业务较复杂的企业，需要使用指标涵盖能力更强的模型，因此小王选取了 SCOR 模型开展公司供应链诊断。

（三）A 公司供应链战略系统的主要内容

小王结合 SCOR 模型，对于 A 公司供应链从五个方面出发，为 A 公司供应链战略规划做出了优化。

1. 组织战略

A 公司原有的供应链流程存在问题，各部门职责不清，针对这些问题，A 公司需要优化供应链流程，其中顶层组织结构至关重要。根据 SCOR 模型，小王将 A 公司的供应链网络分以下流程：计划、采购、生产、库存管理、物流配送和售后服务。通过明确每个流程的职责和涵盖范围，A 公司可以更好地优化供应链流程，提高效率和协同性，从而提升企业竞争力（图 1-1-2）。

对于 A 公司来说，供应链处于整个业务流程的核心位置，其五个主要职能要素包括：计划 P、采购 S、生产 M、配送 D 和退货 R。其中计划 P 涵盖了整个供应链流程，其他四项都是在计划 P 之下开展。供应链的运作方式采购是指供应商根据 A 公司设计图将产品按要求生产好并配送到 A 公司，而 A 公司则将自己的产品通过国际物流的方式配送给客户。制造是指产品的生产和装配以及加工，退货是指 A 公司收到客户的退货。这五个要素之间的协同作用对于 A 公司的供应链运营至关重要，通过优化这些职能要素，A 公司可以提高供应链灵活性，动态减少库存和运营成本，从而提高客户满意度和企业竞争力。

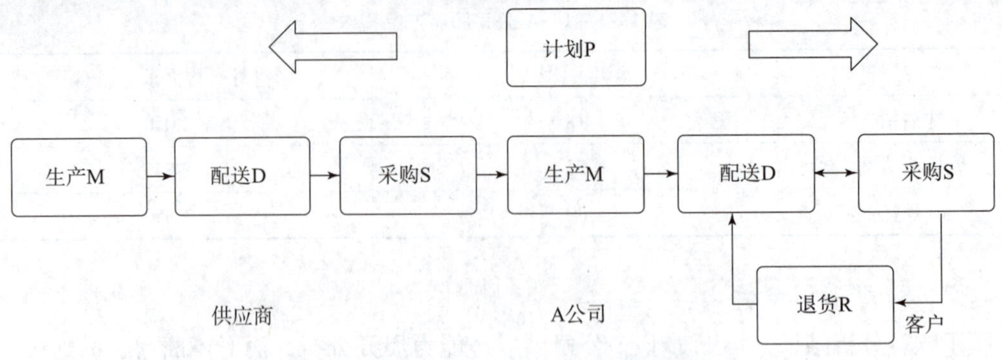

图 1-1-2　A 公司供应链网络顶层设计图

2. 经营思想战略

作为一个优秀的供应链管理者，小王必须清楚何为供应链，以及供应链管理的精神和手段。小王最终确定 A 公司的经营思想为由客户需求开始，贯穿产品设计到最初原材料供应、生产、批发、零售等过程，以最小的成本令供应链管理从采购开始，到满足最终客户所有的流程，均有效率地管理，做到以更少的资源做更多的生意，使资源更为可观。

3. 共享信息战略

小王决定构建信息化系统，优化企业内部员工、客户和供应商的沟通过程，做到协同规划和区域生产等高增值生产模式。

4. 利用先进技术战略

小王采用企业资源规划（ERP）软件解决方案（图 1-1-3）来提高供应链每个阶段的效率和速度的集成系统。

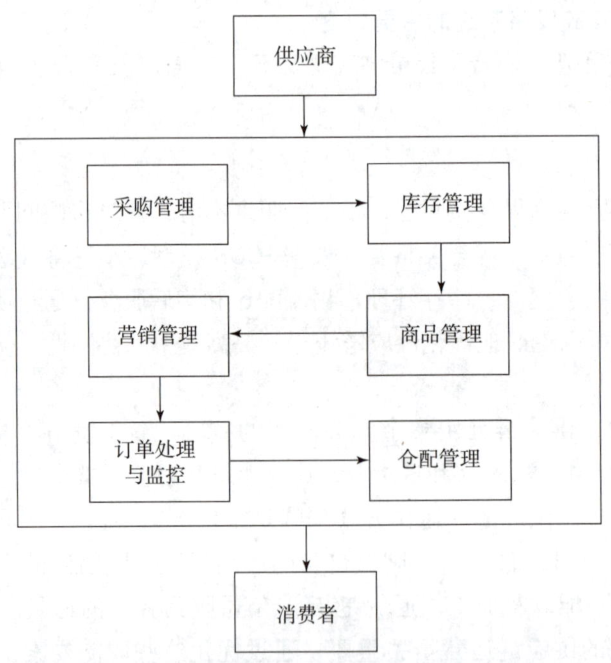

图 1-1-3　企业资源规划（ERP）软件解决方案

5. 绩效度量战略

结合以上技术，小王还设计了一套绩效度量方案（表1－1－3），从而对供应链战略实施进行精准评价，从而做到长效优化。

表1－1－3　A公司供应链绩效评价指标设计

项目	指标	目标值
供应链可靠性	供应商交货率	90%
	计划完成率	80%
供应链响应性	订单履行周期	50天
	采购周期	25天
供应链敏捷性	计划开始的前置时间	2天
供应链总成本	物料采购成本占比	55%
	制造成本占比	20%
	应收账款周转天数	25天
	存货库存天数	150天

三、实训考核

老师根据模拟过程为学生评分，包括：

（1）流程是否清晰。

（2）知识掌握程度。

（3）小组间组员配合是否流畅，任务分配是否合理。

实训考核主要是评价学生实训过程表述是否清楚、逻辑性如何、成员协作配合情况等。评价的标准见表1－1－4。

表1－1－4　实训评价表

考核要素	评价标准	分值/分	评分/分		
			自评（20%）	小组（30%）	教师（50%）
电子商务供应链战略规划	知识掌握	40			
	逻辑性	40			
	成员配合情况	20			
评价人签名					
合计					
教师评语： 年　月　日					

任务2 电商供应链流程与设计

任务导入

小王决定通过对其电商供应链进行重新设计，确保产品能够准时交付给客户，减少库存浪费，提高供应链的可见性，并确保顾客满意度的提升。

学习标杆

小米：预售模式下的供应链创新

“小米模式”通过海量有价值的大数据做动态分析，互动、调研、预售、团购、定制、选配做到全产业链的精准控制，包下生产线，利用大数据指导设计生产。让潜在用户通过互联网简单做选择题的个性化，在清除货存、节省资源方面效果良好。小米的成功就是C2B改造手机行业的一个典型案例，而雷军常说的“互联网思维”实质上也就是C2B商业逻辑的运用。

在小米手机的预售模式中，用户只需要先预交手机全款，不需要参加抢购，30天之后小米官网就会发货。这样，既可以提前一步得到货款，又可以最大化降低库存，甚至还能通过控制预售规模做饥饿营销。而在个性化定制上，小米最先让粉丝通过互联网充分参与到对未来产品功能的投票中来。目前，对于广大销售企业来说，高库存几乎成为一个挥之不去的梦魇，对企业的发展乃至生存都构成极大挑战。由于企业供应链管理滞后，上下游协调不畅，不能快速响应，以致引发高库存，企业资金的周转率和使用率下降，导致企业无法大量更新产品，销售下滑，资金问题加剧，以致很多企业陷入亏损的泥潭。而小米的供应链是快速响应的，同时能够规避高库存风险。小米在日常经营中没有设置实体专卖店，而是通过电商的形式在网上进行预售。消费者要想购买手机，就必须上网预订，然后小米根据用户的需求快速响应，通知生产厂商按需生产，最终及时配送到消费者手中。这种C2B的预售模式，精确了产品的生产数量，避免了高库存风险。同时由于是预售模式，小米公司可以在生产之前就收到货款，实现了资金的快速回笼，解决了前期需要融资的难题。

此外小米还通过C2B的手段创造了品牌效应，提高自身议价能力，坐拥无数顾客，把控供应链。虽然与高通等公司摩擦不断，但这些说明小米利用C2B带来的优势，在高通、英伟达、联发科等公司中间长袖善舞，借力打力。传统手机的供应链条有研发组、供应商、代工工厂、核心企业、一级代理商、二级代理商、终端代理商、顾客。产品下线后需要包装到产品库，然后依据各个销售合作伙伴的采购订单进行销售配送，以将产品分发到各省的销售代理机构的仓库中，然后再由他们分发到各个终端零售网点进行销售。过多的供应链环节，自然带来较高的经营成本。而小米手机的供应链条相较简短，只涉及研发组、供应商、代工工厂、核心企业、顾客几个环节。在供应链条上，小米手机减少了中间代理商和中间流转环节，形成了顾客与生产商直接相衔接的情况，也正是这个环节成为小米成功的最大因素。由于供应链环节的缩短，给小米减少了巨大的经营成本，相应带来丰厚的收益。首先是中间环节的显性成本消失。如行政管理成本、营销销售成本、政府税收等环节成本的减少。而没有了这些环节，产品的售价必然有降低的空间。另外，供应链管理的隐性成本降低。因为供应链环节的缩短，使得供应链管理也变得更加简单，小米不再需要与外部销售渠道协商沟通；而传统的手机销售需要通过与销售渠道进行沟通以确定市场需求，然后再组织采购与生产。

（资料来源：http://www.ntufida.com/caseInfo11.html）

思考

上述案例中的小米供应链创新体现了供应链设计中的哪些原则？

为了提高供应链管理的绩效，除了一个有效的供应链战略，建立或者加入一个高效精简的供应链也是极为重要的一环。一般而言，每一个企业都有必要运行或者参与一个有效的供应链。因为它可以使企业获得提高客户服务水平、达到成本和服务之间的有效平衡、提高企业竞争力、增强柔性、向新的市场渗透、通过降低库存提高工作效率等利益。但是，不合适的供应链设计也可能导致浪费和失败，所以正确的供应链设计是必需的。

一、供应链设计的原则

一个供应链是由多个供应链成员组成的，供应链成员包括从原产地到消费地，通过供应商或客户直接或间接地与核心企业相互作用的所有企业和组织。供应链上节点企业之间的合作是以信任为基础的，信任关系的建立和维系的前提是存在一个供应链运行的基本规则，其主要内容包括协调机制、信息开放与交互方式、生产物流的计划与控制体系、库存的总体布局、资金结算方式、争议解决机制等。在供应链的设计过程中，为了贯彻供应链管理的思想，需要构建一些基本的设计原则。

（一）自上而下和自下而上相结合的原则

自上而下的设计方法是从全局的宏观规划到局部实现步骤的设计方法；自下而上的设计方法是从局部的功能实现到全局的功能集成的设计方法。在设计供应链系统时，通常先由高层管理者从企业发展战略规划的角度考虑，根据市场环境的需求和企业发展的现实状况，制定宏观的设计目标，然后由下级实施部门从各个操作环节和流程出发进行供应链流程的设计。在设计过程中，下级实施部门经常就一些问题与高层管理人员进行沟通、交流，双方从上下两个层次对设计目标和设计细节做适当的调整，达成可以继续设计的共识。因此，供应链设计通常采用的是自上而下和自下而上相结合的综合设计方法。

（二）简洁性原则

简洁性原则是供应链设计遵循的一个重要原则。为了保证供应链具有灵活、快速响应市场的能力，供应链的每一个节点，如作业、资源或节点企业，都应该具有敏捷、简单、灵活和快速实现业务流程组合的特点。所以，在设计或改造供应链时，供应链上的无效作业要尽可能地减少，可以自动化处理的作业尽可能由自动化设备来处理，供应商的选择要少而精，合作伙伴的选择要具有战略性，采购管理要保证能减少采购成本，推动准时生产，推行精益思想。

（三）集优化原则

集优化原则也称互补性原则。核心企业在选择供应链上节点企业的过程中，应该遵循强强联合的选择原则，充分实现最大限度地利用外部资源的目的，使每个节点企业集中精力致力于其核心业务的发展，将其看作企业内部一个独立的作业单元。这些独立的单元化企业具有自我组织、简单优化、面向目标、动态联合、动态运行、活力充沛等特点，能够快速联合其他单元企业，有效反映客户需求，从而实现供应链业务的快速运行。

（四）协作性原则

供应链绩效的好坏直接取决于供应链上合作伙伴的关系是否和谐，取决于供应链动态连接合作伙伴的柔性程度。因此，利用协作性原则建立战略合作伙伴关系是实现供应链最佳效能的保证之一。只有充分地发挥系统各成员的能动性、创造性及系统与环境的总体协调性，才能保证整体系统发挥最佳的功能，避免各个节点企业产生利益本位主义，动摇组成系统的各个节点企业之间的和谐关系。

（五）动态性原则

配合集优化原则，对于供应链中随处可见的不确定性活动及市场需求信息的快速变化，供应链需要有一定的柔性以适应变化的环境。不确定性容易导致供应链需求信息的扭曲，对供应链运作产生影响。因此，必须减少信息在传递过程中出现的延迟和失真，提高信息透明度，减少业务运行过程中不必要的中间环节，增强信息预测的精确性和时效性。

（六）创新性原则

创新性是供应链设计需要把握的关键原则。没有创新的设计思维，就不可能有创新的供应链管理模式。特别是在现代企业管理理论和管理技术飞速发展的环境下，供应链的设计更要讲究创新性，只有这样才能产生一个不同于过去的新模式下的供应链系统。

（七）战略性原则

从核心企业战略发展的角度设计供应链，有助于建立稳定的供应链体系模型；从供应链战略管理的角度考虑设计供应链，有助于供应链规划发展的长远性和预见性。总之，供应链系统结构的发展是和企业的发展战略规划保持一致的，并在企业发展战略规划的指导下进行。所以，在设计供应链时，首先必须考虑战略性原则。

二、供应链设计的标准

供应链的构建及运行方式的选择对供应链能否发挥预定的效果起着至关重要的作用。一个好的供应链具有提高客户服务水平、提高利润率、提高企业对市场反应的灵敏度、降低库存等优势。因此，供应链的构造有多种设计标准。

（一）产品导向的供应链设计标准

供应链的设计首先要了解客户对产品的要求、对服务的要求，同时还要方便预测需求量，便于掌握供应链各厂商的生产能力等特性。不同的产品类型对供应链的设计有不同的要求，高边际利润、不稳定需求的革新性产品的供应链设计就不同于低边际利润、有稳定需求的功能性产品。两种不同类型产品的比较如表 1 - 2 - 1 所示。

表 1-2-1　两种不同类型产品的比较

需求特征	功能性产品	革新性产品
产品生命周期	大于 2 年	1~3 年
边际利润	5~20	20~60
产品多样性	低（每条目录 10~20 种）	高（每条目录上千种）
预测的平均边际利润率/%	10	40~100
平均缺货率/%	1~2	10~40
季末降价率/%	0	20~25
按订单生产的提前期	6 个月—1 年	1 天—2 周

由表 1-2-1 可以看出，功能性产品一般用于满足客户的基本需求，变化很小，具有稳定的、可预测的需求和较长的产品生命周期，但边际利润较低；革新性产品的需求一般不可预测，产品生命周期也较短。正因为这两种产品的不同，才需要有不同类型的供应链去满足不同的管理需要。

（二）成本导向的供应链设计标准

成本导向的供应链设计注重供应链的运作在降低成本方面的作用。这种方法将成本进行划分，如物料成本、运输成本、信息成本、人员成本等，寻求成本最低的供应链运行方式和相应的节点企业。

这种设计标准运用了供应链在降低成本方面的作用，但供应链的核心优势并不仅仅局限于成本的降低。在很多情况下，一个有效的供应链，虽然其成本没有降低反而升高，但其利润、客户满意度、反应灵敏度得到了更大的提升。所以，如果单单考虑这种设计标准，往往会导致一个次优的供应链，反而不能发挥出供应链的作用。

（三）集成机制导向的供应链设计标准

这种供应链设计标准注重供应链中信息的作用，现代供应链以现代化的信息为核心，注重动态建模的思想，强调一个不断循环和并行的过程，其组建和运行过程是一个不断循环的过程，如图 1-2-1 所示。

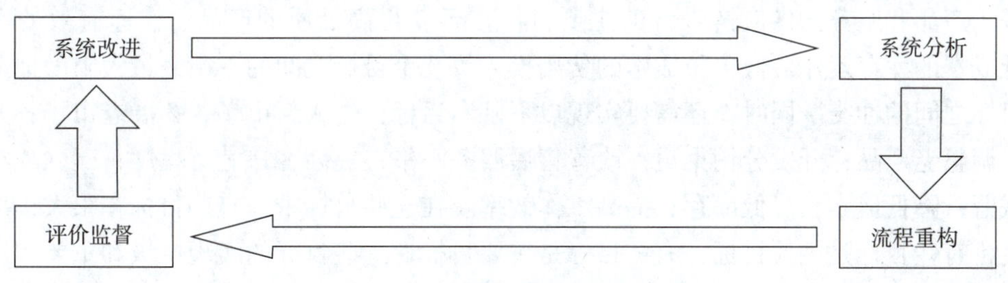

图 1-2-1　供应链组建和运行过程

集成机制导向的供应链设计方法主要有基于信息流的建模方法、基于过程优化的建模方法、基于案例分析的建模方法，以及基于商业规则的建模方法。这些方法提供了一种很好的指导思想，关键是各种分析及评价指标的确定和模型的设计。

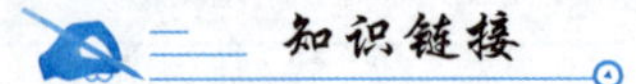

供应链设计策略

三、供应链设计的步骤

基于产品和服务的供应链的设计步骤可归纳为以下 10 步。

（一）分析核心企业的现状

这一步的工作侧重于对核心企业的供应能力和需求管理现状进行分析和总结。如果核心企业已经有了自己的供应链管理体系，则对现有供应链的管理现状进行分析，以便及时发现在供应链的运作过程中存在的问题，或者哪些方面已出现或可能出现不适应时代发展的端倪，同时挖掘现有供应链的优势。该步骤的目的不在于评价供应链设计策略中哪些更重要和更合适，而在于着重研究供应链设计的方向或者设计定位，同时将可能影响供应链设计的各种要素分类罗列出来。

（二）分析核心企业所处的市场竞争环境

通过对核心企业的现状进行分析，了解企业内部的情况；通过对市场竞争环境的分析，知道哪些产品的供应链需要开发，现在市场需求的产品是什么，有什么特别的属性，以及客户对已有产品和需求产品的服务要求是什么；通过对各类市场主体（客户、零售商、生产商和竞争对手）的专项调查，了解产品和服务的细分市场的情况、竞争对手的实力和市场份额、供应原料的市场行情、供应商的各类状况、零售商的市场拓展能力和服务水准、行业发展的前景，以及宏观政策、市场大环境可能产生的作用和影响等。该步骤的工作成果是有关产品的重要性排列、供应商的优先级排列、生产商的竞争实力排列、客户市场的发展趋势分析，以及对市场不确定性进行的分析、评价。

（三）明确供应链设计的目标

基于产品和服务的供应链设计的主要目标在于获得高品质的产品、快速有效的客户服务、低成本的库存运作、低单位成本的费用投入等几个目标之间的平衡，最大限度地避免这几个目标之间的冲突。同时，还需要实现以下基本目标：进入新市场，拓展老市场；开发新产品，调整老产品；开发分销渠道；改善售后服务水平；提高客户满意程度；建立战略合作伙伴联盟；降低成本；降低库存；提高工作效率。在这些目标中，有些目标在很大程度上存在冲突，有些目标是主要目标，有些目标是首要目标，这些目标的实现层级和重要程度因不同企业的具体情况而有所区别。

（四）分析组成供应链的各类资源要素

本步骤要对供应链上的各类资源，如供应商、客户、原材料、产品、市场、合作伙伴与竞争对手的作用、使用情况、发展趋势等，进行分析。在这个过程中，要把握可能对供应链设计产生影响的主要因素，同时对每类因素产生的风险进行分析研究，给出规避风险的各种方案，并将这些方案按照所产生作用的大小进行排序。

（五）提出供应链的设计框架

分析供应链的组成，确定供应链上主要的业务流程和管理流程，描绘出供应链上物流、信息流、资金流、作业流和价值流的基本流向，提出构成供应链的基本框架。在这个框架中，供应链中各组成成员（如生产制造商、供应商、运输商、分销商、零售商及客户）的选择和定位是这个步骤必须解决的问题。另外，组成成员的选择标准和评价指标应该基本上得到完善。

（六）评价供应链设计方案的可行性

在供应链的设计框架建立之后，需要对供应链设计方案的技术可行性、功能可行性、运营可行性、管理可行性进行分析和评价。这不仅是供应链设计策略的罗列，而且是进一步开发供应链结构、实现供应链管理的关键的、首要的一步。在对供应链设计方案进行各种可行性分析的基础上，结合核心企业的实际情况以及对产品和服务发展战略的要求，为开发供应链中技术、方法、工具的选择提供支持。同时，这一步还是一个对设计方案进行决策的过程，如果分析认为方案可行，就可继续进行下面的设计工作；如果分析认为方案不可行，就需要重新进行设计。

（七）调整新的供应链

在供应链的设计方案确定以后，接下来可以设计与以往有所不同的新供应链。因此，这里需要关注以下关键内容：供应链的详细组成成员，如供应商、设备、作业流程、分销中心的选择与定位、生产运输计划与控制等；原材料的供应情况，如供应商、运输流量、价格、质量、提前期等；生产能力的设计，如需求预测、生产运输配送、生产计划、生产作业计划和跟踪控制、库存管理等；销售和分销能力设计，如销售/分销网络、运输、价格、销售规则、销售/分销管理、服务等；信息化管理系统软、硬平台的设计；物流通道和管理系统的设计等。在供应链设计中，需要广泛地应用许多工具和技术，如归纳法、流程图、仿真模拟、管理信息系统等。

（八）检测已产生的供应链

在供应链设计完成以后，需要对设计好的供应链进行检测。通过模拟一定的供应链运行环境，借助一些方法、技术对供应链进行测试、检验或试运行。如果模拟测试结果不理想，就返回第五步重新进行设计；如果没有什么问题，就可以实施了。

（九）比较新旧供应链

如果核心企业存在旧的供应链，通过比较新旧供应链的优势和劣势，结合它们对运行的现实环境的要求，可能需要暂时保留旧的供应链上某些不科学或不完善的作业流程和管理流程，待整个市场环境逐步完善时再用新供应链上的规范流程来取代。同样地，尽管新的供应链流程采用科学规范的管理，但在有些情况下，它们取代过时的陈旧的流程仍需要一定的过程。所以，比较核心企业的新旧供应链，有利于新供应链的有效运行。

（十）完成供应链的运行

供应链的运行必然带来供应链的管理问题。不同特征的供应链，对其进行管理的内涵、方法及模式也有所不同。

素养园地

第四届中央企业电商化采购发展高峰论坛成功举办

2020年9月22日，由《能源》杂志社和华电集团联合主办的第五届“国有企业物资采购与供应链管理研讨会”在京召开。

中国机械工业联合会会长王瑞祥指出，党的十八大以来，习近平总书记多次就数字中国建设作出重要论述、提出明确要求；在党的二十大报告中，习近平总书记对数字中国建设又作出新部署、提出新要求。这是以习近平同志为核心的党中央把握信息革命发展大势、立足全面建设社会主义现代化国家新征程、统筹国内国际两个大局作出的重大决策部署。

因此国有企业必须要把国家的数字化转型战略嵌入到企业发展战略之中，体现在物资采购和供应链构建上，做出整体安排。只有构建起数字化发展良好生态系统和命运共同体，重构、完善安全可控的供应链，才能更好地谋划好企业数字化转型的未来发展，继续为推进产业转型升级、为实现现代化强国的目标做出应有的贡献。

与会的专家和企业也一起积极地探索了未来在新技术、新趋势之下，供应链发展的趋势和变化。

中国大唐招投标中心副主任、中国水利电力物资集团党委委员、副总经理李晟认为，采购成本与质量对企业边际利润的影响越来越大。企业的供应链与采购会发生三个方面的变化。第一是采购供应链要向战略供应链、产业链和价值链方向深化。具体表现为聚合一流的供应链、产业链、价值链合作伙伴，打造高质量的战略联盟管理体系。第二是供应链下一阶段将与AI技术高度融合。通过技术运用，对采购进行提前预判及决策。第三是供应链将与工业互联网高度融合，进一步有效降低生产运营成本，实现企业的高质量发展。

一、实训目的

通过完成本实训任务，可以帮助学生学习到信息流、资金流和物流的全方位管理和监控，把供应链上下游的供应商、企业、经销商、客户等进行全面的业务协同管理，帮助企业分享从内部管理到外部商务协同的一站式、全方位服务。

二、实训步骤

（一）分析企业现状与外部市场竞争环境

首先，小王对A公司现状展开了分析。

1. A公司内部情况

A公司目前的主要产品是地板清洁剂、厨房清洗剂，小王在供应链流程设计上，将以产品为导向，列出该产品供应链流程各类要素（表1－2－2）。

表 1－2－2　A 公司产品生产供应链

产品	供应商	客户	原材料	市场	竞争对手
地板清洁剂	B 公司	零售商	杀菌剂	国内	D 公司
厨房清洗剂	C 公司	独立客户	活性剂	海外	E 公司

2. A 公司所处的市场竞争环境

小王对于两类主要产品的客群开展分析（表 1－2－3），得出两类产品的客群主要特征。

表 1－2－3　A 公司产品客群

产品	主要客群年龄	主要客群性别	价格区间
地板清洁剂	35～55 岁	女性	19.9～39.9 元
厨房清洗剂	35～45 岁	女性	24.9～29.9 元

同时，小王对于竞争对手公司展开了分析（表 1－2－4），了解了 D 公司和 E 公司目前竞争产品的价格区间以及产品优势。

表 1－2－4　A 公司竞争对手

竞争对手	主要产品	单价区间	与本公司产品差异
D 公司	地板清洁剂	22.9～36.9 元	加入香氛，品种丰富
E 公司	厨房清洗剂	9.9～19.9 元	单价优惠

（二）设计供应链流程

1. 明确供应链设计的目标

小王结合 A 公司的基本情况，采用整体供应链管理的思路，为公司设计了整体的供应链框架（表 1－2－5），对每个节点进行分解、每个环节展开分析，制定优化方案。

表 1－2－5　A 公司供应链管理框架

供应链管理	供应链融资	供应链
顾客要求	融资	原材料供应商
产品设计	融资	工厂
产品开发		
设计最佳供应链方案		
工厂选择/原材料采购	融资	航运/空运公司
生产监控		进口商/批发商
整合物流		零售商
办理进出口文件		最终顾客
产品组装		
分销服务		
库存管理		

2. 分析组成供应链的各类资源要素并提出设计框架

在完成框架设计后，小王提交给董事长审批，审批通过后开始了对于原有供应链的调整，调整后方案如下（图1－2－2）。

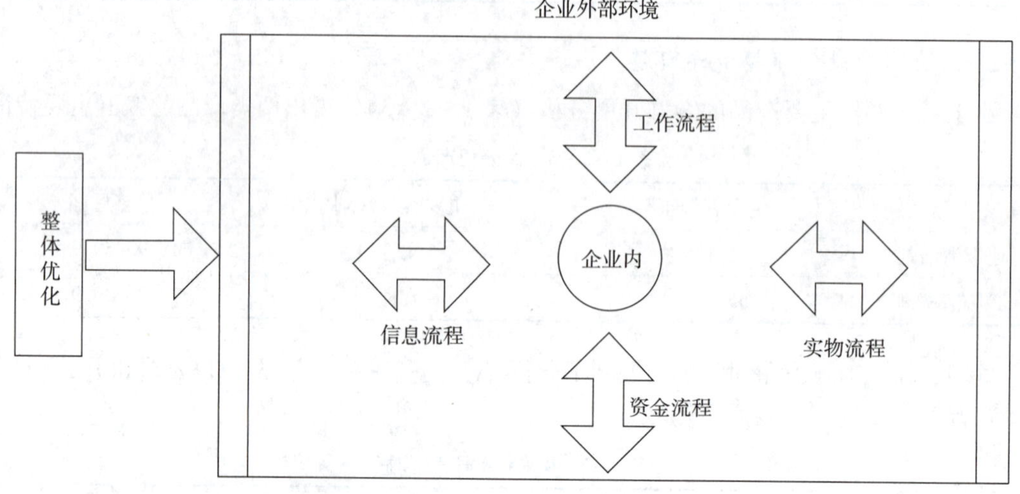

图1－2－2　A公司供应链调整

3. 评价供应链设计方案的可行性

在产品生产环节，小王要求尽可能缩短生产时间，在原本供应商B公司、C公司基础上，又引入了D公司与E公司，将生产环节交给多个供应商同时加工，更快响应顾客需求。小王不断搜寻新的供应商，并对每一个供应商进行全面的了解，包括业务能力、生产能力、工艺技能、业务习惯等。了解各个生产基地的生产技术、产能、质量，为订单中的每一个环节挑选具有竞争力的供应商。由于A公司同供应商们有着稳定的业务往来，供应商们愿意在预留产能、快速生产和生产细节上予以积极的配合并提供最高的生产弹性。

（三）比较新旧供应链

1. 调整新的供应链

小王通过比较A公司新旧供应链体系，可以发现新体系在多个层面上进行了改进，包括运营科学性、运作效率等方面。这些改进措施的实施使得企业的供应链系统得到了质的提升，为企业提高经营效率和竞争力提供了有力支持。

A公司原有的内部供应链管理存在问题，缺乏清晰的划分和信息共享，导致运营效率低下。通过重新设计流程，企业优化了供应链管理，提高了运行效率，减少了成本，以提高时间利用率和人工效率。

2. 检测已产生的供应链

小王新设计的供应链流程通过结合客户订单下达、生产安排、完工、配送和收款等流程，显著提高了工作效率。在订单下达的同时采购和生产活动就会同时开始启动，每个流程都拥有具体的操作规范和标准，整个供应链的每个环节互相连接，提高了采购效率（表1－2－6）。

表 1-2-6　A 公司新旧供应链指标比较表

项目	指标	目标值	优化前	优化后
供应链可靠性	供应商交货率	90%	80%	85%
	计划完成率	80%	60%	70%
供应链响应性	订单履行周期	50 天	60 天	55 天
	采购周期	25 天	30 天	27 天
供应链敏捷性	计划开始的前置时间	2 天	3 天	2 天
供应链总成本	物料采购成本占比	55%	60%	54%
	制造成本占比	20%	25%	22%
	应收账款周转天数	25 天	30 天	25 天
	存货库存天数	150 天	180 天	140 天

（四）完成新供应链的运行

小王通过优化供应链流程，虽然实际情况与目标值之间仍存在微小差距，但多数分数值已接近或超过既定值，且与原先的运营值相比有了明显的改善。改善后的问题主要有：供应链体系使用时间较短，物流和库存管理环节改善存在学习期，管理人员还需要一些时间来适应。

三、实训考核

老师根据模拟过程为学生评分，包括：

（1）流程是否清晰。

（2）知识掌握程度。

（3）小组间组员配合是否流畅，任务分配是否合理。

实训考核主要是评价学生实训过程表述是否清楚、逻辑性如何、成员协作配合情况等。评价的标准见表 1-2-7。

表 1-2-7　实训评价表

考核要素	评价标准	分值/分	评分/分		
			自评（20%）	小组（30%）	教师（50%）
电商供应链流程与设计	知识掌握	40			
	逻辑性	40			
	成员配合情况	20			
评价人签名					
合计					
教师评语： 年　月　日					

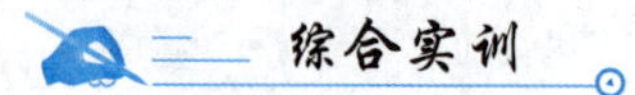

综合实训

一、知识巩固与技能提高

项目一　在线试题

二、项目实训任务单

在掌握电商供应链战略规划的相关知识基础上，按照表 1-2-8 所示的电商供应链战略规划任务单的要求，完成任务。

表 1-2-8　电商供应链战略规划任务单

项目名称	电商供应链采购运营	项目编号	1-2-8
项目说明	一、任务要求 在掌握电商供应链战略规划的相关知识基础上，能够运用合适的方法规划电商供应链的战略、开展电商供应链流程的设计，保障电商企业供应链的完整性与适应性，提升企业的供应链管理水平。 二、项目实施所需的知识 重点：市场竞争环境分析、供应链战略管理、供应链战略系统规划 难点：供应链流程设计 三、小组成员分工 按照收集资讯、计划、决策、实施、检查、评价的过程，完成每一个任务步骤。		
项目资源	任务实训、Word、Excel		
项目实施	一、电商供应链战略规划		

续表

项目名称	电商供应链采购运营	项目编号	1-2-8
项目实施	二、电商供应链流程与设计		

三、项目考核

<table>
<tr><td colspan="3">知识巩固与技能提高（40分）</td><td>得分：</td></tr>
<tr><td colspan="4">计分标准：
得分=1×单选题正确个数+2×多选题正确个数+1×判断题正确个数</td></tr>
<tr><td colspan="3">学生自评（20分）</td><td>得分：</td></tr>
<tr><td colspan="4">计分标准：初始分=2×A的个数+1×B的个数+0×C的个数
得分=(初始分/26)×20</td></tr>
<tr><td>专业能力</td><td colspan="2">评价指标</td><td>自测结果
（A掌握；B基本掌握；C未掌握）</td></tr>
<tr><td>电商供应链战略规划</td><td colspan="2">1. 根据实际数据分析企业现有供应链的现状与不足
2. 能够结合企业发展情况制定合适的供应链战略</td><td>A□　B□　C□
A□　B□　C□</td></tr>
<tr><td>电商供应链流程与设计</td><td colspan="2">1. 分析企业内部情况与外部市场竞争环境
2. 能够根据企业实际情况设计合适的供应链流程
3. 完成新供应链流程的运行，判断实际情况与目标值之间是否存在差距，并分析原因</td><td>A□　B□　C□
A□　B□　C□
A□　B□　C□</td></tr>
<tr><td colspan="3">小组评价（20分）</td><td>得分：</td></tr>
<tr><td colspan="4">计分标准：得分=10×A的个数+5×B的个数+3×C的个数</td></tr>
<tr><td>团队合作</td><td>A□　B□　C□</td><td>沟通能力</td><td>A□　B□　C□</td></tr>
<tr><td colspan="3">教师评价（20分）</td><td>得分：</td></tr>
<tr><td>教师评语</td><td colspan="3"></td></tr>
<tr><td>总成绩</td><td></td><td>教师签字</td><td></td></tr>
</table>

项目二　电商供应链采购运营

项目背景

随着环保意识的普及，消费者对可持续生产的环保产品的需求逐渐增强。为了顺应市场趋势，A 企业计划拓展其环保生活用品类别。因此，A 企业需要分析市场需求、确定重点产品和供应商，并与仓储、物流、财务等部门协同计划采购量、预算和供应链管理，以确保产品的畅销和供应链的高效运作。

项目目标

知识目标

- 掌握采购需求预测的两大主要方法：定量预测法和定性预测法。
- 掌握编制采购计划的主要环节。
- 掌握电子采购模式和采购流程。
- 掌握电商环境下供应商选择的步骤。
- 掌握电商采购合同的实施步骤和合同范本。

能力目标

- 通过任务实践，具备采购需求预测的实际操作技能，以确保供应链的高效运作和客户需求的满足。
- 通过实际案例和练习，具备独立编制采购计划的能力，确保供应链中的产品供应和库存管理得以顺利进行。
- 能够运用供应商的方法，管理合适的供应商。
- 通过掌握电商采购合同的实施步骤，能够制定和管理电商采购合同，确保合同的履行和执行。

素养目标

- 在学习和应用采购需求预测时，学生应该秉持诚实、公平、透明和负责任的原则，为企业的可持续经营和社会的繁荣贡献力量。
- 培养学生认识电子采购的信息安全和隐私保护等伦理问题，确保采购过程的公平和合规。
- 培养良好的职业道德和职业素养，诚实守信，公平公正，践行社会主义核心价值观。
- 强调合同的重要性和法律规定的遵守，培养学生成为负责任的采购管理者，注重合规和社会责任的问题。

项目导航

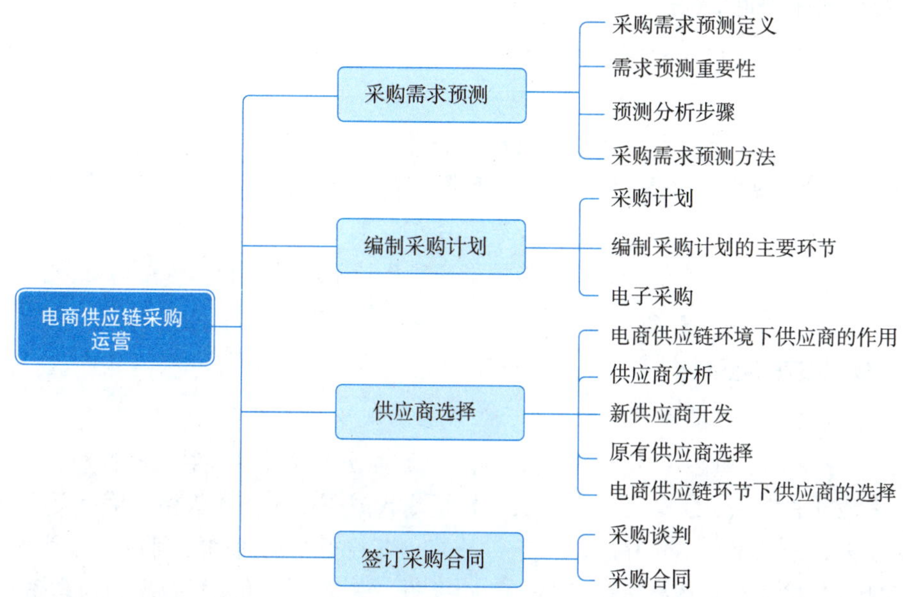

任务1　采购需求预测

任务导入

管培生小王现在成为一名采购专员，他正面临着为公司选购高质量原材料的任务。作为A企业采购部门的关键人物，他清楚地认识到为了满足消费者对环保产品日益增长的需求，公司需要及时准确地预测其环保生活用品的采购需求。

学习标杆

沃尔玛采购需求电商化

沃尔玛当前在全球范围内已拥有2 133家沃尔玛商店、469家山姆会员商店和248家沃尔玛购物广场，分布在美国、中国、墨西哥、加拿大、英国、波多黎各、巴西、阿根廷、南非、哥斯达黎加、危地马拉、洪都拉斯、萨尔瓦多、尼加拉瓜等14个国家。

一、全球采购中心的成立

2009年10月，沃尔玛公司首次在投资社区年会上宣布了以新的全球采购中心（GMCs）为核心的统一的全球采购架构。这个新架构将会发挥公司在非食品采购及全球食品采购上的全球规模优势。新成立的全球采购中心是沃尔玛公司新的采购战略中最大、最重要的组成部分。这些采购中心将使采购与业务管理有机结合，并提高各品类商品的采购效率。

二、O2O 新格局的冲击

中国电子商务研究中心监测最新数据显示，中国消费者更愿意广泛使用零售商的数字化技术，这意味着中国零售业 O2O 的潜力巨大。

因此沃尔玛更不会放弃移动互联的商机，去年 5 月 26 日，沃尔玛在深圳宣布，将推出大卖场移动端 APP 速购，涵盖时令生鲜、干货食品、个人护理、家居清洁等过万件商品，所有价格均与门店同步。顾客通过手机安装后即可购物。目前暂时在拥有门店数量最多(23 家大卖场）的深圳市进行试点，并将根据顾客反馈不断调整和升级速购服务，再逐步推广到全国。

三、采购需求的电商化

“跨国采购之前依赖很多中间贸易商，但现在为减少中间环节，他们开始加大直接采购的比重。”环球市场集团总经理胡伟权表示，“电子商务无疑可以弥补这一短板。”首先，电子商务模式能让许多供应商通过互联网快速轻松地找到合适的合作伙伴，供应商的产品信息也能及时了解，如交货期、价格、库存等，并可以获得较低的价格；同时，通过内部网络，以保持通过各种媒体了解该公司的库存，及时采购。传统的采购或供应商的动态信息推动活跃，一个长时间的供应商信息的知情搜索，并通过传统渠道供应采购业务交易，成本高，库存信息主要来自各种汇总统计和财务报表，增加购买实时制约的难度。今后的采购新趋势，将是制造商和经销商的渠道之争，网商和传统零售商的渠道之争。

（资料来源：https://www.yingsheng.com/kjxz/125/3421.html）

思考

电商化采购对沃尔玛的采购需求管理有何作用？

一、采购需求预测定义

采购需求预测是指企业根据历史数据、市场趋势和其他相关信息，对未来一段时间内所需的物料、产品或服务的数量进行估计和预测的过程。这个过程旨在确保企业能够满足客户需求，同时最小化库存水平和采购成本。

二、需求预测重要性

（一）降低库存成本

准确的采购需求预测可以帮助企业避免库存过剩或不足的问题。过多的库存会导致资本被束缚在库存中，增加资金成本，而库存不足则可能导致丧失销售机会和客户信任。通过精确预测需求，企业可以更有效地管理库存水平，最大限度地减少库存持有成本。

（二）提高客户满意度

准确的采购需求预测有助于确保产品或服务始终可供应，提高客户满意度。电商企业的客户期望快速、准确的交付，因此如果产品常常缺货或交货延迟，将会影响客户满意度，甚至失去客户。通过预测需求，企业可以更好地满足客户的期望，提高客户忠诚度。

（三）优化供应链运作

采购需求预测有助于优化供应链运作，确保供应商、制造商和物流合作伙伴能够按计划生产和交付产品。这有助于提高供应链的效率和可见性，降低运营成本，并减少供应链中的不稳定性。优化供应链运作还可以缩短交货时间，更快地响应市场需求。

（四）提高竞争力

电商市场竞争激烈，准确的采购需求预测可以帮助企业更好地应对市场变化，制定战略并保持竞争优势。企业能够更及时地调整产品组合、定价策略和市场营销活动，以满足不断变化的市场需求，赢得更多客户并提高市场份额。

三、预测分析步骤

（一）确定预测目标

进行预测分析，首先要有明确的目标。预测目标一般根据企业的总目标来设计，包括预测的具体对象、内容及其范围，并规定时间期限及数量单位。

（二）搜集、整理资料

预测目标确定以后，要按预定的计划有组织有目的地搜集和整理相关资料。搜集的资料要完整、全面、可靠，并对有关资料进行加工、整理和鉴别，找出各因素之间的制约与依存关系，从中发现规律。

（三）选择预测方法进行预测

预测方法决定预测的准确度。针对不同预测对象、内容和所掌握的资料，应采用适当的预测方法。对于那些资料齐全、可以建立数学模型的对象，应选择定量预测方法；对于资料缺乏的预测对象，应选择定性预测方法，根据经验建立理想的逻辑思维模型，避免主观臆断。在此基础上，分别进行定量分析和定性分析，提出符合依据的预测结果。

（四）修正预测结果

由于数据不充分或无法定量，使得定量预测分析的精度不够，所以需要结合定性分析的结论对其进行修正或补充说明。对于定性分析预测的结果，往往也需要结合新的数据，采用定量分析方法加以修正和补充，使预测结果更符合实际情况。

（五）得出预测结论

通过以上修正和补充，将预测结论提交给相关管理部门，为其决策提供依据。

（六）评价预测效果

由于市场因素复杂多变，预测的结果很难同企业的实际结果相吻合，存在一定的差异是难免的，企业应分析差异产生的原因，验证选用的预测方法是否适当有效，并认真总结，为下次预测做好准备。

四、采购需求预测方法

在电商中进行需求预测，要综合考虑这些影响因素，并采用科学的预测方法，以保证预测结果的可靠性。常用的需求预测方法有以下几种。

（一）定量预测法

1. 算术平均法

算术平均法是对产品在过去若干时期内的销售量（额）进行简单平均计算，以平均值作为未来需求预测值的一种预测方法。其计算公式如下：

【例题 2-1-1】华美公司是一家专业生产热水器的企业，2022 年 7—12 月销售额如表 2-1-1 所示。

表 2-1-1　华美公司 7—12 月销售额

月份	7	8	9	10	11	12
销售额/万元	176	172	184	168	188	192

要求：按算术平均法预测 2023 年 1 月的销售额。

解：1 月预测销售额 $=\frac{176+172+184+168+188+192}{6}=180$（万元）

算术平均法计算简单，但没有考虑时间序列的变化趋势，且将各个时期的销售差异平均化，因而会使预测结果产生较大误差。这种方法只适用于销售量基本稳定的产品，如没有季节性变化的食品及日用品等。

2. 移动加权平均法

移动加权平均法是根据过去若干时期的实际销售资料，按照各期与需求预测期的远近加上不同的权数，进行加权平均计算，以平均值作为需求预测值的一种预测方法。其计算公式如下：

【例题 2-1-2】承例题 2-1-1 资料，根据 10、11、12 月销售额用移动加权平均法预测 2023 年 1 月销售额。

解：1 月预测销售额 $=\frac{192\times3+188\times2+168\times1}{3+2+1}=187$（万元）

移动加权平均法中不同时期的数据对预测值的影响不同，距离预测期越近的实际销售数对预测值的影响越大，因此移动加权平均法按照「近大远小」的原则确定权数，即离预测期越近，其权数越大；离预测期越远，其权数越小。权数通常用自然数表示。若选取 3 个月的观测值，则预测期前 3 个月的权数分别为 3、2、1；若选取 4 个月的观测值，则预测期前 4 个月的权数分别为 4、3、2、1；若选取 6 个月的观测值，则预测期前 6 个月的权数分别为 6、5、4、3、2、1。移动加权平均法考虑了近期发展趋势，而且根据时期距离预测期的远近分别加权，消除了各期销售差异平均化，弥补了算术平均法的缺陷，使预测结果更接近实际。

3. 平滑指数法

平滑指数法又称指数移动平均法，是根据前期销售量的实际数和预测数，以加权因子（平滑指数）为权数，进行加权平均来预测下一期销售数的方法。平滑指数是一个经验数据，取值范围为 0~1，一般取值在 0.3~0.7。其计算公式如下：

预测值 =（平滑指数 × 上期实际销售数）+（1 - 平滑指数）× 上期预测销售数

【例题 2-1-3】承例题 2-1-1 资料，假定华美公司 2022 年 12 月实际销售额为 192 万元，原来预测 12 月的销售额为 200 万元，平滑指数为 0.7。要求用平滑指数法预测 2023 年 1 月销售额。

解：预测 1 月销售额 $=0.7\times192+0.3\times200=194.4$（万元）

由于平滑指数取值越大，近期实际数对预测结果的影响就越大；平滑指数取值越小，近期实际数对预测结果的影响就越小，因此，在进行近期预测或销售量波动较大的预测时，平滑指数应取值大些；在进行远期预测或销售量波动较小的预测时，平滑指数应取值小些。平滑指数法也是一种加权平均法，优点是它以平滑指数为权数，计算灵活简便，排除了偶然因素对预测值的影响，且较多地考虑了近期数据，符合不断发展的客观趋势，但平滑指数的确定难免带有主观成分。

（二）定性预测法

1. 调查分析法

调查分析法是指根据市场调查取得的资料进行需求预测的方法。市场调查的内容包括产品所处的生命周期、消费者的情况、市场竞争情况、经济发展趋势四个方面。产品销售量在产品寿命周期各个阶段中具有不同的发展趋势。一般来说，在试销期，新产品刚投入市场，消费者还不熟悉产品性能，销售量不大，需要经过一段时间的推广，销售量才会逐步上升；处于成长期的产品，已为消费者所接受，销售量会迅速增加；产品进入饱和期，前期销售量稳定上升，而后期销售量增长缓慢，并趋于下降；进入衰退期的产品，销售量急剧下降，逐步被新产品所替代。进行需求预测时，先要了解产品处于哪个发展阶段，这一时期能延续多久，然后预测出今后若干年的销售情况。此外，消费者的情况、国民收入增长情况、社会商品购买力情况、消费动向、行业生产增长速度和规模等，都会影响产品的市场需求量。还有，产品的竞争能力与竞争对手的情况，也会对销售产生影响。将上述市场调查的资料进行加工整理和计算分析，就可以对产品销售作出预测。

市场调查的方法分为全面调查法、重点调查法、典型调查法和随机抽样调查法。

（1）全面调查法。

全面调查法是对涉及同一产品的所有销售对象逐个进行调查，借以推测产品的未来销售趋势的一种方法。该方法内容详尽可靠，但成本高、耗时长，主要适用于对某些使用范围和用户有限的专用产品的需求预测。

（2）重点调查法。

重点调查法是通过对有关产品在重点销售单位历史销售情况的调查来推测产品的未来销售变化趋势的方法。这种方法的关键在于选准重点对象，通常根据历史销售量资料来确定调查重点。它具有时间短、工作量少、成本低等优点。

（3）典型调查法。

典型调查法是通过有意识地选择具有代表性的销售单位进行调查，在取得相关资料的基础上，推测产品的未来销售变化趋势。它的关键是选准典型销售单位，所选单位必须具有充分的代表性。

（4）随机抽样调查法。

随机抽样调查法是按照随机原则，从所有产品销售单位中，抽取部分单位作为样本进行调查，根据调查结果推测产品的未来销售变化趋势。这种方法适用于对某些不可能或没有必要进行全面调查，以及难以确定重点销售单位或典型销售单位的预测对象进行调查。

【例题 2－1－4】一项关于某地区 2022 年耐用消费品的市场调查显示，该地区拥有居民 500 万户，其他相关资料如表 2－1－2 和表 2－1－3 所示。

表 2-1-2　耐用消费品的市场阶段划分（一）

寿命周期	试销	成长	成熟	饱和	衰退
年数	1~5 年	1~5 年	1~3 年	1~3 年	1~3 年
估计使用户数	5%以下	5%~50%	50%~75%	75%~90%	90%以上

表 2-1-3　耐用消费品的市场阶段划分（二）

产品名称	3D 彩电	笔记本电脑	变频空调
所处市场阶段	试销期（5 年）	成长期（4 年）	成熟期（2 年）
拥有户数（万户）	6	105	310

要求：对该地区三种耐用消费品 2023 年的需求量作出预测。

解：该地区三种耐用消费品 2023 年的需求量预测计算如表 2-1-4 所示。

表 2-1-4　三种耐用消费品 2022 年的需求量预测

产品名称	所处市场阶段	已拥有户数比重	各阶段潜在购买量（每户 1 台计）	平均每年需求量/万台
3D 彩电	试销期（5 年）	1.2%	500×(5% -1.2%)=19	19÷5=3.8
笔记本电脑	成长期（4 年）	21%	500×(50% -21%)=145	145÷4=36.25
变频空调	成熟期（2 年）	62%	500×(75% -62%)=65	65÷2=32.5

通过表 2-1-4 预测分析可得，2023 年该地区 3D 彩电需求量为 3.8 万台；笔记本电脑需求量为 36.25 万台；变频空调需求量为 32.5 万台。

2. 判断分析法

判断分析法就是聘请有关人员对计划期产品销售情况进行综合研究，推测和判断未来销售趋势和结果的一种定性分析方法。相关人员包括有经验的经济专家、教授、本企业或同行企业的高级领导人、销售经理、销售人员、经销商等。该方法针对预测对象的特点和预测目的，有选择性地邀请有关人员参与预测，充分发挥参与者的知识技能、实践经验和综合分析能力，集思广益，避免了主观片面性。它一般适用于新产品的需求预测或历史资料不完整，无法进行定量分析的企业。具体方法有专家意见法、经理评定法和销售人员意见法。

（1）专家意见法。

专家意见法又称德尔菲法，它是通过向有关专家发出预测调查表的方式，搜集专家们的意见，然后把各专家的判断汇总在一起，再反馈给专家，请他们参考别人的意见修正自己原来的判断，这样反复 3~5 次，最后把各专家意见综合、整理和归纳，对需求预测值作出综合判断。

（2）经理评定法。

经理评定法是指由企业负责产品销售业务的有关经营管理人员，根据长期销售工作的丰富经验，分析历史销售资料后，判断和预测产品的未来销售趋势的一种方法。

（3）销售人员意见法。

销售人员意见法是利用销售人员的经验对其负责的产品的未来销售趋势作出判断的一种

方法。有时是由每个销售人员单独进行预测，有时则与销售经理共同讨论作出预测。预测结果以行政区或片区汇总，逐级汇总，最终得出企业的需求预测结果。

【例题 2 -1 -5】某饮料生产厂家的50位销售员对2023年销售的平均预测值为2 500 000元，而5位销售经理的平均预测值为3 000 000元。要求：用加权平均法进行销售额预测。

解：因为销售人员直接接触顾客，设权数为0.6；销售部门经理权数为0.4，则2022年需求预测值 =2 500 000 ×0.6 +3 000 000 ×0.4 =2 700 000（元）。

调查分析法和判断分析法都属于定性预测分析方法，它主要依靠人们的主观分析判断来确定事物的未来状况和发展趋势，预测人员一般是有经验的管理人员、销售人员、财务人员和工程技术人员。在实践工作中，定量分析法与定性分析法并不相互排斥，定性分析法具有不可替代的作用，一般在历史数据缺乏或难以进行定量分析的情况下使用，有时定量分析必须辅之以定性预测，两种方法常常结合起来应用，使预测结果更接近客观实际。

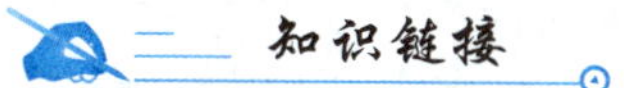

专家意见法

需求预测准确率提升20%　数智化方案助力企业降耗

习近平总书记在党的二十大报告中指出“实施全面节约战略，推进各类资源节约集约利用”“在全社会弘扬劳动精神、奋斗精神、奉献精神、创造精神、勤俭节约精神，培育时代新风新貌”。实施全面节约战略是以习近平同志为核心的党中央统筹国内国际两个大局作出的重大战略决策，也是党中央基于百年未有之大变局和我国社会经济面对诸多风险挑战，审时度势提出的重要战略考量和重大举措。

京东与中国航发（成发）联合打造的前置仓在成都市成发工业园正式开仓。京东在保障生产物资的准确及时交付的同时，还将服务中国航发（成发）实现备品备件的“少备、少买、快用、快供”，通过精准预测备品备件消耗、优化采购计划，来有效降低库存备件、减少库存冗余呆滞、降低供应链综合成本。在前期试点中，双方已经能够将需求预测准确率提升20%，综合成本下降30%，库存周转率提升40%，履约响应率大于95%。

京东工采则聚焦于采购流程的管理。对比传统的线下采购模式，京东工采不仅能够在寻源阶段将京东覆盖全国的海量供应商资源与中国航发（成发）的采购需求进行高效匹配，实现快速寻源，还能够实现采购信息、数据的实时流转，帮助中国航发

（成发）实现覆盖需求归集、审批、执行以及后续的交付、履约、配送全流程的数字化、可视化管理。

全面协调可持续发展是科学发展观的基本要求，也是当代中国的主题。企业要顺应时代趋势，把“开源节流”“节能增效”的发展理念贯穿到公司发展建设的各个环节，最大限度控制运营成本，减少资源浪费，投身绿色发展浪潮，争做绿色地球卫士。

一、实训目标

通过完成本实训任务，学生能够对电商采购需求预测分析的计算方法有更深入的了解，掌握电商采购需求预测的基本流程和步骤，了解定量分析法预测和定性分析法预测各自存在的缺陷和优势，选择最为合适的采购需求预测方法，为企业优化产品库存，节省采购成本。

二、实训步骤

（一）确定预测目标

开展采购需求的第一步，是确定预测目标，包括预测的具体对象，并规定时间期限及数量单位。目前已经明确的是采购产品为绿色清洁剂。小王根据公司总体目标和绿色清洁剂产品的特点，将预测目标确定，如表 2－1－5 所示：

表 2－1－5　产品采购预测目标的确立

具体对象	时间	数量单位	范围
绿色清洁剂	下一周	万件	1688 平台

（二）搜集、整理资料

在确定预测目标之后，下一步要做的就是搜集和整理可靠的绿色清洁剂的相关资料。为此，小王先与销售部门进行沟通，拿到了绿色清洁剂产品 2023 年前 10 个月的销售数据表。具体数据如表 2－1－6 所示：

表 2－1－6　绿色清洁剂前 10 个月的销售数据表

月份	一月	二月	三月	四月	五月	六月	七月	八月	九月	十月
需求量/万件	62	51	72	64	50	48	67	54	63	73

（三）选择采购需求预测的方法

采购需求预测有定量分析法和定性分析法。预测方法决定预测的准确度。针对不同预测对象、内容和所掌握的资料，应采用适当的预测方法。按目前 A 公司的生产情况分析，绿色清洁产品的需求可能受季节性影响，如春季和夏季对清洁产品的需求可能更高。移动加权平均法可以考虑最近一段时间内的需求数据，更好地反映季节性变化，从而更准确地预测未来需求。

但小王觉得光靠这一种预测方法进行产品需求的采购是不严谨的，电商行业的变化速度飞快，在某些情况下需要专家提供关于市场动态、趋势和消费者行为的独到见解。因此，小王最终选择移动加权平均法和专家意见法进行绿色清洁剂的需求预测。

（四）定量分析法预测

首先，小王需要先选择权数 n 的值。n 值的取定：n 值越大，预测曲线越平滑，丢失的信息就越多。一般 n 取 3、4、5 较为恰当。因此，小王选择了最近三月的数据来进行预测，权数则用自然数表示为3，即权数 $n=3$，其数据分别为54、63、73；选择完权数之后，小王开始按照按公式进行计算，第 11 月需求量预测值为：

$$\frac{54+63+73}{3}=63.33\text{（万件）}$$

因此，A 企业 2023 年第 11 月需要采购 63 万件绿色清洁剂产品。

（五）定性分析法预测

在完成定量分析法的预测之后，小王请了 12 位专家，开展专家意见法进行综合判断。三轮修正判断后，具体需求量见表 2－1－7。

表 2－1－7　12 位专家预测相关数据　　单位：万件

项目	第一位	第二位	第三位	第四位	第五位	第六位	第七位	第八位	第九位	第十位	第十一位	第十二位
第一轮	43	54	47	67	61	53	72	38	51	55	61	65
第二轮	42	51	45	68	56	54	75	43	50	56	59	64
第三轮	45	56	46	69	58	53	78	41	50	56	63	63

小王需对专家预测进行整理和归纳。小王整理归纳的方法是求出每一轮专家预测值的平均值和极差。其中，极差用来体现三轮专家预测的误差，极差越小，表明误差越小。步骤如下：

（1）求第一轮的平均数和极差数。

通过排列第一轮专家意见的数列为：38，43，47，51，53，54，55，61，61，65，67，72，得出平均数：

$$\frac{38+43+47+51+53+54+55+61+61+65+67+72}{12}=55.6\text{（万件）}$$

最后计算极差数：

$72-38=34$（万件）

（2）根据第一轮的相同方法求出第二轮的平均数为 53.8；极差数为 23。第三轮的平均数为 55.1；极差数为 $63-50=13$。具体如表 2－1－8 所示：

表 2－1－8　12 位专家预测相关数据

项目	第一位	第二位	第三位	第四位	第五位	第六位	第七位	第八位	第九位	第十位	第十一位	第十二位	中位数	极差数
第一轮	43	54	47	67	61	53	72	38	51	55	61	65	54.5	34
第二轮	42	51	45	61	56	54	65	43	50	56	59	64	55	33
第三轮	51	56	50	57	58	53	60	51	50	56	59	63	56	37

三轮数据出来之后，小王发现专家预测值在第三轮极差值最小，误差最低，最终预测值为55.1。因此，通过专家意见法预测的A企业2023年第11月需要采购绿色清洁剂产品的数量为55万件。

最后，利用定量分析法预测得出第11月需要采购63万件，专家分析法预测得出第11月需要采购55万件，二者存在一定差异性。

小王考虑专家判断法受一定因素影响，不能充分或真实地表明自己的判断，依然具有一定的主观性，而移动加权平均法是以前几个月的真实销量数据为样本，更能反映下一月的销售趋势，因此小王还是选择了前者，并确定第11月绿色清洁剂产品的采购数量为63万件。

三、实训考核

老师根据模拟过程为学生评分，包括：

（1）流程是否清晰。

（2）知识掌握程度。

（3）小组间组员配合是否流畅，任务分配是否合理。

实训考核主要是评价学生实训过程表述是否清楚、逻辑性如何、成员协作配合情况等。评价的标准见表2-1-9。

表2-1-9 实训评价表

考核要素	评价标准	分值/分	评分/分		
			自评（20%）	小组（30%）	教师（50%）
利用定量分析法和定性分析法进行采购需求预测	知识掌握	40			
	逻辑性	40			
	成员配合情况	20			
评价人签名					
合计					
教师评语： 年 月 日					

任务2　编制采购计划

任务导入

在激烈的市场竞争中，准确的采购计划能够确保公司按时供应所需的环保产品，从而满足客户需求，维护声誉，并保持供应链的高效性。因此，小王即将面临一个重要的任务——制订采购计划。

学习标杆

华为全流程自动化的电子采购

作为管理网络倡导者、实践者和领先者的华为技术有限公司为了建立国际竞争力，不惜高价从知名的跨国公司 IBM 请来顾问帮助建立起自己的采购系统，以求更好地发展。

CEG 与华为的技术和认证中心（Technology&Qualification Center，T&QC）在华为研发和供应商之间架起了沟通的桥梁，推动供应商早期参与华为的产品设计，以此来取得双方的技术融合以及在成本、产品供应能力和功能方面的竞争优势。华为的工程采购部（Customer Solution Procurement，CSP）和华为销售和行销部门一起积极地参与客户标书的制作。参与市场投标将使采购部门了解到客户配套产品的需求，在订单履行过程的早期充分了解华为向客户作出的承诺，以确保解决方案满足客户需求并能够及时交付。

华为的采购主系统从 ERP10.7 升级至 ERP11i，带来了多方面的变化，例如：实现了大部分订单的自动发放；实现了行政办公用品的自助采购；通过网络平台与供应商共享预测数据和交互 PO 信息；通过电商平台与供应商共享预测数据和交互 PO 信息；成为 ERP 系统（Oracle 11i）的一部分；自助采购集成了请购、采购、收货；丰富的 Catalog 资源；目前已在非生产采购业务中使用。

SCC 是 Supply Chain Collaboration（供应链协作）软件平台的简称。SCC 主要提供预测交互和订单交互功能，帮助华为和供应商进行有效的信息传递。SCC 提供问题管理的功能，能够对预测交互中的供需差异、PO 执行过程中的异常等进行管理。SCC 从 2003 年 10 月开始在生产采购业务中使用，已有约 300 家供应商通过 SCC 与华为进行订单的交互。

电子化交易就是“在网上进行买卖交易”，其内涵是：企业以电子技术为手段，改善经营模式，提高企业运营效率，进而增加企业收入。电子化交易可以让企业得到更多的供应商资源、充分了解供应市场状况、更好地收集市场信息，使采购策略立足于事实基础之上。华为正在着手实现从“采购请求”到“付款”全流程的自动化。

华为希望供应商支持这一行动，并参与电子采购的使用，将其作为主要的沟通和交易平台。此外，华为还将在预测/订单状态、RFI/RFQ/RFP、供应商评估等方面与供应商进行电子化的合作。这将给华为和供应商双方带来收益，有助于提高效率和降低交易运作成本。

（资料来源：https://zhuanlan.zhihu.com/p/138540345）

思考

电子采购系统可以为华为的采购计划带来什么优势？

一、采购计划

（一）定义

采购计划是指企业管理人员在了解市场供求情况、认识企业生产经营活动和掌握物料消耗规律的基础上对计划期内物料采购管理活动所做的预见性安排和部署。广义的采购计划是指为了保证供应各项生产经营活动的物料需要量而编制的各种采购计划的总称。狭义的采购计划是指每个年度的采购计划，即对企业计划年度内生产经营活动所需采购的物料的数量和采购时间等做的安排与部署。

（二）目的

采购计划的编制是明确企业采购哪些产品和服务能够最好地满足企业经营需求的过程，需要考虑的事项包括是否采购、怎样采购、采购什么、采购多少以及何时采购等。采购计划的编制应达到以下目的：

（1）预计物料需用的时间与数量，防止供应中断，影响产销活动。

（2）避免物料储存过多、积压资金以及占用堆积的空间。

（3）配合企业生产计划与资金调度。

（4）使采购部门事先准备，选择有利时机采购物料。

（5）确定物料耗用标准，以便管制物料采购数量及成本。

二、编制采购计划的主要环节

目前公认的采购计划的主要环节有准备认证计划、评估认证需求、计算认证容量、制订认证计划、准备订单计划、评估订单需求、计算订单容量、制订订单计划等，下面分别详细阐述这八个环节。

（一）准备认证计划

准备认证计划是采购计划的第一步，也是非常重要的一步。关于准备认证计划可以从以下几个方面进行详细的阐述。

1. 接收开发批量需求

开发批量需求是能够启动整个供应程序流动的牵引项，要想制订比较准确的认证计划，首先要做的就是非常熟悉开发需求计划。目前开发批量需求通常有两种情形：一种是在以前或者是目前的采购环境中就能够挖掘到的物料供应，例如，若是以前所接触的供应商的供应范围比较大，就可以从这些供应商的供应范围中找到企业需要的批量物料需求；另一种情形就是企业需要采购的是新物料，在原来形成的采购环境中不能提供，需要企业的采购部门寻找新物料的供应商。

2. 接收余量需求

随着企业规模的扩大，市场需求也会变得越来越大，旧的采购环境容量不足以支持企业的物料需求；或者是因为采购环境有了下降的趋势从而导致物料的采购环境容量逐渐缩小，这样就无法满足采购的需求。以上这两种情况都会产生余量需求，这就产生了对采购环境进行扩容的要求。采购环境容量的信息一般是由认证人员和订单人员来提供的。

3. 准备认证环境资料

通常来讲，采购环境的内容包括认证环境和订单环境两个部分。有些供应商的认证容量比较大，但是其订单容量比较小；有些供应商的情况恰恰相反，其认证容量比较小，但是订单容量比较大。产生这些情况的原因是认证过程本身是对供应商样件的小批量试制过程，这个过程需要强有力的技术力量支持，有时甚至需要与供应商一起开发；但是订单过程是供应商规模化的生产过程，其突出表现就是自动化机器流水作业及稳定的生产，技术工艺已经固化在生产流程之中，所以订单容量的技术支持难度比起认证容量的技术支持难度要小得多。因此，可以看出认证容量和订单容量是两个完全不同的概念，企业对认证环境进行分析的时候一定要分清这两个概念。

4. 制订认证计划说明书

制订认证计划说明书也就是把认证计划所需要的材料准备好，主要内容包括认证计划说明书（物料项目名称、需求数量、认证周期等），同时附有开发需求计划、余量需求计划、认证环境资料等。

（二）评估认证需求

评估认证需求是采购计划的第二个步骤，其主要内容包括三个方面：分析开发批量需求、分析余量需求和确定认证需求。

1. 分析开发批量需求

要做好开发批量需求的分析不仅需要分析量上的需求，而且要掌握物料的技术特征等信息。开发批量需求的样式是各种各样的，按照需求的环节可以分为研发物料开发认证需求和生产批量物料认证需求；按照采购环境可以分为环境内物料需求和环境外物料需求；按照供应情况可以分为可直接供应物料和需要订作物料；按照国界可分为国内供应物料和国外供应物料等。对于如此复杂的情况，计划人员应该对开发物料需求做详细的分析，有必要时还应该与开发人员、认证人员一起研究开发物料的技术特征，按照已有的采购环境及认证计划经验进行分类。从以上可以看出，认证计划人员需要兼备计划知识、开发知识、认证知识等，具有从战略高度分析问题的能力。

2. 分析余量需求

分析余量需求要求首先对余量需求进行分类，前面已经说明了余量认证的产生来源：一是市场销售需求的扩大，另一种情况是采购环境订单容量的萎缩。这两种情况都导致了目前采购环境的订单容量难以满足用户的需求，因此需要增加采购环境容量。对于因市场需求原因造成的，可以通过市场及生产需求计划得到各种物料的需求量及时间；对于因供应商萎缩造成的，可以通过分析现实采购环境的总体订单容量与原订容量之间的差别来获得，这两种情况的余量相加即可得到总的需求容量。

3. 确定认证需求

要确定认证需求可以根据开发批量需求及余量需求的分析结果来确定。认证需求是指通过认证手段，获得具有一定订单容量的采购环境。

（三）计算认证容量

计算认证容量是采购计划的第三个步骤，它主要包括分析项目认证资料、计算总体认证容量、计算承接认证量和确定剩余认证容量四方面的内容。

1. 分析项目认证资料

分析项目认证资料是计划人员的一项重要事务，不同的认证项目其过程及周期也是千差万别的。机械、电子、软件、设备、生活日用品等物料项目，它们的加工过程各种各样，非常复杂。作为从事某行业的实体来说，需要认证的物料项目可能是上千种物料中的某几种，熟练分析几种物料的认证资料是可能的，但是对于规模比较大的企业，分析上千种甚至上万种物料其难度则要大得多。

2. 计算总体认证容量

在采购环境中，供应商订单容量与认证容量是两个不同的概念，有时可以互相借用，但绝不是等同的。一般在认证供应商时，要求供应商提供一定的资源用于支持认证操作，或者一些供应商只做认证项目。总之，在供应商认证合同中，应说明认证容量与订单容量的比例，防止供应商只做批量订单，而不愿意做样件认证。计算采购环境的总体认证容量的方法是把采购环境中所有供应商的认证容量叠加即可，但对有些供应商的认证容量需要加以适当的系数。

3. 计算承接认证量

供应商的承接认证量等于当前供应商正在履行认证的合同量。一般认为认证容量的计算是一个相当复杂的过程，各种各样的物料项目的认证周期也是不一样的，一般是要求计算某一时间段的承接认证量。最恰当、最及时的处理方法是借助电子信息系统，模拟显示供应商已承接的认证量，以便认证计划决策使用。

4. 确定剩余认证容量

某一物料所有供应商群体的剩余认证容量的总和，称为该物料的“认证容量”，可以用下面的公式简单地进行说明：

物料认证容量 = 物料供应商群体总体认证容量 − 承接认证量

这种计算过程也可以被电子化，一般物料需求计划系统不支持这种算法，因而可以单独创建系统。认证容量是一个近似值，仅作为参考，认证计划人员对此不可过高估计，但它能指导认证过程的操作。

采购环境中的认证容量不仅是采购环境的指标，而且也是企业不断创新，维持持续发展的动力源。源源不断的新产品问世是基于认证容量价值的体现，也由此能生产出各种各样的产品新部件。

（四）制订认证计划

制订认证计划是采购计划的第四个步骤，它的主要内容包括对比需求与容量、综合平衡、确定余量认证计划和制订具体认证计划四个方面的内容。

1. 对比需求与容量

认证需求与供应商对应的认证容量之间一般都会存在差异，如果认证需求小于认证容量，则没有必要进行综合平衡，直接按照认证需求制订认证计划；如果认证需求大大超出供应商容量，出现这种情况就要进行认证综合平衡，对于剩余认证需求需要制订采购环境之外的认证计划。

2. 综合平衡

综合平衡就是指从全局出发，综合考虑生产、认证容量、物料生命周期等要素，判断认证需求的可行性，通过调节认证计划来尽可能地满足认证需求，并计算认证容量不能满足的剩余认证需求，这部分剩余认证需求需要到企业采购环境之外的社会供应群体之中寻找容量。

3. 确定余量认证计划

确定余量认证计划是指对于采购环境不能满足的剩余认证需求，应提交采购认证人员分析并提出对策，与之一起确认采购环境之外的供应商认证计划。采购环境之外的社会供应群体如果没有与企业签订合同，那么制订认证计划时要特别小心，并由具有丰富经验的认证计划人员和认证人员联合操作。

4. 制订具体认证计划

制订具体认证计划是认证计划的主要目的，是衔接认证计划和订单计划的桥梁。只有制订好认证计划，才能根据该认证计划做好订单计划。下面给出认证物料数量及开始认证时间的确定方法。

认证物料数量 = 开发样件需求数量 + 检验测试需求数量 + 样品数量 + 机动数量

开始认证时间 = 要求认证结束时间 − 认证周期 − 缓冲时间

（五）准备订单计划

准备订单计划主要分为接收市场需求、接收生产需求、准备订单环境资料和制订订单计划说明书四个方面的内容。

1. 接收市场需求

市场需求是启动生产供应程序流动的牵引项，要想制订比较准确的订单计划，首先必须熟知市场需求计划，或者是市场销售计划。市场需求的进一步分解便得到生产需求计划。企业的年度销售计划一般在上年的年末制订，并报送至各个相关部门，同时下发到销售部门、计划部门、采购部门，以便指导全年的供应链运转；根据年度计划制订季度、月度的市场销售需求计划。

2. 接收生产需求

生产需求对采购来说可以称之为生产物料需求。生产物料需求的时间是根据生产计划产生的，通常生产物料需求计划是订单计划的主要来源。为了便于理解生产物料需求，采购计划人员需要深入熟知生产计划及工艺常识。

3. 准备订单环境资料

准备订单环境资料是准备订单计划中一个非常重要的内容。订单环境是在订单物料的认证计划完毕之后形成的，订单环境的资料主要包括：①订单物料的供应商消息。②订单比例信息（对多家供应商的物料来说，每一个供应商分摊的下单比例称为订单比例，该比例由认证人员产生并给予维护）。③最小包装信息。④订单周期，它是指从下单到交货的时间间隔，一般以天为单位。订单环境一般使用信息系统管理。订单人员根据生产需求的物料项目，从信息系统中查询了解该物料的采购环境参数及其描述。

4. 制订订单计划说明书

制订订单计划说明书也就是准备好订单计划所需要的资料，主要内容包括：①订单计划说明书，如物料名称、需求数量、到货日期；②附有市场需求计划、生产需求计划、订单环境资料等。

（六）评估订单需求

评估订单需求是采购计划中非常重要的一个环节，只有准确地评估订单需求，才能为计算订单容量提供参考依据，以便制订出好的订单计划。它主要包括分析市场需求、分析生产需求和确定订单需求三个方面的内容。

1. 分析市场需求

制订订单计划必须仔细分析市场签订合同的数量与还没有签订合同的数量（包括没有及时交货的合同）等一系列数据，同时研究其变化趋势，全面考虑要货计划的规范性和严谨性，还要参照相关的历史要货数据，找出问题的所在。只有这样，才能对市场需求有一个全面的了解，才能制订出一个满足企业远期发展与近期实际需求相结合的订单计划。

2. 分析生产需求

分析生产需求，首先要研究生产需求的产生过程，再分析生产需求量和要货时间。例如，某企业根据生产计划大纲，对零部件的清单进行检查，得到部件的毛需求量。在第一周，现有的库存量是 80 件，毛需求量是 40 件，那么剩下的现有库存量为 80 - 40 = 40（件）。到第三周时，库存为40 件，此时预计入库120 件，毛需求量70 件，那么新的现有库存为40 + 120 - 70 = 90（件）。每周都有不同的毛需求量和入库量，于是就产生了不同的生产需求，对企业不同时期产生的不同生产需求进行分析是很有必要的。

3. 确定订单需求

根据对市场需求和对生产需求的分析结果，就可以确定订单需求。通常来讲，订单需求的内容是通过订单操作手段，在未来指定的时间内，将指定数量的合格物料采购入库。

（七）计算订单容量

计算订单容量是采购计划中的重要组成部分。只有准确地计算好订单容量，才能对比需求和容量，经过综合平衡，最后制订出正确的订单计划。计算订单容量主要有分析项目供应资料、计算总体订单容量、计算承接订单容量和确定剩余订单容量四个方面的内容。

1. 分析项目供应资料

对于采购工作来讲，所采购物料的供应商信息是非常重要的一项资料。如果没有供应商供应物料，那么无论是生产需求还是紧急的市场需求，一切都无从谈起。可见，有供应商的物料供应是满足生产需求和满足紧急市场需求的必要条件。例如，某企业想设计一家练歌房的隔音系统，隔音玻璃棉是完成该系统的关键材料，经过项目认证人员的考察，该种材料被垄断在少数供应商的手中，在这种情况下，企业的计划人员就应充分利用好这些情报，在下达订单计划时就会有的放矢了。

2. 计算总体订单容量

总体订单容量一般包括两方面内容：一是可供物料的数量，二是可供物料的交货时间。

举一个例子来说明这两方面的结合情况：A 供应商在 12 月 31 日之前可供应 5 万个特种按钮（Ⅰ型 3 万个，Ⅱ型 2 万个），B 供应商在 12 月 31 日之前可供应 8 万个特种按钮（Ⅰ型 4 万个，Ⅱ型 4 万个），那么 12 月 31 日之前Ⅰ和Ⅱ两种按钮的总体订单容量为 13 万个，其中Ⅱ型按钮的总体订单容量为 6 万个。

3. 计算承接订单容量

承接订单容量是指某供应商在指定的时间内已经签下的订单量，但是，承接订单容量的计算过程较为复杂。仍以一个例子来说明：A 供应商在 5 月 1 日之前可以供给 5 万个特种按钮（Ⅰ型 3 万个，Ⅱ型 2 万个），若是已经承接Ⅰ型特种按钮 2 万个，Ⅱ型 1 万个，那么对Ⅰ型和Ⅱ型物料已承接的订单量就比较清楚，即 2 万个（Ⅰ型）+1 万个（Ⅱ型）=3 万个。

4. 确定剩余订单容量

剩余订单容量是指某物料所有供应商群体的剩余订单容量的总和，可以用下面的公式表示：

物料剩余订单容量 = 物料供应商群体总体订单容量 − 已承接订单量

（八）制订订单计划

制订单计划是采购计划的最后一个环节，也是最重要的环节。它主要包括四个方面的内容：对比需求与容量、综合平衡、确定余量认证计划和制订详细订单计划。

1. 对比需求与容量

对比需求与容量是制订订单计划的首要环节，只有比较出需求与容量的关系才能有的放矢地制订订单计划。如果经过对比发现需求小于容量，即无论需求多大，容量总能满足需求，则企业要根据物料需求来制订订单计划；如果供应商的容量小于企业的物料需求，则要求企业根据容量制订合适的物料需求计划，这样就产生了剩余物料需求，需要对剩余物料需求重新制订认证计划。

2. 综合平衡

综合平衡是指综合考虑市场、生产、订单容量等要素，分析物料订单需求的可行性，必要时调整订单计划，计算容量不能满足的剩余订单需求。

3. 确定余量认证计划

在对比需求与容量的时候，如果容量小于需求就会产生剩余需求，对于剩余需求要提交认证计划制订者处理，并确定能否按照物料需求规定的时间及数量交货。为了保证物料及时供应，此时可以通过简化认证程序，并由具有丰富经验的认证计划人员进行操作。

4. 制订详细订单计划

这是采购计划的最后一个环节，订单计划做好之后就可以按照计划进行采购工作了。一份订单包含的内容有下单数量和下单时间两个方面：

下单数量 = 生产需求量 − 计划入库量 − 现有库存量 + 安全库存量

下单时间 = 要求到货时间 − 认证周期 − 订单周期 − 缓冲时间

三、电子采购

（一）电子采购的定义和优势

电子采购是一种在互联网上创建专业供应商网络平台的采购方式。它能够使企业通过网络寻找管理合格的供货商和产品，随时了解市场行情和库存情况，编制销售计划，在线采购所需的产品，并对采购订单和采购的产品进行在途管理、台账管理与库存管理，实现采购的自动统计分析。电子采购是一种适应时代发展的先进采购模式，具有公开、透明、快捷和低成本等特点，能够有效地避免采购过程中发生的腐败和风险，提高采购效率。电子采购的优点如下。

（1）有利于扩大供应商范围，提高采购效率，降低采购成本，产生规模效益。由于电子商务面对的是全球市场，企业可以突破传统采购模式的局限，从货比三家到货比多家，在比质比价的基础上找到满意的供应商，大幅降低采购成本。电子采购模式下，采购人员不需要出差，可以大大降低采购费用；通过网站信息的共享，企业可以节省纸张，实现无纸化办公，大大提高采购效率。

（2）有利于提高采购的透明度，实现采购过程的公开，杜绝采购过程中的腐败。电子采购是一场无须谋面的交易，企业将采购信息及采购流程在网站公开，避免交易双方有关人员私下接触，由计算机根据设定标准自动完成供应商的选择工作，有利于实现实时监控，杜绝采购过程中的腐败，使采购更透明、更规范。

（3）有利于实现采购业务程序标准化。电子采购是在对业务流程进行优化的基础上进行的，必须按软件规定的标准流程进行，这样可以规范采购行为和采购市场，有利于建立一种比较良好的经济环境和社会环境，有效避免了采购过程的随意性。

（4）满足企业即时化生产和柔性化制造的需要，缩短采购周期，使生产企业由“为库存而采购”转变为“为订单而采购”。为了满足不断变化的市场需求，企业必须具有快速反应能力。企业通过电子商务网站可以快速收集客户订单信息，然后安排生产计划，再根据生产需求进行物资采购或及时补货，及时响应客户需求，降低库存，提高物流速度和库存周转率。

（5）实现采购管理向供应链管理的转变。由于现代企业的竞争不再是单个企业之间的竞争，而是供应链与供应链之间的竞争，因此要求供需双方建立长期的、互利的、信息共享的合作关系，而电子采购可以使参与采购的供需双方进入供应链，从以往的“输赢关系”变为“双赢关系”。企业可以及时将数量、质量、服务、交货期等信息通过电子商务网站或EDI方式传送给供应商，并根据生产需求及时调整采购计划，使供应商严格按照要求提供产品与服务。这有助于企业实现准时化采购和生产，并降低整个供应链的总成本。

（二）电子采购的采购方式

电子采购的采购方式有很多种，常见的有以下几种。

1. 招标采购

招标采购是把传统招标采购流程搬到网上实施的一种采购方式。买方招标主要有以下3种形式：开放式、不公开和密封式。完整的招标采购模块应该具备在线招标、在线投标、在线开评标等功能。以密封投标为例，其招标采购大致流程如下：采购商制定采购方案，发布招标公告；供应商看到招标公告后，根据自己的情况在线递交加密后的投标文件。开标时，采购商、供应商、专家同时进入评标大厅，供应商通过上传密钥文件对投标文件进行解密。由若干个专家组成的专家组负责评标、推荐获胜供应商的工作。在开标大厅中，采购商和供应商均可以在线发言，系统将对其发言记录进行自动备案。采购商主要负责监控远程客户端所有专家的评标情况，最后在线发布中标公告。

2. 竞价采购

竞价采购是一种供应商在网上相互报价，由报价最低者胜出的基于反向拍卖的采购方式。其流程与招标采购相似：首先由采购商在网上发布竞价公告，供应商提交竞价申请，采购商对供应商进行审核并制定竞价规则；在采购商开启竞价大厅以后，供应商进入竞价大厅开始报价。对于每轮反向拍卖，供应商在竞价结束前可以无限次提交价格，系统中的价格将实时更新。

3. 直接采购

直接采购主要适用于采购市场中价格比较透明的产品。因为采购价格和采购对象一般比较稳定，所以直接采购的重点不在于双方的协商，而在于如何加快采购流程、缩短采购周期。因此，直接采购系统一般提供供应商在线提交订单、采购商在线确认订单等一系列能够加快采购流程的功能。

4. 目录采购

目录采购是采购商在电子采购平台上进行的一种最基本的交易模式，即采购商直接从目录中选择产品进行交易。这种采购方式具有操作简便、界面直观等特点。

5. 谈判采购

谈判采购主要是通过与供应商在线谈判以实现采购目的的一种采购方式。谈判采购可以只进行商务谈判，如针对价格、质量保证、售后服务、交货付款等内容进行谈判；也可以在技术谈判（如技术指标、技术性能等）确定后，再进行商务谈判。随着信息技术的发展，越来越多的谈判采购支持语音谈判和视频谈判。这些新技术的运用大大促进了谈判采购的发展。采购商实现电子采购的采购方式有两种：使用 EDI 的电子采购和使用网络的电子采购。电子采购门户站点适用于购买简单产品，它可以让供应商创建和维护其产品的在线目录，其他企业可以从这些目录中搜索产品、下订单并当场确定付款和装运选择。在购买定制产品时，采购方需要提供技术规格和供应要求等信息。其具体步骤为：①整理需求信息，采购人员需要收集来自需求部门的各项请求及建议，形成采购说明书；②在资金时间、交货期等约束条件下，寻找能满足需求的供应商。EDI 系统能够快速实现采购方与供应商之间的采购信息交换与匹配，加快采购进程。

（三）电子采购的采购模式

电子采购的模式非常广泛且存在差异性。在电子采购中，采购产品的信息大多来源于企业外部，电子采购平台为采购模式的实现提供了条件。目前，电子采购的模式主要包括卖方模式（供应商卖方系统）、买方模式（采购商买方系统）和第三方模式（第三方电子采购平台）。

1. 卖方模式

卖方模式是指供应商通过电子采购平台发布产品的在线目录，采购商可以直接登录供应商卖方系统，在线浏览并获取自己需要的产品信息，进而做出采购决策，最后完成采购订单的填写。在卖方模式中，供应商是卖方，为了扩大市场份额而开发了自己的网站，方便众多的采购商浏览和采购其在线目录产品。采购商通常是免费登录供应商卖方系统的。这种模式较为常见的例子是商场和购物中心。这种模式的优点是方便采购商随时访问，采购商不需要进行任何的投资；缺点是采购商难以控制和跟踪自身的采购开支。随着电子商务市场的发展，这种模式更多以 XML（Extensible Markup Language，可扩展标记语言）作为基础标准，使采购商的 ERP 系统容易接受简单的采购文件形式（如订单、收据）。但这种模式容易导致采购员滥用职权，如采购员可能违背企业的采购政策，随意向供应商提交采购订单。

2. 买方模式

买方模式是指采购商通过互联网发布需要采购的产品信息，而供应商则在采购商的网站上提供自己的产品信息，从而使买卖双方进行信息交流。互相了解之后，双方通过采购商的网站或者其他途径进行协调和沟通，进一步确认采购任务，最终完成整个采购计划。在买方模式中，采购商的部分工作是建立、维护和更新产品目录。虽然这种模式的成本较高，但采购商能够更好地控制整个采购流程。首先，它限定了所需产品的种类和规格。其次，当不同的采购员在采购不同产品时，它可以明确采购权限和数量限制。最后，采购员通过这一个界面就能知晓所有合适的供应商的产品信息，方便进行比较和分析。

3. 第三方模式

第三方模式是指供应商和采购商通过第三方电子采购平台进行采购业务活动。如图 2-2-1 所示，在第三方电子采购平台上，多个供应商与采购商能够同时进行各种商业交易。网络上的水平门户和垂直门户能够提高这种模式的交易效率。水平门户主要专注于多行业、多种类的产品，各行各业的采购商都可以前来采购。垂直门户则专注于某一行业产品的电子商务市场，如化工、能源、钢材等，采购商主要来自相应行业。对于供应商和采购商而言，第三方电子采购平台的优点在于双方都不需要投入大量资源，只需要购买第三方电子采购平台的服务，充分利用第三方电子采购平台提供的技术就能完成在线采购。这种模式能够同时将不同的供应商、采购商集中到同一个市场，不仅方便供应商推广其产品，降低营销成本，而且方便采购商对所需产品进行查找和对潜在供应商进行挑选。

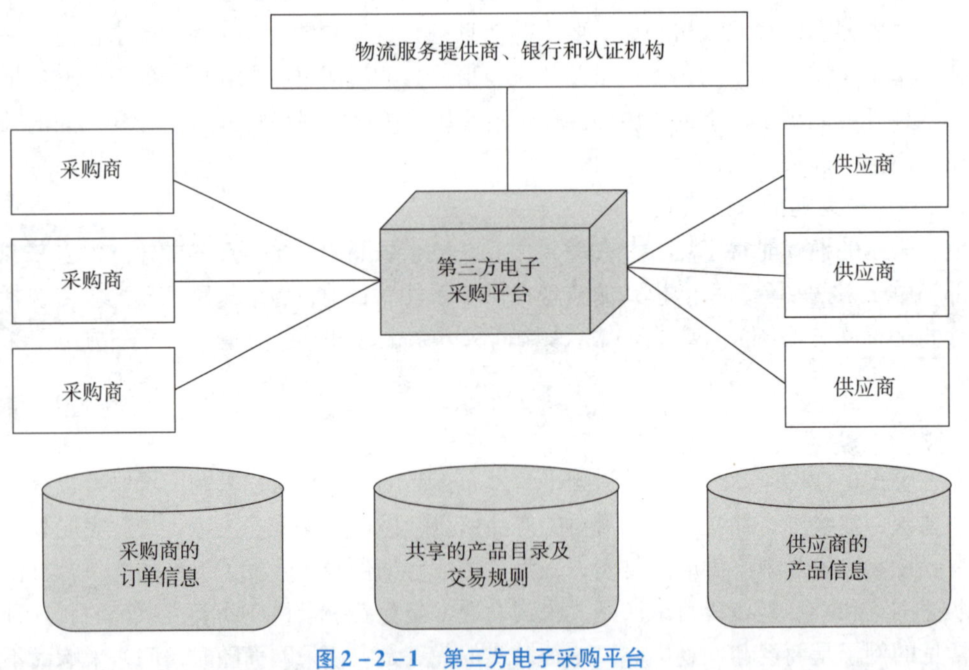

图 2-2-1　第三方电子采购平台

（四）电子采购流程

对于电子采购来说，依据电子采购平台进行库存管理、在线比价等，极大地提高了采购流程运作的效率。电子采购的一般流程如下（图 2－2－2）。

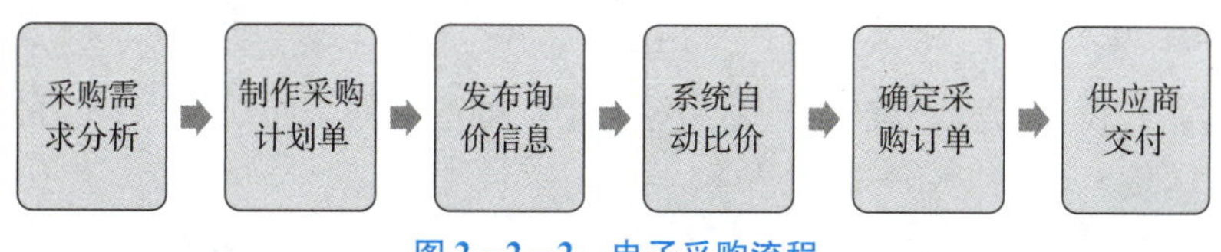

图 2－2－2　电子采购流程

（1）采购人员根据库存状况和销售人员登记的订单，从系统中导出断货品种目录，进行采购需求分析。

（2）根据月销量、销售订单数量和库存周转率，确定采购品种的数量，制作采购计划单。

（3）将采购计划单上传至电子采购平台，并设置询价起止时间。

（4）在询价时间内，由各个上游供应商对订单品种进行标价；询价结束后，由系统自动比价。

（5）采购人员以比价结果为依据，结合供应商的资信情况、配送能力和协议状况等，确定采购订单。

（6）供应商接收到采购订单后，完成发货、配送等后续的一系列工作。

电子采购流程降低了传统采购中大量的人力、物力和财力的消耗，将原本需要花费大量人工费用和电话、传真费用的询价比价环节一步完成；同时减少了采购过程中的人为因素干扰，使整个采购过程留下了痕迹，方便采购管理者对采购工作进行管控和分析。此外，系统的询价比价环节能使企业获得更多的信息资源，并扩大可选择的供应商范围，降低了企业的采购成本，便于企业优化供应链的管理。

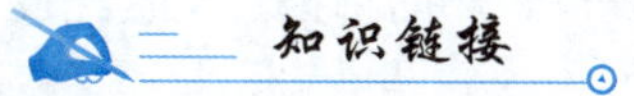

电子采购

一、实训目标

通过完成本实训任务，学生将能够更好地掌握电商采购基本原则与流程，通过统一规划和集中采购，可以获得更大的规模效益，降低采购成本，提高企业的盈利能力。通过采购计划，可以更好地预测市场行情和供需情况，提高采购工作的前瞻性和预见性，规避行情风险，为企业的可持续发展提供有力保障。

二、实训步骤

（一）准备认证计划

为了编制合理的认证计划，小王首先需要了解采购需求量，和公司对接采购需求。

1. 评估认证需求

小王通过采购需求预测，确定第11周绿色清洁剂产品的采购数量为63万件。

2. 计算认证容量

根据历史消耗定额，小王结合定期订购法，需要在63万件的基础上，再增加一个保险储备量（安全库存量）。

$$保险储备量=平均一日需要量\times保险储备天数$$

考虑到第11周之后开展线上采购，采购产品的运输时间需要2天，因此保险储备天数为2天。

那么绿色清洁剂产品的保险储备量 $=63\div7\times2=18$（万件）。

最终的采购量 $=63+18=81$（万件）。

在确定最终的采购量之后，小王据此编制了认证计划（表2-2-1）。

表2-2-1　公司认证计划表

需求数量	物质名称	单位	规格	期初结存	采购量	供货商
63	绿色清洁剂	万件	500g×12	0	81	A

（二）制订认证计划

在分析开发批量需求后，小王开始编制认证计划草案，并上交主管审核，最终形成正式订单。

1. 综合平衡

小王在选择供应商时应考虑以下4个方面的因素：产品质量、产品价格、交货速度、售后服务。

2. 制订具体认证计划

小王通过电话沟通等方式及时向供应商确认其是否收到采购订单。如果对方没有表示接受，则发出的采购订单并不能构成一项合同，采购事项无效。另外，只有当采购订单被确认接受之后，采购方才能确信供应商将在约定的日期发货。

通常，供应商接受了订单的各项条件后，要向采购方的采购部门发出“承诺函”以确认采购事项（图2-2-3），并着手备货，执行订单。因此，小王在发出采购订单后，与供应商及时沟通、确认。

3. 准备订单计划

采购订单确认接受后，小王就同期所采购的货品、物料编制采购记录，填写采购记录表（表2-2-2），以便在供应商交货时对照采购订单进行接货检验。

承 诺 函

致：中鼎誉润工程咨询有限公司河源分公司

根据贵方组织的<u>（项目名称）</u>（项目编号：____）的竞争性磋商邀请，我方承诺具备履行合同所必需的设备和专业技术能力。

特此承诺！

供应商（盖章）：____________

日期： 年 月 日

图 2-2-3 供应商采购承诺函

表 2-2-2 物资采购记录表

物品说明		规格说明			生产数量		
物资名称	物资编号	标准用量	本批用量	供应商	单价	订货日期	交货记录
绿色清洁剂	23	63	81	A	7 元	20230506	已交货

（三）评估订单需求

采购的目的是及时取得符合企业生产经营要求的物料，所以小王必须要对订单及时评估，为最终订单计划的制订提供参考。

经过评估，小王确定此次采购用量为 81 万件，需要结合供应商情况，采购数量达标的物料。

在采购过程中，同一物料或货品可能有几家供应商供选择，虽然每个供应商都有分配比例，但是具体操作时可能会遇到意想不到的情况，如供应商提出更改“认证合同条款”（包括价格、质量、货期等），因此小王在订单发出后应充分与供应商沟通，确认本次采购可供货的供应商。当然，如果供应商确实难以接受订单，也不必强人所难，可以在采购环境里另外选择其他供应商，必要时要求认证人员协助办理。

在本次采购中，分别有供应商 A、B，分析两者的库存情况和产量情况，如表 2-2-3 所示。

表 2-2-3 订单需求分析表

供货商	现有库存/万件	日产量/万件
A	300	10
B	50	5

分析发现，供应商 A 在库存量和日产量上显著优于供应商 B，更符合小王公司的订单需求，为保障采购的顺利完成，小王选取供应商 A。

（四）制订订单计划

小王整理供应商签订的合同，出具的采购订单及相关文件、资料，完成最终的订单计划。

1. 计算订单容量

小王结合物资采购需求、供应商生产情况，确定最终的订单计划。小王采购的绿色清洁剂用量为 81 万件，通过分析供应商 A 的生产情况，可以发现供应商 A 有五家工厂，单日生产量达到 10 万件，完全可以覆盖小王公司的采购需求，因此可以最终确定采购计划。

2. 制订具体订单计划

小王将该笔采购订单提交给上级部门最终确认，并将相关订单录入管理系统（图 2－2－4）。

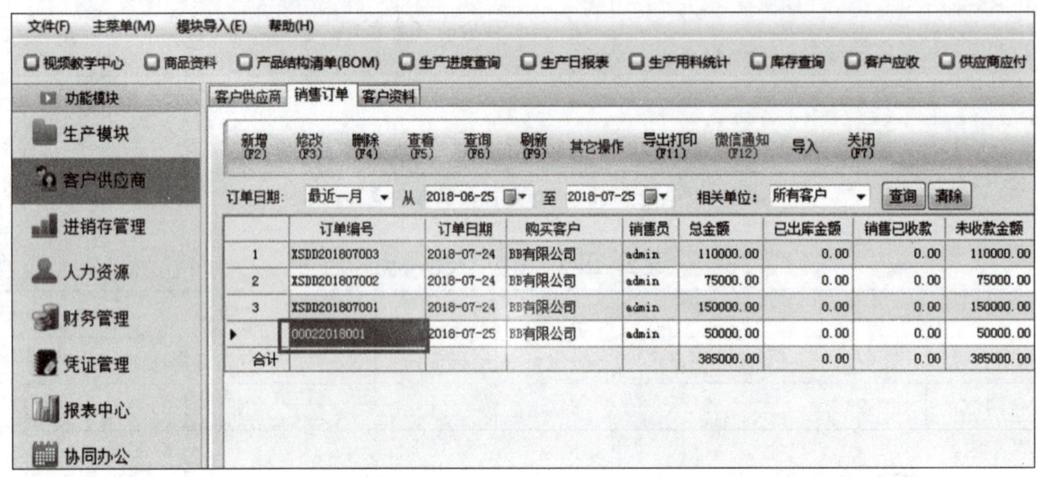

图 2－2－4 采购订单管理系统

三、实训考核

老师根据模拟过程为学生评分，包括：

（1）流程是否清晰。

（2）知识掌握程度。

（3）小组间组员配合是否流畅，任务分配是否合理。

实训考核主要是评价学生实训过程的表述是否清楚、逻辑性如何、成员协作配合情况等。评价的标准见表 2－2－4。

表 2－2－4 实训评价表

考核要素	评价标准	分值/分	评分/分		
			自评（20%）	小组（30%）	教师（50%）
编制电商采购计划	知识掌握	40			
	逻辑性	40			
	成员配合情况	20			

续表

考核要素	评价标准	分值/分	评分/分		
			自评（20%）	小组（30%）	教师（50%）
评价人签名					
合计					
教师评语： 年　月　日					

任务 3　供应商选择

任务导入

为了在阿里巴巴采购平台上寻找合适的供应商，小王进行了初步筛选，锁定了五家潜在的合作伙伴：A 供应商、B 供应商、C 供应商、D 供应商、E 供应商。现在，小王希望通过综合评价方法来确定与其中一家供应商展开合作。接下来，小王应该如何在阿里巴巴采购平台上选择合适的供应商呢？

学习标杆

正泰新能科技有限公司绿色供应商管理

正泰新能关注供应商的全面发展，通过对供应商进行全面审核及多维度沟通等手段进行绿色伙伴认证、选择和管理。积极介入、主动参与供应商研发制造过程，引导供应商减少各种原材料和包装材料用量，用更环保的材料替代，避免或较少环境污染。定期对供应商进行培训和技术支持。

一、供方管理

供应商是实现绿色供应链的基础，为此我司建立了完善的供应商管理系统。在供应商选择之初，即制定了高标准的要求，除对供应商从市场、价格、发展情况、客户业绩、公司资质、产能、研发等多方面进行综合比较外，还将ISO9001认证作为主要材料开发的必须要求，同时对能够提供14001和18001的供应商进行优先选择开发。对新引进的供应商，开发过程中进行现场审核，现场审核不合格的供应商将停止开发，确保按质量管理体系的要求进行管理，降低不良率，减少报废和浪费原材料，从源头开始注重产品质量，保证产品符合客户要求。正泰新能制定了《供方管理》及《供应商质量管理》两份技术标准对供应进行管理。采购管理将物料分为A、B、C、D四大类，生产服务部依据物料分类进行四大类物料供应商的开发、导入、考核、评定。正泰新能对新导入供方从供应商资质、生产能力、人员配置、质量管控、售后跟踪等各方面进行调查，输出《供方资质审查/评定表》。在此基础上，正泰新能以《产品有害物质管理程序》以依托，向供应商收集《供应商环境有害物质检测调查表》。所有供应商均需签订有关禁止使用禁用物质的协议，以及《不使用禁用物质承诺书》，明确责任体系。当由于供应商原因造成原材料及产品有害物质超标时，对供应商按照协议进行处罚，以确保从原材料端把控产品绿色性。

二、供应商考核

在日常供应过程中，为了更好地对供应商进行管理，开发了供应商信息软件，将所有供应商的基本信息进行集中管理，并对供应商建立了季度、年度评价机制，对供应商的淘汰、筛选制定了严格的标准。对重点供应商制订年度审核计划，按照计划要求对重点供应商进行质量审核。同时根据实际生产情况，不定期不定时对供应商进行临时现场审核，从而通过各种方式保证供应商按照质量管理体系要求进行管理，满足我司绿色供应链管理的要求。正泰新能对于已有合格供应商根据《供方业绩审核评价标准》进行质量、价格、交期、服务、EHS等方面的定期评价考核，输出《供方年度业绩评价表》及年度审核报告。

（资料来源：https://www.cgsca.cn/newsinfo/5695652.html）

思考

正泰新能科技有限公司是如何进行供应商管理的？有什么值得参考借鉴的地方？

一、电商供应链环境下供应商的作用

一个好的供应商不仅能确保产品质量、降低成本、提升交货速度，还能有效地支持企业的产品创新、协同供应链合作伙伴共同应对市场挑战。同时，合适的供应商还可以帮助电商企业实现库存管理的优化，提高资金周转效率，降低企业风险。在这个快速发展、竞争激烈的电商时代，正确选择供应商并与之建立紧密的合作关系，将有助于电商企业在市场中脱颖而出，实现可持续发展，最终为消费者带来更优质的产品和服务。以下是电商环境下供应商的八大作用。

（一）保障产品质量

选择优质的供应商能够提供符合质量要求的原材料或产品，从而确保电商平台销售的产品质量得到保障。高质量的产品能够提升消费者满意度，降低退货率，从而增强电商平台的竞争力。此外，优质供应商通常具备较高的质量管理水平，有助于降低产品质量风险，提高电商企业在市场中的口碑。

（二）优化成本控制

合适的供应商能够为电商企业提供具有竞争力的价格，有利于降低采购成本，提高企业利润。选择成本效益高的供应商有助于电商企业在激烈的市场竞争中立于不败之地。同时，与供应商建立长期合作关系可实现采购成本的稳定性，使电商企业在价格波动的市场环境中更具竞争优势。

（三）提升交货速度

电商供应链中的供应商选择直接影响产品的交货速度。优秀的供应商能够确保交货时间的准确性和及时性，有助于提高电商平台的发货速度，满足消费者对快速配送的需求。快速响应市场需求和交付订单对于提高客户满意度和忠诚度至关重要，因此选择能够保证交货速度的供应商对电商企业具有显著益处。

（四）保证库存管理效率

选择稳定、可靠的供应商能够确保原材料或产品的稳定供应，有助于电商企业优化库存管理。合理的库存管理能够降低库存成本，提高资金利用率，从而提高企业运营效率。与可靠的供应商合作还有助于降低库存中断风险，确保电商企业在面临市场波动时，能够稳定地满足客户需求。

（五）支持产品创新

在电商供应链中，与具有创新能力的供应商合作，可以促进电商企业的产品创新。供应商可以为电商企业提供新型的原材料、设计理念和生产技术，帮助企业开发具有竞争力的新产品，以满足市场需求。此外，创新型供应商通常具备较高的技术实力，可以协助电商企业解决技术难题，提高产品附加值，进一步巩固电商平台的市场地位。

（六）促进企业社会责任实践

选择具有良好社会责任观念的供应商有助于提升电商企业的整体形象。合作伙伴环保、劳动条件等方面的表现会影响电商企业的声誉和客户满意度，因此选择负责任的供应商是企业实现可持续发展的重要环节。在电商供应链中，注重供应商的社会责任表现不仅有助于降低企业合规风险，还可以提升消费者对企业品牌的认同感。

（七）强化供应链协同

优秀的供应商能够与电商企业建立紧密的协同关系，共同应对市场变化。在电商供应链环境下，供应商的协同作用有助于提高供应链的整体效率，降低企业运营成本。与供应商建立良好的合作关系可以促使双方分享信息、资源和技术，共同应对市场挑战。

（八）强化风险管理

合适的供应商选择有助于降低电商企业在供应链中的风险。选择具有稳定生产能力和良好信誉的供应商能够降低供应中断、质量问题等风险。同时，多元化的供应商选择策略可以减少电商企业对单一供应商的依赖，进一步降低供应链风险。

总之，在电商供应链环境下，供应商选择对于保障产品质量、优化成本控制、提升交货速度、保证库存管理效率、支持产品创新、促进企业社会责任实践、强化供应链协同以及强化风险管理等方面具有关键性作用。因此，电商企业在供应链管理中需重视供应商选择这一环节，以提高整体运营效率和竞争优势。

二、供应商分析

收集供应商信息，既可以通过企业官网、中介平台，主动收集信息，也可以通过企业自有官网或者招投标的形式发布需求。收集到供应商信息后，要分析、确定供应商在本公司采购中的地位，针对供应商的地位（图 2 -3 -1），制定相应的采购策略和选择采购方式。

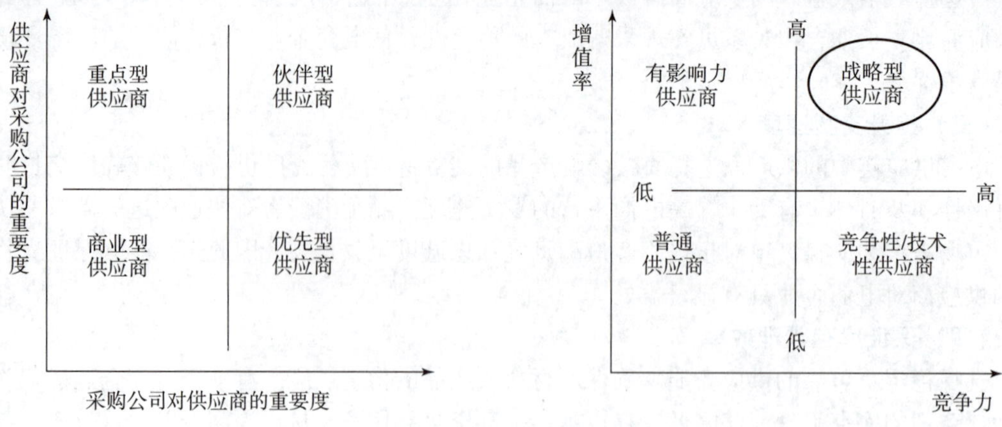

图2-3-1 供应商地位

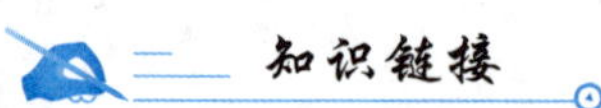

重点型供应商（Key Supplier）：在供应链中具有举足轻重地位的供应商，提供的产品或服务对企业的生产和运营具有重要影响。

伙伴型供应商（Partner Supplier）：与企业建立长期、稳定的合作关系的供应商，双方在业务上有高度的互信和互助。伙伴型供应商往往会共享一定程度的资源，共同应对市场变化和风险。

商业型供应商（Commercial Supplier）：以商业利益为主导的供应商，主要关注与企业之间的交易和利润。这类供应商通常会提供具有竞争力的价格和服务，但合作关系可能受市场变化和商业利益的影响。

优先型供应商（Preferred Supplier）：在众多供应商中表现优秀，因而被企业优先考虑的供应商。这类供应商通常具备较高的质量、交货及服务水平，能够满足企业的核心需求。

有影响力供应商（Influential Supplier）：在市场或行业内具有较大影响力的供应商，往往具有技术优势、品牌知名度或行业地位。与有影响力供应商合作可以提升企业在市场上的竞争力。

战略型供应商（Strategic Supplier）：与企业共享战略愿景的供应商，双方在关键业务领域建立长期、稳定的合作关系。企业与战略型供应商通常会在创新、研发、市场拓展等方面进行深度合作。

普通供应商（General Supplier）：提供一般性产品或服务的供应商，与企业的合作关系较为宽松。这类供应商通常以满足企业的基本需求为主，可能没有明显的竞争优势。

竞争性/技术性供应商（Competitive/Technical Supplier）：具有竞争性优势或技术优势的供应商，往往在某一领域或产品线具有明显的市场地位。企业与这类供应商合作可以获得先进的技术或解决方案，提升自身竞争力。

三、新供应商开发

新供应商开发的基本步骤是调查供应商资料、实地查看，初步评估、正式评估、初期谈判、签订采购合同，试用、评审，加入合格供应商。

评审供应商的核心指标有质量、成本、交货时间；扩展指标有技术、服务、创新和企业的责任（对职工的保护和环境的保护）。

成本法和打分法是常用的选择供应商的方法。

（一）成本法

根据供应商的成本高低，选择供应商。

【例题 2－3－1】某电子商务企业计划需要采购某种服装商品 200 件，甲、乙两个供应商供应的物资质量均符合企业的要求，信誉也比较好。离企业比较近的甲供应商的报价为 320 元/件，运费为 5 元/箱，10 件一箱，订购费用（采购中的固定费用）为 200 元；离企业比较远的乙供应商报价为 310 元/件，运费为 10 元/箱，10 件一箱，订购费用为 500 元。试采用成本法做比较．选出合适的供应商。

解：

甲供应商的成本 ＝200 ×320 ＋200/10 ×5 ＋200 ＝64 300（元）

乙供应商的成本 ＝200 ×310 ＋200/10 ×10 ＋500 ＝62 700（元）

应该选择乙供应商。

【例题 2－3－2】某采购经理要为企业购买 2 台设备，现有四家供应商可以提供货源，但价格不同。供应商甲、乙、丙、丁提供的设备价格分别为 130 万元、110 万元、140 万元、160 万元，它们每年所消耗的运营维护费分别为 10 万元、20 万元、6 万元和 5 万元。假设这些设备的生命周期均为 5 年。计算设备生命周期总成本，说明采购经理选择哪家供应商供货比较合适。

解：

甲供应商提供的设备生命周期总成本 ＝130 ×2 ＋10 ×5 ＝310（万元）

乙供应商提供的设备生命周期总成本 ＝110 ×2 ＋20 ×5 ＝320（万元）

丙供应商提供的设备生命周期总成本 ＝140 ×2 ＋6 ×5 ＝310（万元）

丁供应商提供的设备生命周期总成本 ＝160 ×2 ＋5 ×5 ＝345（万元）

从设备生命周期总成本比较来看，采购经理选择甲供应商供货比较合适。

（二）打分法

打分法就是制定一系列评价指标，根据评价指标，如表 2－3－1 所示，对供应商进行评分、选择。

表 2－3－1　供应商评价指标体系

序号	项目	极差	差	较好	良好	优秀
		0	1	2	3	4
1	产品质量					
2	技术服务能力					
3	交货速度					
4	能否对客户的需求作出反应					
5	供应商的信誉					
6	产品的价格					

续表

序号	项目	极差	差	较好	良好	优秀
		0	1	2	3	4
7	延期付款的期限					
8	销售人员的才能和品质					
9	人际关系					
10	企业规模					
11	生产技术					
12	开发技术					

【例题 2-3-3】某企业应用打分法，选择供应商，各企业得分如表 2-3-2 所示。请分别计算各个企业的综合得分，并排序。

表 2-3-2 供应商得分

供应商	甲	乙	丙	丁	评比权重	备注
商务分	80	90	85	80	40	
技术分	90	80	80	85	40	
资信分	80	85	70	75	20	
综合得分						

解：

甲供应商得分 = 80×40% + 90×40% + 80×20% = 84（分）

乙供应商得分 = 90×40% + 80×40% + 85×20% = 85（分）

丙供应商得分 = 85×40% + 80×40% + 70×20% = 80（分）

丁供应商得分 = 80×40% + 85×40% + 75×20% = 81（分）

按得分从高到低排序为乙、甲、丁、丙。

四、原有供应商选择

根据供应商对合同执行的情况，根据考核指标（表 2-3-3），定性与定量相结合评价供应商的绩效，对供应商进行考核、选择和管理。落后的供应商要淘汰；有希望改进的，加强合作。对于合适的供应商，采取适当的激励措施，包括加强合作。控制供应商的流动比率和供应商的数量，垄断的尽量不用，加强与独家供应商的合作。

表 2-3-3 供应商考核指标体系

指标体系	内容
产品质量	
合格率	合格品/抽检数量
退货率	退货次数/进货次数

续表

指标体系	内容
工作质量与信用	
交货差错率	交货差错率/期内交货总量
交货破损率	期内交货破损量/期内交货总量
准时交货率	准时交货次数/总交货次数
交货量	期内实际交货量/期内应交货量
信用度	信用度 = 期内违约次数/期内交易次数
价格与成本	
平均价格比率	(供应商的供货价格 - 市场平均价格)/市场平均价格
最低价格比率	(供应商的供货价格 - 市场最低价格)/市场最低价格
进货费用水平	进货节约率 = (本期进货费用 - 上期进货费用)/上期进货费用
服务与支持	
对质量投诉的反馈、沟通、合作态度、共同提高、售后服务、参与开发、其他支持	

【例题 2-3-4】某企业建立了供应商考核指标体系，如表 2-3-4 所示。

表 2-3-4　供应商考核指标体系

考核考核体系	内容	权重
供货质量	合格率 = 验收合格数量/收到商品数量	30
价格	最低价格比率 = 市场最低价格/供应商价格	30
合同完成率	期内完成合同次数/期内总合同次数	20
准时交货率	准时交货次数/总交货次数	20

供应商原始数据如表 2-3-5 所示。

表 2-3-5　供应商原始数据

供应商	按合同应供应次数/次	完成合同次数/次	准时交货次数/次	收到商品数量/件	验收合格数量/件	单价/元
甲	5	3	3	4 500	4 100	85
乙	4	3	3	3 800	3 650	80
丙	4	3	3	3 000	2 900	75
丁	3	3	2	2 500	2 450	82

试对供应商进行评价，根据评价结果，对供应商进行激励管理。

解：

(1) 供货质量。

甲：4 100 ÷ 4 500 × 30 = 27.33

乙：3 650 ÷ 3 800 × 30 = 28.82

丙：$2\ 900 \div 3\ 000 \times 30 = 29$

丁：$2\ 450 \div 2\ 500 \times 30 = 29.4$

（2）价格（最低价/供应价格）。

甲：$75 \div 85 \times 30 = 26.47$

乙：$75 \div 80 \times 30 = 28.13$

丙：$75 \div 75 \times 30 = 30$

丁：$75 \div 82 \times 30 = 27.44$

（3）合同完成率。

甲：$3 \div 5 \times 20 = 12$

乙：$3 \div 4 \times 20 = 15$

丙：$3 \div 4 \times 20 = 15$

丁：$3 \div 3 \times 20 = 20$

（4）准时交货。

甲：$3 \div 3 \times 20 = 20$

乙：$3 \div 3 \times 20 = 20$

丙：$3 \div 3 \times 20 = 20$

丁：$2 \div 3 \times 20 = 13.33$

（5）供应商综合评价。

$$总得分 = 质量 + 价格 + 合同完成率 + 准时交货$$

供应商考核得分如表2－3－6所示。

表2－3－6　供应商考核得分

公司	产品质量	价格/元	合同完成率/%	准时交货	总得分
甲	27.33	26.47	12	20	85.8
乙	28.82	28.13	15	20	91.95
丙	29	30	15	20	94
丁	29.4	27.44	20	13.33	90.17

（6）供应商管理。

乙为A（主要）供应商；丙为B（辅助）供应商；丁为C（备选）供应商。

五、电商供应链环境下供应商的选择

（一）收集供应商信息

1. 方法

①网络搜索。

利用搜索引擎、行业论坛、社交媒体等渠道搜索潜在供应商的信息，深入了解其企业背景、产品线、服务特点等。此外，还可以关注行业内的热点话题和趋势，以便发现新兴的优秀供应商。

例如，在寻找服装行业的纺织材料供应商时，可以通过百度、谷歌等搜索引擎输入相关关键词，如“纺织材料供应商”“中国纺织品市场”（图2－3－2）。

图 2－3－2　纺织材料供应商

②行业报告与展会。

参考权威的行业报告，了解行业整体状况、市场份额、发展趋势等，找出潜在供应商。此外，参加线上或线下行业展会，与潜在供应商进行面对面交流，获取更直观的信息。

第 24 届义乌国际小商品博览会举办的采购专场邀请了国内重点零售业高管、央企采购部门负责人、境外采购商等千余人参加。主办方分别设置行业采购专场、大型商超采购专场及境外采购专场等多种采购专场形式。各企业可通过与供应商直接交流选择合适的供应商进行采购（图 2－3－3）。

③电商平台。

浏览电商平台的供应商列表，了解供应商的产品、价格、评价等信息。例如，阿里巴巴的 1688 平台（图 2－3－4）为企业提供了丰富的供应商资源，通过比较不同供应商的产品和服务，可以筛选出符合需求的供应商。利用电商平台的资源，企业可以在短时间内收集到大量潜在供应商的信息，提高采购效率。

④口碑与推荐。

通过客户评价、合作伙伴推荐等途径，了解供应商的信誉和服务质量。例如，在电子商务环境中，许多公司会在官方网站、社交媒体平台、行业论坛等地方发布客户评价和案例。这些信息可以帮助企业了解供应商的实力和服务质量，从而在众多供应商中筛选出最佳合作

图 2－3－3　第 24 届义乌国际小商品博览会

图 2－3－4　阿里巴巴的 1688 平台

对象。除了客户评价外，还可以关注行业领导者或知名企业的合作伙伴。这些公司往往有较高的要求和标准，因此，他们选择的供应商通常具备较强的竞争力和实力。

此外，口碑与推荐信息还可以帮助企业了解供应商的创新能力和行业地位。在竞争激烈的市场环境下，拥有创新能力的供应商往往能够更好地满足客户需求，为企业带来更多竞争优势。因此，在收集口碑与推荐信息时，企业应特别关注供应商在产品创新、服务创新以及行业领导地位等方面的表现。

同时，口碑与推荐信息还能让企业在选择供应商时，更加重视风险防范。通过对供应商过往业绩和信誉的评估，企业可以预判潜在的风险，避免因为选择错误的合作伙伴而导致的损失。在电商供应链环境下，风险防范尤为重要，因为线上交易容易受到网络安全、物流延误等因素的影响。因此，充分利用口碑与推荐信息，为企业选择供应商提供有力支持，将有助于降低采购风险，提高整体供应链效率。

2. 优缺点对比（表2－3－7）

表2－3－7　收集供应商信息的优缺点对比

方法	优点	缺点
网络搜索	－快速获取大量供应商信息 －便于筛选和比较 －了解供应商基本情况和声誉	－信息可能不全面 －信息准确性有待验证 －难以判断供应商的实际能力
行业报告与展会	－专业性强 －了解供应商技术和动态 －建立面对面沟通，增进了解	－时间和地点受限 －成本相对较高 －信息可能较为片面
电商平台	－价格、质量、服务一目了然 －便捷快速 －可直接下单采购	－可能存在虚假信息 －难以全面了解供应商的实际能力和经营状况
口碑与推荐	－借鉴他人经验 －更加稳妥可靠 －了解供应商在实际合作中的表现	－受限于信息来源 －可能受主观因素影响 －信息可能较为片面

通过对比这四种方法的优缺点，企业可以根据自身需求和实际情况灵活运用，为自己的电商供应链寻找合适的供应商。同时，在收集供应商信息的过程中，企业应综合运用多种方法，以确保信息的全面性和准确性，为最终的供应商选择提供有力支持。

（二）选择供应商

1. 方法

①确定选择标准。

在电商供应链环境下，供应商选择标准的制定尤为重要，因为它将直接影响企业与供应商的合作质量。在制定选择标准时，应考虑如下几个方面：价格竞争力，即供应商的报价是否具有市场优势；产品质量，包括原材料质量、生产工艺、品控体系等因素；交货速度，即供应商是否能够在规定的时间内完成生产和交付；售后服务，主要包括退换货政策、技术支持、问题解决等方面。此外，企业还应关注供应商的企业文化、环保和社会责任等方面，以确保供应商的可持续性和企业形象的长远发展。

②筛选与评估。

在收集到潜在供应商信息后，企业需要对其进行初步筛选，剔除不符合基本要求的供应商。接着，使用评分、加权排序等方法对剩余的候选供应商进行评估。在评估过程中，可根据之前确定的选择标准，对供应商的各项指标进行打分，并根据各项指标的权重计算总分。最终，企业可根据总分从高到低进行排序，以便为进一步的线上考察和交流提供依据。

③线上考察与交流。

在电商供应链环境下，线上考察和交流成为与供应商沟通的主要方式。企业可通过视频会议、邮件往来等线上方式与候选供应商进行沟通，了解其生产能力、技术实力、管理水平等方面。此外，企业还可以要求供应商提供生产过程的实时视频、产品质量报告等资料，以进一步核实供应商的实力。在线上考察与交流过程中，企业应注意收集并整理供应商提供的各种信息，以便在最后的供应商选择中进行综合分析和决策。

2. 优缺点对比（表2-3-8）

表2-3-8　选择供应商的优缺点对比

方法	优点	缺点
确定选择标准	-有针对性地进行供应商筛选，提高选择效率 -根据预设标准明确评估方向 -为后续评估提供依据，帮助企业找到最合适的合作伙伴	-可能难以覆盖所有重要因素，导致评估不全面 -标准制定过程可能受主观因素影响，导致不客观的评价
筛选和评估	-详细了解供应商实力，提高选择准确性 -通过审核供应商的资质、质量体系、生产能力等，剔除不合格供应商 -为企业寻找合作伙伴提供有力支持	-需要投入较多人力和时间资源，增加成本 -可能存在信息不全面的风险，影响评估结果的准确性
线上考察和交流	-方便快捷，节省成本，降低企业负担 -利于迅速筛选和比较，提高选择效率 -可通过线上视频会议与供应商进行面对面沟通，了解合作意愿	-难以全面了解供应商实际情况，可能导致错误的选择 -线上信息可能存在虚假的风险，影响评估结果的准确性

（三）实施网上采购

1. 方法

①线上询价。

在电商供应链环境下，线上询价是获取供应商报价的常用方法。企业可通过电子邮件、即时通信工具（如微信、钉钉等）或电商平台的询价功能，向候选供应商发出询价。在询价过程中，企业应明确询价内容，包括产品规格、数量、期望交货时间等，并要求供应商在规定时间内提供详细报价。此外，为了确保报价的准确性和可比性，企业可提供统一的询价模板，要求供应商按照模板格式进行报价。通过线上询价，企业可以迅速获取多家供应商的报价信息，为后续比价与谈判提供数据支持。

例如，拼多多在与供应商洽谈时，通过其自有的供应商管理系统发出询价，便捷地获取供应商报价。线上询价不仅节省了时间和成本，还能够帮助企业收集到更多的报价信息，为后续谈判和决策提供有力支持。

②比价与谈判。

在收到供应商报价后，企业需要对报价进行比较分析。比价过程中，应注意综合考虑价格、质量、交货期等因素，避免过于注重价格而忽略其他重要指标。在比价的基础上，企业可与候选供应商进行线上商务谈判。谈判过程中，企业应积极争取优惠条件，如价格折扣、免运费、优先发货等，并与供应商就产品质量、交货期、售后服务等关键条款达成一致意见。谈判时要注意保持沟通的效率，避免拖延时间。在谈判结束后，企业应与供应商签订采购合同，明确双方的权利和义务，为后续的采购与供应商管理奠定基础。

③下单与支付。

在电商平台或企业自有系统上下达采购订单，通过电子支付方式完成付款。

例如，京东通过自家的采购管理系统下达订单（图 2－3－5），并通过线上支付平台如支付宝、微信支付等完成交易。这样的操作模式不仅提高了采购效率，还降低了财务风险，保证了交易的安全性和便捷性。

图 2－3－5　“京东慧采”平台

2. 优缺点对比（表 2－3－9）

表 2－3－9　实施网上购物方法的优缺点对比

方法	优点	缺点
线上询价	－节省时间和成本，提高采购效率 －能够快速获取供应商报价信息 －便于比较不同供应商的价格和产品特点	－需要进行线上筛选，可能存在筛选不全面的风险 －信息泄露的可能性，可能导致商业机密泄露
比价与谈判	－可以在多家供应商之间进行比较，找到最优价格 －有利于发掘潜在的供应商优势，为企业降低采购成本	－可能存在难以全面了解供应商的实际情况 －线上谈判可能受网络信号和沟通效率的影响

续表

方法	优点	缺点
下单与支付	- 提供多种支付方式，满足不同用户需求 - 支付过程便捷、安全	- 依赖第三方支付平台，可能出现服务故障 - 可能存在支付安全风险，如账户被盗等

（四）供应商管理

1. 绩效评估

企业需要设定与电商相关的供应商绩效指标，如交货速度、退换货率、质量合格率、响应速度等。通过定期评估供应商的表现，企业能够及时发现问题并督促供应商改进。此外，绩效评估也可以作为供应商优选和淘汰的依据，帮助企业优化供应商资源。企业可采用平衡计分卡、供应商评分卡等方法进行绩效评估，并将评估结果与供应商进行沟通，为后续改进提供参考。

2. 信息共享

在电商供应链管理中，信息共享是提高供应链透明度和协同效率的关键。企业可以利用电商平台或供应链管理系统，实时共享库存、销售、物流等信息。通过信息共享，供应商能够更好地了解企业的需求变化，从而调整生产计划、物流安排等。同时，企业也可以根据供应商的实时信息，及时调整采购策略，降低库存风险。信息共享有助于实现供应链各环节的高效协同，提升整体运营效率。

3. 持续改进

电商供应链中的持续改进是确保供应链长期稳定运作的关键。根据绩效评估结果，企业与供应商可以进行线上沟通与培训，共同提升供应链的整体水平。持续改进过程中，企业应关注供应商在质量、交货、服务等方面的表现，并提出具体改进建议。同时，企业也可以与供应商分享最佳实践和成功案例，激发供应商改进的动力。持续改进有助于不断优化供应链管理，提高企业在电商市场的竞争力。

素养园地

创新、合作、共赢！H集团供应商大会重塑高质量发展样板！

2022年11月1日，H控股集团供应商大会隆重举行，集团党委书记、董事长安继文发表重要讲话，并与优秀供应商代表围绕“重塑高质量，共赢新时代”主题，深刻探讨战略合作伙伴关系建设，共绘共生共赢的美好前景。会上，集团对30家优秀配套供应商进行了表彰。

“作为携手共进的伙伴，希望供应商在合作的过程中多给我们提出宝贵的意见和建议，及时指出我们工作中的不足，我们会及时将问题处理情况反馈给各位，以促进合作更加务实高效。”董事长坦言，尽管供应商和主机厂是不同的利益主体，合作过程中也有谈判与争论，但大家的最终利益和最终追求是一致的，那就是让用户满意、促事业进步、求发展壮大。所以，站在用户需求的角度判断未来的市场趋势，不失为求得生存与发展的一个重要法宝。因此，供应商要不断学习名企、强企的先进管理和技术，优化提高产品质量、服务质量，携手构建“战略互信、价值共生、利益共享、和谐共融、共生共赢”的产业生态圈。

面向现代化、面向世界、面向未来、面向数字化新经济时代，H集团进一步明确实现千万辆千亿元级国际化名牌强企的发展目标，为产业链的合作伙伴提供了更强大的发展平台，也是产业链全体成员必须共同瞄准实现的奋斗目标。董事长强调，集团将学习贯彻党的二十大精神，把思想和行动统一到党中央决策部署上来，发挥产业链“第一火车头”的引领带动作用，不忘产业报国的初心，牢记为人民创造对美好生活向往的使命，重塑产业高质量，进一步践行“战略互信、创新进取、共创共享、高质量发展”的经营理念，与优质合作方一道弘扬“听党话、行正道、勇担当、创大业”的精神，倾力打造行业高质量发展的样板。

一、实训目标

本实训任务旨在帮助学生熟悉阿里巴巴采购平台的操作流程，掌握供应商选择的方法和技巧，提高采购效率和质量。通过完成本实训任务，学生将能够更好地掌握电商供应链环境下的供应商选择、采购实施和供应商管理技能，为采购活动提供有力支持。

二、实训步骤

（一）收集供应商信息

学生需在阿里巴巴采购平台上搜索关键词“环保材料”，收集潜在供应商的信息（图2-3-6）。

图2-3-6　供应商信息

在这个过程中，学生筛选出以下5家供应商（表2-3-10）：

表2-3-10　供应商信息

供应商	供应商信息
供应商A	拥有多年的面料生产经验，生产环保材料的技术成熟，产品品质较高
供应商B	价格优势明显，产品性价比较高，但交货速度较慢
供应商C	物流能力突出，可以提供快速的交货服务，但产品品质一般
供应商D	售后服务好，可为客户提供定制化解决方案，但价格较高
供应商E	综合实力较强，具备一定的品牌知名度，但在交货速度方面表现一般

（二）选择供应商

1. 确定评价指标和权重

学生首先需明确供应商选择的评价指标及其权重。以价格、质量、交货速度和售后服务为例，各指标所占权重如图2-3-7所示：

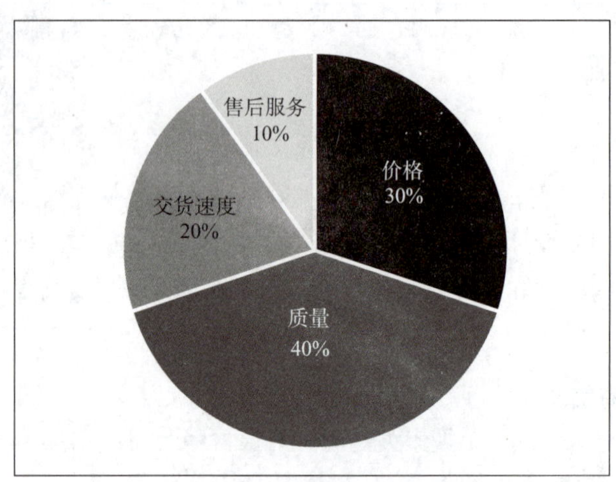

图2-3-7　供应商选择评价指标

2. 为供应商打分

学生需根据实际情况，为每家供应商的各项指标打分（表2-3-11）。分值范围可以设置为1~10分，其中10分代表最佳表现，1分代表最差表现。以下为示例分值（表2-3-11）：

表2-3-11　供应商各指标打分情况

供应商	价格	质量	交货速度	售后服务
供应商A	7	9	8	8
供应商B	9	6	5	7
供应商C	6	7	10	6
供应商D	5	8	7	9
供应商E	8	7	6	8

3. 计算加权分数

学生需根据权重计算每家供应商的加权分数。

计算公式为：

加权分数 = 价格分数 × 价格权重 + 质量分数 × 质量权重 + 交货速度分数 × 交货速度权重 + 售后服务分数 × 售后服务权重。

计算结果如下：

供应商 A：

总分 =7 ×0. 3 +9 ×0. 4 +8 ×0. 2 +8 ×0. 1 =2. 1 +3. 6 +1. 6 +0. 8 =8. 1

供应商 B：

总分 =9 ×0. 3 +6 ×0. 4 +5 ×0. 2 +7 ×0. 1 =2. 7 +2. 4 +1. 0 +0. 7 =6. 8

供应商 C：

总分 =6 ×0. 3 +7 ×0. 4 +10 ×0. 2 +6 ×0. 1 =1. 8 +2. 8 +2. 0 +0. 6 =7. 2

供应商 D：

总分 =5 ×0. 3 +8 ×0. 4 +7 ×0. 2 +9 ×0. 1 =1. 5 +3. 2 +1. 4 +0. 9 =7. 0

供应商 E：

总分 =8 ×0. 3 +7 ×0. 4 +6 ×0. 2 +8 ×0. 1 =2. 4 +2. 8 +1. 2 +0. 8 =7. 2

4. 比较加权分数和选择供应商

学生需比较各供应商的加权分数，选择得分最高的供应商作为合作伙伴。在本例中，供应商 A 的加权分数最高，为 8. 1 分。因此，学生最终决定与供应商 A 合作。

5. 分析供应商优势

学生需在报告中分析选择供应商 A 的原因。根据加权分数结果，供应商 A 在质量、交货速度和售后服务方面均表现优异，且价格方面亦具有竞争力。因此，供应商 A 能够满足公司在环保材料采购方面的需求，保证产品质量和交货速度。

通过以上分析和计算，学生最终选择了供应商 A 作为合作伙伴。这个过程体现了对电商供应链供应商选择的细致分析和评估，有助于提高企业采购效率和质量。

（三）实施网上采购

在选择了供应商 A 后，学生需在阿里巴巴采购平台上进行实际的网上采购操作。以下为实施网上采购的具体步骤：

（1）登录阿里巴巴采购平台，进入供应商 A 的店铺页面（图 2 -3 -8）。

（2）浏览供应商 A 提供的环保材料产品，根据公司需求选择合适的产品型号、规格和数量（图 2 -3 -9）。

（3）将所选产品添加至购物车，并在购物车页面核对所选商品信息（图 2 -3 -10）。

（4）点击“结算”按钮，进入订单确认页面。在此页面上，学生需填写收货地址、联系方式等相关信息，并与供应商沟通确定交货时间、物流方式等细节（图 2 -3 -11）。

（5）确认订单信息无误后，提交订单并支付。在收到供应商发货通知后，学生需密切关注物流信息，确保按时收货。

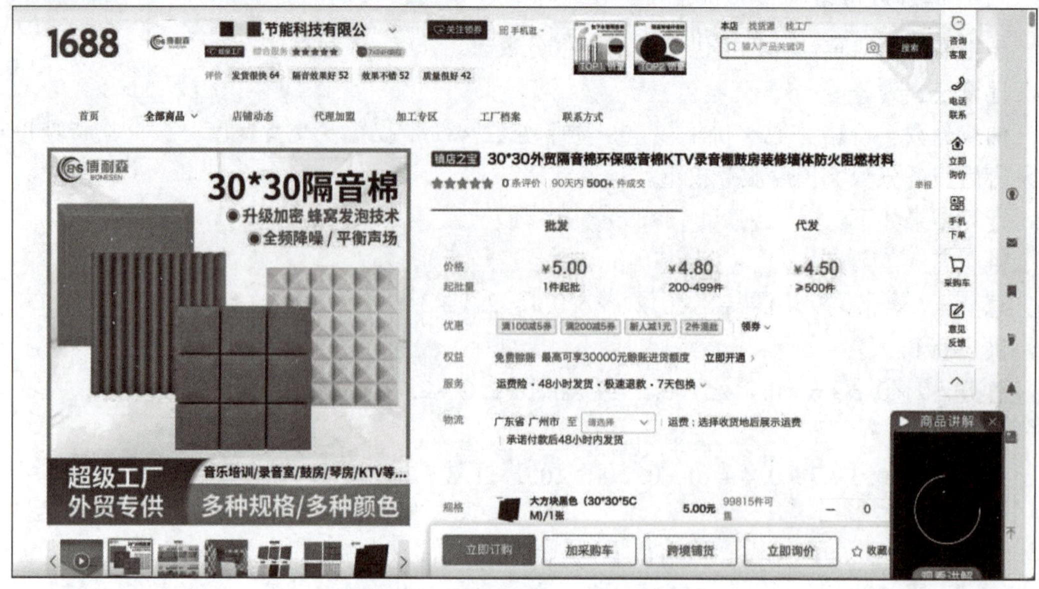

图 2－3－8　供应商 A 的店铺页面

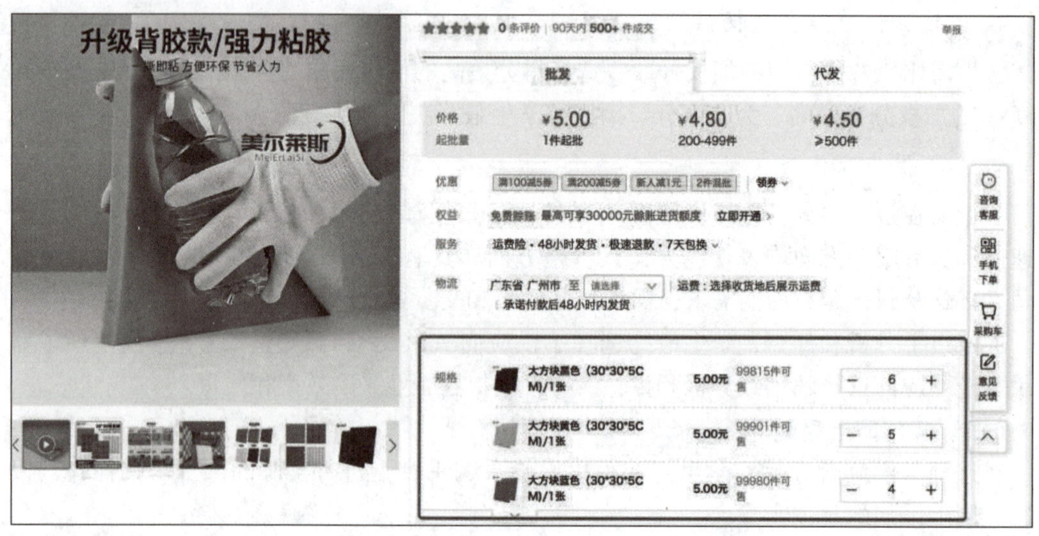

图 2－3－9　供应商 A 提供的环保材料产品

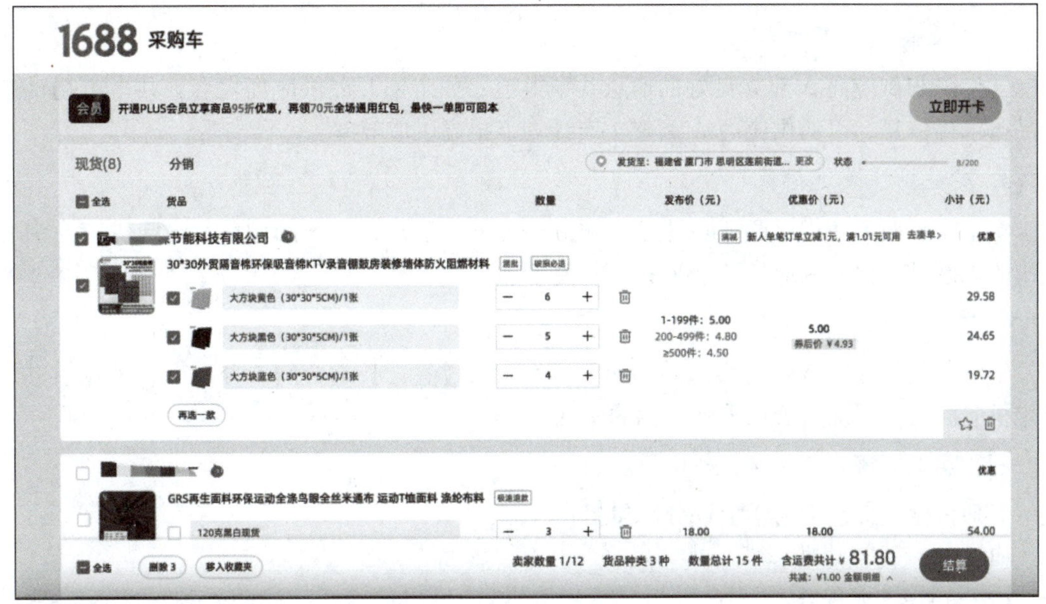

图 2－3－10　1688 采购车页面

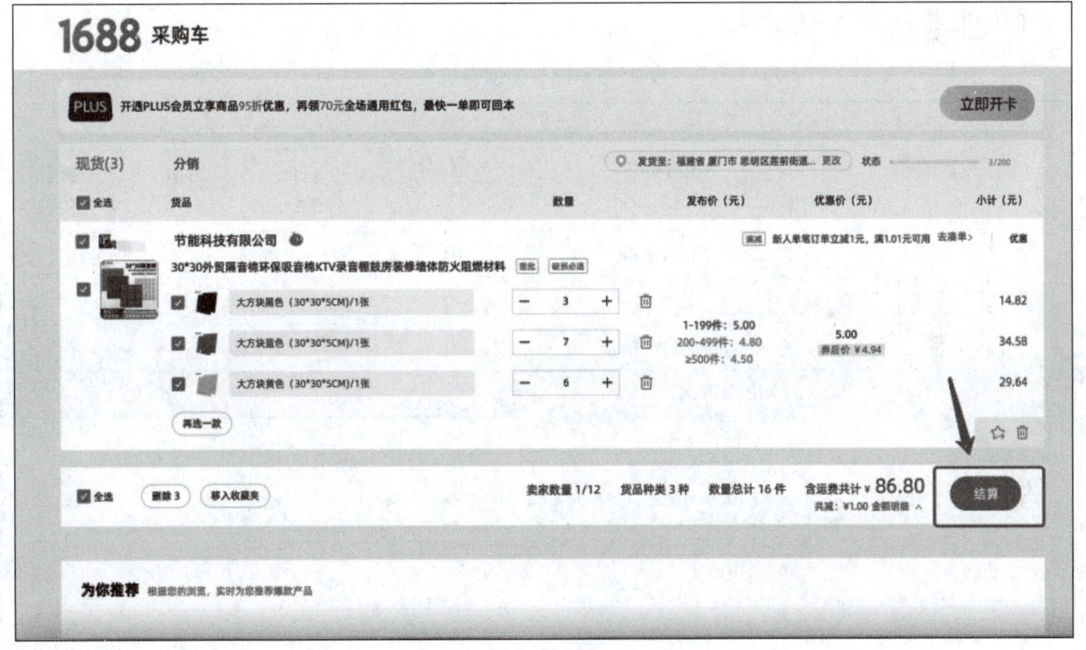

图 2－3－11　订单确认页面

（四）供应商管理

在实施网上采购后，学生需建立一套有效的供应商管理机制，以确保与供应商 A 的长期合作关系。

1. 制定供应商绩效评价体系

学生需为供应商 A 设定一套绩效评价指标，如产品质量、交货速度、售后服务等。定期对供应商 A 的绩效进行评估，确保其符合公司要求。

2. 建立信息共享机制

学生需与供应商 A 建立良好的信息共享渠道，如定期开展供应商大会，共享市场动态、产品需求等信息，以便供应商 A 调整生产计划，提高供应效率。

3. 实施持续改进措施

学生需不断关注供应商 A 的生产、服务等方面的表现，发现问题后及时与供应商沟通，提出改进意见，促使供应商 A 不断提升自身能力。

4. 建立长期合作关系

学生需与供应商 A 保持良好的沟通和合作，通过签订长期合同、分享市场风险等方式，稳定供应商关系，确保公司采购目标的实现。

三、实训考核

老师根据模拟过程为学生评分，包括：

（1）流程是否清晰。

（2）知识掌握程度。

（3）小组间组员配合是否流畅，任务分配是否合理。

实训考核主要是评价学生实训过程表述是否清楚、逻辑性如何、成员协作配合情况等。评价的标准见表 2 - 3 - 12。

表 2 - 3 - 12　实训评价表

<table>
<tr><th rowspan="2">考核要素</th><th rowspan="2">评价标准</th><th rowspan="2">分值/分</th><th colspan="3">评分/分</th></tr>
<tr><th>自评
（20%）</th><th>小组
（30%）</th><th>教师
（50%）</th></tr>
<tr><td rowspan="3">阿里巴巴平台的供应商选择</td><td>知识掌握</td><td>40</td><td></td><td></td><td></td></tr>
<tr><td>逻辑性</td><td>40</td><td></td><td></td><td></td></tr>
<tr><td>成员配合情况</td><td>20</td><td></td><td></td><td></td></tr>
<tr><td colspan="3">评价人签名</td><td></td><td></td><td></td></tr>
<tr><td colspan="3">合计</td><td colspan="3"></td></tr>
<tr><td colspan="6">教师评语：

年　月　日</td></tr>
</table>

任务4　签订采购合同

任务导入

在成功完成对五家供应商的全面分析后，小王现在需要迈向下一个关键步骤：签订采购合同。这一步对于确保与选定的供应商之间的合作顺利进行至关重要。小王需要与选定的供应商进行谈判，确保合同条款明晰、公平，并在法律框架内保护公司的利益。

学习标杆

M公司的采购谈判

国内快餐巨头M公司想与上海的Y公司公司建立长期合作关系，于是派一名高级食品监管人员带队与其谈判。为了不辱使命，该人员在谈判之前做了充分地准备工作，不仅查找了大量有关该公司生产面包的资料，还花了大量精力对国内市场上面包公司的行情及上海这家公司的历史和现状、经营情况等进行了解。准备就绪后，该监督人员随即开始了与Y公司的谈判。

谈判伊始，Y公司人员一口咬定第一年的合作订金要价100万元，但M公司代表仅肯出价90万元。僵局之下，Y公司人员表示100万元已是底价，如果M公司坚持压价，那么谈判将止步于此，并把合同往M公司谈判人员面前一扔，说："我们已经作了这么大的让步，贵公司仍不能合作，看来你们对这笔交易没有诚意，这笔生意就算了，期待下次能合作！"负责带队的M公司食品技术监管人员闻言轻轻一笑，把手一伸，做了一个请的动作。于是Y方愤而离席。

M方其他人对此突发状况手足无措，甚至开始埋怨该食品技术监管人员不该将报价抠得这么紧，并表示公司已经准备同Y方签订合同，这样把对方逼走完全破坏了公司的发展计划。此时，该食品技术监管人员说："放心吧，他们会回来的，刚才只是他们的谈判策略。根据我们的前期调查结果显示：去年他们同另外一家快餐公司建立合作首批面包时的订金要价只有85万元，即使今年有涨幅，也不应过高。"

不出所料，一周后Y公司又回来进行谈判了。此时，M方代表向Y公司人员点明了他们与另一家快餐厅的成交价格，Y方代表当场愣住了，没有想到眼前这位谈判人员竟掌握了如此重要的信息，于是不敢再报虚价，只得说："由于现在各项生产成本对比去年均有上涨，订金理应有所浮动。"M公司谈判人员说："根据我方统计，今年各项生产材料上涨指数没有超过6%。你们认为，订金该涨多少？"Y方自知理亏，最终以90万元达成了这笔交易。

（资料来源：https://wenku.baidu.com/view/46251e0125284b73f242336c1eb91a37f11132d9.html?_wkts_=1700653422610）

思考

国内快餐巨头 M 公司采购谈判成功的原因有哪些?

一、采购谈判

（一）采购谈判定义

采购谈判是指企业为采购商品与供应商就采购有关事项，如商品的品种、规格、技术标准、质量保证、订购放量、包装要求、售后服务、价格、交货日期、付款条件等进行反复磋商，谋求达成协议，签订采购合同。采购合同一旦订立，供应商就应认真履行已经签订的合同。这不仅保证了采购计划顺利实施，也保障了双方权益。

（二）采购谈判内容

采购谈判内容的重点是商品的品质条件、价格条件、数量条件、交货条件以及商品的检验索赔、不可抗力和仲裁条件。这些条件的磋商有利于交易双方预防和解决纠纷，保证合同顺利履行，维护交易双方的权利。这是国际货物采购谈判中必然要商议的交易条件。

（三）采购谈判类型

从形式来看，采购谈判可分为横向式谈判和纵向式谈判。横向式谈判是综合的全面铺开的谈判方法，纵向式谈判是一个问题接一个问题的谈判方法。

从立场来看，采购谈判可分为硬式谈判、软式谈判和价值式谈判。硬式谈判也称立场式谈判，是指把自己的立场设多于利益之上的谈判方法。软式谈判也称让步式谈判，是指强调建立一种顺从的谈判关系，由对方主导谈判过程的谈判方法。价值式谈判又称原则式谈判，是指在双方利益难以调和的情况下，要想说服对方必须使用某些客观、公平的标准，使对方接受这个条件却不会感到吃亏或屈尊，从而使协商得到公平解决的谈判方法。价值式谈判的参加者把对方看作与自己合作的同事，他们不像软式谈判那样只强调双方的关系而忽视己方利益的获取，也不像硬式谈判那样只坚持本方的立场，不兼顾双方的利益，而是竭力寻求双方利益上的共同点，在此基础上设想各种使双方各有所获的方案。

知识链接

价值式谈判也叫哈佛谈判术，（由哈佛大学谈判研究中心最先提出），其将谈判的关键概括为以下 4 个基本点。

（1）区别——区别人与事，对事实强硬，对人温和。

（2）利益——谈判的重点是利益而不应该是立场。

（3）选择——在谈判之前，应该制订可供选择的方案（事先制订方案，可以避免临时决定的极端性和片面性）。

（4）标准——坚持谈判的结果必须依据某些客观、公平的标准。

二、采购合同

（一）采购合同内容

合同是指平等主体的自然人、法人、其他组织之间设立、变更、终止合法的民事权利义务关系的具有法律效力的协议，一个标准的电商采购合同应包括以下内容：

（1）产品名称、商标、型号、厂家、数量、金额、供货进度与日期。

（2）产品的质量要求、技术标准，供方对质量负责的条件和权限。

（3）交货地点和方式。

（4）运输方式及到达站港和运输费用的承担方式。

（5）合理损耗及计算办法。

（6）解决合同纠纷的方式。

（7）终止理由与责任。

（8）付款方式。

（9）奖金或罚款。

（二）电商采购合同管理的方法和结果

1. 电商采购合同管理的方法

（1）项目合同变更控制系统，规定了修改合同必须通过的程序，并根据该系统对合同的变更进行管理。

（2）进度报告，为管理者提供了有关承包商为实现合同目标的工作效率情况。

（3）付款系统，在对供应商进行付款时，必须经过项目组织上层领导的审查和批准，经认可后，方能对其支付款项。

2. 电商采购合同管理的结果

（1）合同函件，在项目管理过程中，合同条款和条件通常要求合同双方之间使用一系列的书面文件。

（2）合同变更，包括提出、批准并执行有关项目范围或进度计划的变更过程的规定。

（3）供应商付款请求，供应商按照合同约定履行供货义务后，向项目组提出付款申请。

（三）电商采购合同的实施

1. 合同履行

电商采购合同的履行是合同双方当事人根据项目合同的规定，在约定的时间、地点，以适当的方法全面完成自己所承担的义务，实现合同所要达到的各类预订的目标。

（1）实际履行，项目合同的实际履行是必须按照合同规定的标的来履行。

（2）适当履行，项目合同的适当履行是指按照法律和项目合同规定的标的按质按量按期履行。

2. 电商采购合同的违约责任

当供应商未能按照合同的要求履行义务时，要及时要求其支付违约金或赔偿损失，承担合同的违约责任。对违约惩罚的方法主要有违约金、罚款、业主接管、终止合同以及取消承包资格。

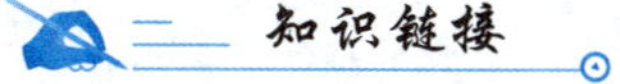

合同范本

素养园地

诚实守信赢客户信赖　服务高效展央企风采

作为湖南省唯一具备光伏全产业链优势的电科装备红太阳新能源公司，成功中标广州发展新能源股份有限公司2021—2022年光伏组件采购项目，一举签订超7亿元大订单，为客户提供总计450 MW光伏组件。

在实际合同履行过程中，因交货周期跨度较长，且光伏产业上下游原材料供需关系短时间内产生巨大变化，导致订单成本持续上涨，生产利润受到严重挤压，生产交货陷入两难局面。

面对当下艰难的行情，红太阳新能源公司始终秉持“诚信”二字，无论如何，不能失信于客户。公司自我施压，通过科学组织生产，严控生产过程，确保订单如期交货，此外，利用自身光伏全产业链的优势，全力降低原料采购成本，提升利润空间，确保生产成本保持在最低限度。

全体员工协同合作，勠力攻坚。通过寻找新供应链、提前锁定材料、与供应商积极沟通等方式降低原材料成本；通过技术研发，开展降本增效措施降低生产成本；通过倒排生产计划、严格控制生产过程、分解生产任务冲击订单产量；通过加强设备保养、提升设备稼动率、改善生产工艺助力生产达到满产，保证订单如期交货。在此过程中，团队人员严控产品品质，确保产量质量让客户满意。最终，公司圆满助力小鹏汽车屋顶光伏发电，收获了客户广州发展新能源公司的高度赞扬，表示希望双方后续达成更广泛的合作。

截至目前，红太阳新能源公司已陆续完成广州发展新能源公司肇庆小鹏汽车工业园光伏电站、韶关粮储光伏电站、梅州广梅产业园光伏电站、韶关连平光伏电站等项目的供货，并顺利并网，充分保障了广州发展新能源公司年度光伏电站建设任务目标。

任务实训

一、实训目标

通过完成本实训任务，学生将能够更好地熟悉电商采购合同内容、法律规定，掌握电商采购合同的实施步骤和合同范本。如何签订电商供应链采购合同，包括合同内容、谈判策略和法律要求，争取自身最大利益化，保证合同的顺利执行。

二、实训步骤

（一）明确采购需求

小王需要与A供应商开展采购谈判。在谈判之前，首先要明确自身采购的需求。为此，小王专门制作了采购需求表（表2－4－1）：

表 2-4-1 采购需求

供应商	需求
产品标准	能去除洗涤物体表面上的污垢，改变水的表面活性
产品规格	500 g/瓶
技术标准	产品的技术参数和符合的标准，确保产品符合当地和国际的环保标准，在 VOC 排放限制内
质量保证	供应商应提供的质量保证以及售后或退换政策
价格	5～10 元每件，申请批量购买折扣
交货日期	2023 年 6 月 5 日之前
付款方式	平台线上支付
售后服务	供应商提供的售后服务包括产品使用指导、技术支持、质量问题解决、售后等
包装要求	产品的包装要求：用容器包装好，贴上相应的产品规格标签，确保运输过程中安全

（二）采购谈判

（1）准备好谈判的目标和底线，小王在谈判过程中做到有理有节，胸有成竹，守住自身所设置的价格、交货周期以及质量优等。

（2）小王需要准备好资料，如自己的名片、公司介绍资料，首次谈判要让对方知道自身的优势，还要准备好产品图片、样品、图纸等，并与对方协商好时间、接送地点，准时赴约。

（3）小王要了解对方个人喜好，在交谈过程中了解对方性格，适当拉近两人之间的距离，为接下来的谈判做好铺垫。认真聆听对方的公司介绍并做好相关记录。认真看对方的生产线，了解生产流程和生产设备。了解对方做的产品，以及对方的优势。

（4）结束谈判。感谢对方，并表示对这次会谈的重视。

（三）签订采购合同

小王已经选择了供应商 A，现在需要起草采购合同。选择固定价格的合同类型，合同中明确规定每件单价为 7 元，共计采购 81 万件，总计 567 万元，交付时间为 2 天，支付 50% 定金，余额在交货后支付。

学生首先需明确采购合同包括以下内容（表 2-4-2）：

（1）产品名称、型号、厂家、数量、单价、总金额、供货进度与日期。

表 2-4-2 合同基本要求

项目	合同要求
产品名称	绿色清洁剂
型号	T500
厂家	A 企业
数量	81 万件
单价	7 元/件
总金额	567 万元
供货进度与日期	供货方应在签署合同后的 2 天内完成供货

（2）产品的质量要求、技术标准，供方对质量负责的条件和权限。

确保合同符合国家或地区的环保安全法规和法律要求。在合同中包含有关法律管辖权和争议解决的条款。产品应符合国际质量标准，不得含有任何杂质。供方对质量负责的条件和权限：供方应对所提供环保材料的质量负责，如有质量问题，购货方有权在收到货物后 7 天内提出异议并要求退换货。

（3）交货地点和方式。

交货地点：东莞市虎门镇。

交货方式：供方应自行安排合理的运输方式将货物送达指定交货地点。

（4）运输方式及到达站港和运输费用的承担方式。

运输方式：陆运。

运输费用的承担方式：运输费用由供货方承担，包括货物送达指定交货地点的一切费用。

（5）合理损耗及计算办法。

合理损耗：合同签署后发生的正常损耗不得超过 5%。

计算办法：根据实际交付的净重计算，扣除合理损耗后的重量为交付重量。

（6）解决合同纠纷的方式。

双方同意采用和解、调解或仲裁的方式解决因合同引起的任何争议。

终止理由与责任。

终止理由：合同可因以下理由之一被终止：

双方协商一致；

发生不可抗力；

任一方严重违反合同条款。

责任：如因一方原因导致合同终止，应承担由此产生的一切费用和损失。

（7）付款方式。

付款应在货物送达并经过质量检验后的 15 天内完成。付款方式为银行转账/支票支付。

（8）奖金或罚款。

考虑潜在风险，如供应商延迟交货，将按每延迟一天总金额的 1% 进行处罚，最高不超过总金额的 10%。如果供方提前完成交货，购货方将按交货提前完成的天数，给予总金额的 1% 作为奖金，最高不超过总金额的 5%。

（9）拟定采购合同。

小王需拟定采购合同，采购合同模板如下（图 2－4－1）：

（10）合同审查。

小王需拟定采购合同，通过领导审查，进行合同签订。请公司法务或专业律师审查合同，确保没有遗漏或模糊之处。

（四）履行和监控

合同已签署，小王需要确保供应商 A 按照合同履行。

三、实训考核

老师根据模拟过程为学生评分，包括：

（1）流程是否清晰。

（2）知识掌握程度。

绿色清洁剂商品采购合同

甲方：B企业
乙方：A供货商
鉴于B企业与A供货商（甲方）　于2023年6月5日签署的《电子商务合作合同》及其相关条款、附件和/或协议（以下称「电商合同」），现双方就有关商品采购事宜，签署本协议（以下称「协议」）。双方应对本协议条款保密并共同严格遵守。
第一条　名词定义
1.期货。期货是指甲方在乙方提出采购需求的当前时间无法批量提供但在将来一定时间内可以批量提供的商品。
2.现货。现货是指当前时间甲方能够批量提供满足乙方订货需求的商品。
第二条　商品清单
甲方向乙方提供商品清单，该清单内容包括但不限于：具体品牌、名称、规格、单位、价格、数量。具体以甲方发出并经乙方确认的商品清单为准。
除非双方另行约定，甲方所标明的商品价格为含税价格（已包含适用的税收及其它费用）。
商品清单格式详情请参照附件 1「B企业」。
第三条　商品订单
乙方根据甲方提供的商品清单生成订单。该订单内容包括但不限于：具体品牌、名称、规格、单位、金额、数量、交付时间、收货人姓名/名称，收货人联系方式，收货地址。乙方通过传真或电子方式将订单送达甲方具体对接人。甲方收到订单后 1 个工作日内，在传真件上签字确认回传并以电子邮件方式回复确认。
若甲方拒绝接受乙方订单，应在收到乙方订单后 3 个工作日内通过电子方式或书面形式通知乙方，并说明拒绝理由。对于乙方发出的非东莞领航电子商务有限公司公司订货格式的订单（正规格式请详见附件 2），甲方有权拒绝接受。
第四条　包装
甲方按照行业通用标准对商品进行包装。包装应与本合同及其附件或订单（以适用者为准）所约定的运输方式相适应，其足以保护商品。
第五条　发货与交付
1.除非双方另有约定，甲方应在确认订单后根据订单规定时间发送商品。甲方发货前应通知乙方，并预约送货具体时间。所有运费由乙方承担。乙方应协助甲方尽快完成发货与交付。
2.以下为乙方的仓库地址。若遇地址变更，乙方应于地址变更后第 2 天通知甲方。若未及时通知甲方，乙方将承担所订商品已送达的风险。
收货联系人：小王
收货人联系方式：157XXXX564
收货地址：东莞市虎门镇
第六条　商品检验
乙方在收到甲方交付的商品后应对商品进行检验。
若发现商品名称、规格、数量、包装等不符合订单规定的，乙方应在收到商品后的 3 个工作日内向甲方提出异议，逾期则视为验收无误。
乙方收到的商品，若包装完整，那么在其没有足够证据证明商品数量缺失是由甲方造成的情况下，商品数量视为甲方已按订单完整提供。若包装破损致使商品缺失的，乙方自行与物流公司进行处理。若有需要，甲方愿意提供协助。
第七条　售后服务
甲方承诺根据国家法律法规关于「三包」的规定提供售后服务。
第八条　本协议自双方授权代表签字盖章之日起生效，且与《电子商务合作合同》具有同等法律效力。本协议将取代双方先前有关商品采购事宜的所有口头或书面的讨论、协商、邮件及协议。本合同未尽事宜，双方应秉着友好互利的原则进行协商处理。
第九条　若因执行本协议产生的争议或与本协议有关的争议，双方应本着友好的态度进行协商；若协商不成的，任一方可将争议提交甲方所在地人民法院进行处理。
第十条　本协议一式三份，甲方执两份，乙方执一份，具有同等法律效力。
附件
附件 1：

B企业

清单发出日期	2023年6月5日				
发出人	小王				
送达人	小李				
商品品牌	货号名称	规格	单位	数量	价格
环保漆料	T500	轻重	万件	81	567万元

附件 2：

B企业

订单发出日期	2023年6月7日				
发出人	小李				
收货人姓名	小王				
收货人联系方式	157xxxx4564				
收货地址	东莞市虎门镇				
甲方公司确认					
商品品牌	货号名称	规格	单位	数量	价格
环保漆料	T500	轻重	万件	81	567万元

甲　　方：B企业　　　　乙　　方：A供货商
授权代表：小王　　　　授权代表：小李
签署日期：2023.6.5　　　　签署日期：2023.6.5

图 2-4-1　采购合同模板

（3）小组间组员配合是否流畅，任务分配是否合理。

实训考核主要是评价学生实训过程表述是否清楚、逻辑性如何、成员协作配合情况等。评价的标准见表 2-4-3。

表 2-4-3　实训评价表

考核要素	评价标准	分值/分	评分/分		
			自评（20%）	小组（30%）	教师（50%）
签订采购合同	知识掌握	40			
	逻辑性	40			
	成员配合情况	20			
评价人签名					
合计					
教师评语： 年　月　日					

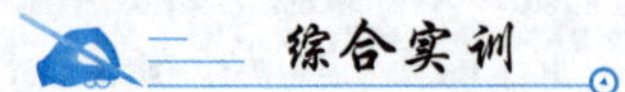

一、知识巩固与技能提高

项目二　在线试题

二、项目实训任务单

在掌握电商供应链采购运营的相关知识基础上，按照表 2-4-4 所示的电商供应链采购运营任务单的要求，完成任务。

表 2-4-4　电商供应链采购运营任务单

<table>
<tr><td>项目名称</td><td>电商供应链采购运营</td><td>项目编号</td><td>2-4-4</td></tr>
<tr><td>项目说明</td><td colspan="3">一、任务要求
在掌握电商供应链采购运营的相关知识基础上，能够运用合适的方法预测采购需求、编制采购计划、选择供应商、完成采购合同的签订，保证电商企业的销售顺利进行。
二、项目实施所需的知识
重点：预测方法、采购计划、采购方式
难点：采购作业流程、供应商选择流程、合同签订流程
三、小组成员分工
按照收集资讯、计划、决策、实施、检查、评价的过程，完成每一个任务步骤</td></tr>
<tr><td>项目资源</td><td colspan="3">任务实训、阿里巴巴平台、Excel</td></tr>
<tr><td rowspan="4">项目实施</td><td colspan="3">一、采购需求预测</td></tr>
<tr><td colspan="3"></td></tr>
<tr><td colspan="3">二、编制采购计划</td></tr>
<tr><td colspan="3"></td></tr>
</table>

续表

项目名称	电商供应链采购运营	项目编号	2-4-4
项目实施	三、供应商选择		
	四、签订采购合同		

三、项目考核

知识巩固与技能提高（40 分）		得分：
计分标准： 得分 = 1 × 单选题正确个数 + 2 × 多选题正确个数 + 1 × 判断题正确个数		
学生自评（20 分）		得分：
计分标准：初始分 = 2 × A 的个数 + 1 × B 的个数 + 0 × C 的个数 得分 = (初始分/26) × 20		
专业能力	评价指标	自测结果 （A 掌握；B 基本掌握；C 未掌握）
采购需求预测	1. 能够准确预测产品需求，避免库存过剩或不足 2. 具备运用市场调研、趋势分析和历史数据分析的能力	A□　B□　C□ A□　B□　C□
编制采购计划	1. 制订合理的采购计划，考虑市场变化和企业战略 2. 考虑企业的经济状况、市场趋势和财务目标 3. 能够合理安排采购计划的时间表，确保及时交付	A□　B□　C□ A□　B□　C□ A□　B□　C□
供应商选择	1. 能够评估和选择潜在的供应商，建立供应商评估体系 2. 全面考虑供应商的信誉、质量、价格、交货能力等 3. 重视供应链透明度，确保了解供应链全过程	A□　B□　C□ A□　B□　C□ A□　B□　C□

续表

<table>
<tr><td>专业能力</td><td colspan="2">评价指标</td><td>自测结果
（A 掌握；B 基本掌握；C 未掌握）</td></tr>
<tr><td>签订采购合同</td><td colspan="2">1. 能够起草清晰、明确的采购合同，明确交付和支付条件
2. 确保合同中关键条款明晰清楚，减少合同纠纷的可能性
3. 确保合同符合法律和规定要求，保护公司利益</td><td>A□ B□ C□
A□ B□ C□
A□ B□ C□</td></tr>
<tr><td colspan="3">小组评价（20 分）</td><td>得分：</td></tr>
<tr><td colspan="4">计分标准：得分 = 10 × A 的个数 + 5 × B 的个数 + 3 × C 的个数</td></tr>
<tr><td>团队合作</td><td>A□ B□ C□</td><td>沟通能力</td><td>A□ B□ C□</td></tr>
<tr><td colspan="3">教师评价（20 分）</td><td>得分：</td></tr>
<tr><td>教师评语</td><td colspan="3"></td></tr>
<tr><td>总成绩</td><td></td><td>教师签字</td><td></td></tr>
</table>

项目三　电商供应链仓储运营

项目背景

A企业在电子商务领域取得了显著的业务增长，但伴随着市场的竞争加剧和订单量的增加，仓储和库存管理变得尤为关键。为了确保产品的及时交付、降低仓储成本，并提高客户体验，A企业决定进行电子商务供应链仓储运营的项目。这个项目旨在优化仓库布局、改进仓储管理，以及实施库存分类管理，以满足市场需求并保持竞争优势。

项目目标

知识目标

- 了解仓库布局的含义、原则、功能要求、目标。
- 熟悉不同仓库布局的模式。
- 掌握仓库布局设计的设计过程。
- 掌握库房走线设计的原则和设计方案。
- 掌握货架通道设计的原则和设计方案。
- 了解仓储的概念和主要功能，包括物流中的作用。
- 了解仓储合理化的标志和措施，以提高仓库效率和资源利用。
- 熟悉仓储增值服务的种类和重要性，以及在供应链中的角色。
- 掌握电子商务仓储管理流程控制的各个环节。
- 了解电商企业的库存结构，包括可销售库存、订单占用库存、不可销售库存等不同类型的库存。
- 熟悉ABC分类法的概念和在库存管理中的应用。
- 掌握ABC分类法的划分依据和实施步骤。

能力目标

- 通过学习仓库布局的相关知识，能够根据需求制订合理的仓库布局计划。
- 通过学习仓储管理的流程，能够识别并描述入库、在库和出库作业的关键步骤。
- 通过熟悉电子商务仓储管理流程，能够在实际操作中执行产品验收、货物存储、补货计划等任务。
- 通过了解电商企业的库存结构，能够识别和分类不同类型的库存。
- 通过掌握ABC分类法的划分和实施步骤，能够对库存进行ABC分类。

素养目标

● 通过学习仓库布局，培养学生的实际操作技能，以及对资源的合理利用和环境保护的责任感。

● 通过课程，引导学生思考和解决在仓库布局过程中可能涉及的伦理和社会责任问题，强调可持续性和安全性的重要性，培养学生成为负责任的供应链管理者，能够在不断变化的商业环境中做出明智的决策。

● 通过学习仓储管理，培养学生的责任感和实际操作技能，使他们能够在仓储环境中高效地工作。

● 强调合理利用资源的重要性，促使学生关注可持续发展和资源节约的问题。

● 通过学习库存分类管理，培养学生的逻辑思维和分析问题的能力，使他们能够理性地对待库存管理中的挑战。

项目导航

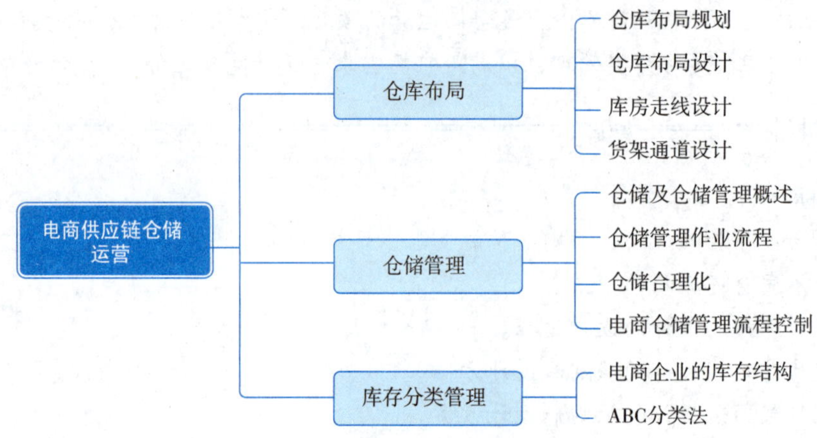

任务1　仓库布局

任务导入

为了适应日益增长的订单量和产品种类，A企业需要对仓库布局进行升级和扩展。这一任务将落到小王头上，他将选择合适的仓库布局，以满足公司的需求。

学习标杆

JL集团有限公司的仓储布局

JL集团有限公司作为全国农业产业化重点龙头企业，拥有自己专用的电商平台。该系统会显示各经销商的订单总数，当订单数量能够满足企业生产条件后，会有相关人员通知生产车间进行原料准备，随后便开始生产。由于产品种类多，一批的生产一般难以满足一个客户的订单需求量，因此产品会在仓库暂时储存，当产品种类和数量能够和经销商的订单完成匹配时，便可以安排发货。

公司现阶段总仓总占地面积4万余平方米，常规工作人员127人，平均日发货量可达1 000吨，特殊时期的发货量可达3 500吨，储存商品达到400多个SKU，产品可以覆盖全国销售，可以满足全国经销商订单需求。当前各工作区使用面积如表3－1－1所示。

表3－1－1　各工作区占地情况

作业区域	出（入）库	仓储区	分拣区	理货区	待处理区	办公设备区
现有面积	3 200	28 800	3 200	3 600	3 600	1 600
区域占比	8%	62%	8%	9%	9%	4%

公司产品统一存放在一个仓库中，使用的仓库为常温平面仓库。仓库现阶段分为六大作业区域。

理货区：该区域一方面可以为客户货物提供包装、清点等服务；另一方面在产品入库之前，对产品进行分类梳理。

待处理区：该区域主要存放一些问题产品，同时在仓储压力大、货物较多的特殊时期，该区域可以增设货架进而提高仓储容量，缓解仓储压力。

分拣区：该区域主要根据客户订单，在仓库中拣选满足订单的货品，完成产品出库。

仓储区：该区域是仓库的主要功能区，占地面积最大，为产品提供储存位置。

入库区：现阶段仓库使用出入库共用站台，共同完成产品的出入库工作。

办公设备区：该区域为仓库的固定区域，一部分为办公室所在地，另一部分则是用来存放叉车、托盘等设备。

现阶段，公司的仓库在使用时依旧采用传统的粗放式管理，缺少科学合理的规划。一方面，由于产品仓库的货物周转周期相比一般仓库较快，因此仓库的仓储区在存放物品的时候普遍采用托盘为承载单元，将货物整齐地码放在托盘上，放置在仓储区，当有出货订单时，对货物进行拣选出货；由于没有详细的货位区域划分，导致产品在仓储区存放时，会时常出现产品多点放置的情况。

仓储区空间利用率低。仓库的仓储区面积非常大，却没有合理地利用好仓储空间。现阶段，仓库内只有少量的货架结构，产品大多还是由托盘承载将托盘直接放置于地面，这样一方面不仅降低了仓库的空间利用率，另一方面将货物放置在地面也增加了工作人员在进行出入库作业时对产品造成损害的风险。

（资料来源：https://xueshu.baidu.com/usercenter/paper/show?paperid=1b000c600k0u0v10nn6900q0gn086552&site=xueshu_se）

思考

JL 集团有限公司的仓储布局目前存在哪些问题？

一、仓库布局规划

（一）仓库布局的含义

仓库布局是指在一定区域或库区内，对仓库的数量、规模、地理位置和仓库布局道路等各要素进行科学规划和整体设计。

（二）仓库布局的原则

（1）尽可能采用单层设备，这样做造价低，资产的平均利用效率高。

（2）使货物在出入库时是单向运动或直线运动，避免逆向操作和大幅度改变方向的低效率运作。

（3）采用高效率的货品搬运设备及操作流程。

（4）在仓库里采用有效的存储计划。

（5）在货品搬运设备大小、类型、转弯半径的限制下，尽量减少通道所占用的空间。

（6）尽量利用仓库的高度，也就是说，有效地利用仓库的容积。

（三）仓库布局的功能要求

（1）仓库位置应便于货物的入库、装卸和提取，库内区域划分明确、布局合理。

（2）集装箱货物仓库和零担仓库尽可能分开设置，库内货物应按发送、中转、到达货物分区存放，并分线设置货位，以防事故的发生；要尽量减少货物在仓库的搬运距离，避免任何迂回运输，并要最大限度地利用空间。

（3）有利于提高装卸机械的装卸效率，满足现有的装卸工艺和设备的作业要求。

（4）仓库应配置必要的安全、消防设施，以保证安全生产。

（5）仓库货门的设置，既要考虑集装箱和货车集中到达时的同时装卸作业要求，又要考虑由于增设货门而造成堆存面积的损失。

（四）仓库布局的目标

1. 保护目标

制定一些通用的指导方针来实现产品保护的目标：

第一，应该把危险物品，如易爆、易燃、易氧化的物体与其他物体分开，以减少损坏的可能性。

第二，应该保护需要特殊安全设施的产品，以防被盗。

第三，应该对需要温控的设备如冰箱或者加热器的物品进行妥善安置。

第四，仓库人员应该避免将需要轻放和易碎的物品与其他物品叠放，以防损坏。

2. 效率目标

效率目标有两层含义：

第一，仓库空间要有效利用，这就是要利用现有设施的高度，减少过道的空间。

第二，仓库里台架的布局要合理，以减少人工成本和搬运成本。

3. 适度机械化

机械化系统的使用可以大大地提高分销效率，但是并不是所有的情况下都可使用机械化。机械化通常在以下情况最为有效：

（1）物品形状规则、容易搬运时。

（2）订单选择活动较为频繁时。

（3）产品数量波动很小且大批量移动时。

在投资于机械化、自动化时，应考虑相关风险，这包括因为技术的快速变化而引起的设备磨损和贬值以及大规模投资的回报问题。

（五）仓库布局的模式

仓库布局的模式主要有辐射型、吸收型和扇形。

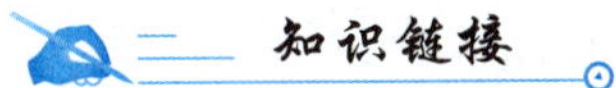

最新数据显示：天猫在成都双流（1 000 亩）、浙江金华（1 500 亩）、天津（1 500 亩）等近 10 个城市为网上购物平台布局仓库布局；京东将在全国设立 6 大物流中心，分别位于北京（200 亩）、上海（260 亩）、广州、成都（20 万 m^2）、武汉（1 万 m^2）、沈阳（11.7 万 m^2）。与此同时，苏宁的第三代物流基地布局几乎遍及全国，亚马逊在中国已设有 11 个运营中心，仓库物流总面积超过 70 万 m^2。这表明目前大电商一般以辐射型仓库布局为主要形式。

下面就仓库布局介绍如下：

1. 辐射型仓库

辐射型仓库是指仓库位于许多用户的一个居中位置，产品由此中心向各个方向用户运送，形如辐射状，如图 3－1－1 所示。它适用于用户相对集中的经济区域，而辐射面所达用户只起吸引作用，或者适用于仓库是主干运输线路中的一个转运站时的情况。

这里的用户不要理解成终端用户，可以理解成用户群，甚至可以理解成各个城市。

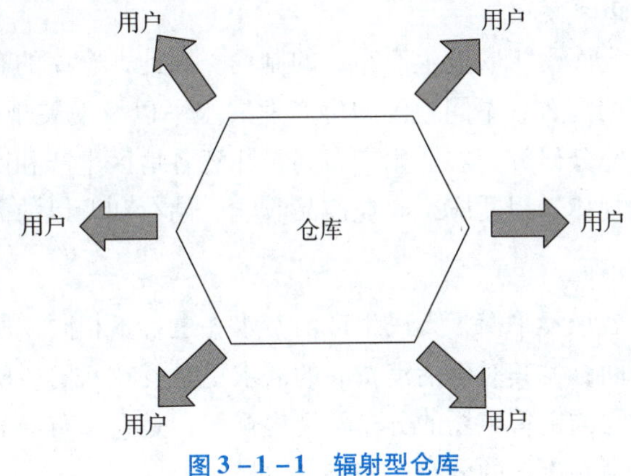

图 3－1－1　辐射型仓库

2. 吸收型仓库

吸收型仓库是指仓库位于许多货主的某一居中位置，货物从各个产地向此中心运送，如图 3－1－2 所示。这种仓库大多属于集货中心。

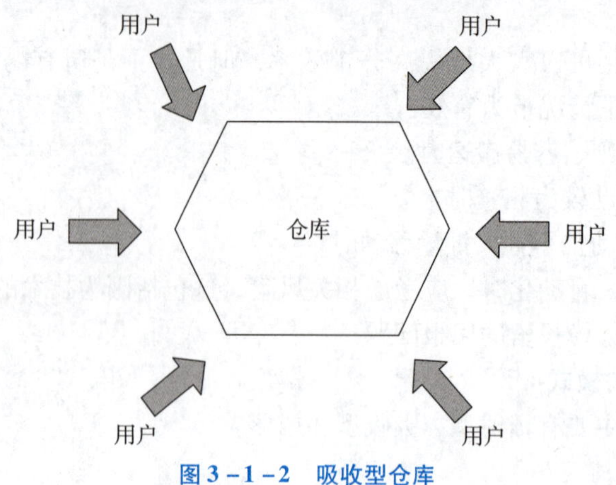

图 3-1-2　吸收型仓库

3. 扇形仓库

扇形仓库指产品从仓库向一个方向运送，形成一个辐射形状。辐射方向与干线上的运输运动方向一致，如图 3-1-3 所示。这种仓库布局适宜于在运输主干线上仓库距离较近、下一个仓库的上方向区域恰好是上一仓库合理运送区域时。

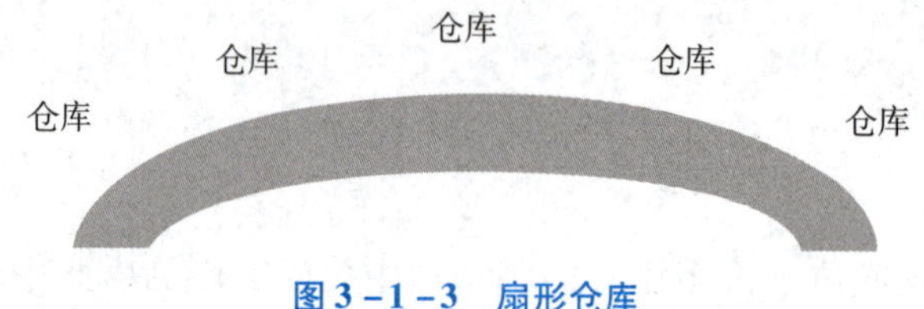

图 3-1-3　扇形仓库

（六）影响仓库布局的因素

影响仓库布局的因素很多，主要有以下几点：

1. 工农业生产布局

流通部门的工农业仓库受工农业生产布局的制约。因此，仓库的布局必须以资源的分布情况、工农业生产部门的配置、不同地区的生产发展水平以及发展规划为依据。这就是说，在进行仓库的布局时要充分研究工农业生产布局，注意各地区生产和产品的特点以及这些物质产品进入流通过程的规律，以适应工农业产品收购、储存和调运的需要。

2. 货物需求量的分布

由于各地区经济发展很不平衡，人民生产消费水平也各不相同，所以各地区对各种货物需求量的多少也有所不同，尤其对生活消费品的需求更是五花八门。所以，研究不同地区的消费特征，考虑各种货物的销售市场的分布及销售规律，是仓库布局的另一个重要依据。这就是说，仓库的分布与商品市场的分布应保持一致。

3. 经济区域

所谓经济区域，是结合了生产力布局、产销联系、地理环境、交通运输条件等所自然形成的经济活动区域的简称。所以，按照经济区域组织流通，合理分布仓库，对于加速物流速度，缩短运输路线，降低物流费用，都有着重要的意义。

4. 交通运输条件

交通运输条件是组织物流活动的基本条件之一，如果交通不便，势必造成货物储存和交通运输的困难。因此，在仓库的布局上，特别要重视交通运输条件，仓库地址的选择应尽量选择在具有铁路、公路、水路等运输方便和可靠的地方，这是合理组织物流的基础。

5. 其他

仓库的布局还应根据组织流通的需要，以及我国现有仓库布局和物流配送的分布状况，合理布局仓库。

总之，仓库的合理布局是在综合考虑上述因素的基础上，根据有利于加快物流速度、方便消费和提高物流效益的原则，统筹规划，合理安排。这对于提高物流系统的整体功能具有重要的意义。

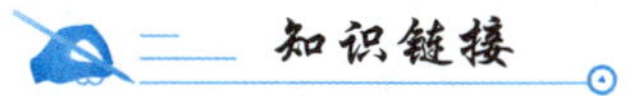

仓库选址

二、仓库布局设计

（一）仓库结构类型的选择

仓库结构类型的选择，主要根据仓库的功能和任务来确定，主要包括：

（1）仓库的主要功能，是单纯储存还是兼有分拣、流通加工、配送等功能。

（2）储存的对象，储存货物的性质、类型、数量、外形、尺寸。

（3）仓库内外环境要求，主要指温度、湿度的限制以及消防、安全等要求。

（4）经济能力，投资额的大小，对经营成本的要求等。

（二）仓库布局、设备的配置

根据仓库的功能、存储对象、环境要求等确定主要设施、设备的配置。具体如表3－1－2所示：

表3－1－2　仓库布局、设备的配置

功能要求	设备配置
存货、取货	货架、叉车、堆垛机械、起重运输机械等分拣机、托盘、搬运车、传输机械等
分拣、配货	检验仪表、工具、养护设备等
验货、养护	温度监视器、防火报警器、监视器、防盗报警设备等
防火、防盗	加工作业机械、工具等
流通加工	计算机及辅助设备等
控制、管理	站台（货台）轨道、道路、场地等
配套设施	货架、叉车、堆垛机械、起重运输机械等分拣机、托盘、搬运车、传输机械等

（三）仓库面积及参数的确定

仓库面积是影响仓库规模和仓库能力的重要因素。仓库面积包括库区总面积和仓库建筑面积。

1. 仓库建筑面积及各项参数

（1）仓库建筑系数是指各种仓库建筑物实际占地面积与库区总面积之比。

仓库建筑系数 = 仓库建筑占地面积/库区总面积 ×100%

该参数反映库房及仓库管理的建筑物在库区内排列的疏密程度，反映总占地面积中库房比例高低。

（2）仓库建筑面积是指仓库建筑结构实际占地面积，用仓库外墙线所围成的平面面积来计量。多层仓库建筑面积是每层的平面面积之和。其中，除去墙、柱等无法利用的面积之后称有效面积，有效面积从理论上来讲都是可以利用的面积。但是，可利用的面积中，有一些是无法直接进行储存活动的面积，如楼梯等，除去这一部分面积的剩余面积称使用面积。

（3）仓库建筑平面系数是指衡量使用面积所占比例的参数。

仓库建筑平面系数 = 仓库使用面积/仓库建筑面积 ×100%

2. 确定仓库面积所要考虑的主要因素

（1）物资储备量，它决定了所需仓库的规模。

（2）平均库存量，主要决定所需仓库的面积。

（3）仓库吞吐量，反映了仓库实际出入库的货物量，与仓库面积成正比关系。

（4）货物品种数，在货物总量一定的情况下，货物品种数越多，所占货位越多，收发区越大，所需仓库面积也越多。

（5）仓库作业方式，机械化作业必须有相应的作业空间。

（6）仓库经营方式，如实行配送制需要有配货区，进行流通加工需要有作业区等。

3. 其他技术参数

（1）仓库高度利用率是指反映仓库空间高度被有效利用程度的指标。

仓库高度利用率 = 货垛或货架平均高度/库房有效高度 ×100%

这个参数和仓库面积利用率参数所起的作用是一样的，即衡量仓库有效利用程度。仓库中可以采取多种技术措施来提高这一利用程度。

（2）仓容是仓库中可以存放物资的最大数量，以重量单位（吨）表示。仓容大小取决于面积大小及单位面积承载货物重量的能力以及货物的安全要求等。

仓容（吨）= 仓库使用面积（m^2）× 单位面积储存定额（t/m^2）

仓容反映的是仓库的最大能力，是流通生产力衡度的重要参数。

（3）仓库有效容积指仓库有效面积与有效高度之乘积。传统的仓容指标因与库房高度关系不大，因而不能很好地反映库房容积利用情况。随着高平房仓库及立体仓库的出现，面积利用指标已不能完全反映仓库技术经济指标，仓库有效容积则可描述仓库立体的储存能力和利用情况。

仓库有效容积 = 仓库有效面积（m^2）× 有效平均高度（m）

（4）仓库周转次数是年入库总量或年出库总量与年平均库存之比，反映仓库动态情况，是生产性仓库和流通性仓库的重要指标，在年入（出）库总量一定的情况下提高周转次数，则可降低静态库存的数量，从而减少仓库有效容积的占用。

周转次数 = 进（出）库总量/平均库存

（四）确定仓库主体构造

仓库主体构造包括：基础、地坪、框架构成、立柱、墙体、屋盖、楼板、地面、窗、出入口、房檐、通风装置等。

1. 仓库框架

框架是由柱、中间柱等及墙体构成的。仓库内有立柱会影响仓库的容量、装卸作业的方便性，能减少则应尽量减少。

2. 防火问题

仓库主体构造要采用防火结构设计，外墙地板、楼板、门窗必须是防火结构，使用耐火或不燃烧材料，如混凝土、石棉类建材等。

3. 出入口尺寸

出入口尺寸主要是由货车是否入库，使用的叉车种类、尺寸、技术参数、台数、出入库频率，保管货物的尺寸大小等因素决定的。

4. 站台（货台）的高度

库外道路平面停放的待装卸货车车厢底板高度应与库内地面平齐。这样运输车辆不进入仓库作业，但利用叉车进行搬运作业却十分方便。

（五）仓库附属设施、设备

1. 保管设备

在库内堆放要保管的货物时，通常采用的方法有：地面散堆法、平托盘分层堆码法、框架托盘分层堆放法、货架散放法、托盘在货架放置法等。不同的保管货物的方法需有不同的保管设备。

2. 分拣装置、装卸搬运设备

在许多仓库中有机械化、电子化的货物分拣设置，以及进行机械化作业的各种叉车、专用设备和工具。因此，仓库设计、布置要与分拣装置、装卸搬运设备的配置、安装与作业方法及所需面积等相互协调。

三、库房走线设计

（一）设计原则：不走回头路

不走回头路是配货效率的基本保证。

（二）走线方案

可以采取以下两种方案：

方案 A：

必备两条主通道，配送员手推超市车，从 A 道进，采集器扫描货品条码，执货，从 B 道出。B 道出口仓管员验单、物的一致性，放行，到包装区，发货单与快递单同步打印，包装作业，到快递分流区。

B 道出口→复核区→打单区→包材区→包装区→快递分流区，即一条直线的布局原则。具体如图 3 - 1 - 4 所示。

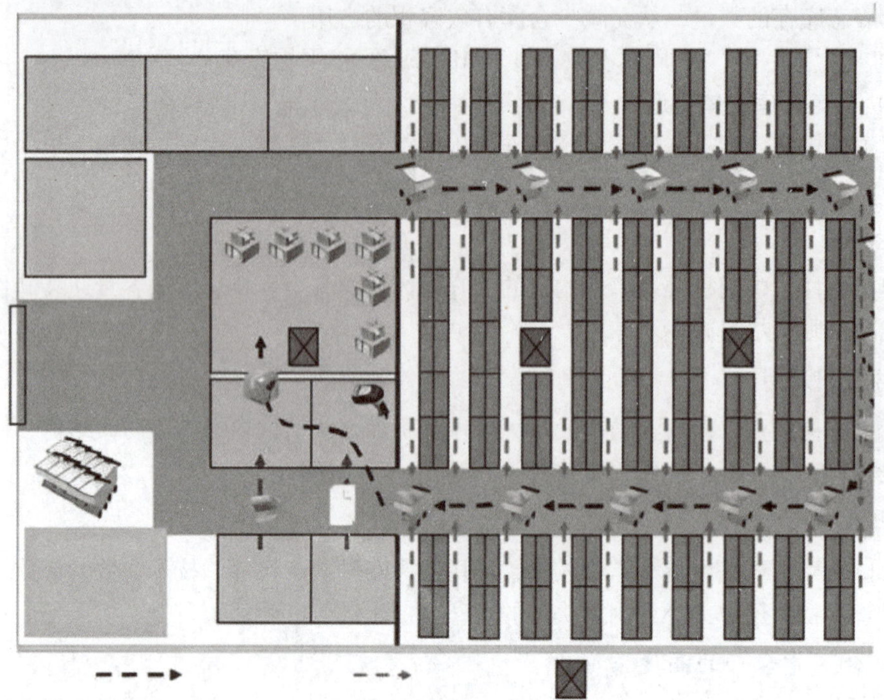

图 3-1-4　库房走线设计方案 A

方案 B：

供应商来货→质量验收分流区→采集扫描区→待拍摄区，然后从 A 道进入货架区。电梯口附近设质量特采区、退货区，同样是一条直线原则。具体如图 3-1-5 所示。

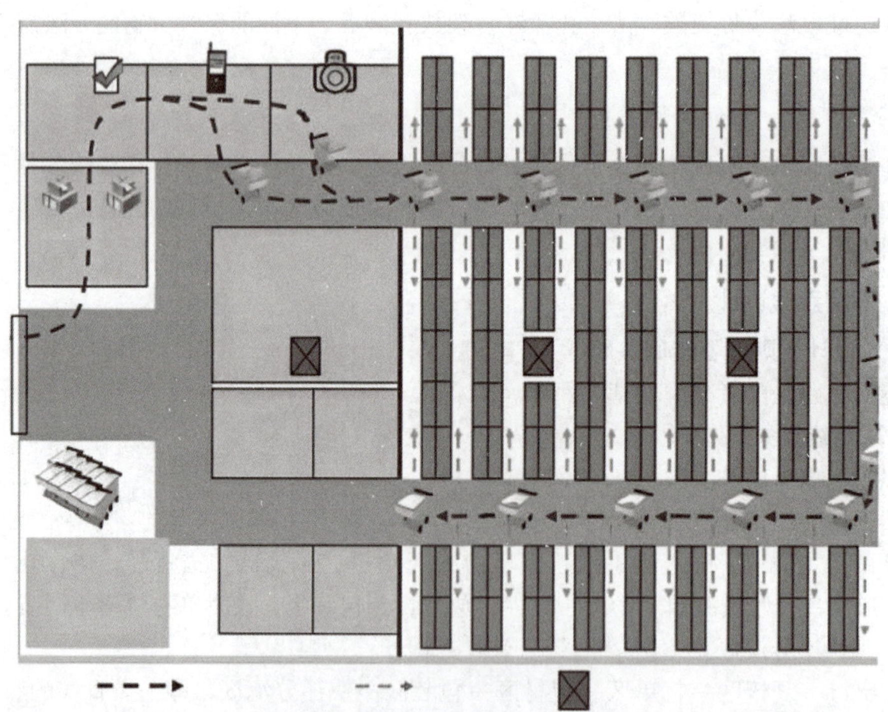

图 3-1-5　库房走线设计方案 B

四、货架通道设计

（一）设计原则：货品排位科学合理

货品排位科学合理是货架通道设计的重要原则，这一原则的确定在于实现美观和效率要求。

（二）设计方案

方案 A：

货架按场地定制，绝不外买。依场地尺寸和 SKU 箱规格定做，包住支柱和下水管，保证货架通道无柱外露。具体如图 3－1－6 所示。

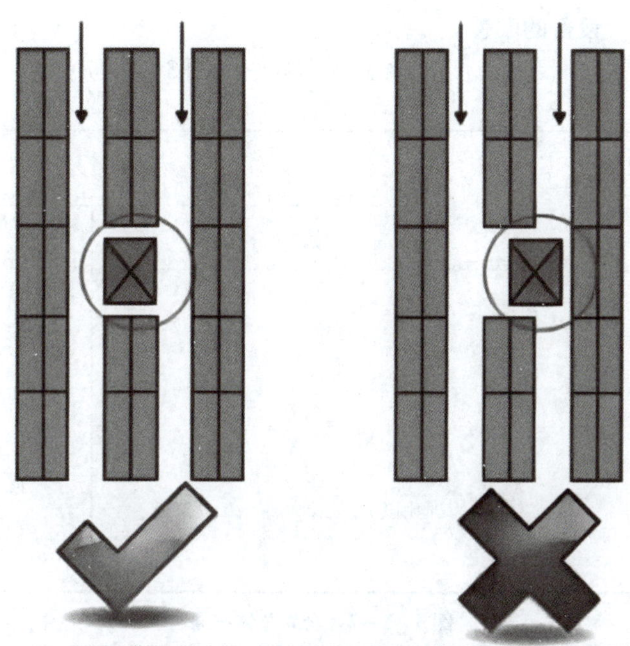

图 3－1－6　货架通道的设计

方案 B：

货架按品牌竖序排列，新品货架列在前，畅销货架列其次，平销货架列在后，最远为滞销货架列。保证最短的距离堆放周转较高的产品。周转率最高的产品直接虚拟出入库，从供货商的成品仓直接交快递商。

一、实训目标

通过完成本实训任务，学生将能够更好地掌握仓库布局需要的各项能力，可以对于新建仓库进行科学有效的规划和布局，降低仓储成本，提高仓储效率。

二、实训步骤

（一）选择仓库结构类型

小王首先分析 A 公司对于仓库的需求，目前 A 公司对于新仓库功能的需求是单纯储存为主，兼有分拣需求。储存货物主要为 B 清洁剂、C 清洁剂，货物主要参数如表 3－1－3 所示。

表 3-1-3　存储货物主要信息

货物	类型	数量	每箱尺寸
B 清洁剂	清洁用品	10 000 箱	50 厘米×60 厘米×70 厘米
C 清洁剂	清洁用品	12 000 箱	60 厘米×60 厘米×80 厘米

结合企业需求，小王选择仓库类型为单层平房仓库。仓库构造比较简单，由于仓库只有一层，因此在仓库内搬运、装卸货物比较方便，各种附属设备（例通风设备、供水、供电等）的安装、使用和维护都比较方便，同时仓库全部的地面承压能力都比较强，符合 A 公司对于该仓库的定位。

（二）仓库布局、设备的配置

根据以上基本信息，小王设计了仓库总体布局图（图 3-1-7）。

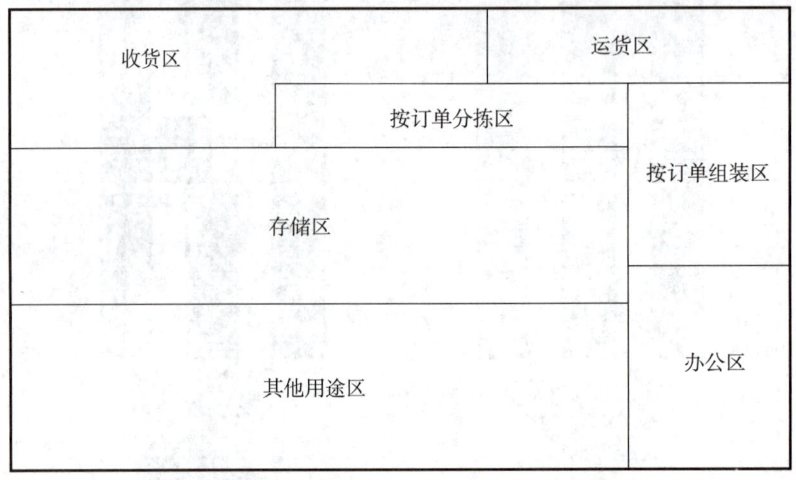

图 3-1-7　仓库总体布局

同时，小王结合自己的设计思路，完成了前期相关设备的配置与采购清单（表 3-1-4）。

表 3-1-4　仓库设备配置采购单

设备	数量	规格	单价
货架	3 000 个	1 000 毫米×400 毫米×2 000 毫米四层	150 元
叉车	30 辆	0.5 公斤 3 吨 680 毫米计价叉车	2 000 元
堆垛机械	2 个	负载 100 公斤	80 000 元
搬运车	15 辆	75 宽 60 伏 20 安	400 元

（三）仓库面积及参数的确定

小王通过对于仓库各部分面积的计算，最终得出总的面积要求。

1. 计算室内部分的面积

室内部分的面积可以通过长乘以宽得到。对于货物存储区、拣选区和办公区等不同功能区域，可以根据实际尺寸和形状进行计算。货物存储区的面积为 100 米×50 米 = 5 000 平方米；拣选区的面积为 80 米 ×3 米 =240 平方米；办公区的面积为 20 米 ×3 米 =60 平方米。

2. 计算室外部分的面积

室外部分的面积也可以通过长乘以宽得到。对于停车区、装卸货区和设备存放区等不同功能区域，可以根据实际尺寸和形状进行计算。例如，停车区的面积为 50 米 ×50 米 =2 500 平方米；装卸货区的面积为 80 米 ×50 米 =4 000 平方米；设备存放区的面积为 40 米 ×50 米 =2 000 平方米。

3. 将室内和室外部分的面积相加

将室内和室外部分的面积相加得到仓库的总面积。例如，仓库的总面积为（5 000 平方米 +240 平方米 +60 平方米）+(2 500 平方米 +4 000 平方米 +2 000 平方米）=13 800 平方米。

小王通过计算得出 A 公司仓库需要的总面积为 13 800 平方米。这个数据可以帮助 A 公司了解仓库的存储潜力，并优化仓库布局设计以实现更高的运营效率和存储容量。

（四）确定仓库主体构造

小王对于仓库的主体构造进行确定，主要包括四个方面。

1. 仓库框架

小王在设计仓库框架时，尽量减少了立柱数量，保障仓库使用的便捷性（图 3 –1 –8）。

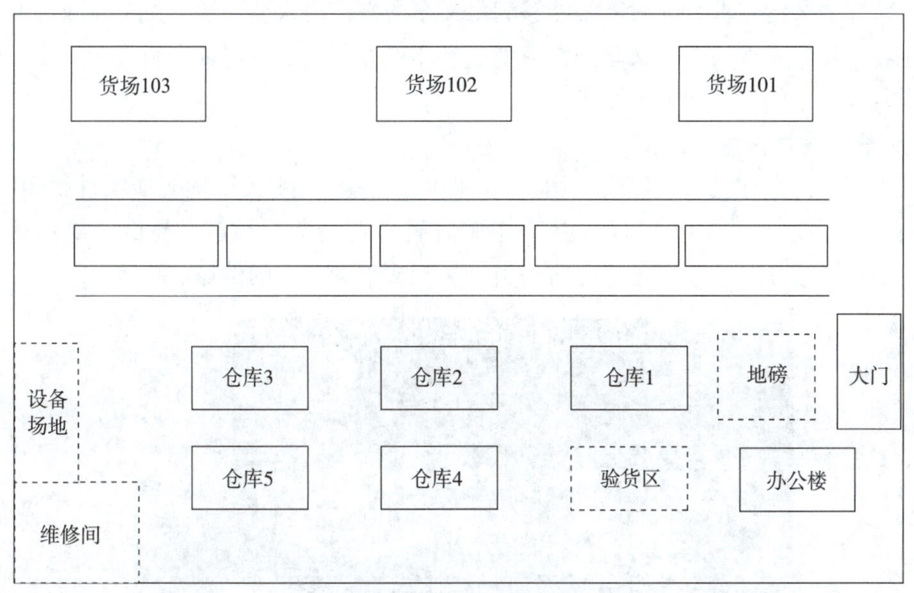

图 3 –1 –8　仓库框架

2. 防火问题

在防火问题上，小王在外墙地板、楼板和门窗上都设计了防火结构，设置了防火卷帘门（图 3 –1 –9），采用防火建材，并涂了防火涂料。

3. 出入库尺寸

仓库的通道宽度根据货物的尺寸和运输设备的大小进行设计。小王选择了 3.5 ~4 米的通道宽度，可以满足 B 清洁剂和 C 清洁剂的运输需求。仓库的通道高度一般根据运输车辆的高度来确定。小王选择了 4 米的有效高度，可以满足货车和集装箱的进出需求。

图 3－1－9　防火卷帘门

4. 站台高度

为了方便货物的装卸和搬运，小王的站台高度设计为 1.2 米。站台高度需要能够满足这些货物的装卸和搬运需求，同时需要能够满足叉车的操作需求。一般来说，叉车的操作高度在 1 米左右，站台高度略高于叉车操作高度，操作更方便，也可保证人员安全，能够保证人员在工作时有一定的空间和安全距离。

（五）仓库附属设施、设备

小王采用了托盘在货架放置法（图 3－1－10），托盘长度大于货架横梁外径 10 厘米左右，横向与邻近托盘距离 15 厘米。由于 B 清洁剂和 C 清洁剂易散、易倒、单箱重量比较轻，小王使用了捆扎带、缠绕膜等，防止由于振动或移动产生的倒塌。

图 3－1－10　托盘在货架放置法

三、实训考核

老师根据模拟过程为学生评分，包括：

（1）流程是否清晰。

（2）知识掌握程度。

（3）小组间组员配合是否流畅，任务分配是否合理。

实训考核主要是评价学生实训过程表述是否清楚、逻辑性如何、成员协作配合情况等。评价的标准见表 3－1－5。

表 3－1－5　实训评价表

考核要素	评价标准	分值/分	评分/分		
			自评（20%）	小组（30%）	教师（50%）
仓库布局	知识掌握	40			
	逻辑性	40			
	成员配合情况	20			
评价人签名					
合计					
教师评语： 年　月　日					

任务 2　仓储管理

任务导入

随着业务规模的扩大，A 企业现有的仓库系统面临性能瓶颈和操作效率下降的问题。主管要求小王研究仓库系统的管理，以确保其能够高效运作。

学习标杆

京东物流：助力传统企业仓储物流数字化转型

在电商蓬勃发展的推动下，我国仓储行业快速发展，智能机器人逐渐成为大型仓储物流中心必不可少的关键组成部分。在3C、服饰、工业品、医药、汽车等行业中，品类多、人员少、差错高、空间小等仓储问题日益凸显，如何通过技术创新改变物流高成本、低效率的现状，实现企业降本增效，是国内物流企业不得不面临的难题。针对此类难题，京东物流基于拥有的自建物流体系优势，探索并实践出一套较为有效的实施方案，并主动为诸多业内企业提供行之有效的仓储管理方案。

广东亿安仓供应链科技有限公司（以下简称“亿安仓”）隶属于中国电子信息产业集团（CEC）旗下，前身是中电港的供应链业务部和仓储物流部，承接着平台上电子元器件的分销业务，服务于上游100多家元器件厂商以及下游超过5 000家的电子设备生产制造商。据亿安仓相关负责人介绍，在亿安仓传统的仓储作业中，主要依靠人到货的拣选方式，拣货效率与拣货准确率都是难题。而且仓内既有完税商品，也有保税商品，只能通过不同楼层进行物理隔离，效率低，管理难度大。

为了破解这些难点，仓储的自动化升级成为关键。作为整个供应链体系建设中最小的建筑单元，自动化仓的建设尤为重要，但也因存储产品特性导致建设难度大，需要综合考量的因素多。具体来看，可归纳如下。

（1）SKU种类多、效期管理严格、存储分散导致人工拣货效率低、拣货准确率低，影响业务快速发展。

（2）存储商品类型中存在完税商品和保税商品，实际作业过程中只能通过不同楼层进行物理隔离，人工作业效率低，管理难度高。

（3）3C行业产品存储环境要求高，对温度、湿度、防尘、防电等级要求非常高。

基于以上问题，京东物流决定结合客户实际业务痛点及现场条件，通过对产品升级调整，打造3C行业领域具备密集存储、精准拣选、智能分单的综合性解决方案。

（资料来源：https://www.logclub.com/articleInfo/NTQ2MjU=）

思考

你认为京东应该为客户制定什么样的改造方案？

必备知识

一、仓储及仓储管理概述

（一）仓储的概念与功能

“仓”即仓库，为存放、保管、储存产品的建筑物和场地的总称，可以是房屋建筑、洞穴、大型容器或特定的场地等，具有存放和保护产品的功能；“储”即储存、储备，表示收存以备使用，具有收存、保管的意思。仓储是指通过仓库对产品进行储存与保管。仓储集中反映了工厂的物资活动状况，是连接生产、供应、销售的桥梁，对促进生产、提高效率起到重要的辅助作用。仓储的功能有很多，其基本功能包括保管保养、产品集散、库存控制、加工和配送等，此外仓储有以下重要功能。

（1）仓储是整个物流和供应链的控制中心，可以有效管理和减少库存、控制库存成本。

（2）物流和供应链的调节功能主要来自仓储，供应链的反应速度和效率与仓储有密切的联系。

（3）仓储是一个增值的服务中心，是物流和供应链中非常重要的部分。

（4）仓储是物流设备和技术的应用点，要想提高仓储的效率，企业需要有先进的技术和设备。

（二）仓储增值服务

在仓库的多种作业中，除了常见的基本操作，现代仓库越来越多地为客户提供高度定制化的服务，以创造更大价值，这样的服务被称为仓储增值服务。仓储增值服务是物流增值服务的一部分。物流增值服务是指在完成物流基础任务后，根据客户需要提供的各种延伸业务活动，为客户提供的其他服务性项目。物流增值服务主要包括：增加便利性的服务，加快反应速度的服务，降低成本的服务和延伸服务。包装、配送、储存、流通加工等都属于仓储增值服务的范畴。这些物流增值服务的实现大多是在仓储这个重要的物流节点完成的。

企业利用仓库可以完成多种工作，如包装、贴标签，甚至轻度制造也能在仓库中完成，这样能够延迟最终的产品配置。例如，蔬菜在加工厂中进行加工并装罐，但是铁罐上不贴标签。这种未贴标签的库存产品并不直接提交给指定的客户，而是在接到某个客户的订单以后，仓库才开始贴标签并进行最终的包装。戴尔计算机的个性化定制也使用了延迟制造策略。

延迟产品配置带来两个方面的经济收益。一方面是能够降低风险，因为定制化的包装是根据客户的实际订单执行的，并非对客户订单的预测。另一方面是能够减少总库存，虽然仓库中储存的是基础产品，但是仓库能根据不同客户的要求提供贴标签和包装服务。尽管在仓库中进行包装的单位成本要高于直接在生产中进行包装的单位成本，但是降低风险和减少总库存所带来的经济效益抵消了其中的一部分成本。

（三）仓储管理

仓储管理（Warehousing Management）是指对仓库和仓库中储存的产品进行管理，包含仓储设施布局和设计，以及仓储作业过程中进行的计划、组织、协调与控制。仓储管理是对物流过程中产品的储存以及由此带来的产品包装、分拣、整理等活动进行管理。仓储管理包含以下基本内容。

（1）仓库的选址与建筑问题。例如，仓库的选址原则，仓库建筑面积的确定，仓库内运输道路与作业区域的布置等。

（2）仓库机械作业的选择与配置问题。例如，如何根据仓库作业特点和所储存物资的种类及其理化特性选择机械装备并明确应配备机械装备的数量，如何对这些机械装备进行管理和维护等。

（3）仓库的业务管理问题。例如，如何组织物资出入库，如何对在库物资进行储存与养护，以及如何根据客户的订单或指令拣货、补货、出库配送等。

（4）仓库的库存管理问题。仓库的库存管理应根据企业、市场的需求状况，采用合理的采购和库存控制方法，储存恰当数量的产品，这样既不会因为储存过少引起生产和市场的中断而造成缺货损失，又不会因为储存过多而占用流动资金等。

其他仓库业务的考核问题，如仓储安全与消防问题，以及新技术、新方法的运用问题等，都是现代仓储管理涉及的内容。

在仓储管理的各项内容中，企业需要始终遵循以下原则。

（1）效率原则。效率是指投入一定量的劳动要素时，产品产出量的高低。只有较少的劳动要素投入和较高的产品产出量才能实现高效率。高效率就意味着劳动产出大，劳动要素利用率高。高效率是现代生产的基本要求。仓储管理的效率可以用仓容利用率、产品周转率、进出库时间、装卸车时间等指标进行衡量。高效率的仓储管理表现出“快进、快出、多存储、保管好”等特征。

（2）效益原则。企业生产经营的目的是追求最大化的利润，这是经济学的基本假设条件，也是社会现实的反映。利润是经济效益的表现。

（3）服务原则。仓储活动本身就是向社会提供服务产品。服务是贯穿于仓储管理的一条主线，仓储的定位、仓储作业、对仓储产品的控制等都是围绕服务进行的。仓储服务水平与仓储经营成本有着“背反”的关系。服务好，成本高，收费也高。仓储管理就是要在降低成本和提高服务水平之间保持平衡。

二、仓储管理作业流程

仓储管理作业流程是指货品在仓库存储过程中必须经过的、按照一定顺序相互连接的作业环节。由于仓储运营的模式不同、作业对象的属性不同，不同仓储管理的作业流程和环节也不尽相同，但基本的作业流程可以统一成入库、管理、出库3个阶段。仓储管理作业流程中，既有对货品进行实际处理所发生的物流，又有伴随着入库、管理、出库等作业阶段和环节所形成的信息流，物流和信息流相互统一，形成了完整的仓储管理作业流程。

（一）入库作业

入库作业是指仓储部门按照存货方的要求合理组织人力、物力等资源，按照入库作业程序，履行入库作业各环节的职责，及时完成产品入库任务的工作过程。入库作业包括入库准备、入库接运、验收和办理入库手续等主要的环节。

（1）入库准备包括以下几个方面。

①人员准备。仓储部门根据到货时间和数量，安排好接运、卸货、验收和搬运产品的相关作业人员，保证产品到库后，人员及时到位。

②货位准备。仓储部门根据预计到库产品的品种、特性、数量、质量等信息，结合产品分区分类管理的要求，计算出所需仓容大小，预先确定产品的储存位置；根据货位使用的原则，确定苫垫方案、堆垛方法。

③设备及工具准备。仓储部门根据预计到库产品的理化特性及包装、单位质量、单位体积、到货数量等信息，确定检验、计量、卸货与搬运的方式，准备好相应的苫垫材料、检验设施、卸货及搬运工具与设备，并安排好卸货站台。科学合理地制定装卸搬运方案和检测方法，能够保证入库作业的效率。

④文件准备。仓库管理员应准备好产品入库所需要的各种报表、单证、记录簿等相关文件，并在产品验收结束后整理好入库记录、检验单据、料卡、残损单等，以备使用。

（2）入库接运指仓储部门与货主企业或托运企业办理所运产品的交接手续，为产品入库检验做准备。入库接运的主要形式有以下几种。

①车站码头、货主企业、托运企业、铁路专用线提货。其中，车站码头提货，是指由外地托运企业委托铁路、水运、民航等运输部门或邮局带运，或者产品经由物流运输企业到达

本埠车站、码头、民航站、邮局后，仓储部门依据货运通知单派车提运产品的作业活动。此外，在接受货主企业的委托，需要完成提货、末端进货活动的情况下，也会发生车站码头提货的作业活动。铁路专用线提货是指仓储部门备有铁路专用线，采用大批整车或零担到货接运的形式。一般铁路专线都与公路干线联合。在这种联合运输的形式下，铁路承担主干线长距离运输，汽车承担直线部分的面向收货方的短距离运输。

②仓库内接货。仓库内接货是指供货商或者其委托人将产品直接送达仓库的一种供货形式。当产品到达后，仓库保管员或验收员直接与送货人办理接收工作，当面验收并办理交接手续。

（3）产品进入仓库储存前，还必须经过验收环节，只有经过验收的产品，方可入库保管。产品入库验收的主要目的在于把好入库质量关，防止劣质产品流入流通领域，划清仓库与生产部门、运输部门及供销部门的责任界线，也为产品在库管理提供一手资料。验收环节的产品检验标准和方法应根据仓储合同的约定，没有约定的，按照产品的特性和仓储管理的经验来确定，也可以参考国家标准、行业标准。这里介绍产品的外观质量检验和内在质量检验。

①外观质量检验，包括包装检验，重量、尺寸检验，标签、标志检验，气味、颜色、手感检验，打开外包装检验等。

②内在质量检验，即对产品的内容进行检验，检查产品的质量、规格和等级是否与标准符合；对于技术性强、需要用仪器测定分析的产品，须由专业技术检验企业或专职技术人员进行检验，包括对物理结构、化学成分、使用功能等进行鉴定。验收环节可能会出现诸如证件不齐、数量短缺、质量不符合要求等问题，仓储部门应区别不同情况，及时处理。凡在验收中发现问题等待进一步处理的产品，应该单独存放、妥善保管，防止混杂、丢失、损坏。验收检验单如表 3－2－1 所示。

表 3－2－1　验收检验单

供货商				订单号		验收员	
运单号				验收日期			
运货日期		到货日期		复核员		日期	
序号	产品名称	规格型号	产品编码	包装企业	应收数量	实收数量	备注

（4）产品验收合格后，须办理入库手续，接收相关文件，对入库产品进行交接和登记，并签署入库单证。

①登账。主要登记内容包括：产品名称、规格、数量、件数、累计数或结存数、存货人或提货人、批次、金额等，同时注明货位号、运输工具、接（发）货经办人。

②立卡。产品入库后，仓库保管员应该将各种产品的名称、数量、规格、质量状况等信息编制成一张卡片（产品的保管卡片），并将卡片插放在货架的支架上或货堆的显著位置。这个过程即为立卡。在运用现代仓储管理系统（Warehouse Management System，WMS）的企

业中，这个过程由系统辅助完成，以实现产品、货位的对应。

③建档。仓库应为所接收的产品建立存货档案，以便进行产品管理，也为将来可能发生的争议保留凭据，同时有助于收集出入库数据，方便进行统计报表的制作和总结仓储管理作业过程中的经验和问题。

存档应按照供应商、客户等相关属性，一货一档设置，将产品入库、保管、交付的相应单证、报表、记录等的原件或者附件、复制件存档。存档的内容包括以下几个方面：技术资料，包括产品的各类合格证、装箱单、质量标准、送货单、发运清单等；运输资料，包括产品的运输单据、产品明细、货运记录、残损记录、装箱图等；入库资料，包括入库通知单、验收记录、磅码单、技术检验报告等。

（二）在库管理

产品入库以后，在库管理非常重要，这是仓储管理工作的核心。在库管理最基本的要求是采用科学的管理办法，使在库产品在储存期间的品质、数量不发生变化。在库管理的基本作业环节包括苫垫工作、保管养护、盘点作业等工作。

1. 苫垫工作

产品的苫垫工作包括苫盖和垫垛。苫盖是指采用专用苫盖材料对货垛进行遮盖，以减少自然环境中的阳光、雨、雪、风、露、霜、尘、潮气等对产品的侵蚀和损害，并尽可能减少产品由于自身理化特性所造成的损耗，保护产品在储存期间的质量。垫垛是指在产品码垛前，在预定的货位地面位置，使用衬垫材料进行铺垫以保护产品。常见的衬垫物有废钢轨、钢板、枕木、木板、水泥墩、垫石、货板架、油毡、帆布、芦席、塑料薄膜等。苫盖的要求：顶面必须倾斜，苫盖物不能拖到地面，苫盖物的下端应离开地面 1 厘米以上，苫盖物必须捆扎牢固。

2. 保管养护

保管养护是指产品在储存过程中进行的保养和维护。从广义上说，产品从离开生产领域到进入消费领域之前的这段时间的保养与维护工作，都称为产品的保管养护。产品保管养护的目的包括：研究产品在储存过程中受内外因素的影响，质量发生变化的规律；研究安全储存产品的科学方法，以保证产品的质量，避免和减少损失。常见的影响库存产品质量的因素有霉变、虫蛀、锈蚀、老化等。密封、通风、吸湿等温湿度控制措施是保持产品质量的重要方法。

3. 盘点作业

盘点是指定期或临时对库存产品的实际数量进行清查、清点的作业，即为了掌握产品的流动情况（入库、在库、出库的流动状况），仓库保管员对仓库现有产品的实际数量与保管账上记录的数量进行核对，检查产品有无残缺，以便准确掌握产品保管数量，进而核对金额。盘点是保证储存产品达到账、物、卡相符的重要措施之一。只有使库存产品保持数量准确和质量完好，仓储部门才能更有效地为生产、流通提供可靠的供货保证。盘点作业的基本步骤如图 3－2－1 所示。

（三）出库作业

产品出库业务流程包括出库订单处理、拣货和补货、复核与包装、点交、清理跟踪等，如图 3－2－2 所示。

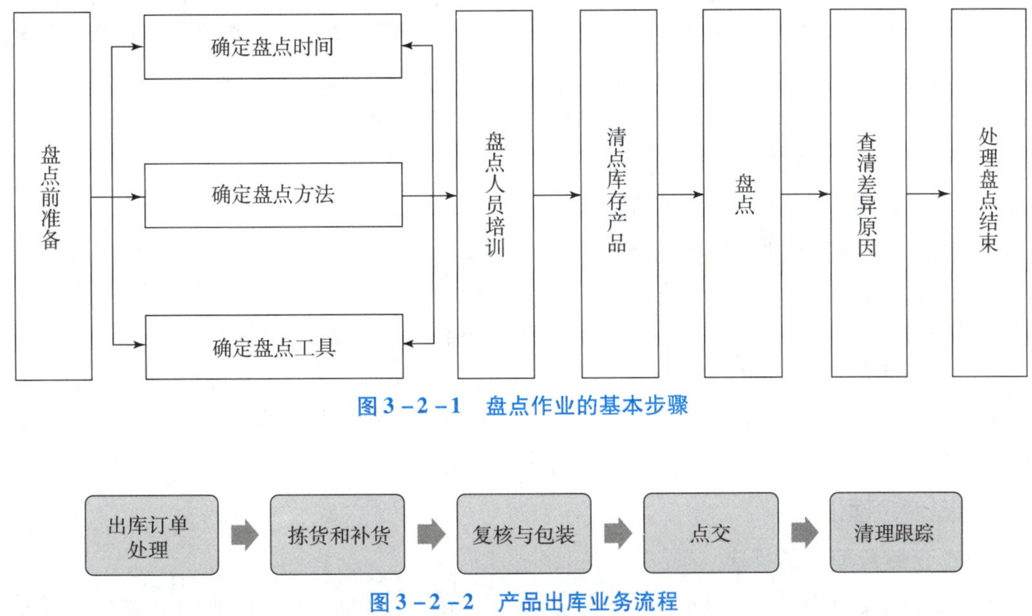

图3-2-1　盘点作业的基本步骤

图3-2-2　产品出库业务流程

（1）出库订单处理指从接到客户出库订单到着手准备拣货之间的作业阶段。出库订单处理工作主要包括：审核出库凭证的合法性和真实性；核对产品的名称、型号、规格、单价、数量，以及收货企业、送货地址、交付日期等信息；了解订单中的附加条款和要求。如果有疑问的部分，就要和客户进行再次确认。有些企业还会在出库时对库存进行预分配。

（2）拣货和补货，企业根据审核过的客户出库订单选择合适的拣货策略，产生拣货单并据此分配库存、确定拣货目标货位；根据拣货单的指令要求，完成拣货作业，备好客户所需产品。在拣货过程中，如果发现拣货货位库存不足，还要及时安排进行库内移库补货作业，确保拣货货位库存足够，避免拣货过程中断。

（3）复核与包装。为防止出现差错，备料后应立即进行复核。出库的复核形式主要有专职复核、交叉复核和环环复核3种。除此之外，在出库作业的各个环节上，都贯穿着复核工作。例如，理货员核对订单和产品，守护员（门卫）凭票放行，账务员（保管会计）核对账单（票）等。这些分散的复核形式起到分头把关的作用，有助于提高仓库出库作业的工作质量。复核的主要内容是确定订单和产品相符，相关品种数量准确，产品状态良好，配套齐全，技术证件齐备，外观质量良好，包装完好等。出库产品如果没有符合运输方式所要求的包装，则应在出库前进行包装。企业应根据产品外形特点选用适宜的包装材料，包装应便于装卸和搬运。

出库产品的包装要求干燥、牢固。如果包装破损、潮湿、捆扎松散，则不能保障产品在运输途中的安全，应进行加固整理，做到破包产品不出库。此外，各类包装容器，若外包装上有水湿、油迹、污损等，均不许出库。此外，严禁将互相影响或性能互相抵触的产品混合包装。包装后要写明收货企业、到站地址、发货号、本批总件数、发货企业等，有些企业还会单独附上装箱清单。

（4）点交。客户的产品备货完成并复核好后，首先要根据实际备货情况打印出库清单，出库清单上的产品数量应该是拣选出的实际数量。然后需要和提货人员及企业内部负责发货配送的部门进行交接，完成发货交接工作。客户自提产品的，一般在仓库月台完成发货交接。送货上门的，则要和负责运输的人员进行交接，当面清点产品。交清后，提货人员和保管员双方都应在出库清单上如实填写实发数量、发货日期等内容并盖章，然后将出库清单连同有关证件资料及时交给客户，以便客户办理货款结算。保管员把留存的一联出库凭证交给实物明细账登记人员做账，将相关信息登记到手工账本或仓储管理系统中。如果有备货不足的情况，由客服部门和客户进行协商处理。

（5）清理跟踪。清理包括清理库存产品、库房、场地、设备和工具等，还要完成信息处理，对收发、保养、盈亏数量和垛位安排等情况进行确认，将相关信息登记到手工账本或仓储管理系统中。在整个产品出库作业流程中，复核和点交是两个防止出现差错的关键环节。复核是防止出现差错的重要和必不可少的措施，点交则是划清仓库和提货方双方责任的必要手段。当产品交付完成后，仓库管理人员一般还会跟踪交付情况，如果收到客户签收的回单，相关信息也要登记入账，表示整个出库作业的完成。

三、仓储合理化

（一）仓储合理化的标志

仓储合理化就是用最经济的办法实现仓储的功能。合理储存的实质是在保证储存功能实现的前提下尽量减少投入。

1. 质量标志

保证产品的质量是实现储存功能的根本要求。所以，仓储合理化的主要标志中，应把反映使用价值的质量放在首位。

2. 数量标志

在保证储存功能实现的前提下寻求一个合理的仓储数量范围。

3. 时间标志

在保证储存功能实现的前提下寻求一个合理的仓储时间，该标志和仓储数量有关，仓储量越大，则消耗速率越慢。

4. 结构标志

结构标志是从产品不同品种、不同规格、不同花色的仓储数量的比例关系中对仓储的合理性进行判断；尤其是相关性很强的各种产品之间的比例关系，更能反映仓储合理性。

5. 分布标志

分布标志指不同地区仓储的数量比例关系，据此可以判断当地需求比，以及对需求的保障程度，也可以以此判断对整个物流的影响。

6. 费用标志

考虑仓租费、维护费、保管费、损失费、资金占用利息支出等，这样才能从实际费用上判断仓储合理性。

（二）仓储合理化的措施

（1）实行 ABC 分类控制法。ABC 分类控制法是指将库存产品按重要程度细分为特别重要的库存（A 类产品）、一般重要的库存（B 类产品）和不重要的库存（C 类产品）3 个等级，针对不同等级的产品分别采取不同的管理和控制的方法。

（2）适度集中库存。适度集中库存是指利用储存规模优势，以适度集中储存代替分散的小规模储存，以实现仓储合理化。

（3）加速总周转。储存现代化的重要课题是将静态储存变为动态储存，享受周转速度加快带来的一系列好处，如资金周转快、资本效益高、货损小、仓库吞吐能力增加、成本下降等。

（4）采用有效的“先进先出”方式。要保证每件产品的储存期不致过长，“先进先出”是一种有效的方式，也是仓储管理的准则之一。有效的“先进先出”方式主要有贯通式货架系统储存、“双仓法”储存、计算机存取系统储存等。

（5）提高仓容利用率。采取高垛的方法缩小库内通道宽度以增加储存的有效面积，以及通过减少库内通道数量以增加储存的有效面积等措施，可以有效提高仓容利用率。

（6）采用有效的储存定位系统。储存定位是指产品位置的确定。有效的储存定位系统能大大节约寻找、存放、取出产品的时间，节约物化劳动及活劳动，而且能防止出现差错，便于产品清点。

（7）借助先进的信息技术实现仓储管理最优化。条形码技术的应用较好地解决了数据录入和采集中的瓶颈问题，为供应链上下游信息流的管理和电子商务交易提供了保证。除此之外，视觉识别技术、虚拟现实技术、大数据技术及物联网技术等在仓储管理领域的广泛运用也极大地提高了仓储合理化程度。

四、电商仓储管理流程控制

（一）产品验收与入库

（1）产品到货后，收货人员应合理安排卸货；审核送货单据和实物的数量、状态及规格是否符合采购要求，如符合，签单并搬运到指定的区域。

（2）统计员及时打印条码，交与收货人员粘贴，标签须与账、物相符。

（3）将供应商的送货单转换成本公司的入库单，入库单要有仓库主管和保管人签字，并及时交与统计员，及时入账，在入库的当日办理相关入库手续，将入库单财务联交财务；统计人员及时通知审核人员审核系统单据，入账。

（4）通知质检人员对货品进行检验。

（5）产品经检验后，库管根据质检签署的意见进行分类归整：

①不合格品归整后统一放置在一起，与合格品进行完全隔离，做好标识，并汇总后上报；开出移库单，交接单据，由统计员做系统移库。

②合格品放至相应的库位。

（6）产品入库后，上报数量给部门主管，由部门主管做上架及发布入库通知，具体参照图 3-2-3。

（二）与其他部门衔接

（1）新品与产品部：仓储部收到的新品应及时办理相关入库手续，办完手续的当天由仓储部主管及时通知产品部取样拍照。物流部准备好拍照样品，并填写好调拨单（提货人及仓储主管签字），统计员做系统移库，同时仓储部测量尺寸，保证货物能尽快上架。

（2）拍照样品的回收：产品部拍照完后须尽快归还提取货物，做好货品交接工作，并由产品部做系统移库工作，仓储部统计员做系统移库审核。超过 7 天，需要办理延期手续，否则，仓储部要求收回产品。

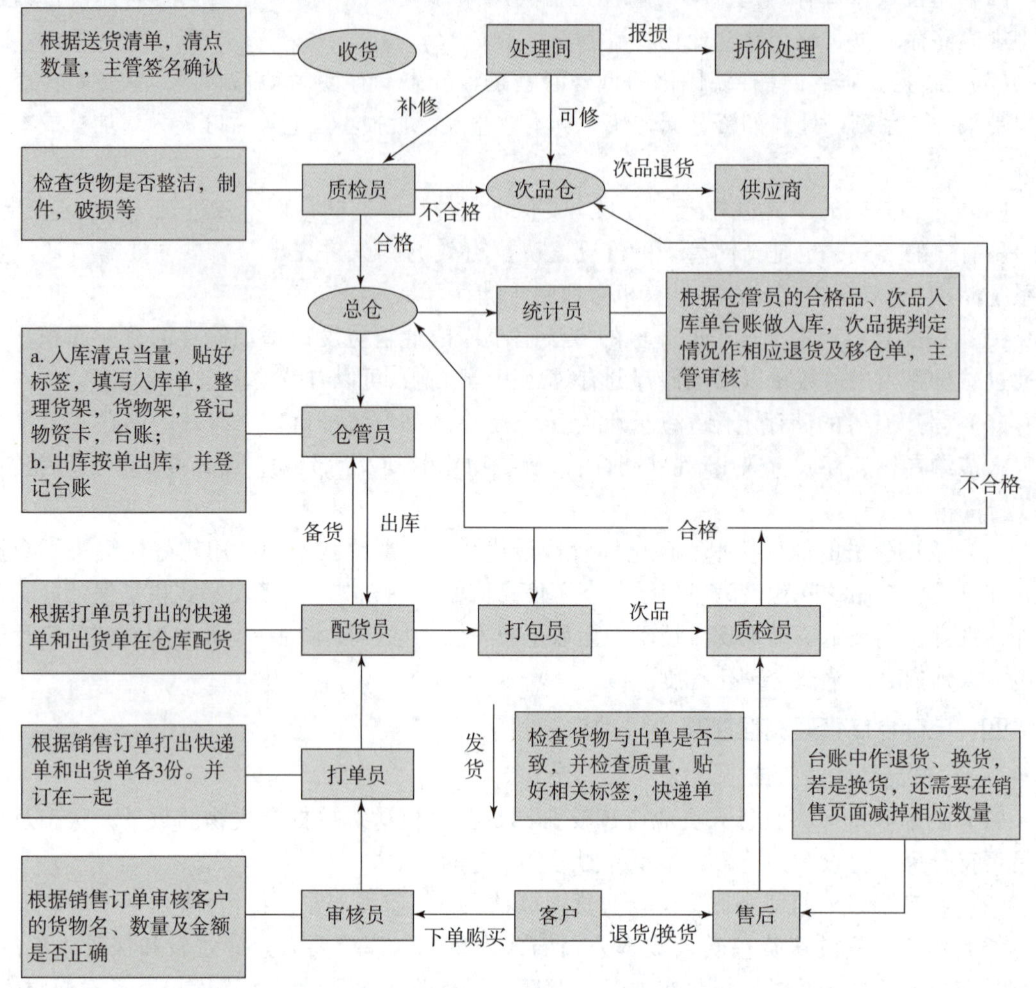

图 3－2－3　电商仓储管理流程

（3）清理囤货：为了提高货物的周转速度，仓储部应定期清理销售为客户预留的货物，如销售无特殊说明，囤货超过 7 天则视为放弃处理，所囤货物进入正常销售流程。统计员每天对系统前 7 天的所有出库单进行清理、删除，并把清理单据的数据补上架。

（三）货物存储与防护

（1）应提供符合要求的场所和环境贮存产品，要求通风、干燥、防尘等，并配备适量的防火设备。

（2）产品要按要求整齐摆放，分类别、状态、批次进行管理，标识应清楚规范，货物同一款原则上只允许一箱（包）打开。必须确保现场货品包装完整无损。所有人员必须在库房人员确认的情况下，方可将产品取离库房现场。

（3）相关库管应有计划地进行产品循环盘点，及时了解库存情况，将贮存过程中发现损坏的产品立即从库房中剔除、隔离，并报填写相应的单据（盘点单、移仓单、报废单）进行处理。

（四）货物调拨

根据产品销售情况实时对仓库货品进行合理调拨。

（1）A 仓管员实时根据销售需求，合理安排 A 库存，然后按库存需求开出调拨单，通知 B 仓管员调货。

（2）B 仓管员收到调拨通知后，及时按单调拨货品。立时调拨到 A 仓库，并跟 A 仓管员进行货品交接，双方签名确认。

（3）调拨单据 A、B 仓管员各一份，一份交统计员，统计员及时根据调拨单在系统做仓位调整。

（五）产品发放

（1）打单员审核客户付款情况，确定已经付款，打单员打出快递单和出库单。

（2）库管员发料，应保证认真、及时、准确的态度，做到见单作业，严格按单发货，发完后立即完善发料手续，与统计员进行单据交接，统计员于当日内对系统单据进行审核，做到日清日结，保证账实一致性。

（3）发料应遵循“先进先出”原则，由此来杜绝因发放产品程序不规范造成产品产生质变而给公司造成的经济损失。

（六）退货与换货

（1）销售过程中，因质量问题、规格型号、颜色与订单不符等客观原因，需要退换货物的，可凭发货单及实物办理退换手续，退换货物须经质检核查及仓储部主管审核确认；若非质量原因，由客户人为造成的损坏恕不退换。

（2）货物收回后，仓库人员（统计员）需及时将货物归位。所有次品退货由收货人员统一集中退回给相应的供应商，开次品退厂单，并及时与统计员进行单据交接，统计员及时做系统退货（生产厂家送货的做到一日一清，采购的零星货物做到一星期一退）。

（七）账务处理

（1）为保证账务处理的及时性、规范性、准确性，确保账物相符，要求账务必做到日清日结。

（2）所有有效单据必须是按规定的各货物环节的人员签字确认后方可进行账务处理。

（3）单据填制必须清晰、明了、规范，保证准确性，填写好的信息一般不允许更改，确需更改只能采用划改方法（能辨别改前信息）并由更改者签署全名及更改日期。

（4）各类单据须及时归集并安全保管，每月月底相关做账人员需对当月的单据进行清理汇总，装订成册，妥善保存，便于核查和追溯。

（八）补货计划

仓储部根据发货量及仓库备货量，每日提出补货计划，提交总经办或采购部审批。

（九）补货到货通告

总经办或采购部对补货货物一旦下订单，在公司内部群里立即通知销售部及仓储部。仓储部收到补货货物，清点无误后，办理相关入库手续，上架销售，同时在公司内部群里通知产品部和销售部。

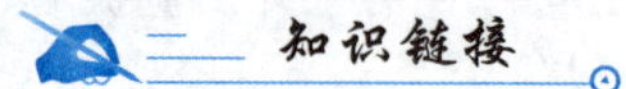

仓储实物保养

素养园地

以现代物流城建设为牵引　更好服务和融入双循环发展格局

党的二十大在建设现代化产业体系的决策部署中专门强调要加快发展物联网，建设高效顺畅的流通体系，降低物流成本。现代物流一头连着生产，一头连着消费，高度集成并融合运输、仓储、分拨、配送、信息等服务功能，是延伸产业链、提升价值链、打造供应链的重要支撑。我们要以现代物流城建设为牵引，做优做实数字商城、国际商城、绿色商城、链式商城，加快推动“商仓流园展”一体化发展，推动更好服务和融入“双循环”发展格局。

山东要突出科技赋能，推动“数字商城”提速蝶变。更好发挥数字技术对经济发展的放大、叠加、倍增作用，是做强商贸物流的现实选择。坚持线上、线下融合发展，加快数字赋能，培育新产业新业态新模式。提升“商”的融合化水平。探索“市场＋供应链＋直播＋仓配”模式，打造具有竞争力的电商供应链基地。提升“仓”的智能化水平。实施仓储提质扩容行动，打造国际陆港现代化仓储集聚区。推广智能装备和仓储管理系统，探索“统仓统配、仓配一体”模式，提升货物存储、周转、配载效率。提升“流”的信息化水平。整合运力、园区、仓储、金融等数据，搭建专线物流业务交易平台，拓展商城云计算中心应用，建设区域物流大数据中心。

山东要深挖开放潜能，推动“国际商城”全面起势。打通内外贸、构建双循环，是发挥超大规模市场优势、扩大高水平对外开放的内在要求。以内贸为主的模式与国内大循环高度契合，发达的商贸物流网络成为融入国内国际双循环的重要支撑。布好“一个网络”。以“一带一路”沿线和区域全面经济伙伴关系协定成员国为重点，建设境外物流分拨中心、加工园区和海外分市场，鼓励企业通过自建、加盟等方式布局更多公共海外仓。

任务实训

一、实训目标

通过完成本实训任务，学生将能够更好地掌握仓储管理相关知识，通过对仓储活动进行科学规划和管理，可以协调好各个环节之间的关系，使整个供应链更加顺畅、高效地运转。

二、实训步骤

（一）产品验收与入库

小王按照产品验收流程，在货物送到之后，安排人员卸货和搬运，并核对相关单据（表3-2-2），做好与其他部门的衔接，核对无误后进行下一步入库。

表3-2-2 货物入库单

货物	数量	规格	状态
A产品	200箱	70 cm×80 cm×90 cm 80 kg每箱	正常
B产品	50箱	50 cm×60 cm×70 cm 35 kg每箱	正常
C产品	120箱	40 cm×50 cm×60 cm 30 kg每箱	正常

采购单核查后，小王根据货物情况与单件情况，使用仓库管理系统，为每件货物生成条码（图3-2-4）。

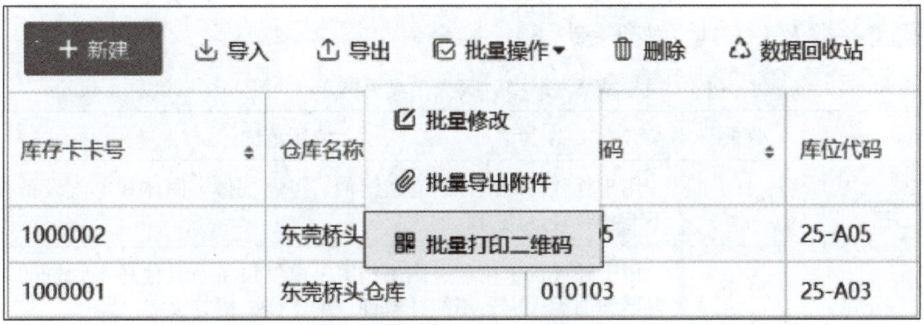

图3-2-4 仓库管理系统

条码生成后，小王为各箱货物打印好条码，将库存卡粘贴到对应的货物上（图3-2-5）。

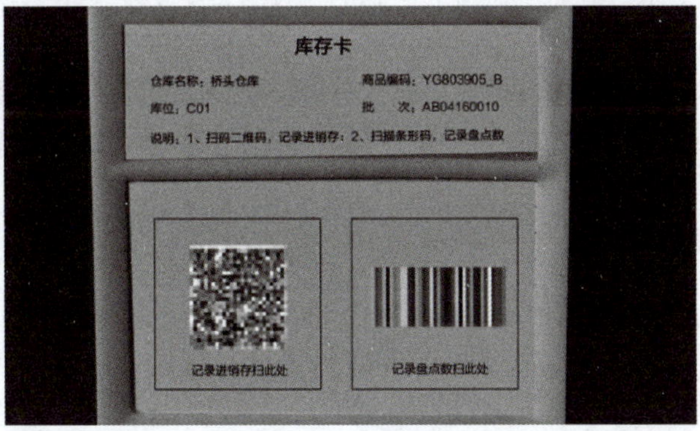

图3-2-5 货物条码

随后，小王填写好入库单，完成货物入库（图3-2-6）。

库存卡

库存卡卡号 *

要使用手机钉钉或企业微信才能体验扫码效果。

按7位数字流水号自编，首位数字表示仓库，其余六位为流水号，例如：1表示东莞桥头仓库，2表示东莞麋园仓库，建立卡号如此类推1000001、1000002、1000003 ......

条码自编流水号可在淘宝网上购买。

仓库名称 *

商品编码 *

库位代码 *

批次 *

库存卡期初数 *

图 3-2-6 填写入库单

（二）货物存储与防护

在货物入库后，由于纸箱较多具有火灾风险，小王结合 A 公司要求制定了防火相关规定，并采购了各类灭火工具（表 3-2-3）。

表 3-2-3 灭火工具采购单

灭火器	数量	使用范围
干粉灭火器	100 个	用于扑救易燃液体、有机溶剂、可燃气体、固体和电气设备初起火灾，不能扑救轻金属引起的火灾
二氧化碳灭火器	20 个	用于扑灭贵重仪器、图书档案、电气设备及其他忌水物资的初起火灾，电器和油类火灾，不能扑救钾、纳、镁、铝等火灾
1211 灭火器（二氟一氯一溴）	10 个	适于扑救精品仪器、电子设备、文物档案等火灾
泡沫灭火器	50 个	适于扑救液体、油，不能扑救水溶性可燃、易燃液体
消防水桶及砂箱	30 个	消防桶：用于扑救一般初起的火灾，不能用于电气设备、易燃液体、遇水急剧氧化的火灾。沙箱：电气设备、液体燃烧的火灾

小王综合根据货物的特点进行摆放，将经常出库的 C 产品存放在靠近仓库出口的位置，以便于叉车装卸和运输；将重量较大的 A 产品存放在承重能力较强的货架上，以确保货物的安全。

（三）货物调拨

1. 产品发放

在打单员确定出库后，小王根据仓库管理系统及时对接，核对产品的名称、规格等信息，确保拣选正确。同时还需要检查产品的质量，如外观、包装等，确保产品无损坏，并填写出库单（图 3-2-7）。同时，按照出库单的要求，按先后顺序安排发货。

2. 退换货处理

当出现需要退换货的情况时，小王结合仓库管理系统，对退换的货物信息进行及时核

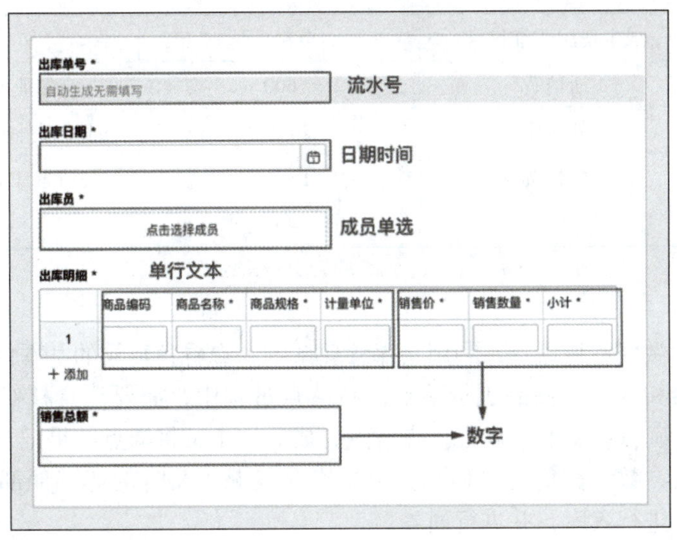

图 3－2－7　填写出库单

对，确认是否存在退换货原因，同时更新货品的最新在库状态。

（四）账务处理与库存盘点

1. 账务处理

小王对仓库相关账务及时记录，生成成本费用表格（表 3－2－4），及时上报给上级部门。

表 3－2－4　A 公司仓库成本费用表

成本费用科目	成本费用明细科目	金额/元	备注
主营业务成本	工资	55 000	十名一线员工
	福利费	8 300	
	保险费	204 000	货物财产保险，含仓储费用
	无形资产摊销	4 300	仓储管理信息软件摊销费
	材料费	29 800	仓储周转、物料消耗
	折旧费	7 900	库房、叉车设施设备折旧
	燃料消耗	3 500	叉车设备耗用
管理费用	办公费	265 000	公司开支
	水电费	48 700	
	差旅费	4 000	均与仓储业务相关
	工资及福利费	22 800	三名仓储管理人员
	折旧费	800	仓储管理部门折旧
	修理费	3 000	维修保养仓储设备

续表

成本费用科目	成本费用明细科目	金额/元	备注
销售（营业费用）	通信费	600	与仓储业务相关
	对外协作费	20 000	企业对外制度的库房租赁费用
	广告费	12 000	公司当月费用
	其他	400	

2. 补货计划与到货通告

小王需要定期做好货物盘点，利用仓库管理系统，查看各货物的基本信息，根据分配的货位，使用计数器和标签对商品进行清点。在清点过程中，需要注意核对商品的名称、规格、数量等信息，确保数据的准确性。在清点完成后，小王将清点结果记录在盘点表上，包括商品名称、规格、数量、货位等信息，根据库存情况，及时沟通其他部门，提交补货需求，在补货到达后进行入库，并进行通告。

三、实训总结

老师根据模拟过程为学生评分，包括：

（1）流程是否清晰。

（2）知识掌握程度。

（3）小组间组员配合是否流畅，任务分配是否合理。

实训考核主要是评价学生实训过程表述是否清楚、逻辑性如何、成员协作配合情况等。评价的标准见表 3－2－5。

表 3－2－5　实训评价表

考核要素	评价标准	分值/分	评分/分		
			自评（20%）	小组（30%）	教师（50%）
仓储管理	知识掌握	40			
	逻辑性	40			
	成员配合情况	20			
评价人签名					
合计					
教师评语： 年　月　日					

任务3　库存分类管理

任务导入

随着产品种类的增加，库存管理变得更加复杂。为了优化库存并确保重要产品的及时供应，小王决定实施ABC库存分类管理。通过ABC分类，A企业可以更精细地管理库存，提高供应链的效率和响应速度。

学习标杆

ABC分类法在AJ公司库存管理中的应用

一、公司概况

AJ公司是一家专门经营进口医疗用品的电商公司，2021年该公司经营的产品有26个品种，共有69个客户购买其产品，年营业额为5 800万元人民币。对于AJ公司这样的电子商务公司而言，因其产品交货期较长、库存占用资金大，库存管理显得尤为重要。

二、ABC分类法在AJ公司的应用

AJ公司按销售额的大小，将其经营的26种产品排序，划分为ABC类。排序在前3位的产品占到总销售额的97%，因此，把它们归为A类产品；第4、5、6、7种产品每种产品的销售额在0.1%－0.5%之间，把它们归为B类；其余的21种产品（共占销售额的1%），将其归为C类。其库存物品统计如表3－3－1所示：

表3－3－1　AJ公司医疗用品库存物品的ABC分类

类别	库存物品	销售价值/万元	销售价值百分比	占总库存比例
A	3种	5 625	97	11.5
B	4种	116	2	15.4
C	19种	58	1	73.1

从表3－3－1可以看出，A类产品只占总库存的11.5%，而其A类产品的销售价值占总销售价值的97%，B类产品占总库存的15.4%，其销售价值占总销售价值的2%左右，C类产品占总库存的73.1%，销售价值占总销售价值的1%左右。

在此基础上，AJ公司对A类的3种产品实行连续性检查策略，即每天检查其库存情况。但由于该公司每月的销售量不稳定，所以每次订货的数量不相同，另外，为了防止预测的不准确及工厂交货的不准确，该公司还设定了一个安全库存量，根据案例资料显示，该类产品的订货提前期为2个月，即如果预测在6月份销售的产品，应该在4月1日下订单给供应

商，才能保证产品在6月1日出库。该公司对A类产品的库存管理方案如下：

AJ公司对B类产品的库存管理，该公司采用周期性检查策略。每个月检查库存并订货一次，目标是每月检查时应有以后两个月的销售数量在库里（其中一个月的用量视为安全库存），另外在途还有一个月的预测量。每月订货时，再根据当时剩余的实际对于库存数量，决定需订货的数量，这样就会使B类产品的库存周转率低于A类。

对于C类产品，该公司则采用了定量订货的方法。根据历史销售数据，得到产品的半年销售量，为该种产品的最高库存量，并将其两个月的销售量作为最低库存。一旦库存达到最低库存时，就订货将其补充到最低库存量。这种方法比前两种更省时间，但是库存周转率更低。

（资料来：https://bbs. kuguanyi. com/thread－51058－1－1. html）

思考

请问实行ABC分类后，AJ公司库存管理的效果将会如何？

一、电商企业的库存结构

（一）可销售库存（S）

可销售库存（Sellable Inventory）即网站前台显示的库存，也是库存的最大组成部分。大部分电子商务企业中，前台网站会与后台WMS（Warehouse Management System）保持数据同步，并作出判断。当【可销售库存>0】时，这一商品可供购买，前台网站则会显示产品可销售；而一旦【可销售库存<0】时，前台网站则会显示商品缺货。一般所说的缺货并不等于库房中没有库存了，而只是没有可销售库存。

大部分的公司只会在前台显示是否有库存，但这实际上可以做到更细致。

例如在京东的前台上，客户在选择不同收货区域时，系统会根据各个分仓的库存数据作出显示“是否有现货”，以帮助客户购买，达到更好的客户体验。

而在卓越亚马逊的系统中，当可用库存数量很少时，会在前台提示客户数量很少，请客户加紧购买，提高转化率。

而顾客选购完商品，确认订单时，前台网站会首先向后台系统发出要求，检查订单产品数量与当前可销售库存数量。若可销售库存数量大于订单产品数量，则通知前台网站成功，否则会通知前台库存不足，提醒客户。

生成一张新的订单后，该客户购买的库存则会被预留下来，用于后续的发货，系统中可用库存数量减少，而减少的可用库存到哪里去了呢？这就变成了下一部分。

（二）订单占用库存（O）

当生成订单时，可用库存数量减少，订单占用库存（Order Occupied Inventory）数量增多，变化的数量即订单中的产品数量，这个很容易理解。

设立订单占用库存的原因在于：订单的生成和库房的发货在时间上是异步的。这样做的优点在于：保证已经生成订单的库存，这部分客户可以顺利收货；而且客户在下订单时，能够保证有产品发货。若不设立订单占用库存，则会产生客户下订单后，库存发现无货可发的尴尬情况。

而处理订单时，针对的只是已经被订单所占用的库存，与前台的销售无关。订单出库后，系统中扣减的也只是订单所占用库存。

（三）不可销售库存（U）

经常讲要理论符合实际，这句话套用到库存管理上来讲，就是库存的系统记录需要与库存实物相对应。

前面举的例子当中，产品由于破损无法销售，在系统中也必须有相应的状态。实际操作中，无法作正常销售的原因很多，例如包装破损、性能故障、型号标错等。为了理论符合实际，在系统中也会定义出这一部分的库存为不可销售状态（Unsellable Inventory）。

不可销售库存在系统中的标注方法有两类。一类是使用不同的 SKU 代号来区别，例如某一正常商品的 SKU 编码是 351038，它所对应的不可销售库存的 SKU 编码则是 351038U；另外一种方式是使用同一种 SKU，但是专门开辟一个不可销售库存区，所有不可销售的库存统一管理。

（四）锁定库存（L）

在销售中，经常会使用的一种促销方式是降价，这一方式的效果会非常好，成功的降价促销可以在很短时间内将商品一售而空，可销售库存直接转化为订单占用库存。

但是有一些情况下，销售方并不希望这么快就将所有的库存都售出。有的时候是因为所有库存全部作降价促销的成本很高，有的时候是防止竞争对手的恶意采购，更多的情况下，则是希望将这一产品的降价作为引子，带动网站的流量和整体销售，这就需要将促销分批次进行。

为达到以上目的，会采用锁定库存（Locked Inventory）的方式。库存被锁定后，无法直接销售。促销进行一段时间后，可用库存为 0，无法继续销售，必须在解除锁定后才能转化为可销售库存，继续进行销售。

（五）虚库存（V）

以上所说的都是指实物在库房中的库存。但库房的总容积量是一定的，不可能无限制地扩展。而依据长尾理论，电子商务的最大优势则是几乎无限的商品展示和销售能力。如何将有限的库房处理能力和无限的可销售商品联系起来呢？虚库存（Virtual Inventory）就可以解决这一问题。

有一些产品，虽然库房中并没有，或者并没有很多，但是供应渠道非常通畅，可以在很短的时间内送到库房中，变为库存；另外一些产品，销售量少，库存的管理难度大，只有当产生订单后，才向供应商采购。这部分不在实际的库存中，但是可以很快采购到的货品就叫作虚库存。

虚库存的存在，是为了使前台网站的可销售数量大于实际可销售数量。当存在虚库存时，电商库存公式会变成：

$$S = I - O - U - L + V$$

（六）调拨占用库存（T）

很多 B2C 企业有着超过一个以上的库房。多个库房的设置，主要是因为规模发展到一定程度后，库存量很大，很难在一个单独的库房中存储，另外，也经常会在客户聚集地附近设立库房，以满足当地客户的需求。

各个库房之间，必然存在着库存的分派和调拨。当产生调拨计划后，调出地库房的某一部分库存就会被占用，这部分库存被称为调拨占用库存（Transport Inventory）。调拨占用库存和订单占用库存的性质相似。当存在调拨占用库存后，电商库存公式变成：

$$S = I - O - U - L + V - T$$

（七）调拨中库存（A）

库存的调拨，必然会存在一段时间，库存既不存在于调拨出库房，也不存在于调拨入库房，这一部分库存就像漂在空中一样，称为调拨中库存（Air Inventory）。设 1 号库房为调拨出库房，2 号库房为调拨入库房，在调拨发货前，这两个库房的库存结构为：

$$I_1 = S_1 + O_1 + U_1 + L_1 - V_1 + T_1$$

$$I_2 = S_2 + O_2 + U_2 + L_2 - V_2 + T_2$$

$$I = S + O + U + L - V + T$$

若从 1 号库房调拨出量为 A 的库存到 2 号库房，在 1 号库房调拨发出后，2 号库房收到调拨前，两库房的库存结构为：

$$I_1 = S_1 + O_1 + U_1 + L_1 - V_1 + T_1 - A$$

$$I_2 = S_2 + O_2 + U_2 + L_2 - V_2 + T_2$$

$$I = S + O + U + L - V + T - A$$

可以看到，两个库房的总库存减少了，调拨中库存在路上，只能计在财务库存中，而并不能计入实物库存。只有当调拨完成后，库存进入 2 号库房，总库存才会恢复。

$$I_1 = S_1 + O_1 + U_1 + L_1 - V_1 + T_1 - A$$

$$I_2 = S_2 + O_2 + U_2 + L_2 - V_2 + T_2 + A$$

$$I = S + O + U + L - V + T$$

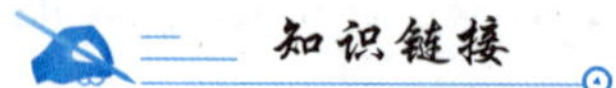

库存管理指标

二、ABC 分类法

对于电子商务企业而言，原则上经常保持一定的库存是非常必要的，但库存的种类与数目往往纷繁芜杂，给管理带来了很大的困难。库存控制的无效不仅会带来缺货率高、补货不及时、增加成本、资金积压、库存周转不灵等后果外，严重的甚至会导致企业破产。解决问题的关键就是采取一种有效的方法，抓住库存控制的重点，使库存成为企业开发利润的宝库。这种有效的方法就是 ABC 分类法。

（一）ABC 分类法概述

1. 含义

ABC 分类法，全称为 ABC 分类库存控制法，又称物资重点管理法。其基本原理是将库存物资按重要程度分为特别重要的库存（A 类）、一般重要的库存（B 类）和不重要的库存（C 类）三个等级，然后针对不同等级分别进行管理和控制。

当企业存货品种繁多、单价高低悬殊、存量多寡不一时，使用 ABC 分类法可以分清主次、抓住重点、区别对待，使存货控制更方便有效。

2. 特点

ABC 分类法的优点是明显的，这种方法把“重要的少数”与“不重要的多数”区别开来，使企业将工作重点放在管理重要的少数库存品上，既加强了管理，又节约了成本。

（二）ABC 分类法的划分

ABC 类别的划分，并没有一个固定的标准，每个企业可以按照各自的具体情况来确定。三类划分的界限也由不同的具体情况而定（图 3－3－1）。

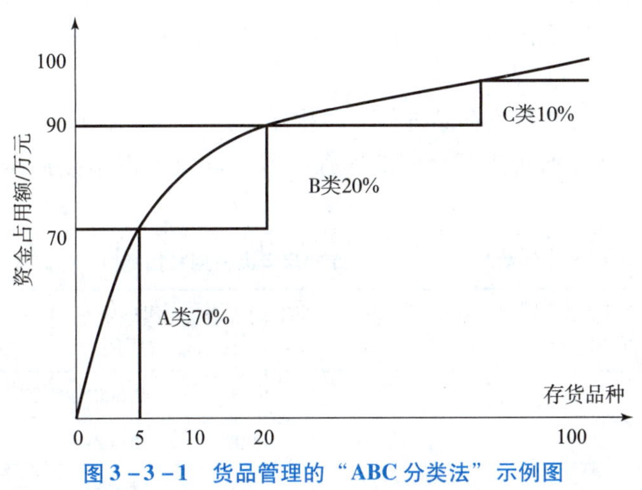

图 3－3－1　货品管理的“ABC 分类法”示例图

A 类货品：品种比例在 10% 左右，占比很小；但年消耗的金额比例约为 70%，比重较大，是关键的少数，应列为物资管理的重点对象，实行定期订购的控制方式，对库存盘点、来料期限、领料发料等要严格要求。

B 类货品：品种比例在 20% 左右；年消耗的金额比例约为 20%，品种比例与金额比例基本持平，常规管理即可。企业可根据自己物资管理的能力和水平，选择综合或连续、定期的控制方法。

C 类货品：品种比例在 70% 左右，占比很大；但年消耗的金额比例在 10% 上下，此类物品数量多，占用了大量管理成本，但年消耗的金额很小，定为物资管理的一般对象，采用比较粗放的管理方法，即定量订购的控制方式，可以适当加大保险储备量。

表 3－3－2 总结出了 ABC 分类法的关键要点。

表 3－3－2　ABC 分类法的关键要点

管理级别	消耗定额的方法	检查	统计	控制	安全库存量
A 类货品	技术计算	每天检查	详细统计	严格控制	较低
B 类货品	现场核定	每周检查	一般统计	一般控制	较大
C 类货品	经验估算	季度年度检查	按金额统计	按金额总量控制	较高

当企业存货品种繁多、单价高低悬殊、存量多寡不一时，使用 ABC 分类法可以分清主次、抓住重点、区别对待，使存货控制更方便有效。对 A 类因素特别注意，加以慎重处理；对 B 类也比较注重地加以处理；而对 C 类仅予以一般处理。这样，既保证了重点，掌握了

影响经济活动的关键方面，又可以节省人力、物力、财力，因而能够收到事半功倍的效果。

（三）ABC 分类管理法实施步骤

步骤一：收集数据

按照分类依据指标收集所需的对应数据。如以库存品的平均资金占用额为分类依据，需要收集的数据为每种库存品的平均库存量及其单价；如以销售额为分类依据，则需收集的数据为销量及价格。

步骤二：处理数据

对收集的数据资料进行整理，计算分类指标数值。如以每种库存品的平均库存量乘以其单价，即可求得其平均资金占用额，以销量乘以单价可求得销售额。

步骤三：绘制 ABC 分析表

按照分类指标数值对所有库存品进行降序排序，计算分析第 1 ~ 8 栏的各栏数值，绘制 ABC 分析表。表 3 - 3 - 3 所示为某仓库的库存品以平均资金占用额指标为分类依据进行分类所得到的计算结果。

表 3 - 3 - 3　某仓库的库存品占用额指标

库存品名称	品目数累计	品目数累计百分比/%	单价/元	平均库存数量	平均资金占用额/元	累计资金占用额/元	累计资金占用百分比/%	分类结果
B	1	10	8	1 200	9 600	9 600	48. 4	A
J	2	20	3	2 000	6 000	15 600	78. 7	A
H	3	30	2	700	1 400	17. 000	85. 7	B
A	4	40	4	300	1 200	18 200	91. 8	B
F	5	50	2	150	300	18 500	93. 3	C
C	6	60	1	290	290	18 790	94. 8	C
D	7	70	2	140	280	19 070	96. 2	C
E	8	80	1	270	270	19 340	97. 5	C
I	9	90	5	50	250	19 590	98. 8	C
Y	10	100	6	40	240	19 830	100. 0	C

步骤四：确定分类

综合考虑品目累计百分比和分类指标值（如平均资金占用额、销售额等）累计百分比两个参数得到库存品的具体分类。分类标准为：A 类库存品，品目数占总库存的 5% ~ 15%，分类指标值（本例为平均资金占用额）占总库存的 60% ~ 80%；B 类库存品，品目数占总库存的 20% ~ 30%，分类指标值（本例为平均资金占用额）占总库存的 20% ~ 30%；C 类库存品，品目数占总库存的 60% ~ 80%，分类指标值（本例为平均资金占用额）占总库存的 5% ~ 15%。

步骤五：绘制 ABC 分析图

为增强分类的直观效果，还可以绘制 ABC 分析图。以累计品目百分数为横坐标，以累计分类指标值（平均资金占用额、销售额）百分数为纵坐标，按 ABC 分析表的数据，在坐标图上取点，联结各点绘成 ABC 曲线。按 ABC 分析曲线对应的数据，在图 3 - 3 - 2 中标明

A、B、C 三类，制成 ABC 分析图。

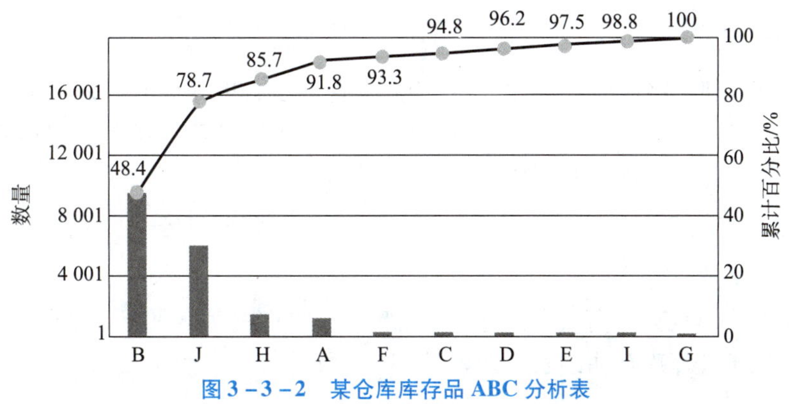

图 3－3－2　某仓库库存品 ABC 分析表

（四）ABC 库存的管理方法

1. A 类商品特征及相关策略

①对每件商品进行编号。

②努力精确地预测需求量。

③少量频繁地采购，减少平均库存量。

④与下游经销商或零售商合作，利用会员制、促销等手段使出货量平均分配，降低需求变动，减少安全库存。

⑤与上游供应商合作缩短前置时间。

⑥采用定期订货方式，对其存货必须做定期检查。

⑦严格执行盘点，每天或每周定期盘点，以提高库存精确度。

⑧对交货期限须加强控制，发货和收货设置严格标准。

⑨货品放置于出入口附近。

⑩实施货品包装标准化。

⑪采购须经高层主管核准。

2. B 类商品特征及相关策略

①采用定量订货方式，但对前置时间较长或需求量有季节性变动趋势的商品宜采用定期订货方式。

②每 2～3 周盘点一次。

③中量采购。

④采购须经中级主管核准。

3. C 类商品特征及相关策略

①采用复仓制或定量订货方式，节省手续。

②大量采购，以在进货价格上获得优惠。

③简化库存管理手段，以最简单的方式管理。

④每月盘点一次即可。

⑤采购仅需基层主管核准。

一、实训目标

通过完成本实训任务，学生能够对 ABC 分类管理法有更深刻的认识，掌握库存管理数据收集、ABC 分类流程以及绘制 ABC 分析表等。通过 ABC 库存分类法能够提高企业库存管理工作效率，有效地节约库存管理成本。

二、实训步骤

（一）收集数据

首先小王将仓库现有的商品库存进行重新整理，收集库存管理最新数据。小王通过与仓库部门合作编制了仓库库存明细表，如表 3－3－4 所示。

表 3－3－4　A 公司仓库库存明细表

货物编号	A	B	C	D	E	F	G	H	I	J	合计
货物价格/元	20	10	10	680	100	20	20	10	5	10	885
库存量/万件	20	20	20	10	12	10	25	15	30	20	182

（二）处理数据

小王计算了 A～J 十种库存货物每种的总金额。

商品 A 总价值＝20×20＝400 万元；商品 B 总价值＝20×20＝400 万元；依次类推计算出其余商品的总价值，小王按照商品总金额从大到小排列，具体数据如表 3－3－5 所示。

表 3－3－5　A 公司库存货物金额排序表

货物编号	D	E	G	A	F	B	C	J	H	I	合计
总金额/万元	6 800	1 200	500	400	200	200	200	200	150	150	10 000
库存量/万件	10	12	25	20	100	20	20	20	15	30	182

小王在此基础上计算出商品的资金百分比、累计百分比以及累计数量百分比。资金百分比＝每种商品总金额÷总合计金额×100%。

按照公式依次计算其余商品的资金百分比。全部商品计算结束后，小王将结果数据汇总成表格（表 3－3－6）。

表 3－3－6　A 公司库存货物指标计算表

货物编号	总金额/万元	库存量/万件	资金百分比/%	累计百分比/%	累计数量百分比/%
D	6 800	10	68	68	5.5
E	1 200	12	12	80	13
G	500	25	5	85	26.7
A	400	20	4	89	37.6
F	200	100	2	91	48.5

续表

货物编号	总金额/万元	库存量/万件	资金百分比/%	累计百分比/%	累计数量百分比/%
B	200	20	2	93	59.4
C	200	20	2	95	64.9
J	200	20	2	97	75.8
H	150	15	1.5	98.5	83.9
I	150	30	1.5	100	100
合计	10 000	182	100	100	100

（三）绘制 ABC 分析表

根据市场上通用的 ABC 库存管理分类标准（表 3－3－7），小王对目前 A 企业库存的 A～J 十种库存货物进行了分类。

表 3－3－7　ABC 库存管理分类标准表

库存分类	种类标准	金额标准
A 类库存	占库存品种数目 5%～15%	占库存资金总数 70% 左右
B 类库存	占库存品种数目 20%～30%	占库存资金总数 20%～30% 左右
C 类库存	占库存品种数目 70% 左右	占库存资金总数 5%～15%

小王通过分析，D 货物占品种数目为 1÷10×100%＝10%，占资金比例为 6 800÷10 000×100%＝68%，属于 A 类货物；E、G、A 货物占品种数目为 3÷10×100%＝30%，占资金比例为（1 200＋500＋400）÷10 000×100%＝21%，属于 B 类货物；其他货物占品种数目为 6÷10×100%＝60%，占资金比例为（200＋200＋200＋200＋150＋150）÷10 000×100%＝11%，属于 C 类货物，并整理出计算结果（表 3－3－8）。

表 3－3－8　A 企业 ABC 库存管理结果表

库存分类	货物编号	品种占比/%	金额占比/%
A 类库存	D	10	68
B 类库存	E、G、A	30	21
C 类库存	F、B、C、J、H、I	60	11

（四）绘制 ABC 分析图

为增强分类的直观效果，小王绘制了 ABC 分析图。以累计百分比为横坐标，以库存数量为纵坐标，按 ABC 分析表的数据，在坐标图上取点，联结各点绘成 ABC 曲线。按 ABC 分析曲线对应的数据，在下图标明 A、B、C 三类，制成 ABC 分析图，如图 3－3－3 所示。

三、实训考核

老师根据模拟过程为学生评分，包括：

（1）流程是否清晰。

（2）知识掌握程度。

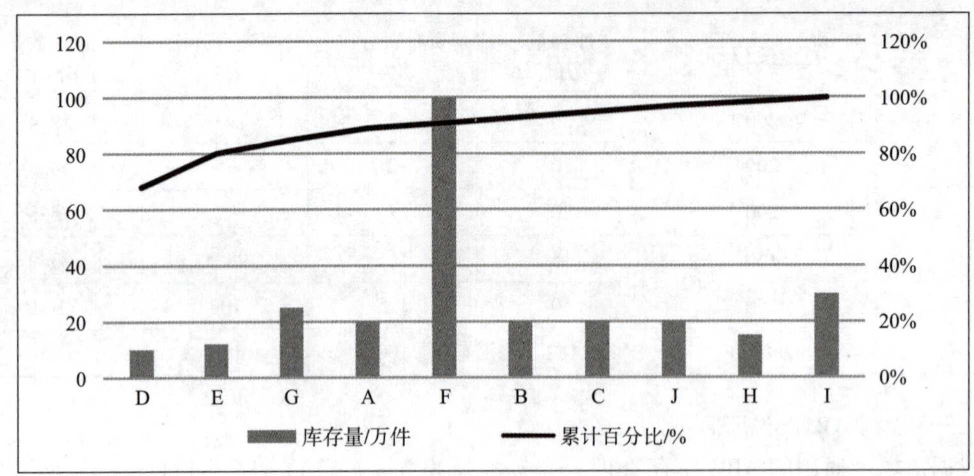

图 3－3－3　ABC 分析图

（3）小组间组员配合是否流畅，任务分配是否合理。

实训考核主要是评价学生实训过程表述是否清楚、逻辑性如何、成员协作配合情况等。评价的标准见表 3－3－9。

表 3－3－9　实训评价表

考核要素	评价标准	分值/分	评分/分		
			自评（20%）	小组（30%）	教师（50%）
库存分类管理	知识掌握	40			
	逻辑性	40			
	成员配合情况	20			
评价人签名					
合计					
教师评语： 年　月　日					

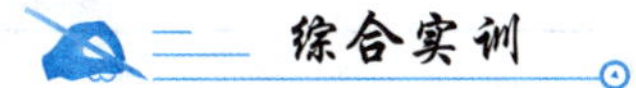

一、知识巩固与技能提高

项目三　在线试题

二、项目实训任务单

在掌握电商供应链仓储运营的相关知识基础上，按照表 3－3－10 所示的电商供应链仓储运营任务单的要求，完成任务。

表 3－3－10　电商供应链仓储运营任务单

<table>
<tr><td>项目名称</td><td>电商供应链仓储运营</td><td>项目编号</td><td>3－3－10</td></tr>
<tr><td>项目说明</td><td colspan="3">一、任务要求
在掌握电商供应链仓储运营的相关知识基础上，能够运用合适的方法优化仓库布局、改进仓储管理，以及实施库存分类管理，以满足市场需求，并保持竞争优势。
二、项目实施所需的知识
重点：仓库布局、产品验收与入库、货物存储、货物调拨、ABC 分类管理
难点：仓库设备配置、库房走线设计、货架通道设计、库存数据的收集与整理
三、小组成员分工
按照收集资讯、计划、决策、实施、检查、评价的过程，完成每一个任务步骤</td></tr>
<tr><td>项目资源</td><td colspan="3">任务实训、阿里巴巴平台、Excel</td></tr>
<tr><td rowspan="4">项目实施</td><td colspan="3">一、仓库布局</td></tr>
<tr><td colspan="3"></td></tr>
<tr><td colspan="3">二、仓储管理</td></tr>
<tr><td colspan="3"></td></tr>
</table>

续表

项目名称	电商供应链仓储运营	项目编号	3-3-10
项目实施	三、库存分类管理		

三、项目考核

<table>
<tr><td colspan="4">知识巩固与技能提高（40分）</td><td>得分：</td></tr>
<tr><td colspan="5">计分标准：
得分=1×单选题正确个数+2×多选题正确个数+1×判断题正确个数</td></tr>
<tr><td colspan="4">学生自评（20分）</td><td>得分：</td></tr>
<tr><td colspan="5">计分标准：初始分=2×A的个数+1×B的个数+0×C的个数
得分=（初始分/26）×20</td></tr>
<tr><td>专业能力</td><td colspan="2">评价指标</td><td colspan="2">自测结果
（A掌握；B基本掌握；C未掌握）</td></tr>
<tr><td>仓库布局</td><td colspan="2">1. 掌握仓库结构类型的选择
2. 能进行仓库面积及参数的确定
3. 设计合理的库房走线方案和货架通道方案</td><td colspan="2">A□ B□ C□
A□ B□ C□
A□ B□ C□</td></tr>
<tr><td>仓储管理</td><td colspan="2">1. 了解产品验收与入库流程
2. 学会进行货物存储、防护与调拨
3. 能开展仓库相关账务的处理，开展库存盘点，及时进行补货</td><td colspan="2">A□ B□ C□
A□ B□ C□
A□ B□ C□</td></tr>
<tr><td>库存分类管理</td><td colspan="2">1. 能准确进行库存数据的收集与处理
2. 根据ABC库存管理分类标准，全面掌握ABC分析表和图的制作</td><td colspan="2">A□ B□ C□
A□ B□ C□</td></tr>
<tr><td colspan="4">小组评价（20分）</td><td>得分：</td></tr>
<tr><td colspan="5">计分标准：得分=10×A的个数+5×B的个数+3×C的个数</td></tr>
<tr><td>团队合作</td><td colspan="2">A□ B□ C□</td><td>沟通能力</td><td>A□ B□ C□</td></tr>
<tr><td colspan="4">教师评价（20分）</td><td>得分：</td></tr>
<tr><td>教师评语</td><td colspan="4"></td></tr>
<tr><td>总成绩</td><td></td><td>教师签字</td><td colspan="2"></td></tr>
</table>

项目四　电商供应链订单处理与配送

项目背景

随着电子商务市场的蓬勃发展，A 企业的业务不断扩张，客户订单数量呈指数级增长。为了满足客户的需求并保持竞争优势，A 企业迫切需要建立高效的订单处理和配送系统。同时，随着消费者的不断变化，退换货管理也成了一项关键任务。

项目目标

知识目标

- 了解订单处理的基本概念和流程。
- 熟悉订单处理的影响因素。
- 掌握不同订单处理形式。
- 了解不同种类的配送模式。
- 熟悉电子商务物流服务细则的构成要素，以及电子商务配送的合理化做法。
- 熟悉电子商务配送成本控制的方法。
- 掌握不同的配送模式以及合理化配送路线的方法。
- 了解电商退换货管理的解决方案和电子商务物流客户投诉的现状。
- 熟悉电商退换货管理的战略。
- 掌握电商物流退换货成本控制的基本概念和方法。
- 掌握客户投诉的处理方法。

能力目标

- 通过实际案例和练习，能够参与订单处理过程，确保订单准确处理并按时履行。
- 能够根据订单的性质和数量选择合适的订单处理形式，提高订单处理效率。
- 通过实际案例和练习，能够选择适当的配送模式，并优化配送路线，提高配送效率。
- 具备制定电子商务物流服务细则的能力，以提供更优质的物流服务。
- 通过了解退换货战略，能够制定和执行电子商务退换货的日常管理策略。
- 能够应用成本控制方法来管理电商物流退换货成本。
- 通过学习客户投诉处理方法，具备处理客户投诉的技能和沟通能力。

素养目标

- 培养学生的团队协作和问题解决能力，增强责任感和准确性，提高对供应链管理的整体理解，以适应电子商务领域的挑战和机遇。

● 通过学习配送管理，培养学生的逻辑思维和问题解决能力，增强责任感和资源利用效率，提高对电子商务物流配送的整体认识，以满足客户需求并提升电子商务竞争力。

● 培养学生的责任感和强化合作和沟通的能力，以提高客户满意度和推动电子商务行业的可持续发展。

项目导航

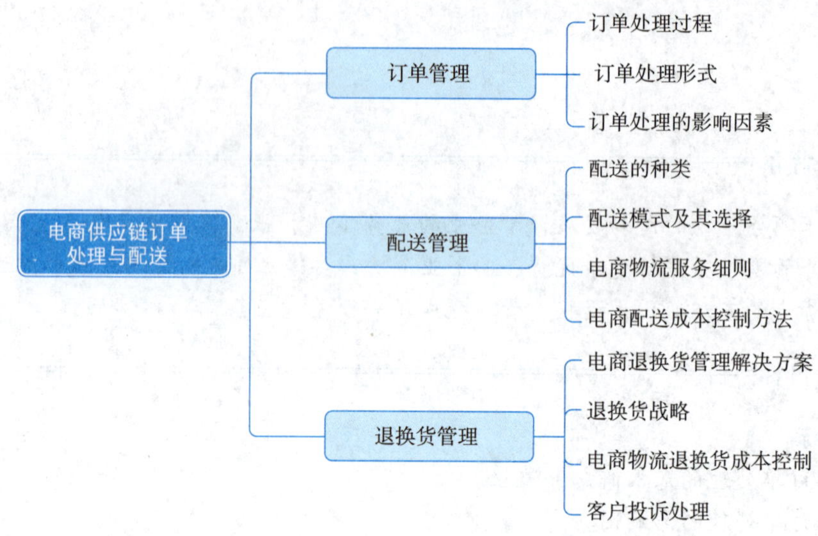

任务1　订单管理

任务导入

A企业的订单来源主要分成两部分，一部分是电商平台订单，另外一部分是自有订单，是由商家直接向公司下单。作为A企业的订单管理业务员，小王主要负责1688平台上的客户订单管理工作。小王需要及时回应平台上询单的客户，同时跟进客户订单的下达，及时审核、确认，全程跟踪客户订单完成情况，及时做好反馈、协调工作及异常处理，做好跟单服务工作。

学习标杆

玄武系统——京东商城订单高效处理的“秘笈”

京东商城日处理数百万订单，大促销期间上千万单，数十万操作人员在这个物流网络中服务，信息化智慧化物流系统已经成为迫切需求，为此京东打造了一套兼容并蓄，融会贯通的电商仓储物流信息系统——玄武系统。这强大的物流系统就像京东商城遍布全身的血管，为京东商城这个巨人的发展时时刻刻提供着充足的营养。

经过五代的发展玄武系统日臻完善，已包含生鲜、医药、保税、加工、图书、食品、服装、3C、B2B 大宗、总代等不同业态作业要求，结合机器人、提升机、货到人、分拣机、AS/RS 等自动化设备，圆满承接自营订单生产需要，同时有力支撑了开发业务的引入，构建了完善的电商仓储物流作业系统。

京东作为综合性电商平台，涉及生鲜、医药、保税、图书、食品、服装等各种业态不同作业模式，玄武系统结合不同业态进行不同模式操作，同时做到系统间不同操作要求的可配置管理。例如，保质期商品生鲜和食品要求的时效管理是不一样的，生鲜商品保质期时效很短，普通食品保质期时间相对较长，如何保证商品在有效时间内发给客户并不被投诉，玄武系统根据不同商品进行不同策略的配置做到有效库存管理操作，并可根据不同单据类型做到先进先出或后进先出的配置化管理。

根据订单结构进行不同的作业模式操作，小批量订单通过集中拣选模式进行分拣，大批量订单通过单一拣选模式操作，有效地提高订单出库效率。

再比如玄武系统外围对接京东其他业务上千个系统，玄武通过不同的消息路由有效地将相应信息传递给不同业务系统，做到有的放矢。

（资料来源：http://www.cflp.org.cn/xsyj/201812/07/336959.shtml）

思考

玄武这套高度自动化订单处理模式为京东电商业务的发展带来了哪些好处？

一、订单处理过程

（一）订单处理要注意的问题

（1）物流中心接受订单时，先检查顾客的信用，看顾客是否有过不良记录，信誉如何，以便减小风险。确定没有风险以后再检查库存，包括现有库存、已采购和入库的数量以及已接受订单但还未出货的数量，以决定是否有足够的货物满足顾客的需求；如果库存不足，要告诉客户可能送达的时间，或征求客户的意见是否可以将现有的货物先出货，并将客户反馈的意见记录下来，以便以后改进工作。

（2）在确定库存以后，便要计算物流中心出货配送的能力，计算出每笔订单从拣货到出货所要花费的时间。如果接受的订单超过了物流中心的出货能力，则不能按照顾客的需求及时将货物送达，或不接受订单，或告诉顾客看是否能延迟送货时间。要考虑物流中心的配送能力，因为物流中心对货物的配送，有固定的配送区域路线，不同区域的配送有固定的发车时间，所以如果同一路线上订单超过配送能力，而且没有闲置的车辆，配送时间便会受到影响，进而影响货物送达顾客的时间。因库存不足或运输配送能力不足等而无法及时送货的订单，应该由专人处理，并及早通知客户，预先做好补救措施。

（3）应该对整个物流作业的过程进行监控，及时掌握作业进行的进程，以便顾客查询。

（4）进行订单管理，应该尽量简化订单处理的流程，提高效率，尽量缩短订货周期，减少缺货现象。

（5）不要忽略小的客户。小客户的订货虽小，但可能是大批买卖的前驱，而且大客户也有小批量的时候。最重要的是当客户与企业建立了稳定而信任的供销关系以后，将为以后的继续订购打下良好的基础，企业的声誉也将因为大、小客户的传播而树立起来。

（6）注意控制和解决订单处理中的波峰现象。所谓波峰现象也就是大量的客户几乎集中在同一时间发出订货单，使订单处理系统超负荷而延误订单的及时处理，从而造成整个订货周期的时间延长，企业客户服务订单水平下降。解决波峰现象的关键是控制客户发出订单的日期，企业如果影响客户的订货日期，就能使订货平衡，减少订单处理工作中的波峰和波谷现象。

（二）订单处理的过程

订单处理过程由客户向企业下订单开始，然后企业把订单输入到订单处理系统，企业进行订单检查，核实后向仓库发出送货指令，安排运输，填制单据，跟踪货物交付单据并回收货款，到反馈订单处理信息即为一个全过程。订单处理流程如图 4－1－1 所示。

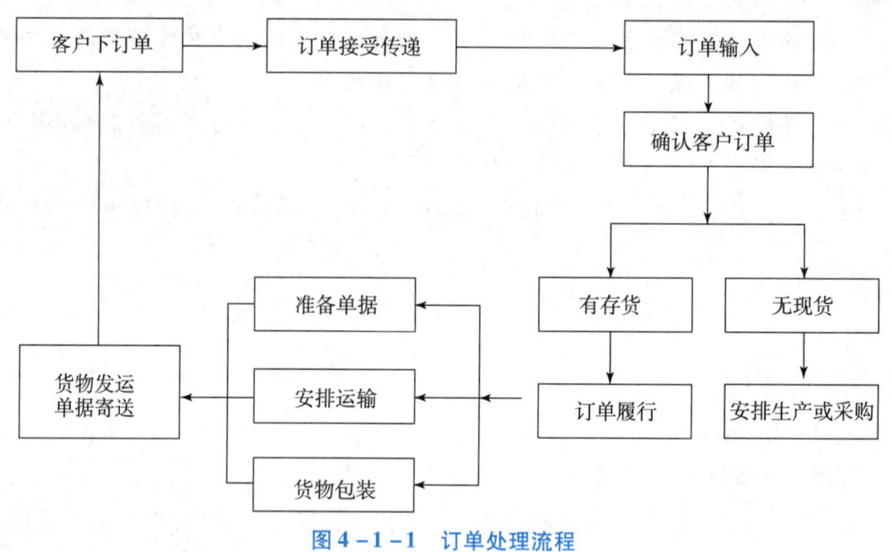

图 4－1－1　订单处理流程

1. 订单准备

订单准备是订单处理的第一步，主要是给用户搭建一个平台，让客户了解产品并获取客户的订单。包括收集客户对产品或服务的需求信息，向客户介绍产品以及向上游供货商订货等主要职能。具体而言，订单准备包括以下几方面的活动：选择上游供货商，通过媒体或营销人员向客户介绍产品，并控制订货期，由客户或者营销人员填制订单等活动。

与传统的订单处理不同的是现在加进了很多新技术，其中最显著的是电子商务和 EDI 系统。由于互联网技术的成熟和网络的普及，电子商务在商业中的用途越来越广，企业建立主页不但把产品和企业的信息放上去，而且还把电子订单放上去，客户一旦对产品感兴趣就可以立即订货，大大提高了订单处理的效率。电子数据交换系统（EDI）使企业和客户的信息共享，企业可以随时了解客户的需求及库存情况，适时提示客户下订单，同时客户也可以把自己的特殊需求传递到企业以增强企业客户服务能力。

在订单准备阶段，还有一个重要的职能就是平衡订单防止订单过分集中，主要是大比例的客户同时订货，使订单系统超负荷从而导致订单处理的延误，减缓订单扎堆的办法是对客户的订货进行一定的控制，主要有三种途径：第一种途径是利用销售部或其他部门、销售人员上门取回订单；第二种途径是采用电话销售人员来获取订单；第三种途径就是在特定的时间内向客户提供折扣。

2. 订单传送

订单传送是指从客户下订单或发送订单到销售方获得订单这一时段内所进行的所有业务活动。其主要是订单在客户和企业之间，在时间上和空间上的传递，传统上主要是人工传递，即销售人员取得订单后带回企业或者邮寄给企业。这种方式费时、费力、没有效率，客户服务水平低，而现在一些新技术（免费电话、电子数据交换系统）的引进大大提高了效率。

3. 订单加工

订单加工是企业接到订单以后和实际履行订单以前的这段时间内发生的一系列活动。订单加工基本包括以下几项活动：

（1）核实订单信息以求更加完整和准确。

（2）信用部门进行信用审核检查。

（3）订单录入系统，即订单登记。

（4）销售部门将信贷计入销售人员的销售额中。

（5）会计部门登记交易量。

（6）存货部门给客户安排最近的仓库，并通知客户提货，加强企业的库存管理。

（7）运输部门负责把货物运出仓库。

4. 订单交付

订单交付是指根据客户的订单把客户的订货在适当的时间，以适当的运输方式交付给客户。主要包括以下主要内容：

（1）通过提取存货安排生产或者对外采购以准备客户的货物。

（2）将准备好的货物包装运输。

（3）联系安排运输，确定运输时间，将备好的货物发运。

（4）安排发运货物并准备好相关单据。

5. 订单的信息跟踪

订单信息跟踪贯穿于整个订单处理系统，从刚开始的订单准备，一直到订单的交付，对订单信息处理有利于企业对订单处理系统的管理，提高物流系统的效率和质量，同时客户可以通过企业提供的信息查询方式随时了解订货的处理情况，提高客户服务水平。

6. 订单处理反馈

在客户的订货到达客户后，订单处理的结果也需要及时反馈到企业，包括此次订单处理过程中的问题，此次订单处理的客户满意程度，此次订单处理客户希望的产品或者服务的特性和客户期望的服务水平。企业根据这些进行评估和优化订单处理系统，从而进一步提高效率。

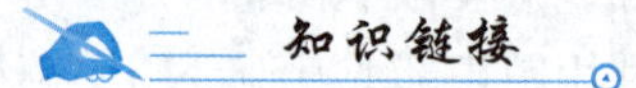

电子数据交换系统

二、订单处理形式

虽然从订单处理过程来看，都要经过以上作业环节，但是这不意味着所有的产品订单都是按照固定的模式和形式来进行处理的，事实上，由于产品和服务的性质、要求不一样，订单处理的效率和效益有很大的差异。

（一）较低水平的自动化处理模式

在这样的订单处理系统中，有相当高的人工处理成分，从订单的录入，到把订单转录成一定规格的订单，再把订单累积到一定的数量，再进行订单的传递、信用的审核、订单的履行。这花费了大量的时间，再有，不同订单累积的方式会造成不一样的服务水平，例如，是按照订单的大小进行排队处理，还是按照客户的重要程度，或是根据客户的距离来进行积累；这都需要注入信息化手段来提高对客户的反应能力，同时降低物流运作成本。但是，在这种订单处理模式中，由于人工活动在整个订货周期中占据较大的比重，往往造成反应较慢、管理复杂等问题，这种处理方式适合于一些标准化程度较高、需求稳定的工业品。

（二）适度自动化订单处理模式

适度自动化订单处理模式对订单的响应能力的要求，要比低水平的自动化处理模式高，由于有库存来满足最终消费者的需求，不一定要求在订单处理时有很高的订单反应速度。库存的缓冲可以抵消在补货期间的某些间接影响，但是要说明的是，补货周期的长短和库存水平的高低非常重要，这样才能有稳定的补货计划。正是因为在这种订单处理模式中，对于补货的要求非常高，所以在订单处理过程中，当出现补货要求时，就需要供应商能有效地进行订单处理和补货活动，此外，还需要通过适当的存货水平使企业能在追踪客户方面有较高的响应能力，提高服务水平。但是存货水平过高的话，就加大了企业的负担和机会成本。

一般而言，对于采取适度自动化订单处理模式的这类产品，在订单处理时，主要根据ABC分类管理，以确定相应的客户响应方式。如实际处理时，对于使用频率高的畅销产品，在流通过程中，这类产品通常整批进货和存储，再按客户的订单来配货，送达到零售商店。这类商品的流通量较大，在采购环节能以较低的采购价获得，再以零售价格销售给消费者，商品的流通过程中，环节简单，存储本身创造很高的时间价值，产生了较大的利润。但是对于一些一般性的产品来说，配送中心根据客户的订单进行订单汇总后，再统一向工厂批量进货，在收到货物后，不经过存储环节，直接进行分拣作业，再配送到零售商店，这样的订单处理方式减少了存储环节，节省了存储费用，能更好地追踪订单的处理速度。而一些比较特殊的产品，对于订单处理的反应速度要求较高，且产品的生命周期较短，需要订单处理全过程中采用信息化手段，使物流活动具有高效率，如在处理海鲜产品时，通常无须经过配送中心的物流处理，而直接从工厂进货并配送到零售商店，在此过程中，配送中心进行全程的信息处理，以提高物流处理的响应速度。

客户的需求需要订单处理有很高的响应能力，而这种能力的具备需要信息技术的介入。而第二类和第三类产品处理过程中，信息技术的处理能力能使企业在仓储投资方面减少投入，降低库存水平，减少流通费用，缩短装卸搬运时间，使完成整个订货的订货周期缩短，因为订货周期结束的时间正是客户服务的核心。这将使企业具有更高的竞争力。

（三）高度自动化订单处理模式

为了能直接面对消费者，掌握客户的需求，通过高水平的服务能力获得较高的竞争力，具有稳定的客户群，就需要企业在订单处理时，有较高的订单处理能力，通过订单满足的及时性和准确性来实现企业的目标，而高订单处理能力的获得必须结合信息化的订单管理系统才能得以实现。

订单管理系统是买方和卖方沟通有关单个产品订单信息的基本方法，同时订单管理系统也是整个企业信息管理系统的一部分，对于企业物流尤为重要。有效的订单管理是实现企业有效运营和客户满意度的关键。通过订单管理系统，企业不仅能及时、准确、全面地执行和订单相关的所有活动，而且能更好地相互协调。另外，订单管理系统使得现有客户和潜在客户在考虑产品可获得性方面时，会从一般稳定的并且可以预测的订货周期和可以接受的订单响应时间来提出订货要求，从而使企业在订单处理过程中更具有合理性。越来越多的企业把订单管理系统放在物流部门，使得物流流程更具有竞争力。订单管理系统使企业获得了及时、准确的信息。由于计算机和信息系统的有机结合而具有的订单管理职能，使之得以实现。这些订单管理职能主要有接收订单、人工或电子方式录入订单、核对和检查订单的准确性、检查信用、检查存货的可得性、处理延迟订单、确认和修改订单、中止订单、查询订单状况、衡量服务水平和服务质量、生成拣货单据、发现问题、处理退回产品等能力。在产品的订单处理过程中，订单管理系统的职能使企业在订货周期的时间和费用方面有了很大的进步。

例如，通过订单管理系统处理消费者订单时，通常按以下流程来进行。

（1）消费者通过拨打免费电话或其他方式订货。

（2）接到订单以后的人员将订单要求输入计算机终端，通过计算机的库存记录可以查询到所订产品的库存情况，从而推算出销售价格，计算总的费用。

（3）客户的订货要求通过电子方式传到履行订单的仓库，这一活动通常和接收订单在较短的时间间隔内进行。

（4）订单货物利用第三方物流企业的组织直接送到客户，这一时间通常也可以在接收订单以后的同一天或第二天进行。

人工订单处理系统在订单处理过程中人工活动比率较高，可能某些处理环节和活动采取自动化或者是电子化处理方式。但总体来讲，人工活动占据了较多的订货处理时间，这是造成订货周期较长的最主要原因。高度自动化的订单处理方式解决了企业间在交易时的大量文书工作，也降低了错误率，提高了订单处理的质量，改变了传统的低速、缺乏稳定性的订单通信传输方式，对整个运作过程的成本和效率有直接影响。

三、订单处理的影响因素

有许多其他因素会加快或延缓订单处理的时间。这些因素源于运营过程、客户服务政策以及运输操作等多个方面。

（一）订单处理的先后顺序

某些公司会排定客户清单的先后顺序，用这种方法把有限的时间、生产设备能力以及人力资源，配置到更有利可图的订单上。在此过程中，他们将改变订单处理的时间。享有较高优先等级的订单会被优先处理，而那些优先等级较低的订单则要留待稍后进行处理。另一排序方法是，企业按照订单收到的先后次序或客户的要求进行处理。

（二）并行处理与顺序处理

有时精心安排订单处理流程中的各项工作，能显著缩短订单处理的时间。如果完全依次来完成各项工作，订单处理时间是最长的；如果几项工作同时进行，总的订单处理时间就会缩短。如果仅仅做一个微小的改动，即可将一份订单复制多份，这样，销售经理在查看其中一份副本的同时，便可进行订单信息转录和客户信用核查（并行处理）工作，从而缩短了订单处理时间。

（三）订单履行的准确度

如果公司能够准确无误地完成客户订单的处理周期，不产生任何错误，那么订单处理时间很有可能是最短的。尽管错误可能在所难免，但是如果公司将订单处理时间看成经营管理的首要因素，就应该严格控制出错的次数。

（四）订单的批处理

把订单收集成组进行批处理，可以降低处理成本。如果把持有的订单直至达到一定批量时再处理，则会增加订单的处理时间，对那些先收到的订单更是如此。

（五）合并运输

与订单批处理类似，企业也可能保留客户订购的货物，直至达到一定的经济运输批量，即将几个小订单的货物集中在一起，组成较大的运输批量，以降低运输成本。这样，虽延长了订单处理时间，但减少了运输成本。

（六）资源状况

企业的资源配置情况、资源的饱和程度，以及资源质量直接影响订单业务流程提前期中等待时间的长短，如资源处于繁忙状态时必须等待直至有资源可供使用；订单任务处理过程中资源出现故障时不得不停下来排除故障解决问题；任务加工完毕后无运输资源可供调度时必须等待运输。类似的资源短缺的状况，都或多或少地影响订单处理的速度和订单完成的可靠性。

（七）知识水平

订单处理人员知识水平的高低与资源的执行速度、处理任务的效率有关，同时影响企业履行订单的速度和质量，从而影响整个订单处理的提前期。所以，在订单管理过程中，应加大对操作人员素质的管理。

一、实训目标

通过本次实训任务，学生将深入理解电商供应链中的订单管理，熟练掌握电商供应链中订单处理的基本流程，并熟悉每个环节中的平台操作及相关注意事项。这将有助于学生高效地处理电商订单，帮助企业提高客户满意度。

二、实训步骤

（一）客户下订单

1. 查收询单信息

小王登入商家工作台后，在旺旺端收到来自买家 B 的询单信息（图 4－1－2）。

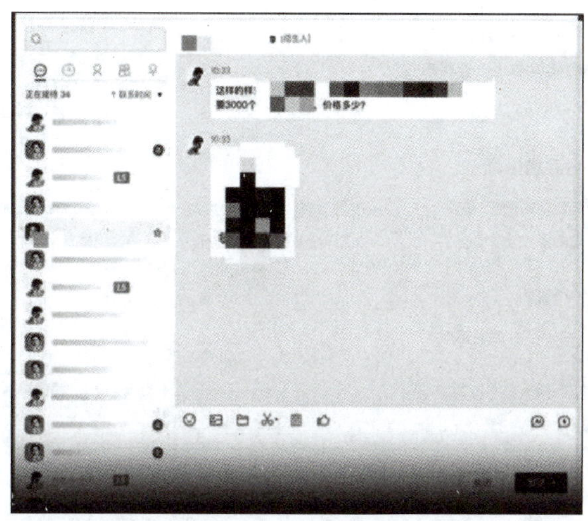

图 4－1－2　客户询单

经过与买家 B 的沟通，小王了解了买家 B 的需求，如表 4－1－1 所示。

表 4－1－1　买家 B 需采购的商品信息

产品	规格	数量/件	价格/(元/件)
商品 A	大号；黑色	1 000	17.9
商品 A	大号；黄色	1 000	17.9
商品 B	大号；蓝色	1 000	17.9

2. 买家背调

小王在后台通过查看 B 买家近期访问本店铺的行为数据与平台采购数据，了解客户的购买意向度（图 4－1－3）；再结合买家的企业名称进行背调，了解买家所在企业的信用情况、销售模式、经营范围等信息。

在沟通过程中，小王同时在系统中为买家 B 添加了“规模中等”“购买意向度大”“现货批发”的标签，并给他赠送了该商品的购买优惠券，刺激买家确认购买意向。

3. 履约能力判断

了解了买家 B 的购买意向后，小王在企业系统中查询所需商品的库存信息，如表 4－1－2 所示。确认库存能满足需求后，小王同时估算了物流中心出货配送的能力，确认能按照顾客的需求及时将货物送达。

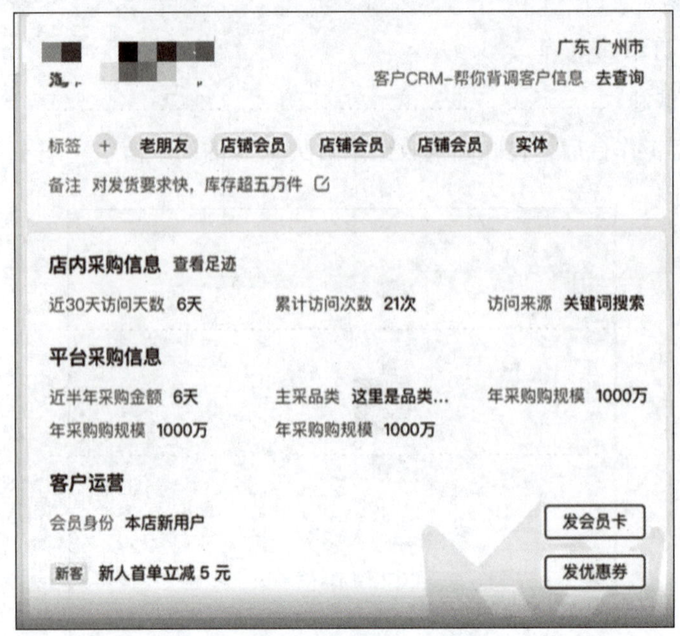

图 4-1-3 查询买家近期访问本店铺的行为数据与平台采购数据

表 4-1-2 订单包含商品的库存信息

产品	规格	现有库存/个	已采购未入库/个	已下单未出货/个
商品 A	大号；黑色	6 780	0	1 880
商品 A	大号；黄色	4 500	0	1 600
商品 B	大号；蓝色	3 500	0	1 000

（二）订单输入

根据买家要求，小王在 1688 商家工作台发起订单。发起订单的方式与常规下单方式不同，是由卖家在与买家确认好要购买的商品及数量后，卖家来操作商品选择、编辑收货地址、将订单发送给买家、买家在收到订单后再确认订单并付款的下单方式。

小王在平台上进行操作，依次完成“核对买家账号信息”“添加货品”“确认订单信息”这几个步骤后，成功发起订单（图 4-1-4）。

（三）确认客户订单

订单发起后，小王把二维码发给买家 B，提醒买家在约定时间内付款（图 4-1-5）。

订单确认后，公司系统会与 1688 后台同步数据，实现协同管理。

（四）订单交付

1. 与物流对接，货物出库

小王在系统中确认物流中心提交过来的发货单后（表 4-1-3），打印发货单并随货发出，方便客户验收。货物出库后，运输部门会将货物运送至客户所在地，配送人员联系客户提货。

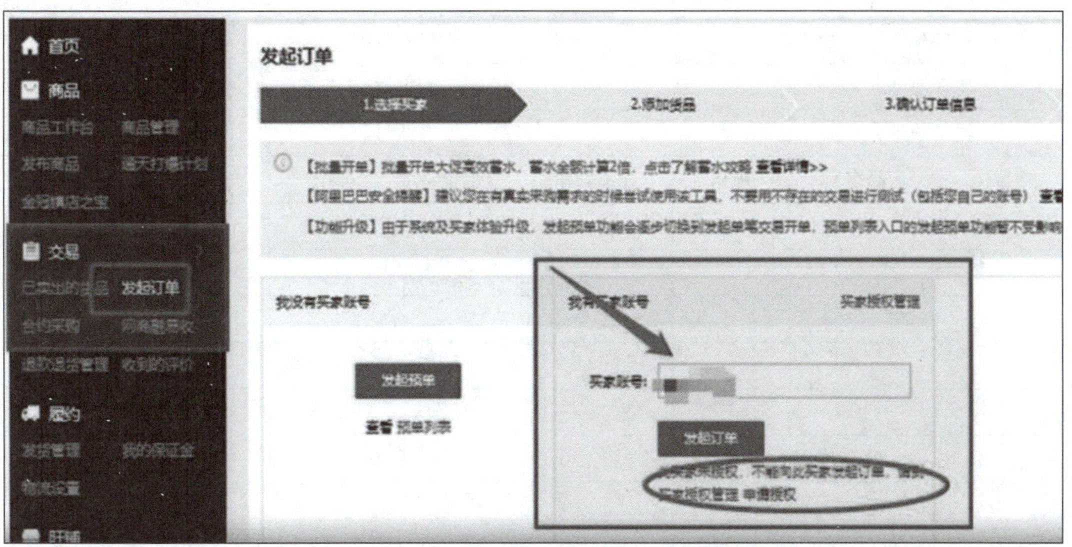

图 4－1－4　【1688 商家工作台】－【交易】－【发起订单】

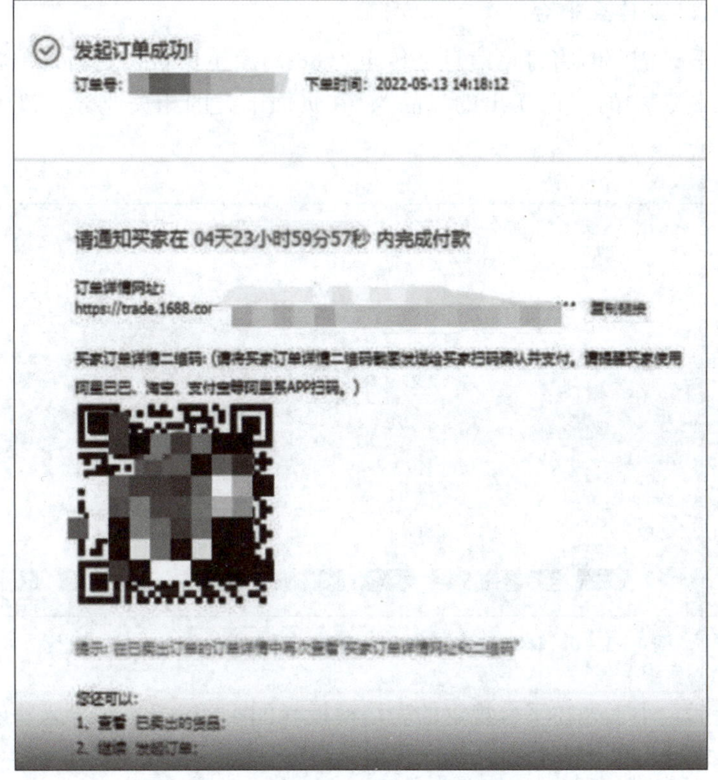

图 4－1－5　通知买家扫描二维码确认订单

表 4 –1 –3　发货单样式

订单号				出库日期			
客户				批次			
收货地址				电话号码			
编码	产品名称	规格	订单数量	单价	折扣	金额	商品条码
备注：请收到货物后及时验收，如果发现破损/短缺等现象，24 小时内与客服联系，否则为正常收货，换货有效期内可以换货，超过不予换货，退换货所产生的费用自行承担，本公司拥有最终解释权。							

2. 将物流信息上传至平台

将订单发出后，需及时将订单信息上传至 1688 商家工作台，更新订单状态。小王在工作台中点击“交易”中的“已卖出的货品”，在页面下方的相关业务入口中选择“导入发货”（图 4 –1 –6）。

图 4 –1 –6　1688 商家工作台 – 交易 – 已卖出的货品 – 导入发货

进入该界面后，小王先在平台规定的表格模板（图 4 –1 –7）中导入物流订单信息，然后再将该 Excel 文件上传（图 4 –1 –8）。

（五）订单的信息跟踪

在 1688 上传完该订单的物流信息后，小王提醒买家可自行在 1688 平台查看订单的实时状况（图 4 –1 –9）。

为跟进订单的进展情况，小王养成每天都在 1688 后台“履约”中的“物流监控”功能中查看订单物流情况的习惯，以便在发现有物流停滞情况时，及时进行相应的操作，从而避

	A	B	C
1	**必填项**	**必填项**	**必填项**
2	**订单号（请填写交易订单号）**	**物流公司（请填写物流公司名称）**	**物流单号（请填写正确的物流单号）**
3			
4			
5			
6			
7			
8			
9			
10			
11			
12			

图 4－1－7　1688 订单物流信息表格文件模板

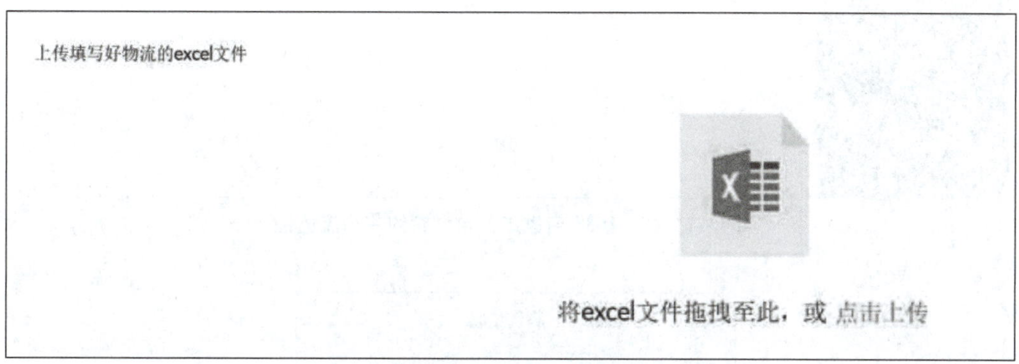

图 4－1－8　上传订单物流信息表格文件

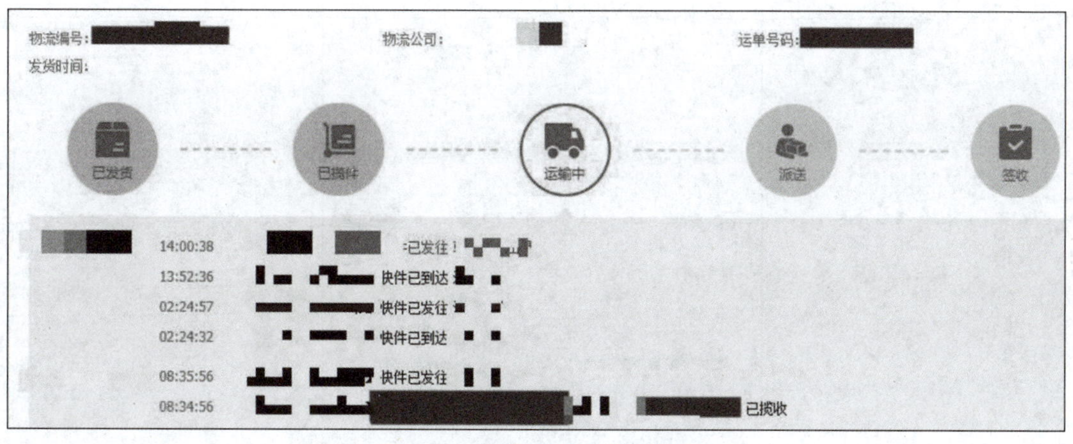

图 4－1－9　订单物流状况查看

免与买家出现在物流方面的纠纷（图 4－1－10）。

（六）订单处理反馈

小王在确定买家按时收到货物之后，请求其在平台对此次的订单处理的满意度进行打分（图 4－1－11），客户给出 5 星好评。

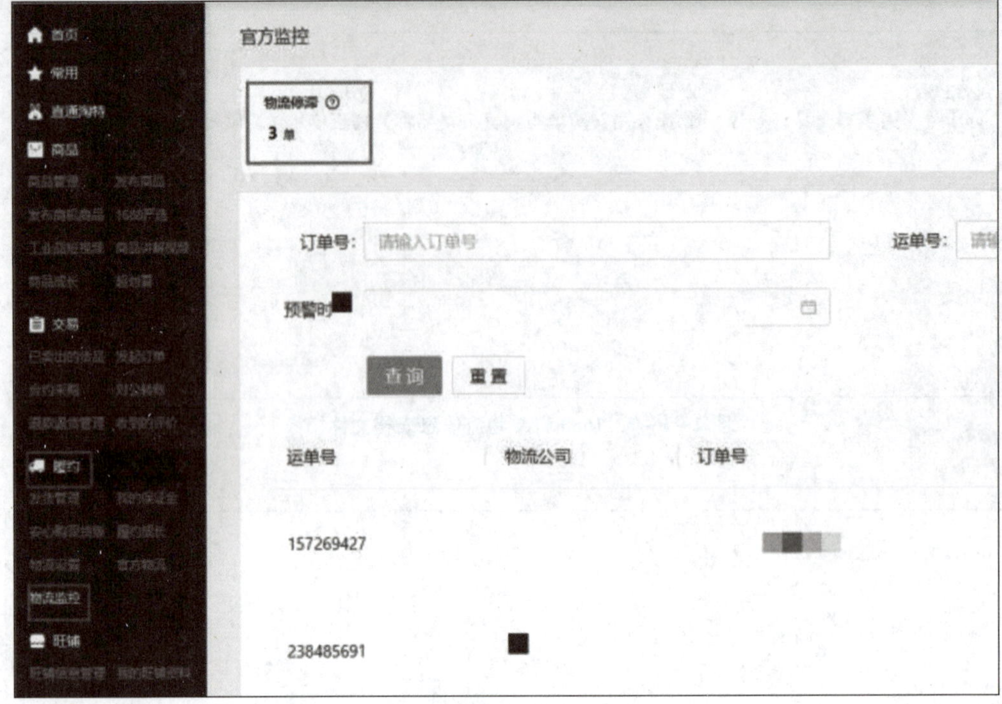

图 4－1－10　1688 商家工作台－履约－物流监控

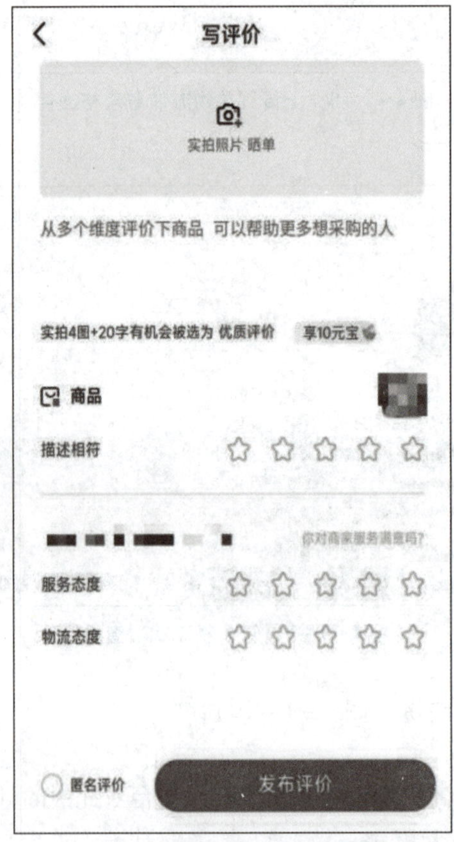

图 4－1－11　买家评价界面

小王进入1688后台，点击“交易”中的“收到的评价”功能，查看所获取的评价，买家B给出了“沟通起来很顺畅”的评价（图4－1－12）。

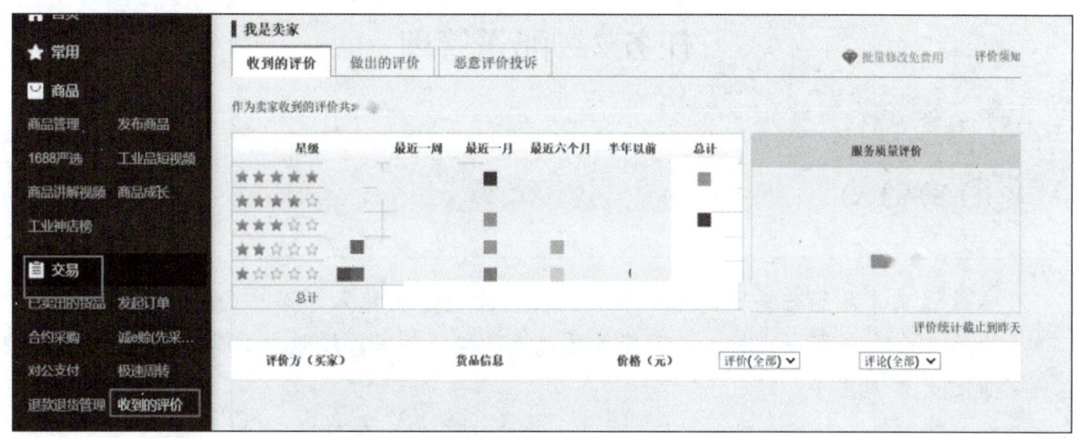

图4－1－12　1688商家工作台－交易－收到的评价

小王随后将订单处理的结果、客户的满意度及评价反馈到企业。通过顺利完成这笔订单，小王也获得了相应的业绩。

三、实训考核

老师根据模拟过程为学生评分，包括：

（1）流程是否清晰。

（2）知识掌握程度。

（3）小组间组员配合是否流畅，任务分配是否合理。

实训考核主要是评价学生实训过程表述是否清楚、逻辑性如何、成员协作配合情况等。评价的标准见表4－1－4。

表4－1－4　实训评价表

考核要素	评价标准	分值/分	评分/分		
			自评（20%）	小组（30%）	教师（50%）
订单处理	知识掌握	40			
	逻辑性	40			
	成员配合情况	20			
评价人签名					
合计					
教师评语： 年　月　日					

任务2 配送管理

任务导入

A企业的产品涵盖全国范围的客户，公司希望小王深入了解全国各地的物流网络，找到最优化的配送方案。并且能够通过提高配送效率，降低公司成本，确保产品安全地送达客户手中。

学习标杆

美团的「超级大脑」

随着互联网时代的上半场结束，用户增长红利驱动的粗放式发展模式已经难以适应下半场的角逐。如何通过技术手段，让美团外卖平台超过40万的骑手高效工作，在用户满意度持续提升的同时，提升订单处理效率、降低配送成本、提高骑手满意度、驱动配送系统的自动化和智能化，是美团技术团队始终致力于解决的难题。

在过去一年多时间里，美团推出了用于"超级大脑"——O2O即时配送智能调度系统。系统首先通过优化设定配送费以及预计送达时间来调整订单结构；在接收订单之后，考虑骑手位置、在途订单情况、骑手能力、商家出餐、交付难度、天气、地理路况、未来单量等因素，在正确的时间将订单分配给最合适的骑手，并在骑手执行过程中随时预判订单超时情况并动态触发改派操作，实现订单和骑手的动态最优匹配。

同时，系统派单后，为骑手提示该商家的预计出餐时间和合理的配送线路，并通过语音方式和骑手实现高效交互；在骑手送完订单后，系统根据订单需求预测运力分布情况，告知骑手不同商圈的运力需求情况，实现闲时的运力调度。

通过上述技术和模式的引入，持续改善了用户体验和配送成本：一方面，订单的平均配送时长从41分钟下降到32分钟，进一步缩短至28分钟，另一方面，在骑手薪资稳步提升的前提下，单均配送成本也有了20%以上的缩减。

（资料来源：https://baijiahao.baidu.com/s?id=1582335672458222247）

思考

美团是如何提升配送效率的？

一、配送的种类

配送是指按用户或收货人的订货要求，在配送中心或其他物流节点进行集货、分货、配货业务，并将配置货物送交客户或收货人。这一过程由集货、配货和送货3部分构成。

配送有许多种类和形式，可以从以下3个角度加以分类：

（一）按配送的数量及时间划分

1. 定量配送

定量配送是指按规定的批量在一定时间范围内进行配送。其特点是配送数量相对固定或稳定，时间要求不是十分严格，工作相对简单，运输效率较高。在运输手段上可采用集合包装、托盘、集装箱等设备，进一步提高配送效率。

2. 定时配送

定时配送是指按规定的时间间隔进行配送。其特点是间隔时间固定，配送数量和品种可按计划或按一定联络方式（电话、计算机网络）确定。有时，这种配送临时性较强，这在一定程度上增加了配送难度。

3. 定时定量配送

定时定量配送是指按规定时间、规定的货物品种数量进行配送，其兼有定时和定量配送两种优点。但定时定量配送的计划性很强、稳定性要求很高，故选用此类配送方式不是很普遍。

4. 定时定量定点配送

定时定量定点配送是指按照确定周期、货物品种和数量、计划确定的客户进行配送。配送中心与用户签有配送协议，并严格执行。定时定量定点配送适用于重点企业和重点项目的物流支持。

5. 即时配送

即时配送是指完全按照用户的配送时间、品种数量要求进行随时配送。其特点是以当天任务为目标，对临时性或急需货物进行配送。这种方式要求配送企业的配送资源相对富余。

（二）按配送的品种和数量划分

1. 少品种大批量配送

少品种大批量配送是指对制造业所需的品种少但需求量大的货物实行的配送。其特点是采用卡车运输，配送工作简单，配送成本低廉。

2. 多品种少批量配送

多品种少批量配送是指针对零售企业所需的货物品种多、批量小的特点，配备齐全后，送达该企业或用户的配送。其特点是除了配备良好硬件设备外，还需一流的业务操作水平和管理水平。

3. 成套配套配送

成套配套配送是指针对那些装配型或流水线制造企业生产的需要，集合各种产品的零部件，按生产节奏定时定量的配送。其特点是适应于专业化生产和实现制造企业“零库存”的需要。

（三）按配送的组织形式划分

1. 分散配送

分散配送是指销售网点或仓库根据自身或用户的需要，对小批量、多品种货物进行配送。其具有分布广、服务面宽的特点，适合于近距离、品种繁多的小额货物的配送。

2. 集中配送

集中配送又称配送中心配送，是指专门从事配送业务的配送中心针对社会性用户的货物需要而进行的配送。其特点是规模性大、专业性强、计划性强、与客户关系稳定和密切、配送品种多、数量大。集中配送是配送的主要形式。

3. 共同配送

共同配送是指若干企业集中配送资源，制订统一计划，满足用户对货物需求的配送形式。一般分成两种类型：一是中小生产企业间通过合理分工和协商，实行共同配送；二是中小企业配送中心之间实现联合、共同配送。前者可以弥补配送资源不足的弱点，后者可以实现配送中心联合作业的优势，两者均可实现配送目的，创造共同配送。

二、配送模式及其选择

（一）配送模式

在我国，目前各企业系统、各地区都开展了配送业务，并在不断发展和壮大。就其实践过程来看，大致有以下几种模式：

1. 企业内自营型配送模式

这种模式目前被广泛采用和使用。企业或企业集团通过独立组建配送中心，实现对其内部各部门、厂、站的货物供应——配送。这种模式的配送中心只服务于企业内部，不对外提供配送服务。这种模式虽然是一种传统的自给自足的小农意识，形成了“大而全，小而全”格局，但实践表明，这种模式保证和满足了企业内部对货物的需要，对企业的业务发展发挥了重要作用。美国沃尔玛公司所属的配送中心是一种典型的该类模式，它专门为本公司所属的连锁门店提供配送服务。这种模式适用于大企业或社会物流企业不能提供配送服务的客户。

2. 单项服务外包型配送模式

这是一种具有相当规模的物流设施设备（包括库房、月台、车辆、操作机械）、专业经验、批发技能、储运以及其他物流业务的经营企业，根据和利用自身优势，承担和经营制造业或流通企业在本地区或以外地区的市场开拓、商品营销而进行纯配送业务的配送模式。在这种模式下，制造业或流通企业通过租用物流硬件设施，在现场设置办公系统来开展配送业务，提供场所的物流企业收取相应的费用，因此可能缺乏经济收入的合理性。

3. 社会化的中介型配送模式

这种模式是指从事配送业务的企业，通过与制造业或加工企业建立广泛的代理或买断关系，与零售商企业形成稳定的契约关系，从而组合配送信息，按客户或用户的货物需求，实现配送。这是一种比较完整意义上的配送模式，得到多数物流、配送企业的重视。

4. 共同配送模式

这是一种配送经营企业之间为实现整体的配送合理化，以互惠互利为原则，互相提供便利的配送服务的协作型配送模式。

后两种共同配送模式是我国未来配送业务模式的发展趋势。

（二）配送模式的选择

在当今经济的发展中，极其需要创建配送业务平台，支撑商品流转，满足生产和消费需要。但是，配送新理念在我国发展的时间相当短暂，由于社会缺乏对配送的支持和投入，到目前为止尚未形成节约化和规模化的配送体系，所以配送业务始终处于低谷，而需要配送的企业就显得无奈和无力，这在一定程度上造成了资源的浪费。例如，国内一些具有相当规模的连锁超市，虽然建立了内部配送中心，并严格实行统一采购、统一进货、统一配送，各分销网点同时得到了满足，但从经济效益或利益角度上分析，这是迫于一种无奈，最大潜能和效能远远没有发挥，始终充当“后勤兵”角色。当然这是一种选择。

由于传统批发体制解体，使得相当多的物流设施和设备、物流专业技术人员等资源闲置，在这种状况下，物流企业委曲求全，租赁资源，依靠承揽单项服务外包配送业务实现经济利益。这也是一种选择。

社会化的中介型配送企业模式是一种典型的独立经济模式，其实质是一种规模经营模式。根据我国巨大的生产能力和消费能力，社会化中介配送和共同配送两者模式将是我国今后经济发展开放的巨大平台。这种平台是一种最好的选择。

（三）配送路线合理化

配送路线的选择对配送货物的速度、成本、利润有相当大的影响，所以采用合理和科学的方法确定路线尤为重要。

（1）路程最短原则。这是一条最为直观的原则。如果路程与成本相关程度高，其他因素可忽略不计，是首选考虑的。

（2）成本最低原则。成本是配送核算的减项部分，是诸多因素的集合，较为复杂，在具体计算过程中，必须在同一范围内加以考虑，认同其最小值。

（3）利润最高原则。利润是配送中心的核心，也是业务成果的综合体现。因此在计算时，力争利润数值最大化。

（4）吨公里最小原则。这一原则在长途运输时被较多的利用和选择。在多种收费标准和到达站点情况下，此原则最为适用。在共同配送时，也可选用此项原则。

（5）准确性最高原则。准确性内容包括配送至各大用户的时间要求和路线合理选择的要求。如何协调这两个因素，有时操作起来比较困难，会造成与成本核算相矛盾，因此，要有全局观念。

（6）合理运力原则。运力包括组织配送人员、配送货物和各项配送工具。为节约运力，配送企业必须充分运用现有运力，实现配送任务。

（四）确定配送路线约束条件

配送路线的约束条件主要有：

（1）满足用户或收货人对货物品种、规格、数量和质量的要求。

（2）满足用户或收货人对货物送达的时间限制的要求。

（3）在允许通行的时间进行配送。

（4）配送的货物量不得超过车辆载重量和容积等指标要求。

（5）在配送中心现有生产力范围之内。

（五）确定配送路线的方法

确定配送路线的方法很多，这里主要介绍“节约里程法”一种（图 4－2－1）。其基本原理思想是几何学中“三角形一边长必定小于另外两边之和”。使用该方法的前提条件：

（1）配送的是同一货物。

（2）各用户距离和需求量均为已知。

（3）有足够的运输能力。

（4）配送方案满足各用户要求。

（5）运输车辆不出现超容和超载现象。

（6）运输车辆不超过运行时间和里程。

图 4－2－1　节约里程法的基本原理

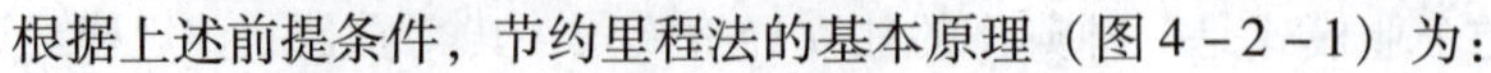

根据上述前提条件，节约里程法的基本原理（图 4－2－1）为：

假设：P_0：配送中心 + P_l、P_2：配送用户点

A 方案配送路线：

$$P_0 \rightarrow P_l \rightarrow P_0 \rightarrow P_2 \rightarrow P_0$$

配送路线长度为：

$$D_a = 2d_{01} + 2d_{02}$$

B 方案配送路线：

$$P_0 \rightarrow P_l \rightarrow P_2 \rightarrow P_0$$

配送路线长度为：

$$D_a = d_{01} + d_{02} + d_{12}$$

对比上述 D_a 与 D_b 哪个最短，不难得出下式：

$$D_a - D_b = 2d_{01} + 2d_{02} - d_{01} - d_{12} - d_{02} = d_{01} + d_{02} - d_{12}$$

根据三角形任意两边之和大于第三边的原理，可以认为：

$$D_a - D_b = d_{01} + d_{02} - d_{12} > 0$$

故：$D_a > D_b$

由 $D_a > D_b$ 可知，在这两种条件中，选用 B 方案。由此得出，如果配送中心 P_0 分别向多个用户（或 N 个用户）配送货物，在满足前提条件下，配送路线经过的用户个数越多，则配送路线越短，最为合理。

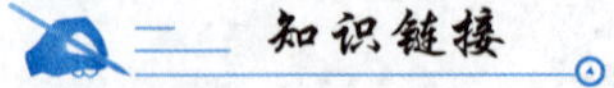

第四方物流

三、电商物流服务细则

（一）电子商务物流服务细则构成要素

电子商务企业的物流服务细则就是向客户作出电子商务物流服务的承诺，以及客户在货物送达时的注意事项等。一份策划完整、注重细节的电子商务企业的物流服务细则能够有效提升电子商务客户服务水平、降低退换货比率及客户的投诉率等。

一份完整的电子商务企业的物流服务细则一般包括配送方式的选择、电子商务物流区域服务细则、电子商务物流配送时限管理细则、电子商务物流配送费用明细设计和商品验货签收注意事项等内容。

1. 配送方式的选择

电子商务服务商尽可能多地为客户提供配送方式，一方面增加了客户的自主选择权，另一方面也为配送企业自身增加了市场覆盖范围和服务能力。提供的多种送货方式，一般包括客户自提、普通快递送货上门、加急快递送货上门、普通邮递和邮政特快专递（EMS）等。

2. 电子商务物流区域服务细则

电子商务物流区域服务细则就是依据电子商务企业自身业务覆盖的客户范围以及相关合作物流配送企业的业务覆盖的客户范围所界定的物流配送服务的范围。电子商务物流区域服务细则一般包括服务区域、限制服务区域以及相应的服务条款等。

3. 电子商务物流配送时限管理细则

电子商务物流配送时限管理细则就是依据电子商务企业自身的配送能力，以及相关合作物流配送企业的配送能力，向客户承诺的物流配送送达的时间。配送送达的时间与客户自选的配送方式、客户所处区域以及可接受的配送费用等相关。

4. 电子商务物流配送费用明细设计

电子商务物流配送费用明细设计就是依据客户所处区域、配送距离、商品种类、商品重量、商品尺寸等信息设计电子商务企业物流配送费用明细表。物流配送费用明细表可以使客户在购物时一目了然，做出合理选择。

5. 商品验货签收注意事项

商品验货签收注意事项是对客户的善意提醒，提醒客户签收的基本标准、签收时的商品检验、拒收标准等内容。商品验货签收注意事项可以做出一般原则性提示，也可以按商品大类分类提示。商品验货签收注意事项越仔细，客户签收商品时就越认真处理商品的签收，从而可以有效降低商品的退换货率以及客户的投诉率。

（二）电子商务配送合理化的做法

国内外推行配送合理化可供借鉴的办法主要有以下几个方面：

1. 推行一定综合程度的专业化配送

配送企业通过采用专业设备、设施及操作程序，取得较好的配送效果并降低配送过分综合化的复杂程度及难度，从而追求配送合理化。

2. 推行加工配送

配送企业通过加工和配送结合，充分利用本来应有的中转，而不增加新的中转的配送；

同时，加工借助于配送，加工目的更明确，和用户联系更紧密，更避免了盲目性。二者有机结合，不过多增加投入却可实现两个优势、两个效益，是配送合理化的重要配送方式。

3. 推行共同配送

共同配送是在核心组织（配送中心）的同一计划、同一调度下展开的，故协调指挥机构必须有较强的组织能力。对于参与协作的配送企业来说，可以借此扩大销售渠道和开展联合经营。对于用户来说，可以保证建设项目的需要。通过共同配送，可以以最近的路程、最低的配送成本完成配送，从而实现合理化配送。

4. 实行送取结合

配送企业应与用户建立稳定、密切的协作关系。配送企业不仅成了用户的供应代理人，而且成了用户的存储据点，甚至成为产品代销人。在配送时，配送企业将用户所需的物资送到，再将该用户生产的产品用同一车辆运回，这种产品也成为配送中心的配送产品之一，或者作为代存代储，免去了生产企业的库存包袱。这种送取结合的配送方法，使运力充分利用，也使配送企业功能有更大的发挥，从而实现合理化配送。

5. 推行准时配送

准时配送是配送合理化的重要内容。配送做到了准时，用户才有资源把握，可以放心地实施低库存或零库存，可以有效地安排接货的人力、物力，以追求最高效率的工作。另外，保证供应能力，也取决于准时供应。准时供应配送系统是目前许多配送企业追求配送合理化的重要手段。

6. 推行即时配送

即时配送是根据用户提出的时间要求、供货数量和品种及时地进行配送的形式。由于即时配送完全是按照用户的要求运行的，客观上能促使需求者压缩自己的库存，使其货物的“经常库存”趋于零。即时配送是最终解决用户企业担心断供之忧、大幅度提高供应保证能力的重要手段。即时配送是配送企业快速反应能力的具体化，是配送企业能力的体现。即时配送成本较高，但它却是整个配送合理化的重要保证手段。

四、电商配送成本控制方法

电子商务环境下，消费者分布可能非常分散，在进行配送时必须全面地、综合地实施，以避免由于不合理配送所造成的损失。但有时某些不合理现象是伴生的，在追求合理的同时，可能会产生某些新的不合理。一般来说，经济效益是配送的首要衡量标志，但在决策时常常需要考虑多方面的因素，有时即使是赔本的买卖也要做。对于配送方式的决策优劣不能简单地下结论，因为它没有一个绝对的标准。了解不合理配送的形式对于进行合理配送益处甚大。

（一）不合理配送的表现形式

1. 资源筹措不合理

配送是利用较大批量来筹措资源的。通过筹措资源的规模效益来降低资源筹措成本，使配送资源筹措成本低于用户自行筹措的资源成本，从而取得优势。如果不是集中多个用户需要进行批量筹措资源，而仅仅是为某一两户代购代筹，对用户来讲，这样做不仅不能降低资源筹措费用，相反还要多支付一笔配送企业的代筹代办费，显然这是不合理的。

资源筹措不合理还有其他表现形式，如配送量计划不准，资源筹措过多或过少，在资源筹措时不考虑建立与资源供应者之间长期稳定的供需关系等。

2. 库存决策不合理

配送应充分利用集中库存总量低于各用户分散库存总量，从而大大节约社会储存成本，同时降低用户实际平均分摊库存负担。因此，配送企业必须依靠科学管理来实现一个低总量的库存，否则就仅表现为库存转移，而出现不能实现社会库存降低的不合理现象。

配送企业库存决策不合理还表现为储存量不足，不能保证随机需求，失去了应有的市场份额。

3. 价格不合理

通常，配送的价格应低于不实行配送时，用户自己进货时产品购买价格加上自己提货、运输、进货之成本总和，这样才会使用户有利可图。有时，由于配送有较高服务水平，价格稍高，用户也是可以接受的，但这并不是普遍的现象。如果配送价格普遍高于用户自己进货价格，损伤了用户利益，这就是一种不合理表现。定价过低，使配送企业处于无利或亏损状态下运行，会损害销售者的利益，这也是不合理的。

4. 配送与直达的决策不合理

一般来讲，配送总是增加了环节，但是环节的增加可降低用户平均库存水平，以此不但足以补偿增加环节的支出，而且还能取得剩余效益。但是如果用户使用批量大，可以直接通过社会物流系统均衡批量进货，较之通过配送中转送货则更可能节约费用。在这种情况下，不直接进货而通过配送，就属于不合理范畴。

5. 进货不合理

运输配送与用户自提相比较，尤其是对多个小用户来说，可以集中配装一车送几家，这比一家一户自提大大节省了运力和运费。如果不能利用这一优势，仍然是一户一送，而车辆达不到满载，就属于不合理配送。此外，其他不合理运输的表现形式在配送中亦可能出现，使配送变得不合理。

6. 经营观念不合理

在配送实施中，有许多是经营观念不合理，使配送优势无从发挥，相反却损害了配送的形象。这是在开展配送时尤其需要注意克服的不合理现象。例如，配送企业利用配送手段，向用户转嫁资金、库存困难，在库存过大时，强迫用户接货，以缓解自己的库存压力；在资金紧张时，长期占用用户资金；在资源紧张时，将用户委托的资源挪作他用等。

（二）配送合理化的判断标志

对于配送合理化与否的判断，是配送决策系统的重要内容。目前国内外尚无统一的技术经济指标体系和判断方法。通常，判断配送合理与否应考虑以下几个标志：

1. 库存标志

库存是判断配送合理与否的重要标志，具体体现在以下两个方面：

（1）库存总量。库存总量在一个配送系统中，从分散于各个用户转移给配送中心的库存数量加上在实行配送后库存量之和应低于实行配送前各用户库存量之和。库存总量是一个动态的量，上述比较应当是在一定经营量的前提下。用户生产规模扩大而引起库存总量上升，这是扩大再生产的必要条件，在分析库存总量时必须扣除这一因素的影响，才能对库存总量是否下降做出正确判断。

（2）库存周转。由于配送企业的调剂作用，以低库存保持高的供应能力，库存周转一般总是快于原来各企业的库存周转。从各个用户角度进行判断，各用户在实行配送前后的库存周转比较，也是判断库存合理与否的标志。一般来说，以库存储备资金来计算库存，而不以实际物资数量来计算。

2. 资金标志

总的来讲，实行配送应有利于资金占用量的降低及资金运用的科学化。

具体判断资金标志如下：

（1）资金总量。用于资源筹措所占用流动资金的总量，随储备总货量的下降及供应方式的改变必然有一个大的降低。

（2）资金周转。从资金运用来讲，由于整个节奏加快，资金充分发挥作用，同样数量的资金，过去需要较长时期才能满足一定供应需求，配送之后，在较短时期内就能达此目的。所以资金周转是否加快，是衡量配送合理与否的标志。

（3）资金投向的改变。资金分散投入还是集中投入，是资金调控能力的重要反映。实行配送后，资金必须从分散投入改为集中投入，借以增加调控作用。

3. 成本和效益标志

总效益、宏观效益、微观效益、资源筹措成本等都是判断配送合理化的重要标志。对于不同的配送方式，侧重点可能也不同。例如，配送企业、用户都是各自独立的以利润为中心的企业，不但要看配送的总效益，而且还要看对社会的宏观效益及供、销两个企业的微观效益，不顾及任何一方，都必然出现不合理现象。又如，如果配送是由用户集团企业组织的，配送主要强调保证能力和服务性，那么，效益主要从总效益、宏观效益和用户集团企业的微观效益来判断，不必过多顾及配送企业的微观效益。

由于总效益及宏观效益难以计量，在实际判断时，常以按国家政策进行经营，完成国家税收及配送企业和用户的微观效益来判断。

对于配送企业而言，企业利润反映了配送合理化的程度。对于用户企业而言，在保证或提高供应水平（产出一定）的前提下，供应成本的降低反映了配送的合理化程度。

成本及效益对合理化的衡量，还可以具体到存储、运输等配送环节，使判断更为精细。

4. 供应保证标志

实行配送，各用户最担心的是供应保证程度降低，这个是心态问题，也是承担风险的实际问题。合理配送的重要一点是必须提高而不是降低对用户的供应保证能力。配送企业的供应保障能力，是一个科学的概念，而不是一个可以任意解释的概念。具体来讲，如果供应保障能力过高，超过了实际需要，就属于不合理现象。所以追求供应保障能力的合理化也是有限度的。供应保证能力大小可以从以下几个方面判断：

（1）缺货次数。实行配送后，对各用户来讲，该到货而未到以致影响用户生产和经营的次数必须下降才算合理。

（2）配送企业集中库存量。对每一个用户来讲，其数量所形成的保证供应能力高于配送前单个企业保证程度，从供应保证来看才算合理。

（3）即时配送的能力及速度。即时配送的能力及速度是用户出现特殊情况的特殊供应保障方式，这一能力必须高于未实行即时配送的能力及速度才算合理。

5. 社会运力节约标志

末端运输是目前运能、运力使用不合理，浪费较大的领域；因而人们寄希望于配送来解决这个问题。这也成了配送合理化的重要标志。

运力使用的合理化是依靠运货运力的规划和整个配送系统的合理流程及社会运输系统合理衔接来实现的。送货运力的规划是任何配送中心都需要花力气解决的问题，而其他问题则有赖于配送及物流系统的合理化，其判断可简化如下：社会车辆总数减少，而承运量增加：社会车辆空驶率减少；一家一户自提自运率减少，社会化运输量增加。

6. 用户企业仓库、供应、进货人力节约标志

实行合理配送后，各用户库存量、库存面积、仓库管理人员减少；用于订货、接货、搞供应的人减少。真正解除了用户的后顾之忧，配送的合理化程度则可以说是一个高水平了。

7. 物流合理化标志

配送必须有利于物流合理，可以从以下几方面判断：是否降低了物流费用，是否减少了物流损失，是否加快了物流速度，是否发挥了各种物流方式的最优效果，是否有效衔接了干线运输和末端运输，是否减少了实际的物流中转次数，是否采用了先进的技术手段。

物流合理化问题是配送要解决的大问题，也是衡量配送本身的重要标志。

素养园地

物流时效大幅度提升，网购服务体验加强

党的二十大报告提出，“加快发展物联网，建设高效顺畅的流通体系，降低物流成本”。这是党中央着眼于提升经济运行的连接能力、流通效率，畅通国内国际经济循环的一项战略性举措，对于推动构建新发展格局具有重要现实意义。

“618”开启以来，各大电商平台不断推出新产品、新玩法等花式促销来推动线上线下消费“升温”。同时，为了满足消费者、电商平台等多方需求，快递物流企业也纷纷加大运力投入，拼速度、拼服务，同时借助数字技术、人工智能等保障骤增的快递需求。

有业内人士分析认为，物流时效大幅度提升，不再是单纯的配送竞速，而是背后的供应链竞争，行业进入到供应链竞争元年。

记者了解到，为应对“618”大促单量的爆发性增长，菜鸟对各地优选仓进行了扩容，整体扩容面积超 10 万平方米，以山东烟台、威海优选仓为例，两仓共计扩容超 3 万平方米。

据悉，菜鸟供应链全面向商家开放了大促前置预处理能力，联动品牌商家提前对预售商品进行拣选、打包处理，部分商品提前下沉到距离消费者最近的快递网点。菜鸟供应链方面还透露，为了提高物流效率，“618”七成菜鸟仓开通直发线路，由仓

直发配送网点，同时启用了最大规模的预售商品下沉，全国超过300城实现大促商品半日达。

可见，随着电商平台对消费者的服务承诺和服务保障不断加码，发货速度成为电商消费者最关心的问题之一，提速成为快递行业关键词，也成为行业企业优化供应链、提升服务体验的重要举措。有专家分析指出，当前，物流企业已经从单一的承运者、配送者，转化成为综合物流解决方案提供商，为合作伙伴提供专业稳定的物流保障、为消费者提供妥帖可靠的服务体验，成了行业共同的愿景和目标。

一、实训目标

通过本次实训任务，学生将深入理解电商配送管理的流程及节约里程法的应用，并具备运用节约里程法解决一对多配送路线优化问题的能力。同时培养学生保持高度的专业素养和责任心，为公司的配送业务贡献自己的力量。

二、实训步骤

（一）明确配送任务

小王首先需要确认当日自己所负责的配送任务明细，除了给长期合作客户的定时定量定点配送任务，还有客户自行下单从而产生的临时配送任务。

长期合作客户的配送方式已经固定下来了，而对于临时下单的客户，需在A企业提供的配送方式（自提/送货上门）中根据自己的需求进行选择。

小王梳理出当日的配送任务明细，如表4-2-1所示。

表4-2-1　某日配送任务明细

客户	配送方式	货物量/吨	订货类型
客户1	送货上门	1.0	日常发货
客户2	送货上门	1.8	临时订货
客户3	送货上门	2.0	日常发货
客户4	送货上门	0.6	日常发货
客户5	送货上门	1.5	日常发货
客户6	送货上门	1.8	日常发货
客户7	自提	0.3	临时订货
客户8	自提	0.6	临时订货

（二）配送路线的选择

根据路程最短、成本最低的配送路线规划原则，小王选择使用节约里程法来规划这次配送路线。

1. 数据建模

设配送中心为P_0，需送货上门的六个客户依次为P_1、P_2、P_3、P_4、P_5、P_6，则小王要完成的配送作业就是由配送中心 P_0 负责向周边的客户 P_1、P_2、P_3、P_4、P_5、P_6 配送货物，如图 4-2-2 所示。

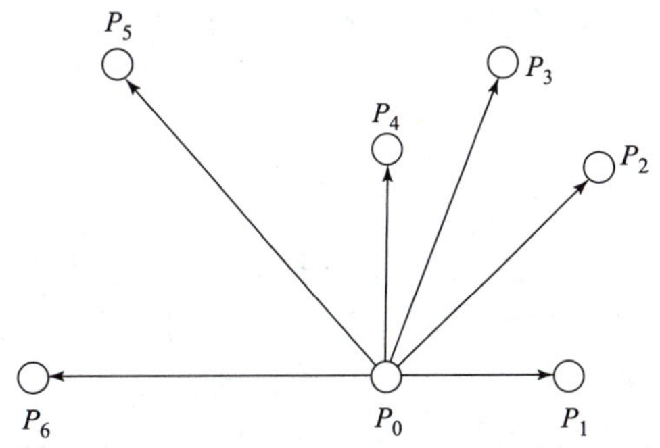

图 4-2-2　配送任务示意图 1

表 4-2-2 中给出了配送中心到 6 个客户的配送距离和当日配送中心到 6 个客户的配送货运量。该配送中心的车队有载重 3 吨和 4 吨两种车型的车若干辆。

表 4-2-2　某日配送中心到 6 个客户的配送距离和配送货运量

项目	P_1	P_2	P_3	P_4	P_5	P_6
配送距离/公里	8	12	15	10	18	16
货运量/吨	1.0	1.8	2.0	0.6	1.5	0.8

6 个客户之间的距离如表 4-2-3 所示。

表 4-2-3　6 个客户之间的距离

项目	P_1	P_2	P_3	P_4	P_5	P_6
P_1	0	9	16	14	26	24
P_2		0	7	9	21	28
P_3			0	8	15	30
P_4				0	10	22
P_5					0	18
P_6						0

2. 节约里程数排序

小王根据节约里程法原理，首先计算各配送点组合后的节约里程数，并进行排序。

例如，客户 1 和客户 2 之间的节约里程数为：

$$S_{12}=P_0P_1+P_0P_2-P_1P_2=8+12-9=11\text{（公里）}$$

同理，其他节约里程数也可求得，如表 4-2-4 所示。

表 4-2-4　节约里程数排序

序号	1	2	3	4	5	6	7	8	9	10	11	12	13	14	15
组合	S_{23}	S_{35}	S_{45}	S_{34}	S_{56}	S_{24}	S_{12}	S_{25}	S_{13}	S_{14}	S_{46}	S_{36}	S_{15}	S_{16}	S_{26}
节约里程	20	18	18	17	16	13	11	9	7	4	4	1	0	0	0

3. 配送路线规划

由表4-2-4可知，P_2、P_3合并配送后节约里程数S_{23}最大，因此首先将P_2、P_3合并配送，它们合并后的配送货运量为：

1.8+2.0=3.8（吨）

可以用一辆载重4吨的货车进行配送，如图4-2-3所示。

表4-2-4中$S_{35}=S_{45}=18$，它们的节约里程次之，但鉴于P_2、P_3已经合并配送，因此可以仅考虑S_{45}。显然，根据节约里程法原理，P_4、P_5可以合并配送，它们合并后的配送货运量为：0.6+1.5=2.1（吨）。此时虽然可以用一辆载重3吨的货车配送，但考虑到运力有较大浪费，有必要考虑是否还有进一步合并的可能。表4-2-4中$S_{56}=16$，而P_6的配送货运量为0.8吨，因此可以将P_6进一步与P_4、P_5合并，合并后的配送货运量为：0.6+1.5+0.8=2.9（吨），用一辆载重3吨的货车配送正好合适。

这时只剩下客户P_1的配送任务还没有完成，而P_1配送货运量为1吨。此时有3种办法解决：

①用一辆载重3吨的货车配送，如图4-2-4所示，显然运力浪费很严重；

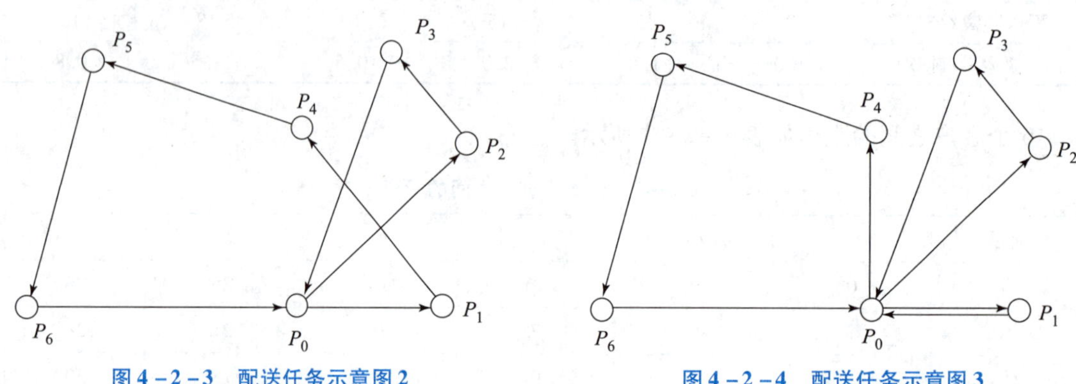

图4-2-3　配送任务示意图2

图4-2-4　配送任务示意图3

②与P_4、P_5、P_6进一步合并，合并后配送货运量为：0.6+1.5+0.8+1.0=3.9（吨），可以用一辆载重4吨的货车配送；

③把P_1配送外包出去，或租用一辆载重1吨的货车，临时解决P_1在这一天的配送问题。

综上考虑，小王选择了第二种解决方法。

确定配送路线

在6个客户配送任务全部由配送中心解决的情况下，基于节约里程法，最后得到两个配送回路：

$$P_0 \to P_2 \to P_3 \to P_0\text{；}P_0 \to P_1 \to P_4 \to P_5 \to P_6 \to P_0$$

小王将最终确定的配送路线输入系统，与车队司机同步。

（三）客户签收

车队司机按照系统规划的配送顺序，按要求准时将货物送达6个客户收货地。

送货员将货物送抵目的地后，首先要顾客出示与签收单上收货人相符的有效身份证明，如由他人代收货物时，除了核对原收货人的有效身份证明外，同时要求代收货人出示其本人有效身份证明，并将其身份证明的资料准确、清晰地登记在单据上（如姓名、身份证号码）。

客户在确认收货前，配送人员会将商品验货签收注意事项拿给客户查看，提醒客户签收的基本标准、签收时的商品检验、拒收标准等内容（图 4 –2 –5）。

尊敬的客户

感谢您选择我们作为您的合作伙伴。为了确保您收到的货物完好无损，我们特别制定了以下商品验货签收注意事项，请您在签收时仔细阅读并按照要求进行验货，以确保您的权益。

- **签收基本标准：**

（1）签收人员必须是经过授权的贵公司工作人员。

（2）请在收到货物时及时核对货物清单。

（3）请确认货物包装是否完好无损。如有破损，请在签收单上详细注明，并及时联系我公司客户服务中心。

- **商品检验注意事项：**

（1）数量核对：请在收到货物后立即核对货物数量是否与送货单上的数量一致。如有差异，请在签收单上注明并及时与我们联系。

（2）外包装检查：请检查货物外包装是否完好，如有破损、变形等情况，请在签收单上注明并拍照保留作为证据。

（3）内部商品检查：请打开包装，检查商品是否完好无损，如发现商品损坏、缺损等情况，请立即与我们联系，并在签收单上注明详细情况。

- **拒收标准：**

（1）外包装严重破损，影响商品正常使用。

（2）商品数量与送货单不符。

（3）商品明显损坏、缺损，影响正常使用。

在以上任何一种情况下，请您拒绝签收，并在签收单上详细注明拒收原因。我们将尽快为您处理并重新安排发货。

感谢您的合作与理解。如果您对验货签收有任何疑问或需要帮助，请随时联系我们的客户服务中心。

祝您工作愉快！

A 企业 F 市配送中心

联系方式：

图 4 –2 –5　商品验货签收注意事项

所有客户确认收货无异议且车队顺利返回配送中心后，小王需收集好客户签字的收货单，在配送中心系统中及时上传。

三、实训考核

老师根据模拟过程为学生评分，包括：

(1) 流程是否清晰。

(2) 知识掌握程度。

(3) 小组间组员配合是否流畅，任务分配是否合理。

实训考核主要是评价学生实训过程表述是否清楚、逻辑性如何、成员协作配合情况等。评价的标准见表4-2-5。

表4-2-5 实训评价表

考核要素	评价标准	分值/分	评分/分		
			自评（20%）	小组（30%）	教师（50%）
配送管理	知识掌握	40			
	逻辑性	40			
	成员配合情况	20			
评价人签名					
合计					
教师评语： 年 月 日					

任务3 退换货管理

作为A企业的电商售后客服，小王需要处理客户的售后问题，做到耐心地倾听客户的问题，理解他们的诉求，然后快速给出合理的解决方案，避免因为误会造成投诉，从而影响企业在电商平台的信誉与评级。

学习标杆

电商逆向物流——唯品会的退换货管理

当众多电商在亏损中苦苦挣扎时，唯品会用“精选品牌、深度折扣、限时抢购”的特卖模式，走出了一条区别于其他电商的发展之路。

一、领先的物流体系

唯品会特卖体验的不断升级，带来了活跃用户数和订单量的持续高速增长。这一方面得益于唯品会特卖模式的深入人心；另一方面与唯品会不断强化物流能力来确保优质的用户体验密不可分。为匹配公司加速增长的订单量，唯品会近年来持续扩大仓储面积，提高配送效率。

唯品会已经建成华北（天津）、华东（江苏）、华南（广东）、华中（湖北）、西南（四川）覆盖全国市场的五大物流中心，投入使用的仓储面积达 100 万平方米。唯品会物流建设的终极目标是，在全国建立密集仓储基地，整合调配资源，提升用户体验。

二、逆向物流（退货）的创新和优化

尽管已经具备了完善的退货处理流程，但是对唯品会来说，服务好会员是永无止境的创新动力。因此，唯品会将考虑采取多种举措进一步优化退货物流。

唯品会从 2014 年年底开始尝试上门退货服务，消费者想退货时，只要点击鼠标，快递员就会上门进行现场验货退货，唯品会收讫后将运费返到消费者名下账户。

唯品会引入了自动化设备处理退货物流，利用上下两层流水线，下层放入退货包裹，拆包人员取下包裹拆开后放到周转筐内，扫描包裹上的运单号并与周转筐号对应起来，然后把周转筐放到上层流水线上。同时，把拆下来的废包装通过输送线自动运送到垃圾处理点统一处理。收货人员在流水线的另外一侧取下周转筐进行收货扫描，通过扫描周转筐就可以知道是哪个客户哪笔订单的退货，同时进行货品质量检查后将其放入周转箱内，然后把周转箱放到下层输送线上。输送线自动把周转箱送去待上架口，上架人员拿到周转箱后根据系统指示就可以完成退货上架。通过双侧双层输送线的使用，有序高速地处理退货作业，可以使退货收包处理效率比原来提高一倍。

唯品会通过优化“退款节点”以及“退款路径”来实现极速退款服务，为客户带来超爽体验。将原来的退款转为付款方式，能够替客户减少回款时间 1～12 个工作日。

（资料来源：http://finance. ce. cn/rolling/201503/02/t20150302_4693993. shtml）

思考

唯品会逆向物流的创新和优势体现在哪些方面？

必备知识

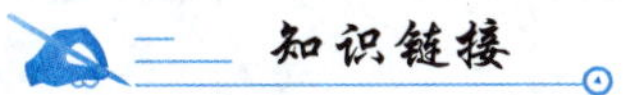

知识链接

通常所说的物流一般是指正向物流，但一个完整的供应链除了包括正向物流之外，还应包括逆向物流。逆向物流最早是由斯多克（Stock）在 1992 年美国物流管理协会（CLM）的

一份研究报告中提出的，主要是指将产品从销售终点向生产起点或其他节点移动的过程，主要是对因损坏、召回、商业退回、使用寿命到期、多余库存等造成的退货进行回收。

逆向物流是以市场和顾客为导向，以信息技术为基础，通过渠道将物资从消费点返回原产地的过程，包括退货、不合格品退回、维修与再制造、物品循环利用、废弃物回收处理等流程，从而使这些物资重新获得价值并得到正确处置。

电子商务环境下，企业对逆向物流应该给予足够的重视，逆向物流能否在企业中积极正确地实施，在某种程度上决定了电子商务企业能否立足、提高核心竞争力，之所以这样说，是因为逆向物流存在着以下的潜在价值：

①提高客户忠诚度。

②再售渠道中增加收入。

③提高企业自身及产品的品牌形象。

总之，在电子商务环境下，企业需要通过有效的逆向物流管理来降低退货与召回损失，增强再生循环利用意识。而通过对逆向物流的潜在价值进行分析并合理利用，企业可以占据领先竞争对手的地位，保持甚至提高企业在电子商务领域的核心竞争力。

实践中发现，正确的逆向物流不仅能够降低逆向物流成本，而且还会提高收入。电子商务环境下的逆向物流系统由许多过程组成，企业必须建立合适的管理系统来管理返回的物资产品，其中包含快速识别最有成本效益的回收产品所要经历的逆向流动过程。有调查表明，退货渠道和措施足以影响客户的决策，尤其是那些潜在客户。因此，电子商务企业要选择正确可行的逆向物流解决方案，为企业留住现有客户、挖掘潜在客户，从而保持较高的客户忠诚度。

一、电商退换货管理解决方案

（一）电商退换货物流的常见解决方案

1. 返还到购买地

如果在传统的实体商店购买的产品，这种方式很容易做到，但虚拟商店则不行。想把一件产品退还给虚拟商店，顾客需要获得授权、将商品打包、付运费、上保险，然后等两个对账周期才能拿到对账单。在这个过程中买家不愉快，卖家也麻烦。他们要打开邮包，核对文件，再重新卖掉这件商品，并且通常要亏一笔。因此，这种方式只适应于退货数量少并且商品昂贵的情况。

2. 外包

有一些外包运营商，如联合包裹服务公司（UPS），都为退货提供物流服务。这些服务不仅涉及运送和退货，还可以处理完整的逆向物流过程。例如，索爱公司选择将整个售后运作外包给 UPS，包括海关经纪、检测和维修、售后、运入和运出运输等。通过合作，索爱公司对零部件的库存有了更大的可见度、更精确的检测和维修，以及维修产品的确保交付，而 UPS 随时向索爱公司通告系统运行状态。索爱公司能得到每日报告，报告给出每笔交易的可见性，这些信息能完全整合到索爱公司内部的企业资源计划（ERP）中。在这个过程中，UPS 成为索爱服务网络中的一个虚拟仓库。

3. 在买方所在地设置收集站

这种方式是通过为客户提供一些允许他们放置退还商品的场所，在亚洲和澳洲，便利店和加油站是接受退还货物的。另外，可以直接跟邮局合作，客户将他们需要退还的商品直接放置在邮局，然后有专门人员进行接下来的操作。

4. 集中处理再销售或向顾客提供新的产品

返回的物品有保修的和非保修的两类。非保修产品维修是消费者付费解决问题的，所以对企业来说，真正的问题在于保修期内物品的回收。企业需要认真考虑和平衡维修成本和新建成本。例如，戴尔公司对于处在保修期内的笔记本电脑常常采用直接回收损坏产品给消费者予以调换的办法，但调换的部件也并非全新的，而是来自集中整修后的。有些返还产品状态良好，可以进行再次销售。比如消费者在网站上购买的包退物品，因不合适而退给商家，这些物品经过商家处理可以再次销售。而有些返还产品的部分零部件状态良好，它们会被放置在零件仓库中供维修使用。在电子商务市场中可以直接体现在网站上的二手零部件专栏内。如图 4 – 3 – 1 所示为某集中退货处理中心的退换货物流流程图。

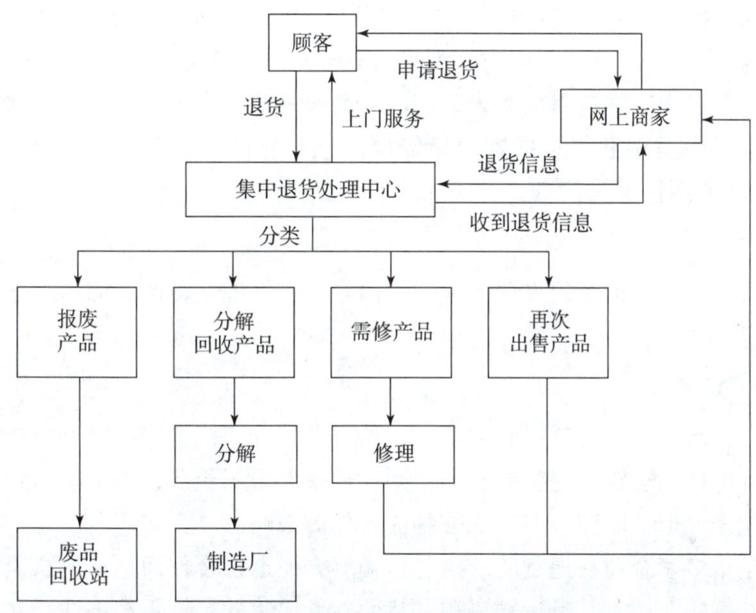

图 4 – 3 – 1 某集中退货处理中心的退换货物流流程图

总之，无论是电子商务市场，还是现代逆向物流，暂时都还处于起步阶段。但在目前的大环境下，要想增强核心能力和综合实力，就不能继续忽视电子商务市场中的退货、换货物流管理。这不仅需要市场探索发展，同时也需要政府部门对现有的逆向物流管理制度认真研究，对电子商务市场进行有效规范，最终建立一个适应现代逆向物流业发展的法律法规，同时适当的时候构建强大的信息平台，加强逆向物流管理链上各环节的信息沟通。

（二）电商退换货物流解决方案中的主要技术

1. 条码技术

条码可以加强对物品的自动识别和管理，在逆向物流过程中可以对产品运输的信息进行有效的跟踪收集，从而快速地处理相关回收产品。运用条码标签，使信息和产品流动的同时，还可以为企业提供有关回收产品现状的情况。比如，尼曼集团（Neiman Marcus）在运输一件产品的时候，会将运输标签和拣选单据放入包装箱（盒）中，这张标签记录了产品的信息。同时，拣选单据也附有一个便于退货处理的敏捷标签。敏捷标签的条码上记录了装运的所有必要信息。如果客户决定退回产品，他可以使用同样的包装材料并再次使用这个敏捷标签。客户可以把包装好的退货产品送到任意一家邮局，或者放进家附近的邮筒。然后，由合作人员从邮局取出这些包裹，运送到自己的工厂进行拣选和拼装，同时向尼曼集团送出运前通知，这使得尼曼集团能够及早行动，快速处理退货。

2. IT 信息技术平台

目前，逆向物流中所面临的最重要的问题是产品数据信息的缺乏，因此应该建立为逆向物流服务的 IT 信息系统，以便提供准确、充足的附加信息。逆向物流的信息收集除了退货信息记录外，还包括有害产品的召回、过期产品的提醒等信息。在电子商务环境下可以采用通过电子邮件或者销售网站主页问卷调查等灵活手段获得这类信息。

3. 信息交换

正向物流与逆向物流是物流的两个方面，目前物流（正向物流）常常采用电子数据交换系统，企业与企业（B2B）、企业与消费者（B2C）之间都是采用此数据格式来进行贸易交易或信息交换等。逆向物流目前尚未采用电子数据交换，很有必要与正向物流加强联系，从正向物流的电子数据中获得逆向物流所需要的生产、销售情况（包括产品的销售地方、销售数量）、顾客使用情况等信息。

4. 网络深度参与

电商企业可以在网站上专门设置二手交易内容，更好地获得产品淘汰与进入淘汰等方面的市场实时信息。

二、退换货战略

相对于正向物流来讲，退货具有数量少、种类多、分布范围广的特点，如果由各个商家独自负责退货的确认、运输、退款等服务，则在规模上很不经济，为了能达到退货的规模经济性，可以考虑采取退货联盟或与第三方物流合作的战略。

退货联盟是指多家企业在退货的政策、运输等方面通过合作而达成的联盟。通过建立退货联盟，可以共享资源，尤其是运输资源，从而降低退货的规模不经济性。此外，在线商家也可以与第三方退货物流公司合作，将退货交给他们处理。企业将退货交给专门的公司来处理，不仅可以降低成本，自己更可以着重于核心能力的开发，这将给企业带来很大的效益。第三方退货物流公司保存在线商家的退货标准，消费者携带要退货的商品来到第三方退货物流公司要求退货，第三方退货物流公司根据国家和各在线商家的退货标准来确定该商品能否退货。如能退货，第三方退货物流公司通知在线商家依据退货商品的完好状况将商品发往在线商家的指定接收地点（零售商或是制造商），在线商家相应改变库存。然后，第三方退货物流公司根据消费者退款或换货要求，监督在线商家在指定期限内将款项退还给消费者或给消费者更换商品，最后，第三方退货物流公司和在线商家进行内部结算。如不能退货，第三方退货物流公司可协助消费者和在线商家进行联系，解决一些跨越退货权限的退货问题。

电子商务退换货日常管理通常有以下几方面。

1. 源管理

源管理就是从源头上控制，减少顾客的退货，主要包含以下内容：

（1）必须保证信息对称。这个过程又分为两个层面：

①商家必须保证消费者在购买商品之前就理解其退货政策，包括何种商品、何种方式、何时能实现退货，以从源头上降低退货量，维护商家信誉。

②必须为消费者提供完整、有效的商品信息。网上购物的最大弊端在于实物与图片存在偏离，因此在线商家除了提供真实可靠的图片，同时也要提供计量详细和准确的信息，以避免偏差过大造成的退货。

（2）要尽可能保证顾客权益。这些权益包括：允许顾客及时取消订单，这主要是针对由于顾客的购物冲动，导致购买后又不满意的情况；及时和准确的配送，主要是避免因为货物的配送不及时和配送错误，包括目的地错误、商品错误等导致的退货。

（3）要尽可能减少自己的损失。比如，要对顾客定制货物退货限制严格的条件，表 4－3－1 是某电子商务网站的退换货总则，此外退货后可以拆分出售等。

表 4－3－1　某电子商务公司的退换货总则

退换类别	具体描述	是否支持 7 天（含）内退换货	是否支持 15 天内换货	是否收取返回运费	备注
国家法律所规定的功能性故障或商品质量问题	经由生产厂家指定或特约售后服务中心检测确认，并出具检测报告或经公司售后确认属于商品质量问题	是	是	否	当地无检测条件的请联系公司客服处理
到货物流损、缺件或商品描述与网站不符等公司原因	物流损是指在运输过程中造成的损坏、漏液、破碎、性能故障，经售后人员核查情况属实；缺件是指商品原装配件缺失	是	是	否	公司审核期间可能需要快递物品照片等，以便售后人员、快递人员证明或要求您提供实物作出判断并及时处理
其他原因	除以上两种原因之外，如个人原因导致的退换货，未使用且不影响二次销售（商品原包装未拆封）	是	否	是（钻石及以上级别客户免运费）	由您承担商品返回公司的运费标准；钻石及以上级别客户不受限制，由公司承担所有运费
到货物流损、缺件或商品描述与网站不符等公司原因	物流损是指在运输过程中造成的损坏、漏液、破碎、性能故障，经售后人员核查情况属实；缺件是指商品原装配件缺失	是	是	否	公司审核期间可能需要快递物品照片等，以便售后人员、快递人员证明或要求您提供实物作出判断并及时处理

2. 流管理

流管理主要是针对退货的处理流程，目的在于缩短退货的处理周期，增加其再售机会，提高效率，这方面主要体现在退货处理的标准化和自动化层面。

管理学认为，标准化是提高效率的有效手段。对于退货处理，商家必须有详尽的可操作性标准。这个标准必须渗透到退货流程中的各个环节，可减少处理人员在面临复杂决策时的时间成本，同时也增加了处理人员退货处理的权利，培养了其能力。

所谓的自动化，是指尽量提高退货处理的自动化程度。比如传统退货管理中，商家在遇到退货时，要求顾客填写退货表单，这些都可以通过网上提交请求的方式解决。整个流程可以简化为：顾客要求退换商品（在线提交退换信息）——在线零售商得到信息，顾客得到退货标签——零售商做好退款或换货准备，顾客将包裹送达退货中心——顾客得到退款或更换的商品。退货管理中自动化程度的提高，可降低人力的参与程度。可参考某电子商务企业退货流程（图4-3-2）。

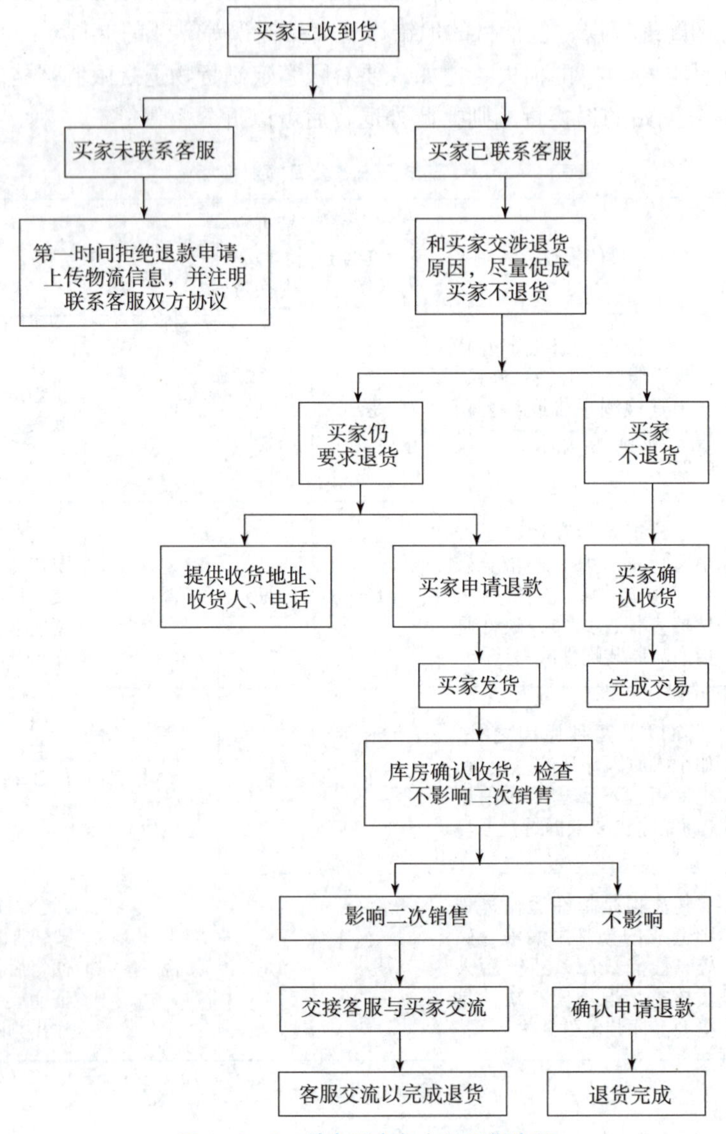

图4-3-2　某电子商务企业退货流程

3. 终端和后续管理

一次退货成功处理以后，并不意味着退货管理的结束，退货管理中应该渗透可持续发展的思想。退货管理的目的不是成功处理退货，而是避免同类退货的再次发生。因此，要有详细的退货管理记录，要对退货数据进行统计分析，这又包括横向比较和纵向比较两个方面。横向比较是与传统的销售渠道比较，纵向比较是针对历史记录进行分析比较，目的在于发现问题以有效地预测退货的高发期，合理安排退货处理人员和库存量。

退货管理是逆向物流的重要内容，也是今后各在线商家竞争的焦点，应予以高度的重视。在保证商品和服务质量的同时，商家要把退货管理视为一个系统的工程对待。我国企业的电子商务发展处于初始阶段，退货管理更是刚刚起步，目前最主要的是要改变观念，同时做好前期的投入，建立具有兼容性的数据库，选择好的数据交换工具，建立一体化的物流信息系统，为实现高效的逆向物流退货管理做充分的准备。

4. 退换货日常管理

大部分在线商家对退换货管理不重视，他们的着重点在于吸引顾客购买商品而不是退货，并且电子商务商家不知道退货处理的量有多大，也不知道如何去处理。一个在线商家往往销售来源于不同制造商的多种商品，而不同制造商的不同退换货政策也使得电子商务中的退换货的管理更加困难。

要降低退换货的成本，首先要有科学高效的退换货管理措施。科学高效的退换货管理目标是在维持既定的服务水平不变的前提下降低退货成本，提高退换货效率。电子商务退换货的日常管理工作可以从以下几个方面进行规定：

（1）降低退换货量。退换货的不确定性会影响商家对库存的管理和对财务的管理，这在一定程度上会干扰常规业务的顺利运转，另外对退换货的处理成本也比较高，因此电子商务企业要尽量减少顾客的退换货的数量和次数。减少顾客的退货主要是从源头上控制，可采取以下策略：

①在网站上明确退换货规定。这一点很重要，必须让消费者在决定购买之前明白商家的退换货规定，让消费者知道什么样的商品可以退换货，这样会减少消费者因为不了解退换货规定，购买时以为可以退换货，或者以为可以退款，却在购买后发现不能退换货、不能退款的情形，这样不仅可降低退换货量，更可以维护商家的信誉。

②明确商品信息。在网上提供尽量详细和准确的信息。电子商务企业应尽量避免顾客因为发现实际收到的货物与网上标称的商品不一致而退换货的情况。

③可及时取消订单。电子商务企业应减少因为顾客一时冲动而购买，却在按下购买键后后悔不已而导致的退货。例如，某电子商务网站规定未付款订单无需顾客处理，系统在30天后自动将其取消；已付款订单必须在发货前取消；通常情况下平寄邮件订单务必在订购的当天取消，快寄在1小时内取消。

④配送及时准确。退货中有很大的比例是因为货物的配送不及时，致使客户退货。尤其是有时效性的产品，如节日礼物、贺卡、圣诞树、杂志等。电子商务企业应避免诸如目的地错误、商品错误等这样的配送错误，这就需要加强内部正向物流管理，提高配送的速度和准确性。

亚马逊公司经营的商品种类很多，但由于对商品品种选择适当，价格合理，商品质量和配送服务等能满足顾客需要，所以保持了很低的退货比率。传统书店的退书率一般为25%，高的可达40%，而亚马逊公司的退书率只有0.25%，远远低于传统的零售书店。极低的退货比率不仅降低了企业的退货成本，也保持了较高的顾客服务水平并取得良好的商业信誉。

（2）提高退换货处理效率。逆向物流因为其商品不确定性和处理流程的多样性，处理效率比较低。电子商务物流中，退换货量、退换货种类的增加和特殊商品的时效性都对退换货处理的效率提出了挑战。提高退换货处理的效率可缩短退换货的处理周期，增加退换货的再销售机会。提高退换货处理的效率亦可提高客户的满意度。退换货处理效率的提高可以从以下两点着手：

①建立标准的退换货处理流程。首先，电子商务企业要有详细的操作性强的可退换货商品标准。由于消费者退换货原因具有多样性和不确定性，常使退换货处理人员很难自行决定对某些特殊情况下的退货处理，需要征求上一级的意见，这就降低了退换货的处理效率。其次，除了要制定详细的操作性强的退换货商品标准外，电子商务企业还要给退换货处理人员以足够的授权。另外，电子商务企业对退换货流程中的其他环节也要制定操作措施和标准。

②提高退换货自动化程度。电商企业应尽量提高退换货过程中的自动化程度，这样消费者就可以从网上提交退换货请求，根据商家的系统规则输入相应的退换货原因代码，系统根据一定的标准决定该商品是否可以退换货，若可以退换货则生成相应的退货商品授权号码，以及包含退换货信息的条码，这样消费者只需将相应的退货商品授权号码和条码打印贴在商品上，然后交给负责退换货运输的部门即可，可以是该商家的退换货点，也可以是跟该商家合作的物流公司。这样做就可以降低退换货处理过程中人力的参与程度，节省了人力，提高了效率。

（3）退货预测和退货数据分析。随着退货问题的日益突出和信息技术的发展，有很多B2C的电子商务商家已经开始关注使用统计分析技术来发现退货中存在的问题，从而采取合适的方法降低退货成本，使用预测技术来预测退货量，来合理安排库存和人力。退货数据分析按分析比较的数据对象可以分为两类：

①历史数据分析比较。历史数据分析比较是指通过对退货的历史数据的分析来发现问题。通过对历史数据的分析可以发现哪些商品的退货比例较大，哪部分消费者的退货较多。商家应该建立一套比较完整的退货原因代码，顾客在申请退货时需要提供此代码，这样比较容易发现退货中的主要原因。朱比特公司的一个调查中有这样一个案例：一家网上商店的某种商品的退货率达到30%，销售者通过对退货原因的分析发现大部分的退货是因为该商品的网上显示的包装跟实际的包装不符。于是该商家及时调整了网上显示的包装样式，该商品的退货率立刻下降了一半。

②与传统销售渠道比较。很多网上商店也都有自己的现实中的店铺，通过将网上销售的退货与现实店铺的退货比较可以发现在网上销售中存在的问题。

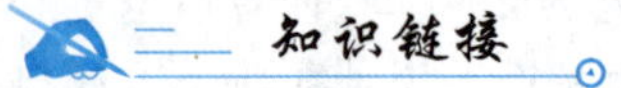

正向物流与逆向物流

三、电商物流退换货成本控制

（一）电商退换货物流

1999 年，罗杰斯（Dale S. Rogers）和提篷兰柯（Ronald Tibben Lembke）提出，逆向物流是这样的一个过程，它规划、实施并控制了从消费点到供应起始点的物料、在制品库存、成品和相关信息的高效与低成本的流动，从而实现重新获取价值并妥善处置物资的目的。

GB/T18354—2006《物流术语》中，把反向物流定义为：物品从供应链下游向上游的运动所引发的物流活动。反向物流也称逆向物流。

伴随着电子商务业务量的增大，人们对退货问题也将更加关注。朱比特媒体量测公司在 2001 年进行的一项研究表明：电子商务的退货量的增长速度将与电子商务业务量的增长速度大概持平，而退货量的增加将使退货成本也迅速增加，从而降低了电子商务的利润。退货的增加不仅因为电子商务业务量的增加和商家对顾客满意度的重视，还有消费者保护自己权益意识的提高、产品生命周期变短、可退货日期的变长等原因（图 4－3－3）。据有关材料显示，一般零售商的退货率是 5%～10%，而通过产品目录和网络销售的产品的退货比例则高达 35%。

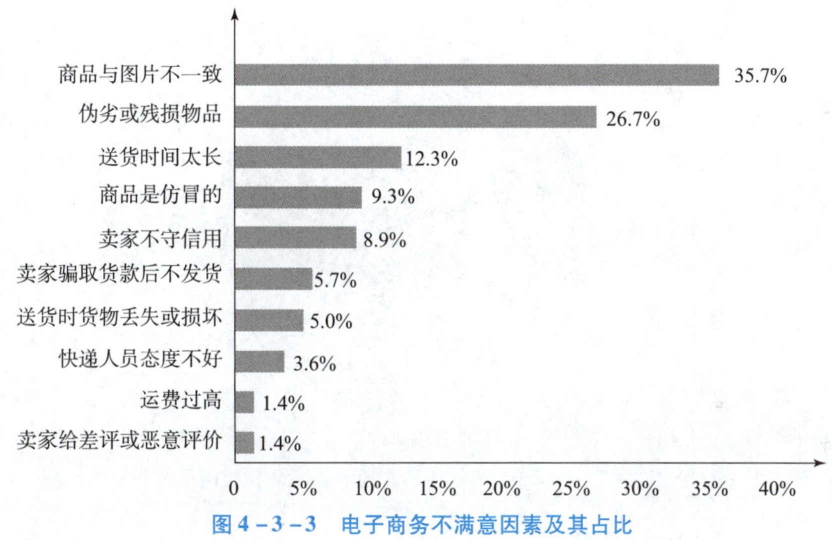

图 4－3－3　电子商务不满意因素及其占比

根据市场调查公司哈里斯互动（Harris Interactive）的调查显示，方便的退货规定十分有利于网上零售开展。90% 的消费者认为网站方便的退货程序对于他们作出购买决策决定起着重要作用；85% 的消费者表示在退货不方便的时候他们可能不会到网上购物；81% 的消费者表示当他们选择网上购物商店的时候，都会把退货方便与否纳入考虑因素中。

另外，网络购物退货对企业的财务产生影响：导致流动资金减少，增加短期负债，延长订货周期，因为销售损失而降低销售收入。

（二）电子商务退换货成本控制

退货问题关系到消费者对电子商务的信任，如果处理不好将会影响电子商务的发展。随着越来越多的企业进入电子商务领域，电子商务领域内部的竞争以及电子商务与传统商务的竞争也越来越激烈。正如美国物流管理协会的资深专家詹姆斯・司多克教授的描述：企业对退货如何处置，已经成为一项标新立异的竞争战略，并正成为提高效率的全新领域。因此，有必要对电子商务的退货成本控制策略进行研究。

四、客户投诉处理

（一）电子商务物流客户投诉现状

物流投诉指的是消费者对商家的物流服务中各方面的问题，向商家主管部门反映情况，检举问题，并要求得到解决办法和相应补偿的一种手段。

据统计，快件遗失案例中90%以上为网购快件，95%以上的快递投诉也来自网购快件。尽快建立网购电商企业与快递企业的联动机制已成当务之急。

中国快递物流咨询网首席顾问徐勇表示：电子商务平台对快递的依存度达到100%，快递对电子商务企业的依存度为50%～70%；网购快件占到全国快件总量的58%左右，网购快件收入占到快件全部收入的40%左右；85%的网购快件由特许加盟模式的民营快递企业承运。

《2011年中国电子商务市场监测报告》显示，网络购物投诉中，货到迟缓占18%、售后服务占9%、退换货占8%、物流快递占6%，这些都是与物流有关的投诉（图4-3-4）。

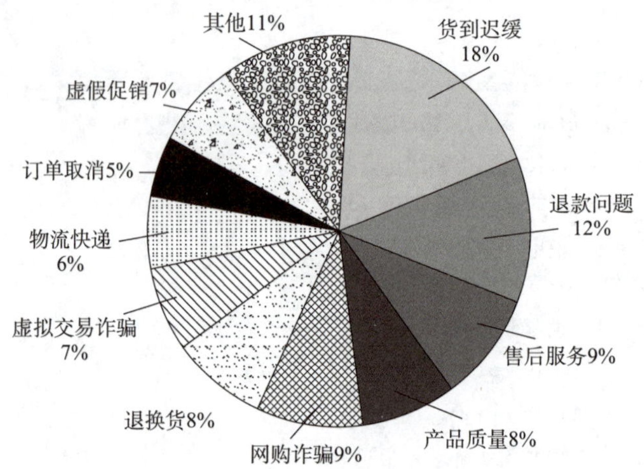

图4-3-4　2011年网络购物投诉热点分布比例图

电商物流投诉如此之高，有两方面原因：

（1）近年来电子商务井喷式发展，传统物流业追不上电子商务的步伐，需要从提高物流行业管理水平、提升品牌意识和改变企业结构上入手。

（2）目前快递公司与电子商务企业在服务链的环节上没有依照《合同法》明确双方权利与义务。比如：包装材料的使用；增值服务的内容（是否开箱验视，以及验视的流程、时间、退换货办理）；增值服务的收费标准；快递服务时限的标准；递送的频次和收费标准（如果未遇收件人，快递需二次、三次上门）；快件破损、遗失、延误的赔偿或补偿标准等，需要尽快建立网购电子商务企业与快递公司的联动机制。

（二）客户投诉处理方法

1. 正确认识客户投诉

据调查数字显示，只有5%的不满意顾客会进行投诉，也就是说这5%只是冰山一角，而对于剩下95%不满意的顾客，他们一般会减少购买或者不再购买这个品牌的产品，从而转向购买其他品牌的产品，当然伴随着这种不满意，顾客还会向周围的亲朋好友，甚至会在网上传播自己的不满：每1位满意的顾客一般会将其满意的原因告诉至少3个人，相反，1个非常不满意的顾客会把他的不满意告诉11个人以上；100个满意的顾客会带来25个新顾客；每收到1次顾客投诉，就意味着还有19名有同感的顾客，只不过他们懒得说罢了，且不会再光顾了。

所以，客户投诉，对企业来讲，永远在所难免。客户投诉对企业来讲，是坏事，更是好事；是灾难，更是机会。客户投诉会促使企业的服务更好更快，良好的售后解决甚至会促成顾客成为企业的长期忠诚客户。但企业对客户投诉处理不好，顾客很生气、后果很严重的场景并不少见。

从某种角度来看，客户的投诉实际上是企业改进工作、提高客户满意度的机会。建立客户的忠诚是现代企业维持客户关系的重要手段，对于客户的不满与抱怨，应采取积极的态度来处理消费者的抱怨，对于服务、产品或者沟通等原因所带来的失误进行及时补救，能够帮助企业重新建立信誉，提高客户满意度，维持客户的忠诚度。

（1）提高企业美誉度。客户抱怨发生后，尤其是公开的抱怨行为，企业的知名度会大大提高，企业的社会影响的广度、深度也不同程度地扩展。但不同的处理方式，会直接影响企业的形象和美誉度的发展趋势。在积极的引导下，企业美誉度往往会经过一段时间下降后而能迅速提高，有的甚至直线上升；而消极的态度，或听之任之，予以隐瞒，与公众不合作，企业的形象和美誉度会随知名度的扩大而迅速下降。

（2）维持客户忠诚度。有研究发现，提出抱怨的客户，若问题获得圆满解决，其忠诚度会比从来没遇到问题的客户要来得高。因此，客户的抱怨并不可怕，可怕的是不能有效地化解抱怨，最终导致客户的离去。反而，若没有客户的抱怨，倒是有些不对劲。哈佛大学的李维特教授曾说过这样一段话：与客户之间的关系走下坡路的一个信号就是客户不抱怨了。

另有研究表明，一个客户的抱怨代表着另有25个没说出口的客户的心声，对于许多客户来讲，他们认为与其抱怨，不如取消或减少与经营者的交易量。这一数字更加显示出了正确、妥善化解客户抱怨的重要意义，只有尽量化解客户的抱怨，才能维持乃至增加客户的忠诚度，保持和提高客户的满意度。

（3）客户抱怨是企业的治病良药。企业成功需要客户的抱怨。客户抱怨表面上让企业员工不好受，实际上给企业的经营敲响警钟，说明在工作中依然存在隐患，解除隐患便能赢得更多的客户。同时保留着忠诚的客户，他们有着不打不成交经历，他们不仅是客户，还是企业的亲密朋友，善意的监视、批评、表扬，表现出他们特别关心企业的变化。如此来看，客户因不满而抱怨不是极好的事吗？对企业应是求之不得的好事。

如果企业换一个角度来思考，实实在在地把客户抱怨当作一份礼物，那么企业就能充分利用客户的抱怨所传达的信息，把企业的事业做好、做实、做大。对企业来讲，客户的不满容易遇到，但作为来自客户及市场方面的资讯源，客户的不满并没有得到充分利用。其实客户的不满是企业改善服务的基础。企业成功必须真诚地欢迎那些提出不满意见的客户，并使客户乐意将宝贵的意见和建议送上门来。

2. 客户投诉处理的具体方法

（1）了解基本的物流知识。处理客户物流投诉，首先要了解电子商务物流的基本知识，例如：

①了解不同物流方式的运作方式：邮寄分为平邮（国内普通包裹）、快邮（国内快递包裹）、EMS，最好还应了解国际邮包（包括空运、水陆路）；快递分为航空快递包裹和汽运快递包裹；货运分为汽运和铁路运输等。

②了解不同物流方式的价格：如何计价，价格的还价余地等。

③了解不同物流方式的速度。

④了解不同物流方式的联系方式，在手边准备一份各个物流公司的电话，同时了解如何查询各个物流方式的网点情况。

⑤了解不同物流方式的包裹撤回、地址更改、状态查询、保价、问题件退回、代收货款、索赔的处理等。

（2）电子商务物流客户投诉处理技巧。对于电子商务企业的消费者而言，遇到物流问题，第一反应是投诉到电子商务企业的工作人员处，要求电子商务企业工作人员进行处理。此时，电子商务企业工作人员需先妥善处理好客户的物流投诉，具体需由物流公司承担何种责任是后续工作。

电子商务企业的优势之一，就是价格可做到更低，但低价并不意味着消费者就要忍受低质量的售后服务。据了解，由于电子商务几乎全部是“不见面销售”“非现场购物”，因此售后服务问题层出不穷。就算商家有诚意解决售后问题，但过程容易反复折腾，让很多消费者叫苦不迭。从“3. 15”消费者维权网统计的投诉情况表明，合同违约、拖延送货以及拒绝退换修等售后服务问题是目前客户投诉电子商务最大的问题。

中国电子商务研究中心分析师莫岱青表示，以上诸多现象的出现，一方面，暴露出网站在基础建设方面的不足。比如，订单无故消失或很长一段时间内无法看到自己的订单，反映了网站订单系统的问题；另一方面，客服的整体素质也亟待提升，在多起案例中可明显地看到，很多网站的客服有敷衍顾客的嫌疑，总是采用一些拖延战术来应付消费者，如“请耐心等待”“会妥善处理这件事情”“在几个工作日内给予回答”等。作为客服人员，应该认真、热情地对待每一位消费者，为他们提供妥善的处理方法。

妥善处理好客户的物流投诉，以下为客户投诉处理的技巧：

（1）让客户发泄。通常客户会带着怒气投诉或抱怨，这是十分正常的现象，此时工作人员首先应当态度谦让地接受客户的投诉和抱怨，引导客户讲出原因，然后针对问题解决。这种方法适用于所有抱怨和投诉处理，是采用最多的一种方法。采用这种方法应把握 3 个要点：一听，认真倾听客户的投诉或抱怨，搞清楚客户不满的要点所在；二表态，表明对此事的态度，使客户感到你有诚意对待他们的投诉或抱怨；三承诺，能够马上解决的当时解决，不能马上解决的给一个明确的承诺，直到客户感到满意为止。

（2）委婉否认法。使用委婉否认法避免陷入负面评价，就是当客户提出自己的投诉后，工作人员先肯定对方的异议，然后再陈述自己的观点。这种方法特别适用于澄清客户的错误想法、鼓励客户进一步提出自己的想法等方面，常常起到出人意料的显著效果。使用委婉否认法应注意以下几个方面：对于主观自负且自以为是的客户，“是的，但是”的表达句型暗示着极强烈的否认法，因此，应用时可将其改为较委婉的“是……而……”句型，还可以使用“除非……”句型，尽量避免出现“但是”。

（3）转化法。这种方法适用于误解所导致的投诉或抱怨，因此处理这种抱怨时应当首先让客户明白问题所在，当客户明白是因为误解导致争议时，问题也就解决了。应用此法应注意以下几点：

①工作人员经验丰富。采用转化法的工作人员，必须经验丰富，精通促销和服务技巧，因为只有这样的工作人员，才能察言观色，当机立断，适时巧妙地将客户误解转化。

②转化方式轻松自然。这种方法运用恰当，客户会理解，若转化不当，则会弄巧成拙，使客户更生气，更会增加阻力。因此，工作人员在运用此法时应心平气和，即使客户异议明显缺乏事实根据，也不能当面驳斥，而应旁敲侧击去疏导、启发和暗示。

（4）主动解决问题，承认错误。如果确实服务不能令客户满意，就应当承认错误，并争取客户谅解，而不能推卸责任，或者寻找借口，因为理在客户，任何推诿都会使矛盾激化。承认错误是第一步，接着应当在明确承诺的基础上迅速解决问题，不能拖延时间，在事发的第一时间解决问题成本会最低，客户会最认可，一旦时间长了就会另生事端。

（5）降低客户期望值。比如，在遇到物流问题会引起客户不满时，可以先向客户讲明原因，并说明“如果因此给您造成不便，我们先向您表示道歉!”，从而主动降低客户的满意期望值，这样便会有助于降低客户的不满和减少投诉，最大限度地维护企业和自己的信誉。

一、实训目标

通过本次实训任务，学生将了解如何在处理电商的退货问题中，根据实际情况灵活地制定解决方案，并及时跟进方案的执行，让学生认识到良好的沟通技巧、专业的知识和灵活的应变能力对于解决售后问题的重要性。

二、实训步骤

（一）买家反馈问题

小王接到来自客户 C 的售后申请，具体情况为：

客户 C 购买了黄、蓝、白三种颜色的商品 A 各 1 000 件，签收后，客户发现蓝色规格的商品 A 少了 500 件，而白色规格的商品 A 多了 500 件。

（二）核实货品问题

在收到客户 C 的反馈后，小王第一时间对客户的问题进行回应，进行安抚，请求客户提供凭证。

与此同时，小王立即对该订单进行了仔细核查。通过在系统中输入这笔订单号，找到这笔订单货物的批次，物流部门的同事通过盘点库存和调取监控，发现确实是在装货时出现了失误，导致这次问题的出现。

（三）了解买家诉求，告知处理时间

真诚地表示歉意后，小王了解到客户 C 的诉求是“退回 500 件白色的商品 A，补发 500 件蓝色的商品 A，运费均由 A 企业负责”。

通过调取商品的库存信息，小王发现目前蓝色的商品 A 库存不足 500 件，下一批到货需要在 8 天后。小王及时向客户 C 说明情况，询问其是否能接受这个时间点。

客户 C 表示因作业需求，无法接受这么长的等货期。

（四）给出具体方案

小王立马根据企业制定的退货标准（“错发商品退回，需补发商品缺货时，可直接走退货流程，并依据具体情况提供合适的赔偿”），结合客户 C 的需求给出下一个方案：“错发的 500 件白色商品 A 退回，运费由企业 A 负责。漏发的 500 件蓝色商品 A 可直接在平台上申请退款，同时 A 企业给予客户 C 一定的补偿金，希望获得客户 C 能满意这次问题的处理，不在平台进行投诉。”

客户 C 同意了这一方案，随后双方确认该方案的细节问题（表 4－3－2），方便后期执行。

表 4－3－2　退货方案具体事宜

<table>
<tr><td rowspan="3">退货信息</td><td>退货地址</td><td></td><td>货物情况</td><td></td></tr>
<tr><td>收货人</td><td></td><td>退货物流</td><td></td></tr>
<tr><td>收货人电话</td><td></td><td>运费承担方</td><td></td></tr>
<tr><td>原订单号</td><td colspan="2"></td><td>退货原因</td><td></td></tr>
<tr><td>商品具体情况</td><td colspan="4"></td></tr>
<tr><td>退款方式</td><td colspan="4"></td></tr>
<tr><td>赔款方式</td><td colspan="4"></td></tr>
</table>

（五）跟进方案执行

约定退货时间到后，小王主动询问买家退货运单号，方便自己跟进。在确认买家已经按照约定时间将货物退回后，且验货完成后，小王在电商平台同步更新订单状况，保证退款及时发给客户。

客户 C 后续未对 A 企业在平台的店铺进行投诉。

三、实训考核

老师根据模拟过程为学生评分，包括：

（1）流程是否清晰。

（2）知识掌握程度。

（3）小组间组员配合是否流畅，任务分配是否合理。

实训考核主要是评价学生实训过程表述是否清楚、逻辑性如何、成员协作配合情况等。评价的标准见表 4－3－3。

表 4－3－3　实训评价表

<table>
<tr><td rowspan="2">考核要素</td><td rowspan="2">评价标准</td><td rowspan="2">分值/分</td><td colspan="3">评分/分</td></tr>
<tr><td>自评（20%）</td><td>小组（30%）</td><td>教师（50%）</td></tr>
<tr><td rowspan="3">处理电商的退货问题</td><td>知识掌握</td><td>40</td><td></td><td></td><td></td></tr>
<tr><td>逻辑性</td><td>40</td><td></td><td></td><td></td></tr>
<tr><td>成员配合情况</td><td>20</td><td></td><td></td><td></td></tr>
</table>

续表

<table>
<tr><td rowspan="2">考核要素</td><td rowspan="2">评价标准</td><td rowspan="2">分值/分</td><td colspan="3">评分/分</td></tr>
<tr><td>自评
(20%)</td><td>小组
(30%)</td><td>教师
(50%)</td></tr>
<tr><td colspan="3">评价人签名</td><td></td><td></td><td></td></tr>
<tr><td colspan="3">合计</td><td colspan="3"></td></tr>
<tr><td colspan="6">教师评语：

年　月　日</td></tr>
</table>

综合实训

一、知识巩固与技能提高

项目四　在线试题

二、项目实训任务单

在掌握电商供应链订单处理与配送的相关知识基础上，按照表 4－3－4 所示的电商供应链订单处理与配送任务单的要求，完成任务。

表 4－3－4　电商供应链订单处理与配送任务单

项目名称	电商供应链订单处理与配送	项目编号	4－3－4
项目说明	一、任务要求 在掌握电商供应链订单处理与配送的相关知识基础上，能够参与电商企业的订单处理、配送管理以及退换货管理，满足客户的需求并使企业保持竞争优势。 二、项目实施所需的知识 重点：订单处理过程、订单处理形式、配送模式的选择、退换货流程；客户投诉处理 难点：配送路线的选择 三、小组成员分工 按照收集资讯、计划、决策、实施、检查、评价的过程，完成每一个任务步骤		
项目资源	任务实训、阿里巴巴平台、Excel		

续表

项目名称	电商供应链订单处理与配送	项目编号	4－3－4
项目实施	一、订单处理		
	二、配送管理		
	三、退换货管理		

三、项目考核

知识巩固与技能提高（40分）	得分：
计分标准： 得分＝1×单选题正确个数＋2×多选题正确个数＋1×判断题正确个数	
学生自评（20分）	得分：
计分标准：初始分＝2×A的个数＋1×B的个数＋0×C的个数 得分＝（初始分/26）×20	

续表

<table>
<tr><td>专业能力</td><td colspan="3">评价指标</td><td colspan="2">自测结果
（A 掌握；B 基本掌握；C 未掌握）</td></tr>
<tr><td>订单处理</td><td colspan="3">1. 能够对询单信息进行处理与判断，包括购买需求、买家背调、履约能力判断等
2. 熟悉掌握订单输入、确认客户订单、订单交付、订单信息跟踪、订单处理反馈等订单处理流程</td><td colspan="2">A□　B□　C□
A□　B□　C□
A□　B□　C□</td></tr>
<tr><td>配送管理</td><td colspan="3">1. 根据路程最短、成本最低的原则，制定合适的配送路线
2. 能够通过配送距离和配送货运量等信息进行数据建模
3. 运用节约里程法解决一对多配送路线优化问题的能力</td><td colspan="2">A□　B□　C□
A□　B□　C□</td></tr>
<tr><td>退换货管理</td><td colspan="3">1. 能够根据电商退换货流程以及实际情况灵活制定退换货解决方案
2. 拥有良好的沟通技巧，确保售后问题妥善解决
3. 重视退换货之后的反馈跟进，避免客户投诉</td><td colspan="2">A□　B□　C□
A□　B□　C□</td></tr>
<tr><td colspan="5">小组评价（20 分）</td><td>得分：</td></tr>
<tr><td colspan="6">计分标准：得分 = 10 × A 的个数 + 5 × B 的个数 + 3 × C 的个数</td></tr>
<tr><td>团队合作</td><td>A□　B□　C□</td><td colspan="3">沟通能力</td><td>A□　B□　C□</td></tr>
<tr><td colspan="5">教师评价（20 分）</td><td>得分：</td></tr>
<tr><td>教师评语</td><td colspan="5"></td></tr>
<tr><td>总成绩</td><td colspan="2"></td><td>教师签字</td><td colspan="2"></td></tr>
</table>

项目五　电商供应链金融模式

项目背景

随着互联网技术的快速发展，电子商务行业已成为全球商业的一个巨大引擎。然而，这个行业的高速增长也伴随着一系列的金融挑战。特别是对于像 A 企业这样的中小型电商企业，资金管理和供应链金融一直是关键问题。传统的金融模式难以满足 A 企业多元化的需求，因此，我们迫切需要创新性的供应链金融解决方案。

项目目标

知识目标

- 了解电商平台供应链金融的定义和特点。
- 熟悉电商平台供应链金融运作的两种主要模式。
- 掌握销售、采购、整合型电子商务供应链金融的不同类型，以及它们的应用领域。
- 了解第三方支付的基本流程。
- 了解第三方支付与传统支付方式的区别与联系。
- 熟悉金融互联网化的大时代下，支付手段和结算手段的创新与发展。
- 掌握第三方支付的基本概念及运营形式。

能力目标

- 识别电子商务领域供应链金融的不同类型，包括销售、采购、整合型电子商务供应链金融，以便为特定业务场景做出明智的选择。
- 比较和对比电商平台供应链金融的两种主要模式，即平台型和自营型，以便选择适合特定需求的模式。
- 通过对第三方支付的理解，学员将能够评估其在不同金融和商业场景中的适用性。
- 通过掌握运营模式和操作方式，学员将能够设计和实施基于第三方支付的供应链金融模式，以提高效率和降低成本。

素养目标

- 培养学生对金融创新和数字化经济的理解。
- 培养学生对电子商务与金融领域的交叉关系的敏感性。
- 培养学生强化对合作与共赢的观念。
- 培养学员对新兴金融技术的兴趣和热情，鼓励他们积极参与金融创新和数字化转型。

- 培养学员对中国金融市场和政策的认识，使其能够更好地理解和遵守相关法规。
- 强调学员的社会责任感，鼓励他们将金融技术用于社会可持续发展和共赢合作。

项目导航

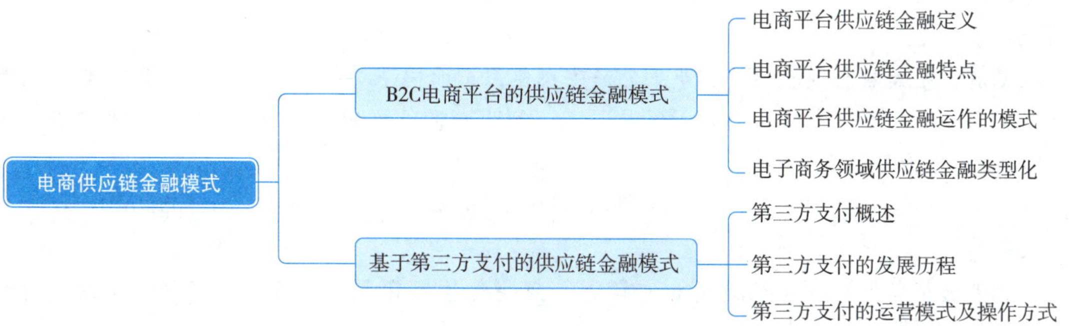

任务1　B2C电商平台的供应链金融模式

任务导入

小王收到来自上级领导的任务，要求他搜集1688平台提供的B2C供应链金融服务的相关信息并结合企业自身情况进行研究，思考A企业如果想吸引更多的客户，提高交易转化率，是否需要开通相关服务。

学习标杆

欢太数科“欧享贷”数字化解决方案

欢太数科基于大数据本身，从产业场景分析小微企业，结合产业特点帮助金融机构提升小微企业数字化风控能力。

欢太数科充分理解手机+IoT产业场景特点，经销商的经营模式、现金流特点、淡旺季差异与其他行业差异颇大，除了大家熟知的征信数据以外，欢太数科还结合产业链进、销、存等核心经营数据，通过大数据+产业链数据+云计算评估不同小微企业的经营规模、经营趋势与经营质量，匹配小微企业不同阶段的融资诉求，对小微企业的还款能力有更充足了解，与此同时能大大降低欺诈风险。

在欢太数科的技术支持下，欢太数科与OPPO合作，为下游经销商打造了欧享贷数字化产业金融解决方案。经销商只需要线上提交申请，系统审批成功后，当天即可批准备货额度。此后，经销商可以在OPPO的订单系统中随时支取额度进行备货，按天计息，随借随还，灵活备货。此后，客户进货、还款、提额等操作仍在线上系统完成，信贷系统可以依据持续的行为数据，更好地进行信贷生命周期管理，并继续积累信用行为数据，帮助小微企业在金融机构处获得更高的信用额度。

由于欧享贷额度必须专款专用，很好地做到了风险可控、精准定价与用户全生命周期管理，成功解决了产业链上企业长期面临的缺乏信用背书、没有抵押资产、无法融资的困境。

目前，欢太数科围绕OPPO产业金融生态体系、面向下游经销商推出的“欧享贷”已覆盖全国300多座城市，服务数万家客户，成为行业内服务数量最广的的数字化产业金融解决方案。

（资料来源：https://new.qq.com/rain/a/20210506A0DHFE00）

思考

欢太数科的供应链金融模式如何解决企业缺乏信用背书、没有抵押资产、无法融资的困境？

一、电商平台供应链金融定义

电商平台供应链金融是一种特定形式的供应链金融，它涉及电子商务平台的参与，旨在通过电子商务的生态系统，为供应链上的各种参与者提供融资和金融服务。这种金融模式强调了电商平台在供应链金融过程中的关键作用，通过数字技术和在线交易数据，使各方更容易获取资金、降低融资成本、改善流动性，以支持供应链中的商品生产、流通和销售。

二、电商平台供应链金融特点

电子商务平台与金融的供应链具有独特且显著性特点，即一对多融资量的关系和参与者的多样性，形成了与传统融资形式的显著差异，逐渐改变了银企关系，不再注重一对一关系，这是传统融资中企业与银行关系的模式。银行应按照初审和融资的办法，逐一对其他单独的企业进行审核和融资，将中小企业淘汰。供应链金融以一对多的关系为主，银行可以将多个企业作为服务主体，在供应链上的企业和银行之间的关系发生了改变，一对一的关系变化，利用供应链上核心企业的信誉优势，中小企业也可以获取借款，向银行申请一定的授信额度，获取贷款，在真实的交易下，实现企业的融资。供应链金融的参与主体有着多样化特性，和传统融资过程中的参与主体不同，供应链金融参与主体涵盖了传统的参与主体、核心企业主体及第三方物流。企业主体不同，主体之间相互协作，使中小企业融资难的困境得到了有效改善，供应链之间的黏性大大增强，供应链的运作效率不断提高。

三、电商平台供应链金融运作的模式

（一）平台型电商供应链金融

在电子商务平台供应链金融的运作模式中，平台电子商务供应链金融是常见模式，第三方电子商务平台为企业提供服务，开展金融活动，大型平台上的中小企业是融资金额的主要目标。目前，大平台电商供应链金融的应用仍在继续，覆盖的企业以大型网站为主，例如阿里巴巴网站、国网电商、小米科技、中建电商等，根据资金来源的不同，平台电商供应链金融可分为两种不同类型，以自有资金的在线供应链金融和外来资金的在线供应链金融为主。自有资金的平台型电商供应链金融推广专项贷款产品，基于外资的平台电商供应是银行和第三方平台服务企业，通过相互合作和联合合作开展活动，电商企业没有真正参与其他具体的商业活动，也没有提供某些与大平台相关的信息。银行是提供融资额度和服务的主体，以第三方平台上的中小企业为融资对象，根据供应商银行贷款的两种模式和电子订单数量，在线电商企业充当中介公司，向银行提供更多平台数据和相关信息。在整个电商平台的供应链中，中小企业作为下游企业，订单数量由其他核心企业向中小供应商订购，供应商通过银行贷款向银行提交申请，以其他电商企业确定的电子订单数量和当前合同为主要依据，可以获得部分银行贷款，银行发放贷款后，在会计期间规定的时间还款。

在分销商贷款采购的电子订单模式下，中小企业需要在整个电商平台的供应链中，先向银行支付押金，因为在供应链中，中小企业成为下游企业，银行向买方企业开具承兑汇票，买方企业与第三方物流企业合作，交付货款，中小企业按照银行审核的指令，采取分批还款的形式，第三方等物流企业将分批退货，直至资金和货物的最后部分结清。电子仓单模式下，中小企业是借款企业，在电商平台中，中小企业需要向银行质押电子仓单，由电商企业作为中介，形成保障作用，使中小企业获取一定的贷款，物流企业或电子商务企业在具体业务活动的实施中，协助中小企业进行电子仓单的审核和传递。

（二）自营型电商供应链金融

在自营电商供应链金融的运营模式中，直接参与供应链活动的电商企业作为开展活动的主体，以自营渠道上下游中小企业为融资对象。目前，自营电商供应链金融的企业以苏宁云商、国网电商、小米科技、中建电商等大型企业为主，由于资金来源不同，也可以分为两种不同形式，自有资金的在线供应链金融和外来资金的在线供应链金融。基于自有资金的在线电子商务在运作中建立风险评估模型，以平台中的大数据信息为依据。例如，京东京保贝，在平台的大数据应用中，建立模型进行风险的评估，制定个体化的融资方案，为上游中小供应商量身定制，最大限度地对风险问题进行防范和治理。基于外来资金的自营型电商供应链金融服务是由商业银行和供应链活动的电商企业共同合作实现运作，融资对象具有一定的局限性，以自营渠道上下游的中小企业为主要融资对象。作为供应链的核心角色，电子商务企业与银行共享平台相关信息是重要的构成部分。

例如，在应收账款电子订单融资模式下，电商企业向下游供应商提交采购合同，供应商需要向自营在线电商发货，电子商务企业检查当前合同，并确保在检查当前合同的其他内容后，将银行贷款指示发送给大型银行，收到其他电商企业的指令后，由大型银行按照资质要求进行核查，在详细分析供应商的资质要求后，通过银行贷款发布信息，供应商应向银行支付手续费，电商企业到期时，需要向供应商的银行融资专户进行金额支付，按照应收账款的金额数字及时进行付款，银行将贷款数额扣除之后结算尾款。值得注意的是，自营型电商和银行合作的过程中，实施供应链金融服务由电商企业作为担保主体为中小企业担保，电商企业是供应链上的关键部分，将平台的信用利用起来，协助银行管控风险，其本质是以应收账款为基础的融资。例如，银行直接对中小企业进行授信，通过向电商企业授信，再向中小企业授信。

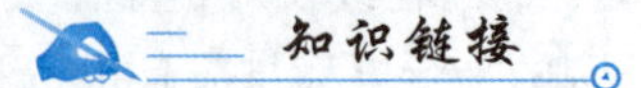

平台型供应链金融

四、电商领域供应链金融类型化

不同类别的企业或不同类别的供应链活动会采取不同的电子商务方式和相应的创新方式，最具代表性的则是将所用供应链中电子商务的应用分为三种类别：销售电子商务、采购电子商务、整合电子商务。

销售电子商务前端的信息平台直接将企业与客户相连，通过信息沟通系统使客户可以及时准确地了解产品的信息并完成交易。并且，销售电子商务还涵盖了上游的供应商，可以在很短的时间内将产品需求通知供应商，节省了大量的时间。借助于这种无缝连接，避免了沟通错误所产生的时间成本和库存压力。

企业资源管理系统是对企业内部资源进行协调和规划，但是采购需要与大量供应商进行沟通和协调，因此，围绕采购而进行的电子商务活动被称为采购电子商务。通过互联网平台，供需双方可以在线完成复杂的交易活动，从信息获取到付款结算形成一个有效的系统，降低双方的成本和风险，优化整个采购过程。

整合电子商务是销售电子商务与采购电子商务的综合，它通过互联网将供应链前端与后端整合在一起，在降低交易成本、提高交易效率的同时，实现整个供应链的良性发展。所有供应链的参与主体，包括供应商、生产商、经销商、消费者等都被纳入其中，而且从采购到销售、从库存到物流各个方面都处于整合电子商务的覆盖之下。

供应链金融服务作为供应链发展的重要方面，也随着供应链中电子商务应用的不同类别分为相应的三种模式：销售电子商务供应链金融、采购电子商务供应链金融、整合电子商务供应链金融。这三供应链金融产生的基础和运营主要有以下几种区别。

销售电子商务侧重于产成品企业与供应商之间的有效沟通和协调，以此保证产品的质量并有效地降低库存，满足客户多样化、个性化的需求，在最短的时间内为客户提供优质的产品和服务。采购电子商务强调通过电子商务平台对原材料或服务进行有效管理，实现高效率采购，节省物流时间和耗费。整合电子商务兼有以上两者的特点，既需要及时应对客户的诉求，又需要负责物流和采购的管理。

另外，销售电子商务强调以客户为中心，通过大数据和信息管理为客户更好地提供供应链服务，开发出更加符合客户期望的产品。采购电子商务则通过大数据来更好地沟通供应链的上下游企业，使采购得以高效准确地进行。整合电子商务既需要把握客户的需求又需要掌握整个供应链上所有参与者的行为，最终达到使整个供应链无缝连接的目的。

与此相对应，销售电子商务中的供应链金融产生于成品供应与分销中的资金需求，这里的风险根源在于销售者对客户需求的掌握程度，也就是销售情况。采购电子商务中的供应链金融产生于供应链上下游企业在采购过程中的资金需求，其风险主要取决于供应链的复杂性和企业之间的配合协调程度。而整合电子商务中的供应链金融则需要综合考虑各方面的需求和风险，既需要掌握外部客户的需求，也需要把握内部供应链的运行。

（一）销售电子商务供应链金融

销售电子商务供应链金融指的是为围绕客户或消费者而开展的基于电子商务平台的供应链运营活动提供融资。其产生的基础有：为了有效地掌握销售渠道，为客户提供优质的产品和服务；以电子商务供应链打造特色服务，形成独特的经营模式和产品；电子商务平台对自身商品和服务进行不断优化，提升竞争力和吸引力；保证供应链上的所有参与者的交易安全，避免因管理不当给参与方造成损失，影响平台的信誉。

销售电子商务供应链金融创新将所有的交易和物流信息与平台强大的数据分析与流程管理能力进行结合，针对供应链流程的参与者，金融机构基于交易前、中、后发生的订单、库存、应收账款提供金融服务。首先，无论是客户管理还是订单管理，平台都为参与者提供了一个良好的基础；其次，平台对买卖双方实行良好的管理，维系双方的关系；再次，大规模高效率能更好地满足融资需求；最后，通过大数据和信息管理把控风险，掌握供应链的全过程。

京东集团旗下包括京东商城集团和京东金融集团。京东商城是 B2C 电子商务平台，有着优质的上游供应商以及下游消费者，拥有很多潜在的金融业务客户。作为交易平台，京东直接参与了上下游的交易，积累了大量数据，有着优质的大数据资源，开展供应链金融有着天然的优势。京东供应链金融是运用大数据开展供应链金融的典型，业务主要包括两个方面：银行放贷，即将有融资需求的供应商推荐给合作银行；自有资金放贷，即使用京东自有资金为供应商提供贷款。从银行放贷到自有资金放贷，这是京东供应链金融不断发展的结果。在发展过程中，京东推出了一系列的金融产品，其中最有代表性的金融产品有“京保贝”“京东白条”“京小贷”以及“云仓京融”。

1. 电子商务供应链金融起步：银行放贷

2012 年 11 月，京东开始涉足供应链金融服务，通过与银行合作，为京东的合作供应商提供融资支持，解决供应商的资金难题，其主要融资方式有订单融资、入库单融资、应收账款融资、委托贷款融资等。在这种融资模式下，京东商城负责完成供应商与银行之间的授信工作，银行负责发放授信资金。

2. 针对自营平台卖家：“京保贝”

2013 年 12 月，京东基于其在零售平台上的供应链优势，首次推出针对其自营供应链的金融产品——“京保贝”。与之前的运作模式不同，“京保贝”不再是京东负责授信，银行负责发放资金，而是将授信企业与贷款方合二为一，由京东使用自有资金来提供全部的融资资金，但服务对象仅针对自营平台的卖家。“京保贝”是在原有的供应链金融服务基础上，借助大数据进行的升级，从供应商提出申请到贷款资金到账，整个审批过程，均可以直接在线上系统中自动进行，不再需要传统的人工判断、审核。

另外，京东可依据以往的交易记录等大数据进行授信，供应商无需提供担保和抵押，只需在第一次申请融资服务时，与京东签订协议，并按照要求提供融资申请书等相关材料，再次申请时，相关材料可以直接从系统中调取，方便快捷。供应商在客户端进行申请，需求信息会从京东的零售业务系统自动传递到保理业务系统。保理业务系统可以通过 ERP 系统了解供应商以往的交易数据及信用状况，在此基础上为融资额度的核定提供参考。当融资申请金额在一定范围内时，根据相应的风险控制模型，线上系统会自动判断是否同意融资申请以及融资金额，京东的网银系统会完成资金的发放工作。

3. 针对开放平台商家："京小贷"

"京小贷"是京东金融于 2014 年 10 月推出的一项金融创新服务，服务对象是开放平台商家，通过对京东平台拥有的大量高质量、真实可信的商户信息进行分析，为开放平台商家提供融资服务，满足商家的融资需求。此项服务弥补了"京保贝"覆盖范围的不足，不仅处理了小微企业面临的融资难题，而且增强了京东金融生态圈的竞争力。

"京小贷"立足于信用基础，申请的商家无需进行抵押，自主选择贷款，随借随还。在京东金融平台上，商家使用自己的账号进行登录，可以在线查看贷款资格。自主申请及自动审批均在线上进行，方便快捷，申请成功后，融资资金会立即到账，无缝衔接商家在京东的支付和结算等环节，融资期限最长有 12 个月。"京小贷"可以为不同的商家提供个性化的融资服务，商家可以自主选择融资条件，并且不同的融资条件对应不同的利率。稳定诚信的经营活动、良好的借贷信用记录等，都可以为商家争取更好的融资条件。

4. 针对动产融资："云仓京融"

2015 年 9 月，京东联手中国邮政推出"云仓京融"项目，这是互联网领域首个针对电子商务企业的动产融资供应链金融项目。京东电子商务平台储存了大量的商品 SKU（库存量单位），其中包括商品的现时价格、历史价格、价格的波动情况以及其他电子商务平台的商品售价信息等。依据大数据和云计算技术对海量数据进行分析、处理，"云仓京融"能够预测在质押期间质押物的价格变化趋势，从而自动评估商品的价值和质押率，解决了在传统动产融资中常见的质押物价值难以确定的难题，给有融资需求的用户提供更为方便快捷的服务。

一方面，传统的动产融资需要大量的人力、物力对质押物进行质量鉴定以及后续的监管，难度较大。"云仓京融"可以实现与仓储的 WMS（仓库管理系统）无缝对接，直接获取所需的仓储及销售数据。另一方面，只要与京东合作的仓储企业按照京东研发的监控系统发出指令，即可实现京东对质押物的监管，解决了监管效率低、风险大的难题。从上游供应商到下游消费者，京东的供应链金融走的是基于大数据分析的精准营销之路。京东供应链金融的这些主流产品，服务于自己的受众群体和整个电子商务供应链，覆盖点集中在消费者、商家和产品之上，强调信息系统和大数据平台的信息交换，依据大数据建立风险控制体系，可根据变动的数据自动计算识别出风险，最终完成授信。

（二）采购电子商务供应链金融

采购电子商务供应链指的是围绕原料采购展开的，以互联网为基础，以信息技术和电子商务为手段，通过对物流、资金流、信息流的整合和控制，对从原料采购到中间环节再到产品销售的整个过程的管理。

采购电子商务供应链金融产生的基础是：以某平台企业为支点，构建覆盖整个供应链的服务网络；通过电子商务平台和信息技术对整个供应链进行整合；这里的各个参与者都是相互独立的主体；通过互联网和电子商务平台将供应链中的交易、物流和金融集中到一起，建立快速高效的垂直供应链平台。

采购电子商务供应链金融创新将金融与网络平台上进行的采购、物流等结合在一起，由电商平台承担信息的收集、分析与传递，并对参与者进行信用管理，与金融机构一起为双方提供金融服务。一般而言，开展采购电子商务供应链金融创新的基础是：极强的行业整合能力，利用互联网技术和信息管理，将知识管理、信用管理、供需管理、物流管理、汇率风险管理、融资等结合起来打造行业供应链；将供应链、金融、物流三方面进行有效整合；较强的信用管理能力，既包括供应商的也包括客户的；较强的信息处理能力，降低运行成本和风险。

某电子商务有限公司（以下简称“A 电商”），成立于2013 年，注册资本人民币 1.2 亿元，是某大型集团控股子公司，是一家集钢铁供应链融资服务、线上交易和撮合、物流配送和信息服务为一体的大型综合信息化服务企业。

在“互联网 +”和“转型升级”的国家战略机遇下，A 电商不断引领本省钢铁电商发展，促进地区钢铁流通行业转型升级，目前已发展成为该地区最大的自主钢铁电商平台。A 电商依托本地区最大的钢铁物流交易中心——B 物流园，为近万会员提供全国、本省、区域内钢材市场行情和钢材相关热点资讯，日均挂牌量达到 50 多万吨，日均撮合交易 20 000 吨，代销业务量月均突破 12 万吨。

A 电商近三年开始投资建设地区最大最专业的钢铁物资专业信息交易平台“B 钢铁网”，平台集中了线上交易、撮合交易、金融服务、信息发布、货物管理、运输配送等多项功能，为客户、银行提供在线质押、融资监管、供应链融资等综合性金融服务，并通过整体物流解决方案，实现钢铁供应链的全链条服务。

1. 案例背景

某工程机械行业巨头（以下简称“C 企业”）钢材采购主要分为两种方式，一种是由钢厂直供，另一种为市场临时性采购。以前 C 企业的市场临时性采购为各事业部自行采购，C 企业拟改变这种采购格局，由各事业部分散采购改为 C 企业集中采购，即所有临时性的钢材采购，均由 C 企业与供应商签订战略合作协议，商定付款条件，各事业部根据采购需求制订采购计划与付款计划。

C 企业需要的钢材几乎涉及所有品类，需要找到能够实时掌握货品资源、有资金、有品牌实力的平台为临时性采购需求提供集中、整体的支持。该平台既要满足其对临时性采购的时效要求，又要保证货源品质，同时能够支持先送货后付款，定期以商票结算的模式付款。但是在实际的钢铁流通环节中，钢材供应商在为下游核心企业提供供货服务时，不希望垫资结算模式影响其资金周转，不希望商票结算模式影响其变现，需要寻找有实力的平台解决资金结算与流转问题。这样就与 C 企业希望的能够支持先送货后定期以商票结算的模式产生了根本上的分歧。

B 钢铁网的“钢铁供应链金融服务平台”不仅满足了 C 企业对于采购产品时效性、质量方面的需求，还解决了 C 企业与钢材供应商之间垫资结算的问题。

2. 产品特点

B 钢铁网供应链产品大体可以分为三大类，分别是预付类、存货类和应收类，如图 5 – 1 – 1 所示。

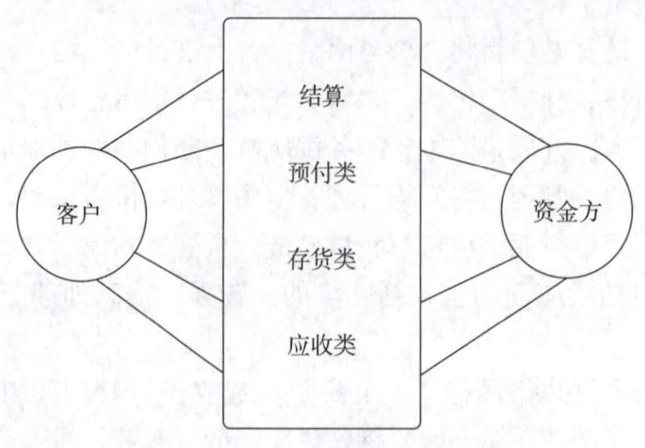

图 5-1-1　B 钢铁网供应链产品

（1）预付类。

代理采购融资是融合了传统的仓单质押管理、信用借款、担保、采购等业务的一种组合性融资模式，具有进入门槛低、业务效率高的特点。依托企业经营规模、资产、存货等基础资料，根据客户真实的贸易背景和资金需求进行操作，通过“钱货票互换、随借、随用、随还”等一站式灵活融资方案，方便客户将在厂、在途、在库货物或资金全面盘活，并做到专款专用，以提高资金综合效率，降低业务总成本。

一般情况下，如各方对协议内容无异议，融资无需额外担保，2 天内即可进入操作，比如由 A 公司直接垫资，在保证金充足的条件下，不设资金额度上限，客户也可根据企业实际业务需要选择合适的周转期限。预付类产品如图 5-1-2 所示。

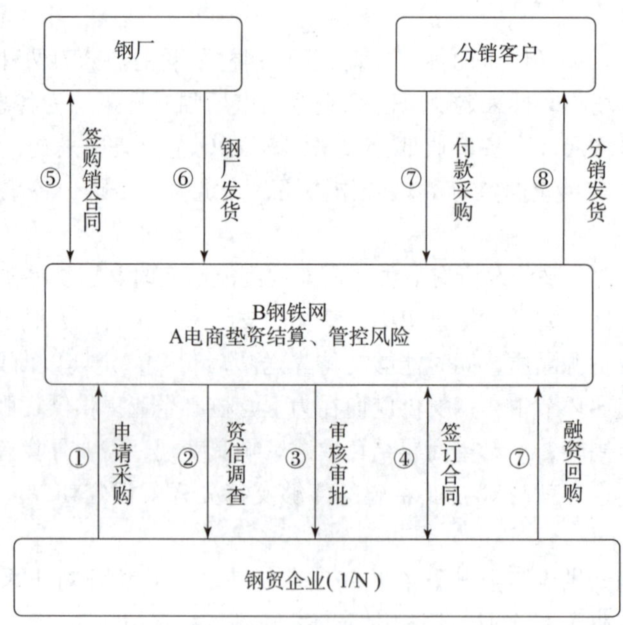

图 5-1-2　预付类产品

（2）存货类。

此类情况主要是采用仓单（存货）质押的方式，帮助客户盘活存货（含在途货物）价值，快速融得企业运营所需流动资金。商户可根据自身条件选择3～6个月的银行承兑汇票或1年期的现金借款，采取先货后票质押（既有货权质押）或者先票后货质押（未来货权质押）的方式，获得存货价值50%～70%的融资度（实时可使用贷款额度以合作银行对客户审批的年度授信额度为限）。

（3）应收类。

此类情况主要有以下几种方式。

保理融资：针对资信水平较高的买家（核心企业），对以这些买家为付款人的应收账款，以应收账款合法、有效转让为前提，提供商业保理融资服务。以此，卖方可以提高应收账款周转率，减少流动资金占用，降低财务费用，提高赊销能力，扩大销售规模，培养新市场和新客户；买方可以获取优惠采购条件，降低成本，扩大购买能力，稳定买卖双方赊销关系，形成稳定的购销渠道。

应收类商票保贴：卖方通过A电商平台采购钢材供给买方，以真实贸易背景为基础，在买卖双方约定以商业承兑汇票（以下简称"商票"）方式结算的前提下，平台基于买方（商票承兑人或背书人）付款实力及商票项下的连带担保关系，为基础交易卖方（持票人）提供的商票贴现或质押融资服务。

3. 实施过程

A电商平台（B钢铁网）汇聚了各类钢材资源，能够实时发布现货资源。同时A电商为本地区最大的钢铁供应链管理平台，一直专注于为业内一大批有实力的核心企业提供供应链综合服务，其供应链金融业务在行业内更是有口皆碑，其产品能够支持C企业的商票垫资结算模式。

本案例中，C企业各事业部通过B钢铁网发布的资源信息寻找到匹配的货源和供应商信息，由A电商与C企业共同审核供应商入围资质。在采购执行中，C企业将计划发送给A电商，在交易平台进行竞价并取得C企业认可，最后由A电商将资源采购配送到C企业各事业部（或者供应商按C企业要求先送货，后凭送货签收单到A电商结算的模式。）

4. 创新成果

对终端客户而言，在降低决策成本的同时，更容易获得更优的品质、效率、成本与服务保障。

①高资信。平台资信优于经销商资信，以次充好的概率小；一旦出现质量异议，较之经销商，平台更具有谈判话语权。

②高效率。电商平台本身有资源发布与整合功能，能够为终端客户提供寻源比价的优势、更有保障的供货服务。

③高保障。钢材为资金密集型产品，经销商自身融资难，资金周转压力大，垫付能力有限，而平台资金实力强。

④高服务。经销商本身固定资产不够，而钢铁流动资产无法从银行获得融资，电商平台所属行业不同，融资渠道更畅通，更容易获得价格低廉的融资，所以自身有能力提供更低成本的服务；同时，背靠大型控股集团，A电商平台能够提供资金、物流、仓储、加工等集成服务，专业做供应链服务解决方案，综合成本更低。

对于经销商而言，回款有保障：经销商应收账款回款有保障，资金周转效率高。经销商凭送货凭证找电商平台结算，不需要垫付资金，回款有保障。

对平台而言，可增强话语权与影响力：平台集合两端采购和销售需求（量变可引起质变），可起到为交易各方增信的作用，但经销商显然不具备此能力。同时，由于平台在交易中提供的服务能给交易各方带来价值，从而更容易在终端、银行那里获得话语权，更容易碰撞出有利于多方的合作模式。通过不断提供增值服务，有可能使平台摆脱成为最大的经销商或是出资方的困境，真正通过提供服务来获取核心竞争力，从而有可能获得资本市场的认可。

（三）整合电子商务供应链金融

“供应商——生产商——经销商——消费者”在整合电子商务供应链中被有机地连接在了一起，可以说，整个生产、销售过程是一个整体。这样不仅大大增强了电商平台的服务能力，更有利于客户获得增值的机会。整合电子商务供应链将各个参与者紧密地结合在一起，大大地缩短了整个流程，降低了成本和耗费，并保证了时效性。

整合电子商务供应链与前两者的不同之处在于：范围更加广泛，整合电子商务供应链同时结合了销售电子商务供应链与采购电子商务供应链，覆盖整个供应链体系；整合电子商务供应链是一种对供应链关系的重建，利用互联网和电子商务平台实现对信息的有效整合，并最终保证资源的有效利用。

总之，要想成功地打造出整合电子商务供应链金融，需要具备以下几个条件：首先是良好的电商平台运营能力；其次是供应链参与者的信用管理；再次是良好的物流管理；最后是建立包括金融机构、供应商、物流等在内的生态系统。

随着互联网技术的发展，金融机构与企业 ERP 系统、经销商和供应商管理系统以及电子商务平台已经实现无缝对接，平台交易数据和企业与上下游客户的贸易往来数据均能直接从线上获取。而大数据技术的应用，能够通过分析客户信息和历史交易行为产生的海量数据，自动完成风险评级及授信，精简繁杂的授信过程，极大地提高授信效率及精确度，降低由于融资信息的不对称造成的风险。未来交易线上化将成为企业的标准配置，网络将企业、个人连接在一起，成为网络中的一个节点，节点与节点之间的互动会产生海量的数据信息，如何收集、整理、运用这些数据信息将成为重中之重。

其实，整合电子商务供应链金融只是一个大的发展方向，目前国内尚无企业可以实现，但许多企业都在向着这个方向发展，包括阿里巴巴、京东、苏宁等企业在内都在向着整合电子商务供应链金融的方向发展，可以说，这是电子商务供应链的必然趋势，假以时日，我国必将建立起完善的电子商务供应链金融体系。

互联网时代，传统的企业向着线上模式展开探索，运用互联网技术，在电子商务供应链金融运行和发展中，要从统筹规划的角度协调、统一、均衡分配资金，防范其中存在的风险，完善电商供应链金融运作的模式，实现跨界运转和可持续发展的目标。

任务实训

一、实训目标

本次实训任务将使学生直观了解到 B2C 电商平台供应链金融模式在商业中的具体应用。通过了解供应链金融工具的运作机制，合理评估企业实际需求，准确判断该项服务的适用性。学生还将建立起与商业环境紧密联系的思维方式，提高他们在未来职业生涯中的适应能力和创新能力，为企业解决实际问题。

二、实训步骤

（一）了解平台的金融服务

小王先初步了解了1688平台的各类金融服务，将其整理成表（表5－1－1）。

表5－1－1　1688供应链金融服务

服务	简介
融资服务（原生意贷）	1688商家专属贷款产品，开通后根据商家在1688上的会员综合情况获得利率和贷款额度
先采后付（原诚e赊）	支持买家当月确认收货的订单次月还款，其中1688引入阳光保险，承担买家的应付款风险，如果买家未及时还款，则阳光保险来支付货款给卖家
网商贷	基于经营者的经营和信用情况发放的免抵押、免担保的纯信用贷款。经营稳定、信用良好的商家都可以申请网商贷
账期支付	卖家给予存在合作关系的老买家一定的信用额度，被授信的买家在线下单后可不用付款即可完成进货，之后在卖家所设定的结算日到期前向卖家统一支付账期内确认收货的全部订单款项的一种全新交易方式

根据上级领导提出的吸引更多客户的这一需求，小王选择了“先采后付（原诚e赊）”这项服务展开进一步研究。

（二）官方介绍获取

小王登录1688平台，在“交易”板块中找到“诚e赊（先采后付）”（图5－1－3）。

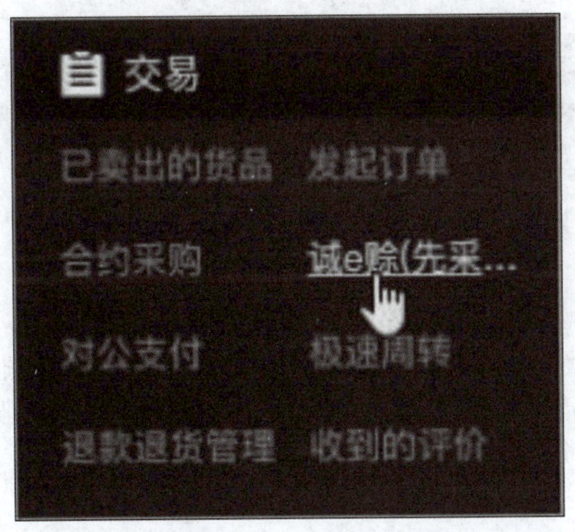

图5－1－3　1688商家工作台－交易－诚e赊（先采后付）

进入页面后，小王看到了平台官方对该项服务的介绍，分为以下几个栏目。

1. 服务简介

小王了解到“先采后付（原诚 e 赊）”是一款保障买家账期交易的服务产品（图 5－1－4）。它允许买家在购买商品时，无需支付任何费用，只需在确认收货后的一段时间内支付货款。

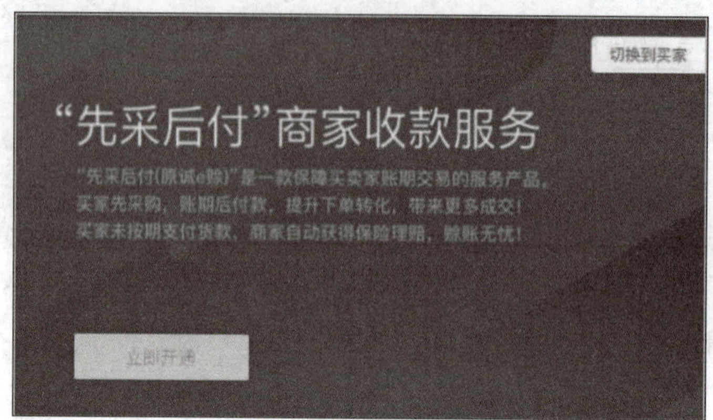

图 5－1－4 “先采后付（原诚 e 赊）”官网介绍

2. 开通权益

如图 5－1－5 所示，小王了解到开通该项服务有引流获客、销量提升、回款保障、对账方便四个层面的好处。

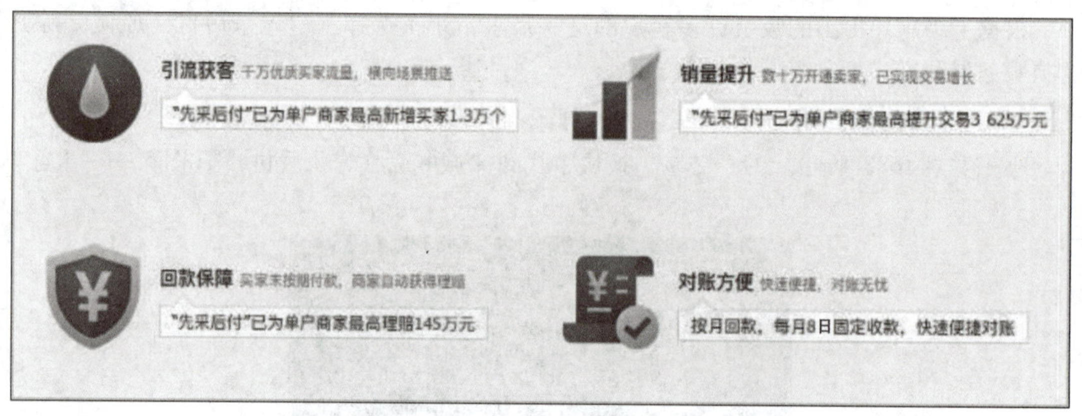

图 5－1－5 “先采后付（原诚 e 赊）”开通权益介绍

3. 产品说明

小王了解到“诚 e 赊”是 1688 基于买家信用，给予买家授信额度，支持买家当月确认收货的订单次月还款（每月 8 日为固定还款日），当卖家 8 日没有收到买家待还款的金额，可以享受理赔服务的一款产品（图 5－1－6）。

4. 收费规则

小王了解到该服务的收费规则为：店铺已产生“诚 e 赊”订单，且买家确认收货后，保单生成，即生成费用，无论后期出现何种情况，等到交易成功或交易关闭系统都会从商家的交易支付宝中划扣相应的订单服务费（图 5－1－7）。

订单服务费＝订单确认收货时应付金额×0.5%

图 5-1-6　“先采后付（原诚 e 赊）”产品说明

图 5-1-7　“先采后付（原诚 e 赊）”收费规则

5. 开通条件与方法

通过用自己的账号测试，小王了解到该服务的开通条件有：开通诚信会员，认证信息无异常，店铺企业信用分满足要求以及开通买家保障会员（图 5-1-8）。

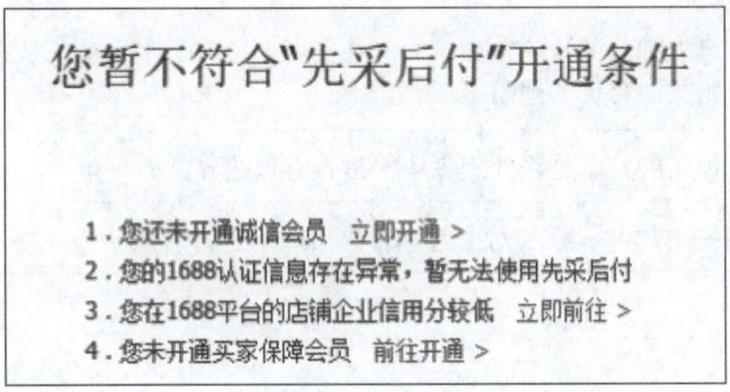

您暂不符合"先采后付"开通条件

1. 您还未开通诚信会员　立即开通 >
2. 您的1688认证信息存在异常，暂无法使用先采后付
3. 您在1688平台的店铺企业信用分较低　立即前往 >
4. 您未开通买家保障会员　前往开通 >

图 5-1-8　“先采后付（原诚 e 赊）”服务开通界面 1

同时小王在平台服务中心找到了该服务的开通方法（图 5-1-9）。

（三）优缺点分析

了解该项服务后，小王将开通“先采后付（原诚 e 赊）”的优缺点整理成表，即表 5-1-2。

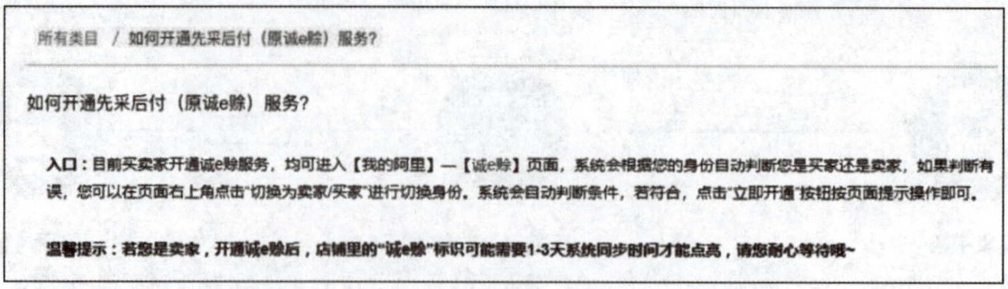

所有类目 / 如何开通先采后付（原诚e赊）服务?

如何开通先采后付（原诚e赊）服务?

入口：目前买卖家开通诚e赊服务，均可进入【我的阿里】—【诚e赊】页面，系统会根据您的身份自动判断您是买家还是卖家，如果判断有误，您可以在页面右上角点击"切换为卖家/买家"进行切换身份。系统会自动判断条件，若符合，点击"立即开通"按钮按页面提示操作即可。

温馨提示：若您是卖家，开通诚e赊后，店铺里的"诚e赊"标识可能需要1-3天系统同步时间才能点亮，请您耐心等待哦~

图 5－1－9 “先采后付（原诚 e 赊）” 服务开通界面 2

表 5－1－2 “先采后付（原诚 e 赊）” 优缺点分析

优点	缺点
• 帮助商家吸引更多的买家，且平台提供流量扶持 • 为商家提供账期收款保障，避免因买家未按时还款而导致的损失 • 8 日固定收款，对账方便	• 收款账期可能会延长 • 服务费用不低，有一定成本

（四）使用注意事项

结合企业情况，小王认为可以开通该项服务，所以他进一步把开通该服务的注意事项进行整理，让上级领导有更进一步的认识（表 5－1－3）。

1. 每月重要节点

表 5－1－3 使用“先采后付（原诚 e 赊）”服务后需关注的时间点

时间点	注意事项
每月 1 日	买家出账单，此时作为商家可以提醒买家关注账单
每月 8 日	买家还款日，此时作为商家可以及时关注自己的买家是否还款，有必要时可以提醒自己的老客户不要遗忘还款
每月 11 日	商家寻求理赔的日子，如果买家在还款日到 10 日期间还是未还款，那么作为商家 11 日要开始关注自己的理赔金额
每月 12 日	确认理赔的订单是否处理完毕，是否有理赔异常的订单
每月月底	重点关注“诚 e 赊”对账管理，导出账单进行对账

2. 理赔相关事项

（1）查看理赔步骤：进入“1688 商家工作台”—“交易”—“诚 e 赊”每期的应收款里可以看到自己是否被理赔和相应的金额。

（2）理赔的条件：99% 的订单会自动理赔，不须商家做任何操作，但是刷单、套现、虚假发货（含拍 A 发 B 等）的订单不受保障。

（3）理赔的时间：当商家 8 日没有收到买家待还款的金额，从 9—11 日 24 点均为商家享受理赔服务的时间，由于理赔需要一个取证的过程，所以商家需要耐心等待，最晚平台会在 11 日 24 点前理赔完毕。

（五）提交分析结果

小王将分析结果提交给领导，经过综合评估，企业决定给在 1688 平台的店铺开通该项服务。

三、实训考核

老师根据模拟过程为学生评分，包括：

（1）流程是否清晰。

（2）知识掌握程度。

（3）小组间组员配合是否流畅，任务分配是否合理。

实训考核主要是评价学生实训过程表述是否清楚、逻辑性如何、成员协作配合情况等。评价的标准见表 5－1－4。

表 5－1－4　实训评价表

<table>
<tr><th rowspan="2">考核要素</th><th rowspan="2">评价标准</th><th rowspan="2">分值/分</th><th colspan="3">评分/分</th></tr>
<tr><th>自评
（20%）</th><th>小组
（30%）</th><th>教师
（50%）</th></tr>
<tr><td rowspan="3">B2C 电商平台的供应链金融模式</td><td>知识掌握</td><td>40</td><td></td><td></td><td></td></tr>
<tr><td>逻辑性</td><td>40</td><td></td><td></td><td></td></tr>
<tr><td>成员配合情况</td><td>20</td><td></td><td></td><td></td></tr>
<tr><td colspan="3">评价人签名</td><td></td><td></td><td></td></tr>
<tr><td colspan="3">合计</td><td colspan="3"></td></tr>
<tr><td colspan="6">教师评语：

年　月　日</td></tr>
</table>

任务2　基于第三方支付的供应链金融模式

任务导入

随着平台店铺客户的增多，作为A企业的1688运营专员，小王需要快速了解阿里巴巴平台上的第三方支付方式以及相关注意事项。

学习标杆

支付宝上线300亿绿色基金，推出绿色采购贷

在产业服务方面，支付宝网商银行正在积极探索小微绿色供应链金融服务模式。2021年支付宝推出“绿色采购贷”和“绿色0账期”服务，预计覆盖数万经销商。

“绿色采购贷”是面向品牌产业链上小微企业的服务。当经销商向经认证的绿色品牌核心企业进行采购、进货时，网商银行将定向给予采购贷款利率折扣，以鼓励小微经销商多向更绿色、更环保的企业采购商品与服务。

“绿色采购贷”在2021年覆盖200个绿色企业，及其下游数万家经销商。“绿色0账期”则主要服务于淘宝、天猫商家。商家在淘宝、天猫平台上销售更节能的一、二级能耗电器等绿色商品，网商银行将给予商家提前回收货款的费率优惠，无需等买家确认收货，即可由网商银行垫付货款，提高资金周转效率。

此前，在支持小微企业经营方面，网商银行还搭建了绿色经营评级。具体来讲，面向小微企业授信贷款时，网商银行基于数据分析、人工智能等技术，考察商户在日常经营中的绿色表现，并对其进行评级。而绿色评级较高，充分履行环境、社会责任的企业，能够获得更高额度、更低利率的融资。

（资料来源：https://finance.sina.cn/2021-03-09/detail-ikkntiak6637959.d.html?from=wap）

思考

作为第三方支付平台的支付宝，开展供应链金融的主要优势是什么？

必备知识

一、第三方支付概述

（一）第三方支付的基本概念

根据中国人民银行2010年6月正式公布的《非金融机构支付服务管理办法》规定，非金融机构支付服务，是指非金融机构在收付款人之间作为中介机构提供下列部分或全部货币资金转移服务。具体包括网络支付、预付卡的发行与受理、银行卡收单和中国人民银行确定

的其他支付服务。

第三方支付是指通过互联网在客户、第三方支付公司和银行之间建立连接，帮助客户快速完成货币支付、资金结算等业务，同时起到信用担保和技术保障等作用。在通过第三方支付平台的交易中，买方选购商品后，使用第三方平台提供的账户进行货款支付，由第三方通知卖家货款到达、进行发货；买方检验物品后，就可以通知第三方付款给卖家，第三方再将款项转至卖家账户。

第三方支付机构是完成整个支付的重要中介，它们主要是一些具备一定经济规模和社会良好信誉的企业，通过与国内外银行签订资金交易平台协议，借助于银行金融服务业务向用户提供资金支付服务。第三方支付业务的主要形式是在付款方与收款方之间建立资金支付平台，付款方通过第三方支付平台完成资金转账，第三方支付平台可以将付款方的付款情况及时通知到卖方，从而促成商品交易过程。当货物顺利被买家签收后，如果买家对商品的品质满意，就可以通知第三方交易平台将资金转入卖家。第三方支付平台已经成为最常见的网络交易方式和信用中介，起到了在网络商家和商业银行之间建立连接的重要作用。

第三方支付采用支付结算方式。按支付程序分类，结算方式可分为一步支付方式和分步支付方式，前者包括现金结算、票据结算（如支票、本票、银行汇票、承兑汇票）、汇转结算（如电汇、网上支付），后者包括信用证结算、保函结算、第三方支付结算。在社会经济活动中，结算归属于贸易范畴。

（二）第三方支付的优势

第一，方便、快捷。作为一种综合性支付中介，第三方为付款、收款方提供了更为方便、快捷的服务。为了使得付款方和收款方避免直接资金交易的风险性，通过第三方支付平台可以在交易方之间划拨，第三方支付可以将多家银行的金融支付服务在同一个操作界面进行交易管理，使得付款方和收款方可以在线完成交易过程。

第二，成本低。由于有了第三方支付，消费客户和网络商户再也不需要去每家银行分别开设转账账户，所有交易只要通过第三方支付就可以实现，这样可以降低消费客户网络支付成本，同时也可以有效提升网络运营商的利润，第三方交易业务也为银行带来可观的经济收入。

第三，操作简单、容易接纳。以往的 SSL、SET 等支付方式虽然安全，但手续繁杂，实现成本高且速度慢，无法满足客户需要，现在有了第三方支付，商家和客户之间通过第三方交易平台进行交易，可以为用户提供方便、快捷的交易流程。

第四，信用保证。现今的第三方支付机构，由于管理规范，不会向个人或者一些非法网站提供支付服务，只会向合法的企业提供支付服务，这样就让消费者使用网上支付更加有信心，也在很大程度上避免了交易欺诈的发生。第三方支付平台的另一大优势在于不影响商品交易过程，可以更好地维护交易双方利益。

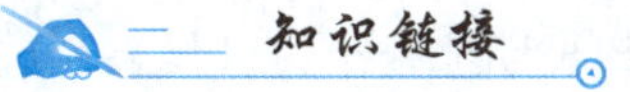

第三方支付平台

二、第三方支付的发展历程

（一）第三方支付的起步

自从人类社会进入了网络信息时代以来，互联网技术的快速发展为电子商务的兴起提供了重要支持，网上银行、手机电子银行等电子商务服务已经融入人们日常生活。第三方交易流程方便、快捷，与传统银行金融服务的繁琐流程形成鲜明对比。

最早提出网络支付业务的是PayPal公司，PayPal也因此成为现代电子商务发展的里程碑，弥补了在零售业务领域商业银行无法全面覆盖的不足。PayPal真正进入发展快车道是在被eBay收购后，推出世界范围的电子商务业务平台，可以提供多种网上金融服务。

但是，PayPal在中国的发展并不顺遂，更多是被用作国际支付工具，这就为国内的第三方支付工具留下了广阔的发展空间。跟随着电子商务世界发展大潮，国内许多商家开始进入第三方支付领域，1999年北京首信与上海环迅组建第三方支付企业，开启了中国第三方支付的先河。一直到2004年，各方开始高度关注第三方支付，各种特色第三方支付工具纷纷推出，如国内影响较大的支付宝和财付通都是在2004年建立的。随后又出现了多家网络支付服务公司，如银联在线支付、C2C、快钱在线支付等来分割第三方支付领域。第三方支付业务的发展是现代电子商务繁荣的重要体现，同时也是网络支付技术的创新性变革，为传统银行金融服务的发展提供了新思路。

（二）第三方支付在我国的发展

第三方支付技术的发展是电子商务繁荣的重要体现，作为一种在线支付业务，第三方支付技术是依托于网上银行的发展而实现的。21世纪初期，我国多家银行开发了网络银行业务，网络银行业务可以为客户提供多种模式的金融服务功能，为了扩展网络银行的业务范围，多家银行联合推出了银联服务，从而实现跨行在线金融交易服务功能，也就是说如果需要网上支付，客户可以直接通过网页输入银行卡账号和密码即可实现此功能。

国内第三方支付市场的发展历程主要分为两个阶段：

第一阶段，起步阶段（2010年之前）。第三方支付业务兴起，多家第三方支付公司利用电子商务不断发展的良好时机，积极拓展业务范围，国内第三方支付市场形成初步规模。2005年中国第三方支付业务总额突破150亿元，这是我国电子商务加速繁荣的体现。第三方支付业务的发展需要借助于互联网的普及，统计数据显示，2013年我国网民总数突破6亿人，互联网普及率超过64.8%，我国电子商务市场处于快速发展时期，监管管理政策也在不断完善，《电子签名法》等一系列网络安全管理措施也为电子商务的发展提供了重要制度保障。

第二阶段，快速发展阶段（2010年以后）。我国在线支付业务管理办法的施行极大促进了第三方支付业务的繁荣，第三方支付机构开始广泛地介入细分支付市场，业务领域深入人们生活的方方面面，已经涵盖了水电费缴纳等多种生活服务领域。

我国电子商务市场正处于快速繁荣时期，网络支付技术却长期地处于边缘状态，这主要是由于监管部门并未对第三方支付企业正式认可。2010年年底，中国人民银行推出网络支付业务管理制度，为我国网络支付业务的发展提供有效制度保障，并为网络支付企业办理《支付业务许可证》（即支付牌照）。2011年5月，人民银行正式向29家第三方支付企业颁发了《支付业务许可证》，第三方支付进入了有牌照时代。当年一共分3批颁发了101家牌照，这意味着第三方支付行业已经得到了国家的正式认可，并开始在法律的监督下办理业务了。同时，从第三方支付企业获得牌照后，就进入了一个新的发展阶段，并且一定会对传统支付业务市场产生巨大而深远的影响。

（三）我国第三方支付当前现状

1. 第三方支付交易规模

伴随着我国互联网飞速发展和智能手机的广泛普及，第三方支付作为连接互联网平台流量和产品变现的“最后一公里”基础设施，在发展平台经济、提高金融服务效率等方面发挥了重要作用。其已经广泛应用于交通出行、零售、餐饮、生活缴费及医疗支付等各大生活领域。

由于第三方支付的便捷、高效、安全的支付体验，逐渐被广大消费者及商家所接受，以及伴随网络购物、社交红包、线下扫码支付等不同场景逐渐成熟，第三方支付已成为我国金融发展领域中不可或缺的一部分，其交易量及交易金额呈不断增长趋势。根据智研咨询调研数据显示，2021 年中国第三方支付业务交易量从 2016 年的 1 639. 02 亿笔增长至 10 283. 22 亿笔，交易金额从 2016 年的 99. 27 万亿元增长至 355. 46 万亿元，2022 年第三方支付业务交易量及交易金额均出现小幅下降，交易金额为 337. 87 万亿元，交易量为 10 241. 81 亿笔（图 5 – 2 – 1）。

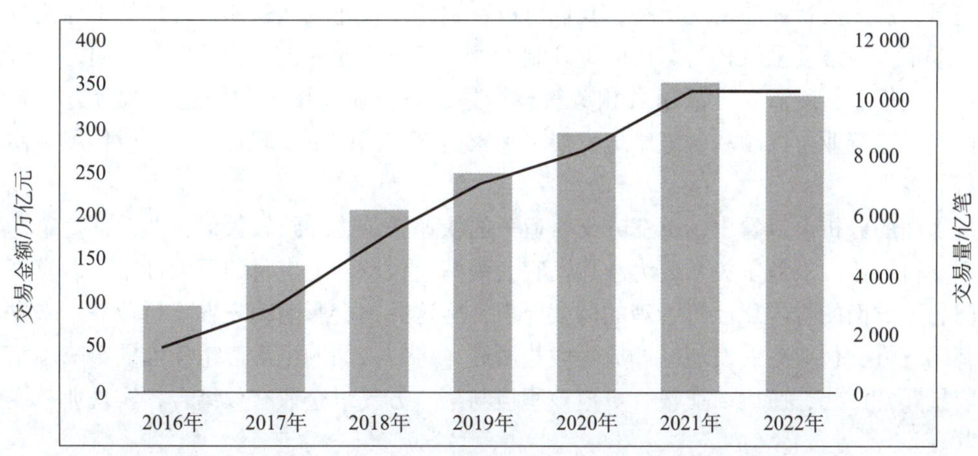

图 5 – 2 – 1　2016—2022 年中国第三方支付业务交易量及交易金额情况

图片来源：智研咨询

2. 第三方线上支付注册账户数

智研咨询数据显示，近年来，第三方线上支付注册账户数呈增长趋势，2010 年我国第三方线上支付注册账户数为 7. 97 亿户，2016 年达到 15. 65 亿户，到 2021 年增长到了 20. 82 亿户，预计 2023 年我国第三方线上支付注册账户数有望达到 24. 48 亿户（图 5 – 2 – 2）。

（四）我国第三方支付发展趋势

在监管部门为第三方支付企业发放了合法的牌照之后，第三方支付行业的发展趋势也愈加清晰起来。经过这几年的发展，尽管各家第三方支付机构各自业务的侧重点不同，但多种业务并存的平台化支付模式已经形成共识。除了目前已经涉及的网络购物、水电煤缴费、投资理财、转账汇款等业务之外，还会继续扩大服务范围，最终将涵盖我们生活的方方面面，多元化的格局将逐步显现。随着多元化的发展，第三方支付行业化服务将更加深入、细化，

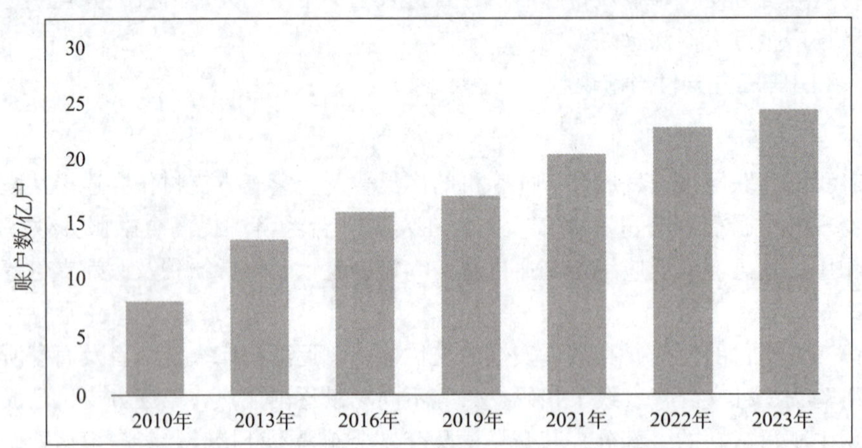

图 5-2-2　2010 年—2023 年中国第三方线上支付注册账户数

图片来源：智研咨询

支付产品将更具有差异性和专业性，这个市场的发展将逐步摆脱恶性价格竞争，进入良性循环。

但是，从无数行业的发展历程，我们可以看到，在行业发展初期，国家为了加速行业的发展与繁荣，通常会采取较为宽松的管理制度，为行业兴起提供充分的发展空间，当行业发展到一定规模后，就需要国家出台相关管理措施，对行业发展中的问题和风险进行有效控制，以确保该行业可以顺利、健康地发展，国家监管部门的主要职责是对行业发展规律和趋势进行监控。

从上面的分析可以看出，第三方支付业务的快速繁荣也导致较大的行业内部竞争，未来第三方支付行业内部竞争关系更为激烈，它会受商业银行网上支付的巨大冲击，以及来自监管部门各个方面的合规化经营管理的制度要求，但这并不会影响第三方支付业务未来发展的步伐，第三方支付业务的发展已经成为大势所趋，将对人们的生活产生深远的影响，市场发展的前景非常广阔，所以商业银行更应该积极与第三方支付企业有效结合，实现业务经营的合作共赢。

三、第三方支付的运营模式及操作方式

（一）第三方支付的主要操作方式

1. 银行卡 POS 支付方式

（1）银行卡收单市场。

银行卡收单市场具体流程见图 5-2-3。

发卡机构：由于国内的主要发卡机构为商业银行，故在国内又称为发卡行，发卡机构是银行卡的发起者及银行卡市场的管理者，他们向持卡人发行银行卡，后续再通过提供各种相关服务收取相应的费用。

收单机构：在国内主要包括银行与第三方专业收单机构，收单机构主要负责开拓和管理特约商户、管理授权申请及账单结算等。

持卡人：是市场营销的主要对象，其在银行卡 POS 支付市场中处于核心地位，持卡人对银行卡支付的需求促进了银行卡产品及其衍生产品的产生与不断创新，持卡人是银行卡的

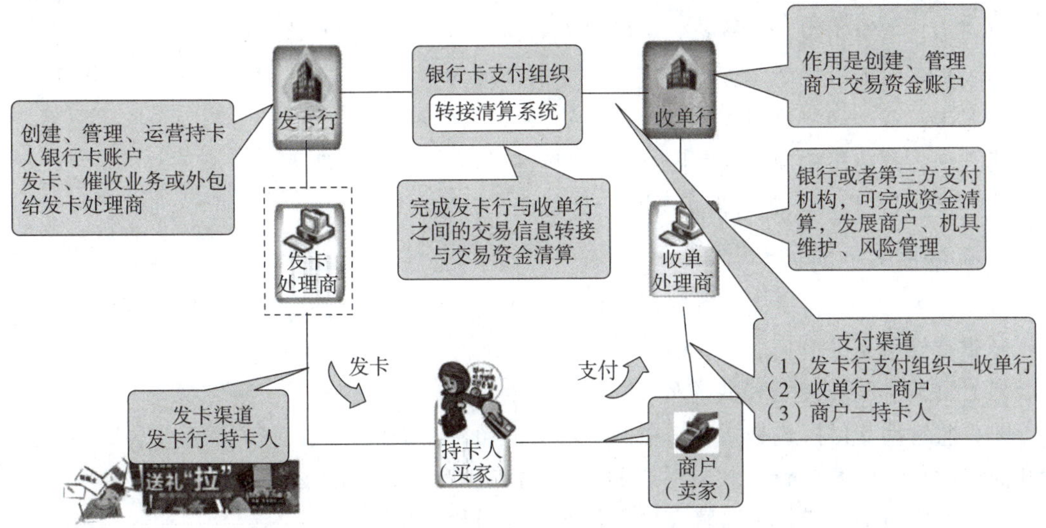

图 5–2–3　银行卡收单市场流程

使用者，同时也给各大金融机构、特约商户及银行卡组织创造了可观的收益。

特约商户：特约商户负责银行卡的销售，他们与收单机构签有相应的商户协议。

（2）银行卡收单流程。

银行卡收单具体流程见图 5–2–4。

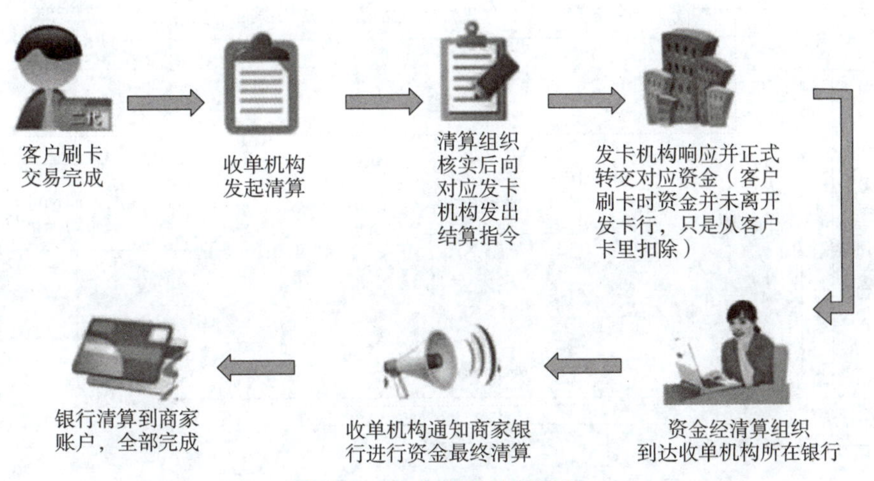

图 5–2–4　银行卡收单流程

第三方支付参与银行卡 POS 支付的具体步骤如下：

第一步：由发卡行自己或通过发卡处理商向客户发行银行卡，包括但不限于借记卡、银行卡等；

第二步：第三方支付机构或收单银行向特约商户布置 POS 机；

第三步：客户 T 日在特约商户处进行消费，并选择利用第三方支付机构或收单银行布置的 POS 机进行支付；

第四步：收单机构收到支付指令后向相应的清算组织发起清算，目前国内的清算组织包括银联、通联等；

第五步：清算组织进行清算，核实后向对应的发卡行发起结算指令；

第六步：发卡机构核实无误后正式转交对应的资金；

第七步：资金经清算组织到达收单机构账户所在银行；

第八步：收单机构通知商家账户所在银行进行资金的最终清算；

第九步：T+1 日资金到达商户银行卡账户，交易完成。

2. 互联网支付方式

目前，第三方支付机构的互联网支付渠道主要分为以下两种模式：账户监管型支付模式和账号非监管型支付模式。

(1) 账户监管型支付模式流程。

账户监管型支付模式是指客户在网上购买商品后，货款进入第三方网上支付账户，随后通知商户发货，待客户确认收货后再将货款划转至商户账户的支付模式，在这种支付模式中，第三方支付平台担任了监管商户发货速度与质量的角色。

账户监管型支付模式下客户在收到商品后如若不满意，可选择退货，商品退回商户处，商户核实无误后发出退款指令，第三方支付收到退款指令后立即将货款退还给客户。这一支付模式在一定程度上对客户的资金起到了监管的作用，避免了商户不发货而卷款潜逃的风险。

图 5-2-5 为第三方支付账户监管型支付模式流程。

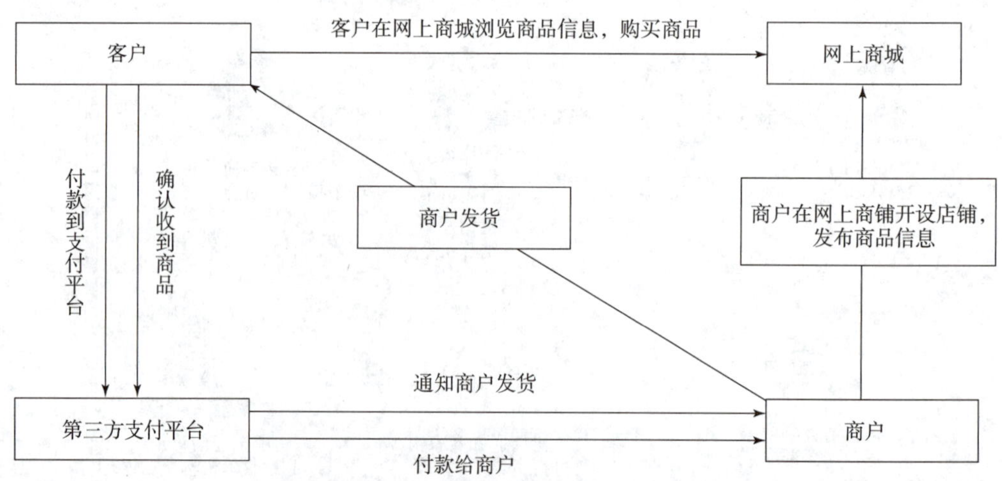

图 5-2-5 第三方支付账户监管型支付模式流程

第三方支付账户监管型支付模式的具体步骤如下：

第一步：商户在网上商城开设网上店铺并发布相应的商品信息，包括产品名称、图片、价格等；

第二步：客户浏览网上商城相关商品信息，确定所需购买的商品名称、数量、价格等后进行付款；

第三步：客户购买物品的款项按规定付款到独立的第三方支付平台，第三方支付平台收到货款并核实无误后便给商户发送发货通知；

第四步：商户接到第三方支付平台通知后，立即发货给客户；

第五步：客户收到货物后，检查无误即登录网上商城确认收货；

第六步：第三方支付平台收到客户确认收货指令后将货款划转至商户银行卡账户。

（2）账户非监管型支付模式流程。

账户非监管型支付模式是指客户在网上购买商品后，货款进入第三方网上账户，由第三方支付机构发起清算，随后即划转至商户账户的支付模式，在此支付模式中，第三方支付平台只充当了资金流转的角色。

图 5－2－6 为第三方支付账户非监管型支付模式流程。

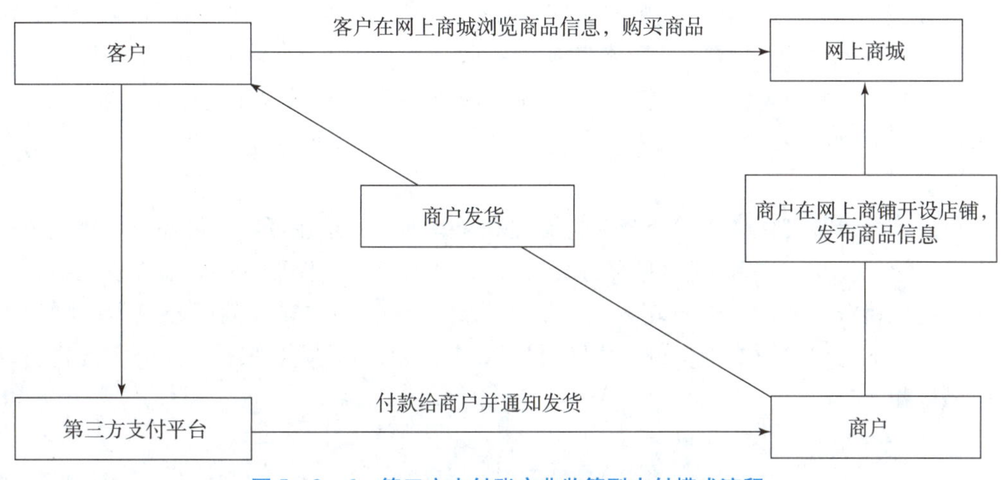

图 5－2－6　第三方支付账户非监管型支付模式流程

第三方支付账户非监管型支付模式的具体步骤如下：

第一步：商户在网上商城开设网上店铺并发布相应的商品信息，包括产品名称、图片、价格等；

第二步：客户浏览网上商城相关商品信息，确定所需购买的商品名称、数量、价格等后进行付款；

第三步：客户购买商品的货款按规定到达独立的第三方支付平台，第三方支付平台收到货款后进行核实并组织清算；

第四步：第三方支付平台核实并组织清算后将货款划转至商户银行卡账户；

第五步：商户接到第三方支付平台通知后，立即发货给客户。

（二）第三方支付的运营模式

第三方支付业务的本质就是银行通过网络平台与用户建立的交易方式，其运行模式主要包括：

1. 一般模式

首先，买家可以在购物网站中选择商品，确定购买后生成购物订单，在第三方支付平台中选择付款网上银行，网站会自动转到相关网上银行付款界面，买家可以选择转账银行卡，第三方支付平台会根据买家提供的支付方式将相关信息传送到商业银行；买家进入商业银行在线支付平台，根据界面提示填写付款银行卡号与密码等信息，银行在确认信息后根据订单金额进行付款，并将付款结果通知第三方支付平台；第三方支付平台将商品订单和支付信息发送给买家，买家在确认信息后，卖家就可以根据订单要求进行发货配送；如果买家确认收货后，第三方支付平台根据系统预设在线支付交易手续费额度，将扣除手续费的资金转入卖家账号，并与银行完成资金对账等流程。

2. 提供担保的 C2C 模式

随着电子商务行业的快速发展，网络资金交易的风险问题日益突出，为了减低网络支付的风险性，有效保障商家与买家的利益，这就需要建立信用担保制度，C2C 模式就是为提升网络交易过程的安全性推出的信用担保办法。我国业务范围最广的在线支付平台——支付宝就是通过建立 C2C 信用模式，买家支付的资金首先转入支付宝提供的第三方账户，在交易成功后，第三方账户再将资金转入卖家账号。这样做的目的是保证在买家付款后卖家没有发货的情况下，或者是买家收到的商品存在质量问题时，支付宝将按照货品价值相等的赔付额支付给买家。这种双向担保模式有效降低了支付交易过程中的违约情况，并使得买家和卖家双方的利益得到了保障，成了网络电商和买家最放心的资金支付形式。

C2C 模式与传统支付模式的资金支付流程并无差别，只是在资金支付环节中建立第三方支付平台，第三方支付平台不仅可以为用户提供资金交易信用保障，同时还提供在线充值功能，用户可以将资金从网上银行转入第三方支付账户中，用户转入的资金成为一种虚拟货币，这样用户就可以在网络消费过程中随时提取资金完成在线支付操作，不再需要进行网上银行转账操作。

3. 基于虚拟账户的 B2C 模式

B2C 模式通过建立虚拟账户来完成网上支付操作。用户需要根据第三方支付平台提供的要求完成会员注册，第三方支付平台为用户建立一个虚拟账户，主要功能是：一是提供用户信息认证服务，用户可以选择多种认证方式提升账户的安全性；二是支持在线转账和取现功能；三是支持网上交易资金支付功能。这种模式是对 C2C 模式的进一步发展，如支付宝逐步推出的信用卡还款、话费充值、水电费等业务，以及近期推出的花呗信用模式，都远远超出了支付中介的范围。有理由相信，随着互联网技术的发展，以及用户需求的升级，将会出现更多的第三方支付模式。

素养园地

适应新形势　抢抓新机遇　促进支付行业新发展

2023 年是贯彻党的二十大精神的开局之年。中国支付清算协会（以下简称“协会”）将坚持以习近平新时代中国特色社会主义思想为指导，全面贯彻落实党的二十大精神和中央经济工作会议要求，认真落实党中央国务院重大决策部署和人民银行政策要求，亮明发展底色，凝聚前行力量，围绕高质量发展主线，主动谋划发展路子，不断提升服务质量和水平，持续提振市场发展信心，进一步增强行业发展竞争力，更加有力有效地支持实体经济发展。

2023 年，支付产业主体要苦练内功，继续巩固支付领域发展成果，拓展新场景，深化新服务，满足新需求，推动支付产业数字化发展，不断提升服务实体经济的能力和水平。特别是要发挥自身在技术创新、模式进化以及应用革新等方面的竞争优势，走出国门，服务世界。协会将进一步加强政策协调，做好行业调研，加强规划引领，发挥好行业智库作用。同时，切实做好行业服务，围绕行业发展重点难点问题，推动行业高水平交流与合作，逐步建设行业培训课件库，提供高质量的培训服务。规范和支持支付平台企业在引领发展、创造就业、国际竞争中大显身手。积极参与会员单位拓展海外市场的法律、政策、标准协调，总结“走出去”优秀实践经验并面向全行业推广，为支付“出海”提供有力支持。

蓝图已绘就，奋进正当时。支付清算是金融体系稳健运行的基础和资金畅通循环的血脉。支付产业主体要认真贯彻党的二十大精神，牢牢把握时代要求，牢固树立“支付为民”理念，始终保持凝心聚力，增强创新发展能力，提高合规发展水平，扎根于经济和社会，服务于经济和社会，不断满足人民群众对美好生活的需要，推动我国经济运行整体好转，实现更高质量发展。

一、实训目标

通过完成本实训任务，学生能够对基于第三方支付的电商供应链金融交易模式有更深入的了解，了解金融互联网化的大时代下，支付手段和结算手段的创新与发展，培养敏锐的洞察力，让学生能结合电商平台的特点，为企业寻找并引入合适的新交易方式，帮助企业拓宽电商交易方式，提高运营效率。

二、实训步骤

（一）获取平台各类支付方式明细

目前 A 企业在 1688 上主要使用的是支付宝担保付款，买家绑定支付宝后，点订单的付款按钮会进入支付宝收银台，通过支付宝支持的多种付款方式进行付款。

小王登录 1688 商家后台，将鼠标移至“交易”板块，页面显示出平台的服务（图 5 - 2 - 7）。

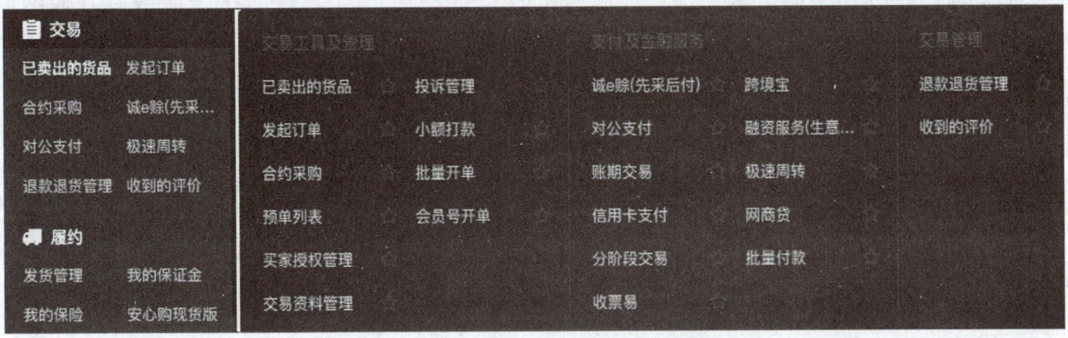

图 5 - 2 - 7　1688 商家工作台 - 交易

小王决定深入了解企业尚未在平台开通的“对公支付”“账期交易”和“分阶段交易”这三种市场普及程度较高的支付方式。

（二）了解对公支付

1. 了解服务基本信息

小王进入平台“交易”板块中的“对公支付”栏目，能看到对公支付分为“企业网银支付”与“网商银行支付”（图5－2－8）。

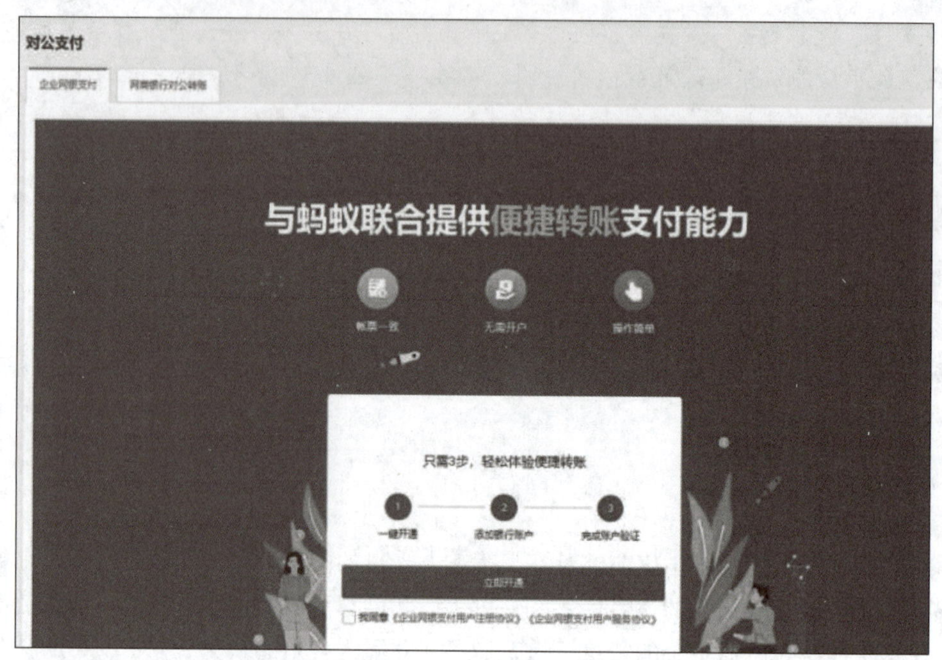

图5－2－8　1688商家工作台－交易－对公支付

企业网银支付是指用户在企业网银支付支持的合作银行范围内，用户付款前可在线录入交易信息，企业网银支付系统将自动推送付款任务至合作银行企业网银系统中，用户相关财务人员可直接进行复核审批，实现订单流与资金流保持一致，便于用户的经营管理。商家完成绑卡账户验证，待买家确认收货后收到款项。

网商银行对公转账即原来的“融易收”服务，是指1688网站与网商银行合作提供给企业卖家的大额资金收款服务，同时买家可以直接通过银行汇款的方式进行支付（适合支付宝限额及未注册支付宝的买家），其开通条件如图5－2－9所示。同时小王了解到开通网商对公转账，需要准备以下资料：法定代表人身份证、基本户开户许可证、营业执照（正本）、组织机构代码证（正本）和税务登记证（正本）。

开通该服务后买家使用该支付方式的资金流向如图5－2－10所示。

2. 掌握买家选择对公支付的方法

为应对开通对公支付后，客户询问如何使用该支付方式的情况，小王需要先掌握买家选择该支付方式的方法。

如图5－2－11所示，买家选择该支付方式时需要在交易方式中选择银行转账，然后在收银台选择对公转账或银行转账（对公转账最终结算到的是卖家网商银行企业账户，银行

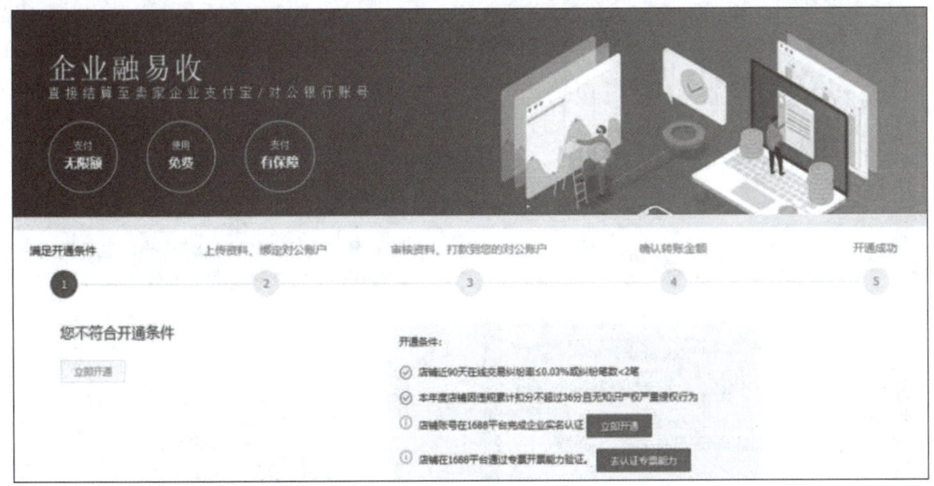

图 5－2－9　1688 商家工作台－交易－对公支付－网商银行对公转账

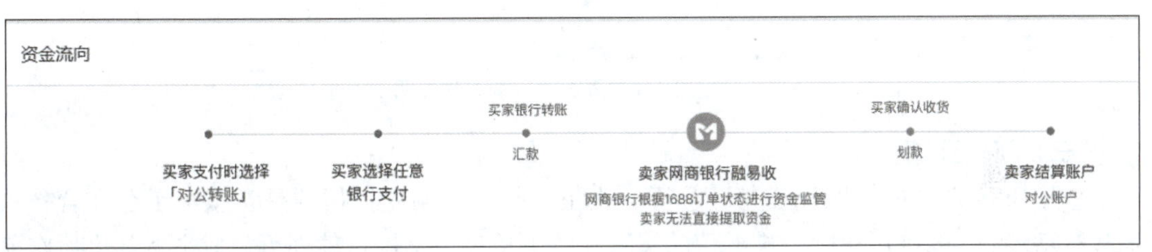

图 5－2－10　网商对公转账的资金流向

转账最终结算到的是卖家 1688 上绑定的个人支付宝），即可付款。买家必须严格按照付款页面显示的专属账号进行操作汇款。

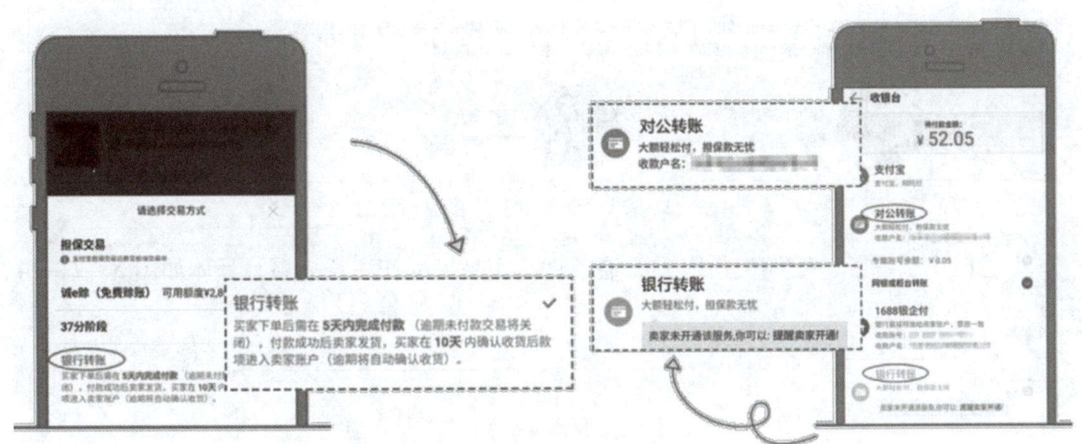

图 5－2－11　买家选择对公支付的方法

3. 收费情况

小王了解到目前卖家在 1688 平台上开通和使用银行转账服务均是免费的（图 5－2－12，买家跨行转账其所在银行可能会收取跨行转账手续费，具体以银行为准）。

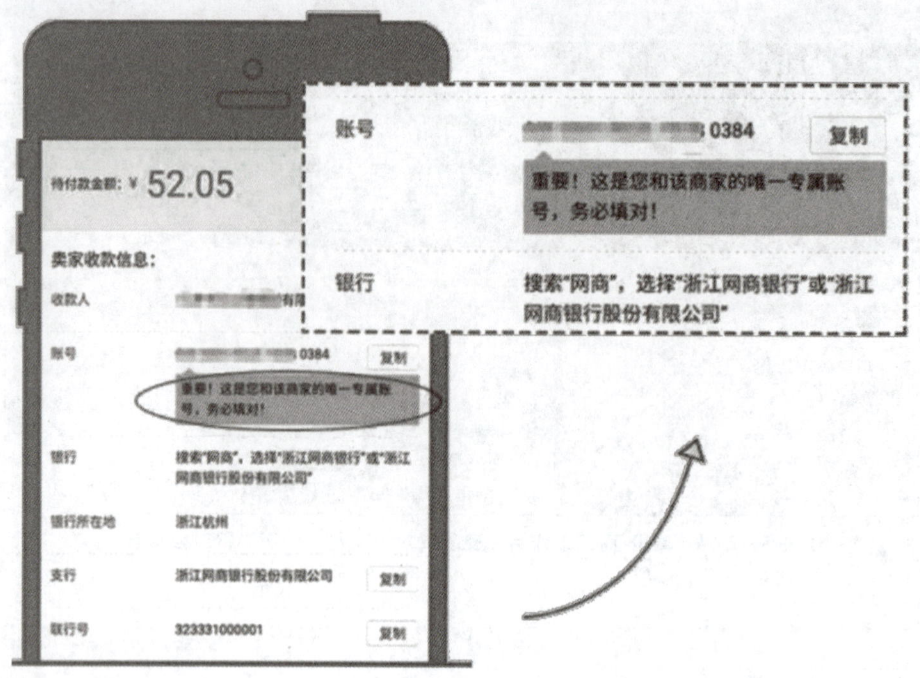

图 5－2－12　买家按照付款页面显示的专属账号进行操作汇款

（三）了解账期交易

进入 1688 平台的"账期交易"界面，小王了解到账期支付指的是卖家给予存在合作关系的老买家一定的信用额度，被授信的买家在线下单后可不用付款即可完成进货，之后在卖家所设定的结算日到期前向卖家统一支付账期内确认收货的全部订单款项的一种交易方式（图 5－2－13）。

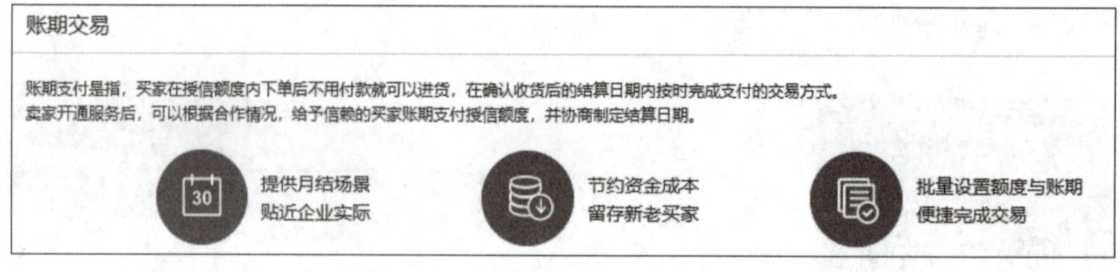

图 5－2－13　"账期交易"的官方介绍

小王依次了解了"账期交易"的开通条件、交易流程和注意事项，具体如图 5－2－14、图 5－2－15 和图 5－2－16 所示。

图 5－2－14　"账期交易"的开通条件

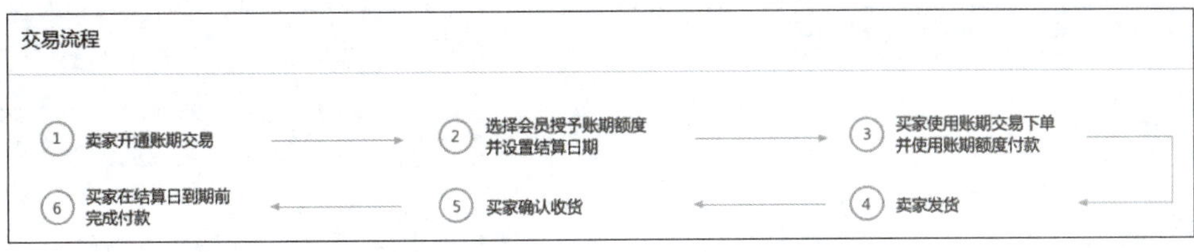

图 5-2-15　“账期交易”的交易流程

重要说明

1. 卖家可根据情况，调整买家授信额度、宽限期及结算日期（其中结算日期和宽限期只对修改后新增的订单有效，原订单按照原设定日期计算）；
2. 卖家可随时停用买家享受的账期支付额度，取消后该买家将无法继续进行账期支付，但原有的账期订单不受影响；
3. 卖家可使用"提醒"功能提醒买家及时结算；
4. 买家确认收货后，不得以任何违反公平原则的事项为由拖延支付，一旦逾期不能继续享受该卖家的账期支付功能，并且严重影响在1688网站信用资质评估。

图 5-2-16　“账期交易”的注意事项

因为是先拿货再结算，小王认为如果是卖家给买家授予这种支付方式，一定要是自己认为靠得住的买家，不然会有风险。

（四）了解分阶段交易

小王了解到分阶段付款是阿里巴巴针对在线交易推出的分阶段付款交易方式，支持37/73/28/91/361等多种分阶段付款方式（图5-2-17）。卖家在发布商品时可自行评估并选择其商品所支持的相应分阶段付款交易方式，以供买家在下单时选择其所支持的前述交易方式进行分阶段付款交易。

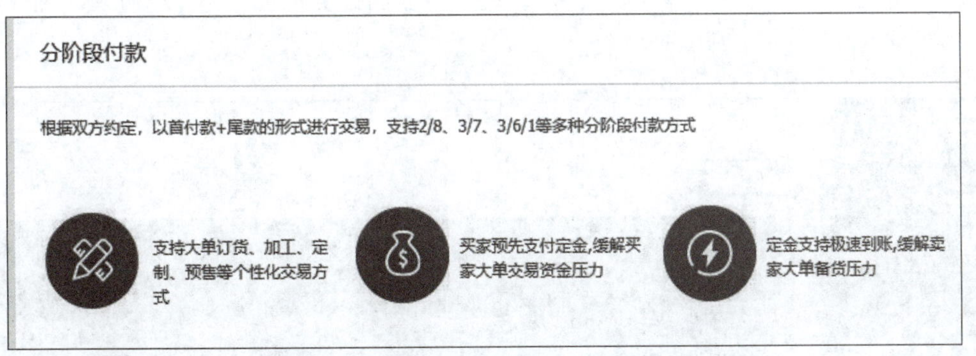

图 5-2-17　“分阶段交易”的官方介绍

小王依次了解了“分阶段交易”的开通条件、交易流程和注意事项，具体如图5-2-18、图5-2-19和图5-2-20所示。

开通状态

亲爱的卖家：……

您不满足分阶段付款开通条件

立即开通

开通条件：

1.买家保障会员　ⓘ 立即开通

2.交易勋章等级>=A级　ⓘ 查看详情

3.供应商违规积分<36分　✓

4.其他阿里巴巴认为应当符合的条件　✓

开通分阶段付款功能后，若后面不满足开通条件，系统将自动取消分阶段付款功能，后续满足开通条件，需重新设置。

【重要提醒】商家不得使用分阶段付款工具从事虚假交易（包括但不限于任何形式的刷单）等不正当行为，平台将根据相应规则对商家扣分并作出相应的处置措施，包括警告、限权、关闭账号等。

图 5-2-18　“分阶段交易”的开通条件

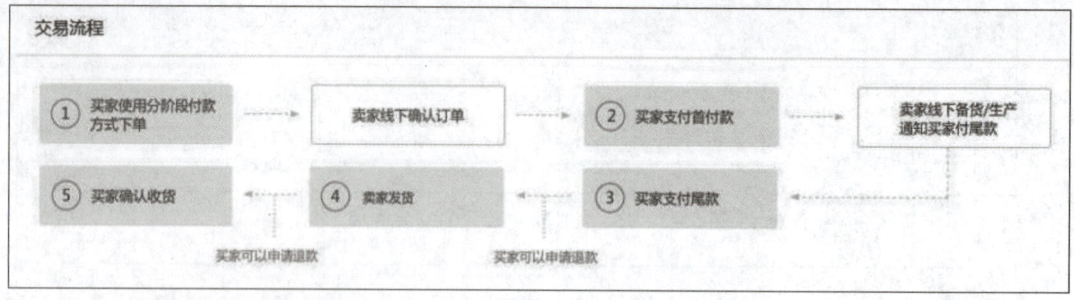

图 5-2-19 “分阶段交易”的交易流程

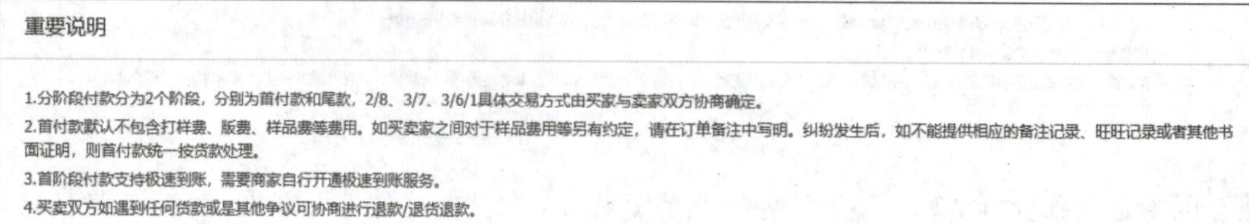

重要说明

1.分阶段付款分为2个阶段，分别为首付款和尾款，2/8、3/7、3/6/1具体交易方式由买家与卖家双方协商确定。

2.首付款默认不包含打样费、版费、样品费等费用。如买卖家之间对于样品费用等另有约定，请在订单备注中写明。纠纷发生后，如不能提供相应的备注记录、旺旺记录或者其他书面证明，则首付款统一按货款处理。

3.首阶段付款支持极速到账，需要商家自行开通极速到账服务。

4.买卖双方如遇到任何货款或是其他争议可协商进行退款/退货退款。

图 5-2-20 “分阶段交易”的注意事项

（五）开通对公支付

小王将自己搜集与分析的结果上交，公司决定先开通企业网银支付，原因是无需新开企业对公账号，绑定任一对公银行即可收款，实现订单流和资金流一致后，方便做账。小王需在平台开通对公支付。

（1）小王打开“交易”—“对公支付”，进入企业网银支付页面，勾选协议（图 5-2-21）。

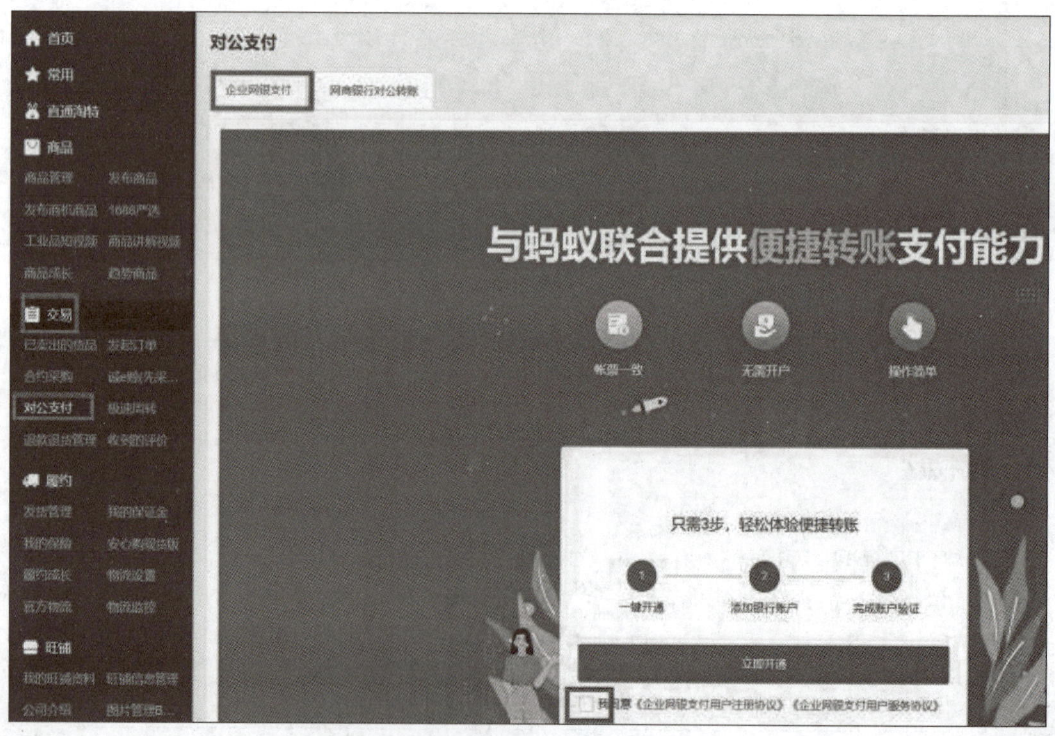

图 5-2-21 勾选协议

（2）添加收款账户，如图 5－2－22、图 5－2－23 所示。

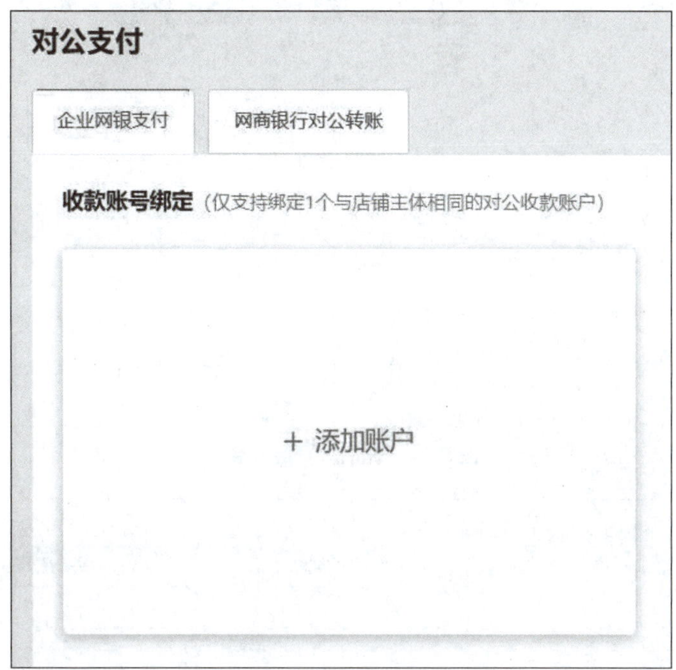

图 5－2－22　添加账户

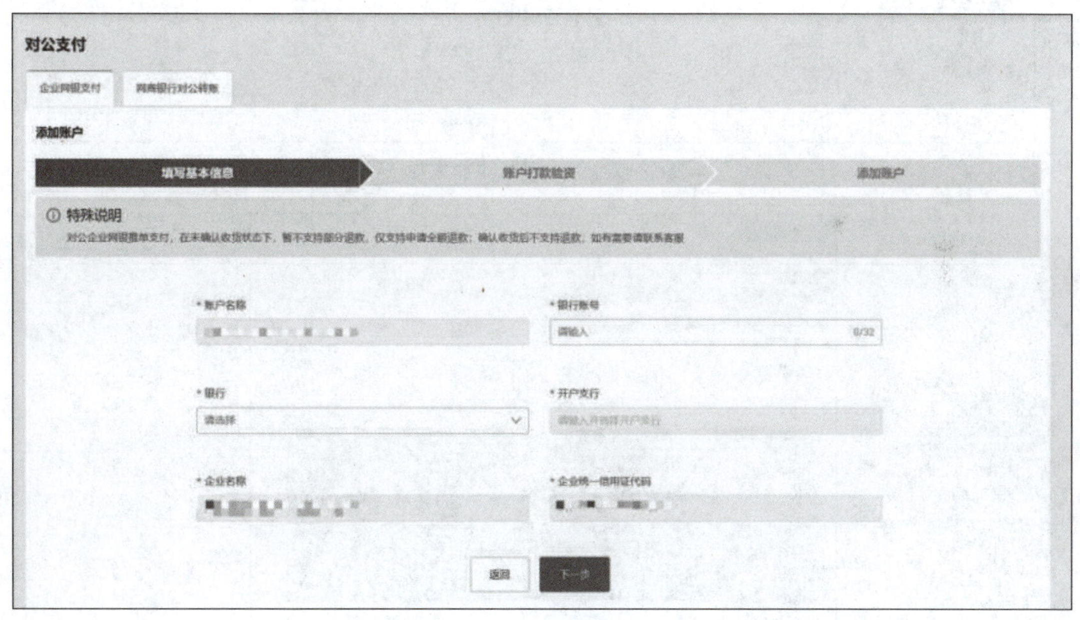

图 5－2－23　填写基本信息

（3）在页面中输入验资金额，完成账户验证，如图 5－2－24、图 5－2－25 所示。

添加账号成功后，小王再次进入“对公支付”界面，即可看到刚刚添加的账户，如图 5－2－26 所示。

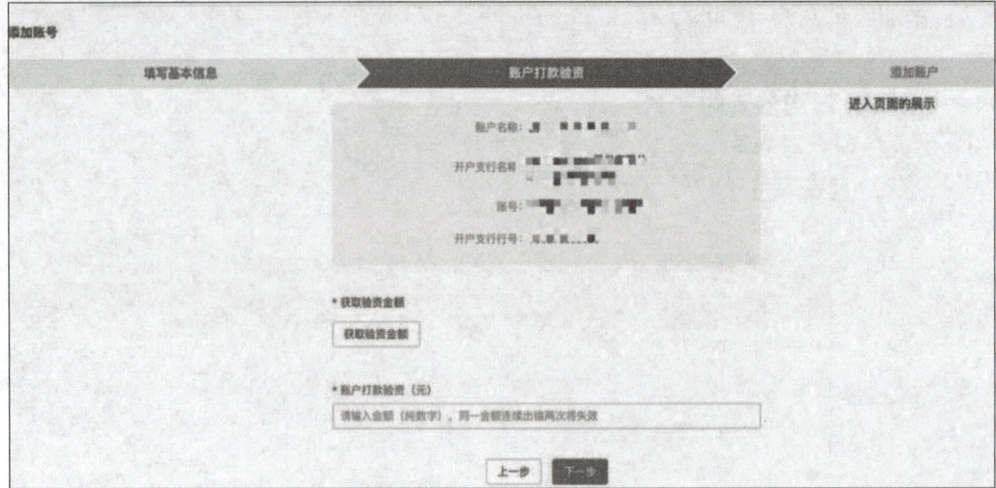

图 5-2-24 填写验资金额

图 5-2-25 账号添加成功

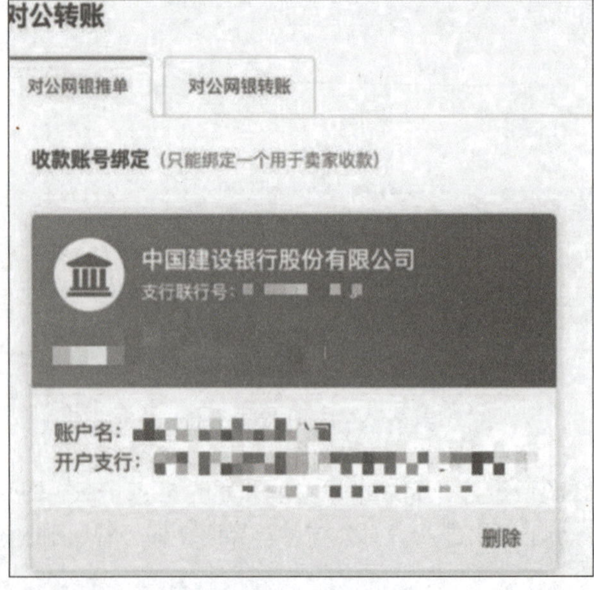

图 5-2-26 绑定成功

三、实训考核

老师根据模拟过程为学生评分，包括：

（1）流程是否清晰。

（2）知识掌握程度。

（3）小组间组员配合是否流畅，任务分配是否合理。

实训考核主要是评价学生实训过程表述是否清楚、逻辑性如何、成员协作配合情况等。评价的标准见表 5－2－1。

表 5－2－1　实训评价表

考核要素	评价标准	分值/分	评分/分		
			自评（20%）	小组（30%）	教师（50%）
基于第三方支付的供应链金融模式	知识掌握	40			
	逻辑性	40			
	成员配合情况	20			
评价人签名					
合计					
教师评语： 年　月　日					

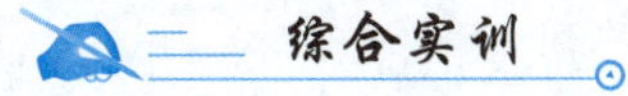

一、知识巩固与技能提高

项目五　在线试题

二、项目实训任务单

在掌握电子商务供应链金融模式的相关知识基础上，按照表 5－2－2 所示的电商供应链金融模式任务单的要求，完成任务。

表 5－2－2　电商供应链金融模式任务单

<table>
<tr><td>项目名称</td><td>电商供应链金融模式</td><td>项目编号</td><td>5－2－2</td></tr>
<tr><td>项目说明</td><td colspan="3">一、任务要求
在掌握电商供应链金融模式的相关知识基础上，能够了解掌握 B2C 电商平台的供应链金融模式和基于第三方支付的供应链金融模式及开通流程，确保供应链资金稳定，为企业解决实际问题。
二、项目实施所需的知识
重点：B2C 电商平台的金融服务、基于第三方支付平台的金融服务、供应链金融优缺点分析
难点：供应链金融开通条件与流程、对公支付、账期交易、分阶段交易
三、小组成员分工
按照收集资讯、计划、决策、实施、检查、评价的过程，完成每一个任务步骤</td></tr>
<tr><td>项目资源</td><td colspan="3">任务实训、阿里巴巴平台、Excel</td></tr>
<tr><td rowspan="4">项目实施</td><td colspan="3">一、B2C 电商平台的供应链金融模式</td></tr>
<tr><td colspan="3"></td></tr>
<tr><td colspan="3">二、基于第三方支付的供应链金融模式</td></tr>
<tr><td colspan="3"></td></tr>
</table>

三、项目考核

<table>
<tr><td>知识巩固与技能提高（40 分）</td><td>得分：</td></tr>
<tr><td colspan="2">计分标准：
得分 = 1 × 单选题正确个数 + 2 × 多选题正确个数 + 1 × 判断题正确个数</td></tr>
<tr><td>学生自评（20 分）</td><td>得分：</td></tr>
<tr><td colspan="2">计分标准：初始分 = 2 × A 的个数 + 1 × B 的个数 + 0 × C 的个数
得分 = (初始分/26) × 20</td></tr>
</table>

续表

专业能力	评价指标		自测结果 （A 掌握；B 基本掌握；C 未掌握）
B2C 电商平台的供应链金融模式	1. 了解 B2C 电商平台供应链金融工具的运作机制，合理评估企业实际需求 2. 对比 B2C 电商平台供应链金融服务的优缺点，准确判断对企业的适用性 3. 掌握 B2C 电商平台供应链金融服务的开通流程		A□　B□　C□ A□　B□　C□ A□　B□　C□
基于第三方支付的供应链金融模式	1. 了解基于第三方支付的供应链金融工具的运作机制，合理评估企业实际需求 2. 掌握对公支付、账期交易以及分阶段交易		A□　B□　C□ A□　B□　C□
小组评价（20 分）			得分：
计分标准：得分 = 10 × A 的个数 + 5 × B 的个数 + 3 × C 的个数			
团队合作	A□　B□　C□	沟通能力	A□　B□　C□
教师评价（20 分）			得分：
教师评语			
总成绩		教师签字	

项目六　电商供应链风险管理

项目背景

A企业已经实施了一系列供应链策略和流程的改进，以提高效率和满足客户需求。然而，电子商务供应链领域存在多种潜在风险，可能对公司的运营和声誉造成重大影响。为了确保供应链的稳定运营，A企业决定进行电子商务供应链风险评估与控制项目。这一项目将有助于识别和管理潜在的风险，以减少不确定性，并确保供应链的可持续性。

项目目标

知识目标

- 了解电子商务供应链风险的概念和定义。
- 熟悉电子商务供应链风险的主要分类。
- 掌握电子商务供应链风险评价的基本方法。
- 掌握电子商务供应链风险评价的过程和步骤。
- 了解电子商务供应链风险处理策略的概念和分类。
- 熟悉各类风险处理策略的原理和应用场景。
- 掌握电子商务供应链防控对策。

能力目标

- 能够运用适当的方法和工具，对电子商务供应链的风险进行评价和定量分析。
- 能够编制电子商务供应链风险评价报告，明确各类风险的优先级和潜在影响。
- 能够根据不同类型的电子商务供应链风险，制定相应的处理策略，包括风险的预防和应急响应。
- 能够在实际业务环境中应用各类风险处理策略，减轻和控制风险对供应链的影响。

素养目标

- 培养学生的商业伦理和社会责任感，使其认识到在商业领域中，合法合规的经营和风险评价对维护社会和谐与公平竞争的重要性。
- 通过深入学习电子商务供应链风险评价与控制，培养学生的风险意识和风险管理能力，使其具备在复杂商业环境下独立决策和应对风险挑战的思政素质。

项目导航

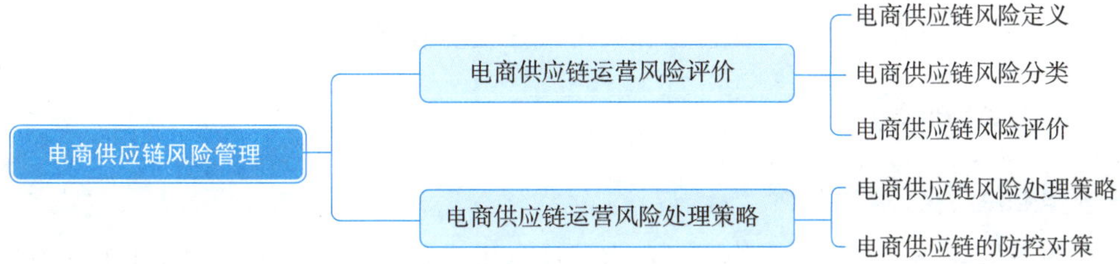

任务1　电商供应链运营风险评价

任务导入

A企业的电子商务供应链已经在运营中取得了一定的成功，但伴随着增长和扩张，各种风险开始显现。因此，小王需要对公司的供应链运营风险进行全面评估，以识别潜在的威胁和弱点。

学习标杆

京东物流的破局之道

疫情之下全球供应链格局突变，全球供应链挑战与机遇再评估，国内企业未来在供应链环节可能遇到的问题也提前暴露。很多公司丧失了各地的合作伙伴，由于分拣和快递员受疫情而隔离，很多依赖第三方物流中心的企业也无奈暂时终端业务。这些变化并非完全源于疫情，是疫情加速暴露了风险，今天全球供应链正处在一个需要重新审视和评估的阶段，这些都需要靠企业创新去解决。

自建之初，京东物流供应链并不被广泛认可，发展到如今，JDL京东物流已经打造了一个从产品销量分析预测到入库出库，再到运输配送各个环节无所不包，综合效率最优、算法最科学的智能物流供应链服务系统，做到了覆盖物流全链条、全场景。京东物流正着力于通过打造产业供应链和产地合作模式，来破解越来越高要求的物流服务标准。在产业供应链上，面对制造业企业上下游信息割裂、库存水平高、配送时效慢等典型问题，京东物流提供了一整套智能解决方案。与产地合作层面，极具代表性的案例是，京东物流通过山东临沂平邑智能云仓项目，打造了电商进村和物流进村的“平邑模式”。此外，在应急管理数字化方面，京东物流根据需求紧急搭建全国性的应急资源管理平台，以大数据、区块链、北斗导航等“新基建”为支撑，解决了应急物资“找得到、管得好、调得出、送得到、可溯源”五大问题。在“速度”问题上，京东物流实际已经做到了全国最快。

（资料来源：https://www.cs.com.cn/ssgs/gsxl/202010/t20201028_6105913.html）

思考

当前情况下，电子商务供应链暴露出来的风险主要有哪些？

一、电商供应链风险定义

电子商务供应链风险是由于物资经由电子商务供应链流，经众多生产流通企业到终端客户，产生商流、物流、信息流，涉及运输、配送、仓储、装卸、搬运、包装、流通加工、信息处理等诸多过程，其中任何一个过程出现问题都会产生电子商务供应链风险，影响供应链的正常运作。

二、电商供应链风险分类

电子商务供应链风险可分为信息风险、金融风险、物流风险以及资金流风险。

（一）电子商务供应链信息风险

电子商务供应链信息风险主要来源于3个方面：一是信息本身不精确带来的风险，如节点企业自身信息不确定，企业间沟通信息不确定等；二是供应链中信息传递带来的风险，包括传递媒介的不确定带来的风险，供应链内部信息中断或错误信息流通带来的风险等；三是企业间相互关联带来的风险，如合作伙伴不配合带来的风险、企业道德风险、隐藏信息带来的不确定性风险等。

（二）电子商务供应链金融风险

在电子商务供应链金融风险中，供应链预期的金融目标具有不确定性，原因之一是金融资产在实际运作中有不确定因素，使得供应链成员实际得到的利益与期望值不一样，这是一种潜在的威胁。如果电子商务环境下供应链系统和金融系统出现缺陷，那么电子商务供应链金融风险会随之增大。

（三）电子商务供应链物流风险

随着信息技术的迅猛发展，跟传统物流相比，电子商务供应链物流出现了新的形态。该形态的主要表现为供应链企业间能交流信息并统一管理货物，甚至可以协同合作制订计划。在供应链实际运作的情况下，由于各种外部因素不断变化，原材料运输和生产销售过程的合作有失误的风险，这种风险称为供应链物流风险。在电子商务大环境下，供应链结构由线状变为网状，由简单变为复杂，每个企业都可能不仅位于一条供应链上，而是位于供应链的交叉网络中。电子商务环境下，供应链物流风险管理至关重要，较好的物流质量能带来更佳的客户体验。

（四）电子商务供应链资金流风险

电子商务环境下供应链资金流风险所带来的危害是最为严重的，资金链一旦断裂，会对供应链系统造成毁灭性打击。电子商务环境下，供应链资金流风险来源于两个方面：一是供应链上企业本身的财务风险，如企业由于生产过剩造成的资金短缺，银行授信额度改变带来的财务危机，其他不可抗力导致的资金链断裂等；二是供应链上资金流向出现偏差导致的风险，如资金流向集中于制造商，而供应商因资金短缺出现财务问题，客户处于供应链的末端，若客户的预期与供应链的预期不一致，也会出现资金短缺的现象。

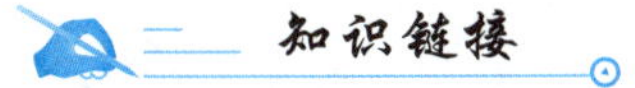

电商供应链金融风险

三、电商供应链风险评价

电子商务供应链风险评价可以视为在对电子商务供应链风险识别这个过程结束后，对电子商务供应链风险科学性的、系统性的深入分析。整体来看，电子商务供应链风险评价在电子商务供应链风险管理中的作用和意义是巨大的。

（一）电子商务供应链风险评价的方法

目前，电子商务供应链风险评价方法很多，通过分析电子商务供应链的特征之后，我们认为比较适合评价电子商务供应链风险的常见方法有以下几种。

1. 概率风险评价法

概率风险评价法是对各子系统的事故概率进行分析计算后，得出系统的总体事故概率。该方法在计算系统的总体事故概率后，采用主次排列法筛选出高风险因素和重要风险因素，然后分析事故发生原因与事故后果之间的关系，以修改现行标准或法规，制定新的标准或法规，从而降低风险发生的概率。

如果将概率风险评价法应用于电子商务供应链的风险评价，则需要分析供应链中各影响因素的发生概率。然而，在供应链的影响因素中，许多因素都无法通过定量分析来获得其发生概率。

2. 评分评价法

评分评价法要求先对评价目标的具体情况进行分析，然后选择评价项目，最后在设定的评分范围内对评价项目进行评分，计算出总分。在最后一步中，根据总分将工作系统危害划分为几个级别，并在级别分类后做出预防决策。如果仅使用评分评价法对电子商务供应链风险的细节进行评价，则需要先为每个评价项目设定一定的评分范围，然后计算其得分，得出总分。这种方法相对容易使用，但是每个评价指标相对独立。然而在电子商务供应链风险评价中，各个因素并不是独立的，而是有一定的相关性。

3. 层次分析法

层次分析法是20世纪70年代中期由美国的一位数学教授提出的。它的特点是能很好地将定性分析和定量分析结合起来。它是一种系统化、层次化的分析方法。层次分析法的基本原理是：对复杂问题中各指标之间的关系进行划分和分解，使问题具有一定的层次性。每个级别中的元素的状态几乎相同。每一层都与相邻的层有一定的关系。根据这种关系，建立具有一定逻辑顺序的层次模型。然后，采用适当的数学方法计算各级判断矩阵中各指标的重要权重系数。最后，对这些系数进行一系列组合处理，从而得到各指标相对于目标的重要权重系数。

4. 模糊综合评价法

模糊综合评价法的基本思路是，以模糊数学、模糊线性变换以及最大隶属度原则为基础，在对各个评价指标进行分析后，对评价指标的合理性或等级做出评价。此方法将模糊理论跟实践结合起来，在自然科学和社会科学中都有应用。

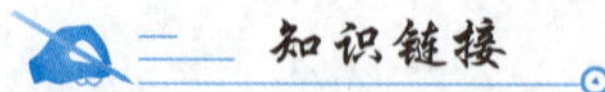

层次分析法和模糊综合评价法是普遍应用于电子商务供应链风险识别的方法。层次分析法能把定性分析和定量分析有机结合起来，层次分析法可基于系统所处环境进行决策。若将层次分析法与模糊综合评价法结合起来对电子商务供应链风险进行识别，也是很好的。

5. 逼近理想解排序法（Technique for Order Preference by Similarity to an Ideal Solution，TOPSIS）

TOPSIS 是根据有限评价对象与理想化目标的接近程度进行排序的方法，是对现有的对象进行相对优劣的评价。TOPSIS 的基本思想是：对原始矩阵进行归一化处理之后，在有限方案中，先找到最优方案和最差方案，再计算评价对象与最差方案的距离以及计算评价对象与最优方案的距离，将评价对象与最优方案的距离远近作为评价方案优劣的依据。

6. 主成分分析法

主成分分析法也称主分量分析法，旨在利用降维的思想，把多指标转化为少数几个综合指标，其中每个主成分都能够反映原始变量的大部分信息，且所含信息互不重复。这种方法在引进多方面变量的同时将复杂因素归结为几个主成分，使问题简单化，同时得到更加科学有效的数据信息。在实际问题研究中，为了全面、系统地分析问题，我们必须考虑众多影响因素，这些因素一般称为指标，在多元统计分析中也称为变量。每个变量都在不同程度上反映了所研究问题的某些信息，并且变量彼此之间有一定的相关性，因而所得的统计数据反映的信息在一定程度上有重叠。

7. 灰色关联分析法

对于两个系统之间的因素，其随时间或不同对象而变化的关联性大小的量度，称为关联度。在系统发展过程中，若两个因素变化的趋势具有一致性，即同步变化程度较高，即可谓二者关联程度较高；反之，则较低。因此，灰色关联分析法，是根据因素之间发展趋势的相似或相异程度，亦即“灰色关联度”，作为衡量因素间关联程度的一种方法。

（二）电子商务供应链风险评价过程

电子商务供应链风险评价不仅可以为供应链企业制定相应制度提供依据，还可以为相应的供应链企业改善业务流程、规避风险提供帮助。电子商务供应链风险评价过程如图 6－1－1 所示。

1. 分析供应链所处的环境

在对供应链所处的环境进行分析时，要考虑电子商务平台所处的大环境。不同的企业虽然都可以将电子商务技术运用到企业供应链管理中，但也要结合本企业所处的行业环境，同时考虑企业本身的经营状况等，只有把所处的环境分析清楚了才有可能对即将面临的风险做

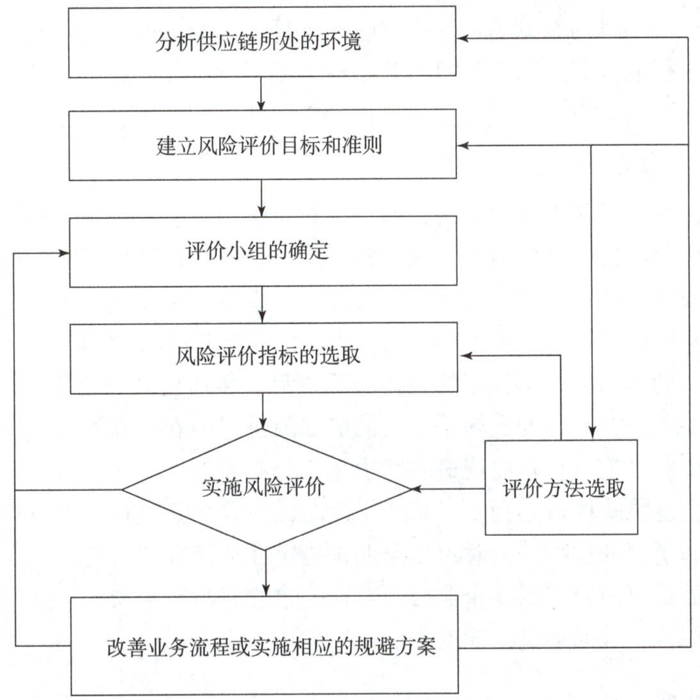

图 6－1－1　电子商务供应链风险评价过程

出判断，所以环境分析是电子商务供应链风险评价的前提。

2. 建立风险评价目标和准则

电子商务供应链风险评价就是依据建立的风险评价指标体系对供应链风险进行评价。对风险进行评价必须确定评价目标和评价准则，在这个目标和准则下对供应链风险进行评价才更具科学性。不同行业、不同企业、不同环境的要求不一样，因此风险评价目标和准则也应该不一样，企业要根据自身所处的环境特点建立合适的评价准则。

3. 评价小组的确定

电子商务供应链风险评价不能单靠数据进行，而需要人的参与。参与电子商务供应链管理的各个专家就是评价小组的重要组成部分。小组成员应该来自各个企业的不同职能部门，在技术实现方面，电子商务供应链领域的专家肯定更具发言权。在确定小组成员以后，小组成员应保持良好的沟通和合作，同时需要具备团队合作精神。

4. 风险评价指标的选取

在确定了评价目标、准则和评价小组成员以后，指标的选取是整个评价过程中最为关键的一步。评价小组成员依据评价目标和准则，收集供应链上企业的相关数据，分析供应链整体情况，同时兼顾供应链所处的环境，包括行业环境、政策环境、区域环境等，依据现实情况建立判别风险的评价指标体系，只有利用合适的评价指标体系才能对电子商务供应链风险做出精确的评价。

5. 实施风险评价

实施风险评价首先要对所选取的指标进行量化，方法有很多，如调查法、相关系数法、实验研究法等，由此给出选取指标的量化数据，这个工作是实施风险评价的前提。然后根据量化数据，结合评价小组的意见确定评价方法。评价方法的选取依据是量化数据的特性，不同的评价方法对相同的数据进行评价得出的结论可能不太一样。有时为了确保评价结果的准确性，我们可以采取多种方法对量化数据进行计算，然后相互比较得出结论。

6. 改善业务流程或实施相应的规避方案

对电子商务供应链风险进行评价的目的，是对企业中可能带来风险的流程或者制度进行改进，从而保证供应链安全高效运行。在实施风险评价以后，管理者应该根据风险评价的结果，结合企业自身发展情况，对需要改善的流程进行重组。当然，在改善业务流程之后，供应链风险评价过程还没有结束，因为相应流程的改变可能带来其他的风险，此时必要的规避方案就起到了有效的作用。在实施新的企业流程以后，供应链本身也需要一定时间去适应，同时管理者也需要考虑新流程的实施是否真的能保障供应链安全高效运行。因此，在进行风险评价和采取相应的措施后，建立规避方案也是十分必要的。

电子商务供应链风险评价过程不仅是一个简单的风险评价过程，它更是企业对自身供应链进行重新认识和了解的过程，同时也是企业供应链业务流程改善的过程。风险评价是电子商务供应链管理的重要内容，因此企业必须对这一过程持足够重视的态度，才能使电子商务供应链管理更加规范，从而促进企业的发展。

素养园地

电商型产业链供应链韧性强，抗风险能力好

党的二十大报告明确提出，要着力提升产业链供应链韧性和安全水平。习近平总书记强调，维护全球产业链供应链韧性和稳定是推动世界经济发展的重要保障，符合世界各国人民共同利益。中国坚定不移维护产业链供应链的公共产品属性，保障本国产业链供应链安全稳定，以实际行动深化产业链供应链国际合作，让发展成果更好惠及各国人民。

中国农业大学智慧电商研究院院长郭沛在会上发布题为《电商对我国苹果产业链的影响》的报告，认为电商有助于提高苹果产业链供应链相关主体应对风险的能力，从而显著降低产业链的脆弱性。

报告认为，传统型与电商型产业链供应链面临相似风险，但因流通环节数量、信息透明度和需求市场细分度不同，应对风险的合作度、透明度和敏捷度表现差异较大。由此可见，电商在缩短产业链、拓宽销售渠道、品牌宣传推广、识别消费者需求等方面发挥重要作用。而且，随着电商化程度的提升，电商对于增强苹果产业链供应链韧性的效果将会进一步凸显。

其实，电商型产业链供应链响应时效更快、合作度更高、恢复力更强的背后是互联网技术对于产业链供应链组织方式的优化。

“过去做电商就是拍张照片发到网上，现在可不止如此，要请专业人士，要会拍照、懂直播、知道如何运营。”郭沛认为，电商型苹果产业链供应链以电商平台企业

为核心，以消费者为中心，有效结合产地收购商、产地批发商、销地批发商，通过自建物流或第三方物流，提升苹果产业链供应链运营效率。基于这种组织方式，产业链主体之间信息共享、精准匹配、高效协作，“减震”效果更好。

一、实训目标

通过完成本实训任务，学生能够对电子商务供应链运营风险评价有更深入的了解，掌握电子商务供应链运营风险评价的方法和流程，能运用适当的方法，对电子商务供应链的风险进行评价和分析，帮助企业及时识别潜在风险，从而制定针对性强、有效的应对策略。

二、实训步骤

（一）分析供应链所处的环境

小王首先对 A 企业所处的环境进行全面分析。除了考虑到电子商务平台所处的大环境，行业环境、政策环境，小王还要结合自身的行业特点和经营状况，以明确当前环境对供应链可能产生的影响和风险。其分析结果如表 6－1－1 所示。

表 6－1－1　供应链所处环境分析

<table>
<tr><th>环境</th><th>分析结果</th><th>影响和风险</th></tr>
<tr><td>行业环境</td><td>市场竞争：准入门槛低、产品同质化现象严重，目前市场竞争激烈。创新、品质和价格是吸引消费者的关键因素。
消费者趋势：着重实现便利性的新产品更容易受到消费者的欢迎，这可能影响产品的设计、制造和市场营销。
市场营销：该行业品牌意识普遍较为淡薄</td><td rowspan="3">成本压力：竞争激烈可能导致价格下降，增加了成本控制的重要性。
市场格局：如果有强势的新入局者，市场份额很有可能被分走。
供应链可见性：缺乏对整个供应链的实时可见性可能导致生产和库存管理方面的问题。
技术演变：需要持续关注新技术，以确保供应链能够适应变化并保持竞争力。
政策风险：变化的法规和政策可能对生产、进口和出口带来不确定性</td></tr>
<tr><td>电商供应链环境</td><td>数字化：电商供应链越来越依赖数字技术和物联网来提高效率、可见性和协同作业。
即时配送和客户期望：消费者对即时配送和个性化服务的期望影响了供应链的设计和执行</td></tr>
<tr><td>政策环境</td><td>目前，我国对本行业的监管主要是从产品质量和安全的角度来考虑，政府制定了相关的标准和法规，对生产和销售的企业进行监管和管理，保障消费者的合法权益。同时，政府还制定了一系列的产业政策，引导行业的可持续发展，促进产业结构的优化</td></tr>
</table>

（二）建立风险评价目标和准则

在环境分析的基础上，小王确定了这次电子商务供应链风险评价的目标和准则，如表 6－1－2 所示。

表 6-1-2　建立风险评价目标和准则

目标	准则
• 确保供应链的整体可靠性，防范潜在的中断和延迟 • 确保供应链在行业的竞争力 • 确保整个供应链的实时可见性，降低信息不对称风险 • 确保成本控制在合理范围内，提高供应链的成本效益 • 确保遵守相关法规，降低潜在的法律风险 • 降低对环境的不良影响，提高可持续性	• 科学合理性 • 代表性 • 适应性 • 全面性 • 可验证性 • 可操作性

（三）风险管理小组的确定

在领导的组织下，A 企业组建了跨部门的风险管理小组，除了小王以外，还包括来自采购、物流、信息技术等领域的专家。

（四）风险评价指标的选取

考虑到企业的具体情况，风险管理小组选择用评价评分法对供应链风险进行评价。基于之前确定的评价目标与准则，风险管理小组结合企业能获取的分析数据信息，经过多次研究与讨论，制定出每个目标维度的评价项目，如表 6-1-3 所示。

表 6-1-3　风险评价指标的选取

目标	评价项目
确保供应链的整体可靠性，防范潜在的中断和延迟	• 交付准时 • 库存水平 • 系统稳定性 • 供应商
确保供应链在行业的竞争力	• 价格优势 • 产品优势 • 服务优势 • 品牌影响力
确保成本控制在合理范围内，提高供应链的成本效益	• 运输成本把控 • 库存成本把控 • 生产效率把控
提高对整个供应链的实时可见性，降低信息不对称风险	• 供应链信息系统覆盖率 • 数据精准度 • 实时监控
确保遵守相关法规，降低潜在的法律风险	• 合规审核合格率 • 合同和法规遵从性
降低对环境的不良影响，提高可持续性	• 环境友好产品比例 • 可再生能源使用

（五）实施风险评价

风险管理小组的专家根据其专业知识和经验，以及搜集的数据资料，为每个风险因素进行综合评分，评分范围从 1（低风险）到 5（高风险）。评分结果如表 6-1-4 所示。

表 6－1－4 专家评分结果

评价项目	专家 1	专家 2	专家 3	专家 4	专家 5	专家 6	总分
交付准时	3	2	2	3	2	1	13
库存水平	2	4	3	3	2	2	16
系统稳定性	4	3	3	2	2	3	17
供应商	3	3	2	3	2	4	17
价格优势	2	1	3	2	1	2	11
产品优势	3	3	4	3	2	4	19
服务优势	2	2	3	1	3	2	13
品牌影响力	3	3	2	3	4	4	19
运输成本把控	2	3	2	4	2	2	15
库存成本把控	2	3	2	2	2	3	14
生产效率把控	2	1	1	2	2	1	9
供应链信息系统覆盖	3	2	3	1	2	1	12
数据精准度	3	3	4	3	2	2	17
实时监控	3	2	3	3	2	3	16
合规审核合格	1	1	1	2	1	1	7
合同和法规遵从性	1	1	2	1	2	1	8
环境友好产品比例	2	2	1	2	2	2	11
可再生能源使用	2	2	1	2	1	2	10

经过小组商讨，最终确定的风险等级划分标准和划分结果如表 6－1－5 所示。

表 6－1－5 风险等级划分的标准和划分结果

风险等级	分数范围	项目
低风险	6～12	价格优势、生产效率把控、供应链信息系统覆盖、合规审核合格、合同和法规遵从性、环境友好产品比例、可再生能源使用
中风险	13～16	交付准时、库存水平、服务优势、运输成本把控、库存成本把控、实时监控
高风险	>16	系统稳定性、供应商、产品优势、品牌影响力、数据精准度

根据评分结果，小组得出需重点关注的高风险情况有：

（1）电商供应链通常涉及多个环节，包括订单管理、库存管理、物流配送、支付系统等，而这些环节都依赖于信息技术系统的支持。因此，系统稳定性的问题可能对整个供应链产生广泛的影响，对电商企业造成重大损失。

（2）供应商的稳定性非常重要，一旦出现意外，会影响其按时交付和履行合同义务。

（3）技术陈旧、竞争对手研发出更具有市场吸引力的产品可能导致产品失去市场竞争力。

（4）没建立起品牌效应，如果行业中出现具有识别度的品牌，很容易被超越。

（5）数据采集错误、处理不当等可能导致决策失误，影响企业运营和战略制定。

（六）改善业务流程或实施规避方案

基于评价结果，A企业的管理团队对可能带来风险的流程进行改进。在改善业务流程后，他们制定相应的规避方案，以应对可能出现的新风险。同时，他们明确监测和反馈机制，确保新流程的实施能够保障供应链的安全高效运行。

三、实训考核

老师根据模拟过程为学生评分，包括：

（1）流程是否清晰。

（2）知识掌握程度。

（3）小组间组员配合是否流畅，任务分配是否合理。

实训考核主要是评价学生实训过程表述是否清楚、逻辑性如何、成员协作配合情况等。评价的标准见表6-1-6。

表6-1-6　实训评价表

考核要素	评价标准	分值/分	评分/分		
			自评（20%）	小组（30%）	教师（50%）
电子商务供应链运营风险评价	知识掌握	40			
	逻辑性	40			
	成员配合情况	20			
评价人签名					
合计					
教师评语： 年　月　日					

任务2　电商供应链运营风险处理策略

任务导入

小王在完成了风险评价后，下一步是制定和实施有效的风险处理策略。这包括明确定义风险的优先级，为高优先级风险制订具体的缓解计划，并确保公司在面对潜在风险时有能力及时应对。

学习标杆

上海诺基亚贝尔的电子商务供应链管理

一、上海诺基亚贝尔面临的供应链管理问题

上海诺基亚贝尔有限公司是中国现代通信产业的支柱企业，拥有国家级企业技术中心，在通信网络及其应用的多个领域具有国际先进水平。企业内部的供应链建设状况尚可，但与外部供应链资源的集成状况不佳，很大程度上依然是传统的运作管理模式，而并没真正面向整个系统开展供应链管理。在电子商务崛起之后，全球 IT 产品市场需求出现爆发性增长，但基础的元器件材料供应没及时跟上，众多 IT 行业厂商纷纷争夺材料资源，同时出现设备交货延迟等现象。由于上海诺基亚贝尔在供应链管理中的快速反应、柔性化调整和系统内外响应力度上有所不够，一些材料不成套，材料库存积压，许多产品的合同履约率极低，存在供应链运营风险。

二、上海诺基亚贝尔供应链风险处理策略

首先，公司在供应商管理方面进行了优化，提升了供应商筛选的标准，特别关注关键性材料资源供应商的信息化设施和平台情况；其次，在生产任务外包业务方面，采用电子商务技术管理进行了协调，外包厂商的选择除原有的产能、质量、交货等条件外，增添对其生产计划管理系统和信息基础建设的选择标准，保证日后便于开展优化运行和监控；在库存管理方面，实现信息、资源共享及风险共担的良性库存管理模式；在需求预测和响应方面，与各分公司、分销商专门建立需求预测网络体系，实时、动态地跟踪需求趋势、收集市场数据，随时提供最新市场预测，使上海诺基亚贝尔的供应链系统能真正围绕市场运作。

（资料来源：https://www.gov.cn/ztzl/2009－01/06/content_1197372.htm）

思考

上海诺基亚贝尔电子商务供应链风险处理的关键切入点是什么？

必备知识

一、电商务供应链风险处理策略

（一）定义

电子商务供应链风险处理策略是指针对电子商务供应链运营中可能出现的各种风险和不确定性情况，制定并实施一系列的方法、措施和计划，以降低、控制、转移或自担这些风险，以确保供应链的稳定运作和持续发展。

（二）分类

这些策略的目的是在风险发生时迅速做出反应，减少潜在的损失和负面影响，同时最大限度地维护供应链的正常运营。电子商务供应链风险处理策略的核心包括以下几个方面：

1. 风险回避

风险回避是指将风险降低到零，断绝一切风险的来源，主动放弃那些可能导致风险损失的项目和方案或者尽量避开不利的外部环境。风险回避是一种较为极端的风险处理策略，主要应用于电子商务供应链风险发生的概率极高，且损失也颇为严重，同时企业没有其他有效的策略来减轻风险的情形，它是一种简单易行、彻底和经济的风险处理策略。

但是需要注意的是，由于风险回避建立在风险管理人员对电子商务供应链风险进行识别的基础上，风险管理人员认知的偏差可能导致风险回避并不是最合适的策略。供应链企业如果长期采取风险回避，则可能产生消极的风险应对态度，过度规避风险而放走一些发展的机遇。

2. 风险控制

风险控制是一种积极的风险处理策略，在风险评估的基础上，制定策略和措施以减少风险带来的损失。风险控制包括事前控制、事中控制和事后控制。事前控制是在风险发生前，采取一些措施降低风险发生的概率。事中控制和事后控制在风险发生后，此时企业的重点应放在减少风险导致的损失上。

3. 风险转移

风险转移是指供应链企业通过合同或非合同方式，将风险转移给供应链上的另外一些合作伙伴的一种风险处理策略。当供应链企业无法通过其他有效方法来减轻风险时，可以采用风险转移，常用的转移方式有保险转移和非保险转移。保险转移是指企业通过与保险公司订立保险合同，缴纳一定的保险金给保险公司，使保险公司负有对合同范围内的供应链风险产生的损失进行赔偿的责任。非保险转移是指企业与供应链上其他合作伙伴签订合同，合同双方不仅共享利益，而且共担风险。例如，企业不自建仓库、车队等，将相关业务外包给供应链上的合作伙伴，可以降低成本。

4. 风险自担

风险自担也称风险承担，是指企业主动地承担风险，自己承担潜在的风险损失。供应链上的企业选择自担风险主要基于两个原因：一个是该风险无法转移或无法规避，如自然灾害和人为事故；另一个是企业虽然明知风险存在，但是通过权衡可能的收益和风险，愿意为获得收益而承担风险。在风险自担过程中，企业必须采取适当的措施来保证供应链的弹性，此外企业必须建立高效的信息传递渠道，保证信息传递的及时准确，消除冗余环节，确保供应链的优化。

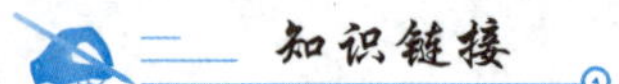

供应链金融风险特点

二、电商供应链的防控对策

电子商务供应链的防控对策是为了应对潜在的风险和威胁，确保供应链的稳定运作和持续发展而制定的一系列措施和方法。以下是电子商务供应链防控对策的主要方面：

（一）信息风险防控对策

在应对这一风险时，首要任务是加强信息安全。这包括采用高级的数据加密技术，确保敏感信息在传输和储存中受到保护，降低数据泄漏的可能性。定期进行网络漏洞扫描和安全评估，以及建立强大的防火墙和入侵检测系统，有助于及时发现和阻止潜在的网络攻击。此外，员工教育和培训也至关重要，通过培训员工了解信息安全最佳实践，提高他们的信息安全意识，减少内部风险。另外，对供应商的审查也是必要的，确保他们符合信息安全标准，并要求他们采取相应的安全措施。

（二）金融风险防控对策

为了应对这一风险，多元化资金来源是关键之一。不依赖于单一金融渠道，可以分散金融风险。此外，可以使用金融工具如衍生品、期权等来对冲汇率和利率波动等风险。在供应商合同审查方面，审查供应商的财务稳定性非常重要，以确保他们能够按时交付和履行合同义务。另外，紧密监控财务状况也是必要的，定期审查和监控财务状况，以便及时发现问题并采取行动。

（三）物流风险防控对策

此外，电子商务供应链物流风险也需要得到妥善管理。建立备用供应商来降低单一供应商风险，确保供应链的稳定性。建立紧急物流计划，以便在突发情况下快速应对，包括对供应链的备份计划和快速物流渠道的建立。实施现代物流技术和仓储管理系统，提高物流可见性，有助于追踪和管理物流风险。确保物流环节的高效协同，减少物流拥堵和延误的可能性。同时，建立紧密的供应链合作伙伴关系，加强沟通和信息共享，有助于提前发现潜在的物流风险，并采取适当的措施应对。

（四）资金流风险防控对策

电子商务供应链资金流风险的防控对策包括建立紧密的财务监控体系，确保资金流动受到监督和控制。同时，优化资金管理，确保资金的高效使用，包括优化付款和收款流程，降低资金的滞留时间。建立供应链金融合作关系，可以获得灵活的融资渠道，帮助缓解资金压力。定期进行供应商的财务稳定性评估会确保供应商具备履行合同的财务实力，降低供应商带来的资金流风险。

一、实训目标

通过完成本实训任务，学生能够对电子商务供应链运营风险处理策略有更深入的了解，能够在实际业务环境中应用各类风险处理策略，帮助企业制定合适的风险处理方案，实现风险的应急响应，以减轻和控制风险对企业与供应链的影响。

二、实训步骤

（一）风险评估

在某次自然灾害事件中，A 企业物流中心所在地由于受到极端天气影响，当地的交通运输出现了一定程度的不便。

出现这一情况后，A 企业的风险管理团队被紧急召集，立即对这次事件可能对供应链带来的风险进行评估，结果如表 6－2－1 所示。

表 6－2－1　供应链风险评估

风险	具体影响
物流运输受阻	由于交通运输不便，物流运输受阻，导致客户订单无法按时配送，影响客户满意度
仓库滞留	包裹滞留在仓库，可能导致产品积压，增加仓储成本，并影响后续订单处理
供应链中断	供应商向物流中心发货受阻，一些热销产品的供应量减少，可能导致订单延误和客户投诉
客户服务压力	客户可能因为未按时收到产品而对公司产生不满，增加客户服务团队的工作压力

（二）制定风险处理策略

在风险评估的基础上，风险评价管理小组紧急制定了风险处理方案，以尽量减轻损失和最小化对业务的影响，实现对风险的控制，其策略如表 6－2－2 所示。

表 6－2－2　风险处理方案

策略	具体措施
紧急调查与沟通	风险管理小组与仓库、物流以及供应商紧急联系，了解具体情况，确保及时了解灾害带来的实际影响
客户服务计划	制订一套客户服务计划，包括及时告知客户可能的配送延误，提供解决方案，并通过多渠道传达，维护客户关系
库存调整与优化	考虑重新调整库存，确保热销产品的备货充足，并优化仓储策略，降低滞留成本
备用物流计划	制订备用物流计划，与备用物流伙伴协商，确保产品能够尽快到达目的地
供应链多样化	提出未来供应链多样化策略，减少对单一地区的过度依赖，以降低自然灾害对业务的冲击
紧急订单处理	制定紧急订单处理方案，优先处理受影响的订单，最大限度减少订单延误
总结经验	事后，小组需对整个风险处理过程进行评估，收集反馈意见，识别潜在的改进点，以便将来更好地应对类似的灾害风险

（三）落实方案，控制风险

在 A 企业风险管理小组的紧急努力和合理制定的风险处理策略下，公司较成功地控制了由极端天气灾害引发的供应链风险。

首先，通过紧急调查和沟通，风险管理小组及时了解了物流中心所在地的实际情况，并与仓库、物流伙伴和供应商建立了高效的沟通渠道。这使得小组能够准确评估灾害对供应链可能产生的各种影响。

其次，制订的客户服务计划发挥了积极作用。公司及时告知客户可能的配送延误，提供了详细的解决方案，并通过多渠道传达，有效维护了客户关系。这不仅降低了客户投诉的可能性，还提高了客户对公司的信任。

通过库存调整与优化，A 企业成功地减轻了灾害带来的仓储压力。小组重新调整了库存，确保了热销产品的备货充足，并通过优化仓储策略，降低了滞留成本，使公司在灾害期间保持了财务的相对稳定。

备用物流计划的实施也为公司渡过了难关。与备用物流伙伴的协商让公司能够快速采取行动，确保产品尽快到达目的地，最大限度地减少了供应链中断对业务的影响。

通过这次经验，A 企业深刻认识到供应链多样化的重要性，为将来的风险做好了更全面的准备。风险管理小组在整个处理过程中紧密合作，不仅成功控制了风险，还通过学习和改进，进一步提升了应对未来挑战的能力。

在这次灾害应对实战中，A 企业充分展示了对于电子商务供应链风险的敏锐洞察力和高效的应对能力，为公司的可持续发展打下了坚实的基础。

三、实训考核

老师根据模拟过程为学生评分，包括：

（1）流程是否清晰。

（2）知识掌握程度。

（3）小组间组员配合是否流畅，任务分配是否合理。

实训考核主要是评价学生实训过程表述是否清楚、逻辑性如何、成员协作配合情况等。评价的标准见表 6－2－3。

表 6－2－3　实训评价表

考核要素	评价标准	分值/分	评分/分		
			自评（20%）	小组（30%）	教师（50%）
电子商务供应链运营风险处理策略	知识掌握	40			
	逻辑性	40			
	成员配合情况	20			
评价人签名					
合计					
教师评语： 年　月　日					

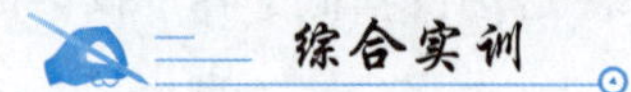

综合实训

一、知识巩固与技能提高

项目六　在线试题

二、项目实训任务单

在掌握电商供应链风险管理的相关知识基础上，按照表 6－2－4 所示的电商供应链风险管理任务单的要求，完成任务。

表 6－2－4　电商供应链风险管理任务单

<table>
<tr><td>项目名称</td><td>电商供应链风险管理</td><td>项目编号</td><td>6－2－4</td></tr>
<tr><td>项目说明</td><td colspan="3">一、任务要求
在掌握电商供应链风险管理的相关知识基础上，能够运用合适的方法开展电子商务供应链运营风险的评价以及处理策略，以减少企业供应链风险，确保其可持续性。
二、项目实施所需的知识
重点：评价方法、评价流程、处理策略、防控对策
难点：风险评价指标
三、小组成员分工
按照收集资讯、计划、决策、实施、检查、评价的过程，完成每一个任务步骤。</td></tr>
<tr><td>项目资源</td><td colspan="3">任务实训、Word、Excel</td></tr>
<tr><td rowspan="4">项目实施</td><td colspan="3">一、电商供应链运营风险评价</td></tr>
<tr><td colspan="3"></td></tr>
<tr><td colspan="3">二、电商供应链运营风险处理策略</td></tr>
<tr><td colspan="3"></td></tr>
</table>

三、项目考核

<table>
<tr><td colspan="3">知识巩固与技能提高（40 分）</td><td>得分：</td></tr>
<tr><td colspan="4">计分标准：
得分 =1 × 单选题正确个数 +2 × 多选题正确个数 +1 × 判断题正确个数</td></tr>
<tr><td colspan="3">学生自评（20 分）</td><td>得分：</td></tr>
<tr><td colspan="4">计分标准：初始分 =2 × A 的个数 +1 × B 的个数 +0 × C 的个数
得分 =（初始分/26）×20</td></tr>
<tr><td>专业能力</td><td colspan="2">评价指标</td><td>自测结果
（A 掌握；B 基本掌握；C 未掌握）</td></tr>
<tr><td>电子商务供应链运营风险评价</td><td colspan="2">1. 掌握电子商务供应链运营风险评价的方法和流程
2. 运用适当的方法，对电子商务供应链的风险进行评价和分析
3. 根据企业实际情况，合理进行风险评价指标的选取</td><td>A□ B□ C□
A□ B□ C□
A□ B□ C□</td></tr>
<tr><td>电子商务供应链运营风险处理策略</td><td colspan="2">1. 能够在实际业务环境中应用各类风险处理策略，帮助企业制定合适的风险处理方案
2. 保障风险处理方案的落实</td><td>A□ B□ C□
A□ B□ C□</td></tr>
<tr><td colspan="3">小组评价（20 分）</td><td>得分：</td></tr>
<tr><td colspan="4">计分标准：得分 =10 × A 的个数 +5 × B 的个数 +3 × C 的个数</td></tr>
<tr><td>团队合作</td><td>A□ B□ C□</td><td>沟通能力</td><td>A□ B□ C□</td></tr>
<tr><td colspan="3">教师评价（20 分）</td><td>得分：</td></tr>
<tr><td>教师评语</td><td colspan="3"></td></tr>
<tr><td>总成绩</td><td></td><td>教师签字</td><td></td></tr>
</table>

项目七　电商供应链绩效评价运营

项目背景

电子商务企业需要确保其供应链高效运营，以满足客户需求，降低成本，提高竞争力。为了实现这一目标，电子商务供应链绩效评价成了一项至关重要的任务。通过绩效评价，电子商务企业可以深入了解其供应链运营的各个方面，发现问题并制定改进策略，实现运营的持续优化。

项目目标

知识目标

- 了解电子商务供应链绩效管理的概念。
- 熟悉电子商务供应链绩效评价工具的种类和用途。
- 掌握电子商务供应链绩效评价指标作业分类和流程。
- 了解基于平衡计分卡（BSC）和关键绩效指标（KPI）的电子商务供应链绩效管理方法。
- 熟悉建立指标体系的总体思路和程序。
- 掌握电子商务供应链绩效评价模型的流程和维度。

能力目标

- 通过综合考虑采购、仓储、配送等环节，运用不同的绩效评价工具，评估电子商务供应链的绩效水平。
- 运用电子商务供应链绩效评价流程，进行绩效评估和报告撰写。
- 运用 BSC 和 KPI 方法，综合考虑财务、客户、内部流程和学习与成长等维度，评估电子商务供应链的整体绩效。
- 利用建立的指标体系，建立整体绩效评价模型，分析电子商务供应链的流程、运营成效和绩效管理稳定性。

素养目标

- 培养学生的合作意识、创新能力，以及对可持续发展和社会责任的认识。
- 加强学生的综合分析和问题解决能力，提高责任感和敬业精神。
- 培养学生的战略思维和综合分析能力，强化问题解决和创新能力，提高学生的绩效导向和团队协作精神。
- 加强学生的社会责任感和可持续发展观念，促进思考绩效评价对企业长期发展的影响。

项目导航

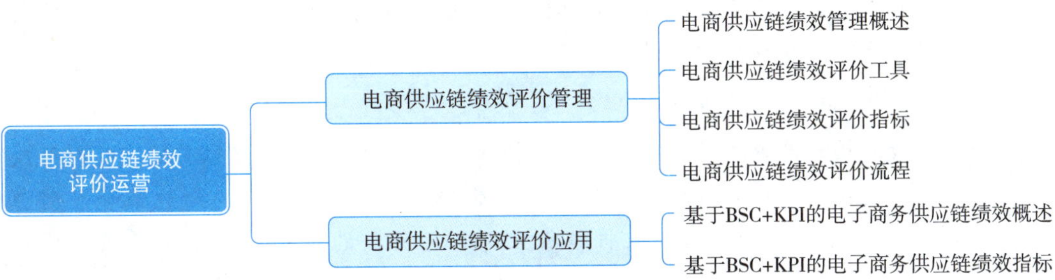

任务1 电商供应链绩效评价管理

任务导入

为了持续提供高质量的产品和服务，以及降低运营成本，公司要求小王深入了解和优化其供应链运营绩效。第一个任务就是需要学习各种绩效评价工具和指标，以帮助他们量化供应链的不同方面，并建立有效的绩效体系，确保运作的高效性和卓越性。

学习标杆

盒马鲜生的供应链绩效评价

盒马鲜生的供应链绩效管理大体遵照阿里巴巴集团的设计，确定了分级考核和目标管理相结合的绩效管理方法。将盒马的战略目标与员工个人绩效联系起来，根据不同部门和不同级别，确定相匹配的考核标准，再确定考核指标的比重来最终确定员工的绩效考核成绩。

一、供应链绩效管理计划

盒马鲜生供应链绩效管理计划主要包括确定评价指标、目标值、评价周期和签订绩效管理责任书。从公司运营目标和价值观设定，层层落到供应链各部门，再落到员工。首先，使用关键绩效指标法确定评价指标，使用冷链仓数量评价供应链规模，使用商品库存和运输成本评价预测绩效，使用销售额评价门店绩效，使用订单配送时长评价配送效率，使用生鲜重量、上架时间评价质量绩效；其次，根据上个绩效管理周期业绩确定绩效目标值；接着，确定绩效管理评价周期为季度；最后，绩效职能部门与供应链员工签订绩效管理责任书，明确权利和义务，作为绩效管理的依据。

二、供应链绩效管理实施

首先，下达绩效管理计划，确保与计划相关的员工能了解计划的具体内容和要求；其次，预测、门店、配送和质量管理部门认真组织实施；最后，借助商品贴标，运用智能物联网技术及先进设备信息系统获取关键指标完成情况和员工的工作表现等信息。

三、供应链绩效管理考核评价

供应链绩效考核评价中，采用自评和他评相结合的方式，根据实际经营情况随时修改关键绩效指标。急速扩张的战略目标下放到食品质量安全部门，该部门的绩效工资与销售额挂钩。从门店效率角度看，盒马鲜生将销售业绩作为考核的重点，并建立了强大的激励制度。

（资料来源：https://www.doc88.com/p-69029428924683.html）

思考

盒马鲜生供应链绩效评价管理有哪些层面的指标？评价指标确定的方法是什么？

一、电商供应链绩效管理概述

电子商务供应链绩效管理是利用电子商务信息技术给整个供应链提供及时的信息，以此优化供应链的柔性、响应速度以及物流、资金流等各方面绩效的一种现代化供应链绩效管理方法。实施电子商务供应链绩效管理不仅可以为企业实施供应链管理提供有力的信息技术支持和广阔的活动舞台，还可以让企业供应链上各节点企业之间的信息共享更加便捷、联系更加紧密，而且能让供应链的整体运作更为高效。

电子商务供应链绩效管理的优势是可以通过信息技术方便快捷地收集和处理大量的供应链信息。根据收集来的信息资源，每个节点企业就可以根据市场需求来制订相应的需求、生产和供货计划，使信息沿着整个供应链顺畅流动，有助于整个产业运行的组织和协调。电子商务的应用可以帮助企业对供应链上大量的信息进行有效的管理，提高整个供应链的运作效率。电子商务供应链绩效管理可以提供诸如信息自动处理、客户订单执行、采购管理、存货控制以及物流配送等电子商务系统，从而提高电子商务供应链整体的绩效。

二、电商供应链绩效评价工具

评价人员使用一些绩效评价工具能方便地实施仓储与配送绩效评价。常用的绩效评价工具有检查表、平衡计分卡。

1. 检查表

检查表可用于记录评价对象的各项评价数据，为着手进行问题分析及关键因素识别提供数据。检查表的使用非常便捷，也易于数据的整理和分析。例如，评价人员可以用 Excel 表格来记录检查到的问题，可将问题发生频率数据直接输入 Excel 表格中，以便于数据整理和分析。评价人员可以根据需要设计各种检查表。仓储与配送质量检查表示例如表 7-1-1 所示。

表 7-1-1　仓储与配送质量检查表示例

月份	送达延迟/次	包装损坏/次	差错率/%	紧急订单响应率/%

2. 平衡计分卡

平衡计分卡（Balanced Score Card，BSC）是一种综合绩效评价体系。平衡计分卡的内容包括财务、内部流程、客户、学习与成长 4 个维度的内容。

①财务维度：财务指标是一个重要的指示器，企业力争改善内部流程、关注学习与成长、提高客户满意度，最终都是为了改善财务指标的表现。

②内部流程维度：主要关注企业在哪些流程上表现得优异才能实现战略目标。例如，为了获得客户的满意、提供高质量的产品和服务、获取市场领先地位，企业在各内部流程上分别应该做到什么程度。

③客户维度：主要关注客户如何看待企业，企业能在多大程度上提供使客户满意的产品和服务。这个维度的重要指标有市场份额、客户满意度、客户保持率等。

④学习与成长维度：主要关注企业必须具备或提高哪些关键能力才能改善内部流程，进而实现财务和客户维度的目标。

平衡计分卡中的每个指标都是一系列因果关系中的一环，既是结果，又是驱动因素，它们把相关部门的目标同企业战略联系在一起。员工的技术素质和管理素质决定产品和服务的质量；产品和服务的质量等决定客户满意度和客户忠诚度；客户满意度、客户忠诚度、产品和服务的质量等决定企业的财务状况和市场份额。为取得更好的经营成果，企业必须使产品和服务赢得客户的信赖；要赢得客户的信赖，企业必须提供能使客户满意的产品服务，并为此改进内部生产流程；要改进内部生产流程，企业必须对员工进行培训，开发新的信息系统。

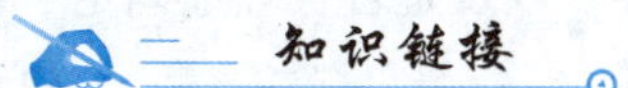
知识链接

平衡计分卡

三、电商供应链绩效评价指标

（一）采购绩效评价指标

采购绩效评估系统的建立需要设立绩效标准。一般情况下，设立绩效标准的方法有两种：一是历史绩效标准；二是预算绩效标准。历史绩效标准可以根据企业以往的采购历史业务数据来设定，也可以根据同行业绩效的平均水准来设定。当历史绩效难以取得或采购业务变化比较大时，则可以使用采购预算作为衡量绩效的标准，即预算绩效标准。绩效标准一旦建立就不能再有所变动。以商品流通企业为例，采购绩效考核指标体系一般可由以下指标组成。

1. 销售额指标

销售额指标可细分为大类商品指标、中类商品指标、小类商品指标及一些特别的单品项商品指标。应根据不同的业态模式中商品销售的特点来制定各种类别的商品销售额指标比例值。

2. 商品结构指标

商品结构指标是为了体现业态特征和满足目标顾客需求度的考核指标，如根据对一些便利店连锁公司的商品结构调查发现，反映便利店业态特征的便利性商品只占 8%，公司自有品牌商品占 2%，其他商品则高达 80%。为了改变这种商品结构，就要从指标上提高便利性商品和自有商品的比重，并进行考核，通过指标的制定和考核可同时达到两个效果：第一，在经营的商品上业态特征更明显；第二，高毛利的自有品牌商品比重上升，从而增强了竞争力和盈利能力。

3. 毛利率指标

根据超级市场品种定价的特征，毛利率指标首先是确定一个综合毛利率的指标，这个指标的要求是反映企业的业态特征控制住毛利率，然后分解综合毛利率指标，制定比例不同的类别商品的毛利率指标并进行考核。毛利率指标对采购人员考核的出发点是，让低毛利商品类采购人员通过合理控制订单量加快商品周转，提高毛利率；并通过与供应商谈判加大促销力度提高销售量，增加供应商给予的折扣率，进而提高毛利率。对高毛利率商品类的采购人员，促使其优化商品品牌结构，提高品牌商品销售量，或通过促销提高销售量，进而提高毛利率。要明白一个道理，企业毛利率的增加，很重要的一个途径就是通过促销提高销售量，然后从供应商手中取得能提高毛利率的折扣率。

4. 库存商品周转天数指标

这一指标主要是考核配送中心库存商品和门店存货的平均周转天数。通过这一指标可以考核采购人员是否根据店铺商品的营销情况合理地控制了库存，以及是否合理地确定了订货数量。

5. 门店订货商品到位率指标

这个指标一般不能低于 98%，最好是 100%。这个指标考核的是门店向总部配送中心订货的商品与配送中心库存商品可供配货的接口比例。这个指标的考核在排除总部的其他部门的工作因素后或特殊原因外，主要落实在商品采购人员身上。到位率低就意味着门店缺货率高，必须严格考核。

6. 配送商品的销售率指标

门店的商品结构、布局与陈列量都是由采购业务部制定的，如果配送到门店的商品销售率没有达到目标，可能是商品结构、布局和陈列量不合理。对一些实行总部自动配送的公司来说，如果配送商品销售率低，可能还关系到对商品最高与最低陈列量的上下限设定是否合理。

7. 商品淘汰率指标

由于门店的卖场面积有限，又由于必须不断更新结构，当新商品按照考核指标被不断引进时，就必须设立商品的淘汰率指标。

采购是企业经营活动的起点和源头，因此利用绩效评估手段控制好采购环节是实现企业经营计划目标的重要手段。

（二）仓储与配送绩效评价指标

从作业流程角度来看，企业可从入库验收作业、装卸搬运作业、在库保管作业、出库作业、配送作业、全流程 6 个方面来设计仓储与配送绩效评价指标。

1. 入库验收作业

入库验收作业方面的仓储与配送绩效评价指标及其计算公式如下：

$$\text{差错率}=\frac{\text{计算期内某作业的差错量}}{\text{同期该作业的总量}}\times 100\%$$

注：作业量（包括作业的差错量、总量）可按票数计，也可按件数计；差错率也可用于评价装卸搬运作业、在库保管作业、出库作业、配送作业的绩效。

$$\text{收货准确率}=\frac{\text{准时收货量}}{\text{总收货量}}\times 100\%$$

$$\text{单位收货量}=\frac{\text{总收货量}}{\text{人员工时总和}}\times 100\%$$

$$\text{平均收货时间}=\frac{\text{收货时间总和}}{\text{供应商送货次数}}\times 100\%$$

2. 装卸搬运作业

装卸搬运作业方面的仓储与配送绩效评价指标及其计算公式如下：

$$\text{装卸搬运劳动率}=\frac{\text{装卸搬运作业人数}}{\text{仓库作业总人数}}\times 100\%$$

$$\text{设备利用率}=\frac{\text{设备实际使用时间总和}}{\text{可使用时间总和}}\times 100\%$$

$$\text{搬运货损率}=\frac{\text{货损量（货损值）}}{\text{搬运货物总量}}\times 100\%$$

$$\text{移动作业比率}=\frac{\text{移动的数量}}{\text{生产性作业的数量}}\times 100\%$$

移动作业比率是反映装卸搬运作业全面效率的指标。要获得高比率，就需要减少搬运步骤或者采用机械化或自动化的搬运设备。

3. 在库保管作业

在库保管作业方面的仓储与配送绩效评价指标及其计算公式如下：

$$\text{货账相符率}=\frac{\text{货账相符笔数}}{\text{储存货物的总笔数}}\times 100\%$$

$$\text{货损率}=\frac{\text{损失量}}{\text{总量}}\times 100\%$$

$$\text{库存准确率}=\frac{\text{总库存数}-\text{库存差异数}}{\text{总库存数}}\times 100\%$$

$$盘点品项误差率=\frac{盘点误差品项数}{盘点实际品项数}\times 100\%$$

$$单位盘差品金额=\frac{盘点误差金额}{盘点误差量}\times 100\%$$

4. 出库作业

出库作业方面的仓储与配送绩效评价指标及其计算公式如下：

$$出货时间延迟率=\frac{延迟出货的货物总量}{出货总量}\times 100\%$$

5. 配送作业

配送作业方面的仓储与配送绩效评价指标包括作业数量指标、作业质量指标、作业效率指标等。

（1）作业数量指标。作业数量指标包括日均受理订单数、人均拣选数量、单车日均送货户数、单车日均送货里程、单车日均送货量，各指标的计算公式如下：

$$日均受理订单数=\frac{订单数量}{作业天数}\times 100\%$$

$$人均拣选数量=\frac{计算期内的拣选数量}{计算期内的拣选作业人员数}\times 100\%$$

$$单车日均送货户数=\frac{计算期内的送货户数}{车辆数\times 实际作业天数}\times 100\%$$

$$单车日均送货里程=\frac{计算期内的送货里程}{车辆数\times 实际作业天数}\times 100\%$$

$$单车日均送货量=\frac{计算期内的送货数量}{车辆数\times 实际作业天数}\times 100\%$$

（2）作业质量指标。常用的作业质量指标为订单处理正确率，其计算公式如下：

$$订单处理正确率=\frac{无差错订单处理数}{订单总数}\times 100\%$$

（3）作业效率指标。作业效率指标包括订单按时完成率、货物准时送达率、订单延迟率、订单货件延迟率、紧急订单响应率，各指标的计算公式如下：

$$订单按时完成率=\frac{按时完成订单数}{准时送达订单数}\times 100\%$$

$$货物准时送达率=\frac{按时完成订单数}{订单总数}\times 100\%$$

$$订单延迟率=\frac{延迟交货订单数}{订单总数}\times 100\%$$

$$订单货件延迟率=\frac{延迟交货量}{出货量}\times 100\%$$

$$紧急订单响应率=\frac{未超过 12 小时出货订单数}{紧急订单总量}\times 100\%$$

6. 全流程

全流程指标不分属于任何流程，通常是反映整个流程绩效的结果性指标，如评效、仓储成本占比、单位仓储成本等指标，其计算公式如下：

$$评效 = \frac{收益}{仓储面积} \times 100\%$$

$$仓储成本占比 = \frac{仓储运营成本}{主营业务成本} \times 100\%$$

$$单位仓储成本 = \frac{仓储运营成本}{仓储面积} \times 100\%$$

四、电商供应链绩效评价流程

目前，学术界关于绩效评价的流程有基本共识，不少学者认可将绩效评价的流程分为制订评价计划、确定评价标准与方法、收集资料、分析与评价、运用评价结果5个环节。

1. 制订评价计划

为了保证绩效评价顺利进行，企业需要事先制订评价计划，在明确评价目的的前提下，有针对性地选择评价的对象、内容、期限、人员等。

2. 确定评价标准与方法

评价标准是对评价对象进行分析和评价的标尺。仓储与配送绩效评价标准有历史标准、计划标准、同行标准、客户标准 + 类。在确定评价标准后，我们还要选择相应的评价方法。

3. 收集资料

在收集资料环节，企业面临的问题是资料处理量非常大，这是因为资料的来源非常广泛。既有财务资料，又有非财务资料；既有企业内部资料，又有外部资料；既有近期资料，又有远期资料等。因此，在收集资料阶段，企业要尽力做到以下几点：

（1）根据评价指标的要求全面收集有关资料，力求做到客观、准确和全面。

（2）善于筛选资料，抓住有用的、关键的资料，降低获取资料的成本。

（3）认真破译资料。通过加工、整理资料，使资料符合评价工作的需要。

（4）注重长期的跟踪工作，随时收集相关资料，使资料收集工作形成一种制度。

4. 分析与评价

在分析与评价环节，企业要采用科学、合理的评价方法与工具，对评价指标进行分析与计算，从而得出评价结果。其具体步骤包括：用评价指标评价绩效的各部分，如从财务角度、运营角度、安全角度、服务角度得出各部分的单项评价值；利用一定的计算方法（如加权平均法），得出关于评价对象的评价值；将得出的评价值与标准值进行比较，形成评价报告。

5. 运用评价结果

得到评价结果并不意味着评价工作的结束。在获得仓储与配送绩效评价结果后，企业还应将仓储与配送绩效评价结果运用到自己的经营管理中。

一、实训目标

通过完成本实训任务，学生能够对电子商务供应链绩效评价管理有更深入的了解，掌握其具体的评价流程，熟练运用各种合适的评价准则与方法，准确评估电子商务供应链各环节的绩效水平，为企业优化电子商务供应链运营提供具有参考价值的依据。

二、实训步骤

（一）制订评价计划

A 企业计划对上半年 A 企业的采购业务和仓配业务展开绩效考核，以评估这两个部门在本公司电子商务供应链整体运营中的重要性和贡献度。小王需要制订一份绩效考核计划，以详细说明此次绩效评估的评价目的、评价对象、评价内容、评价周期、评价流程等问题。

在制订计划表的过程中，小王充分了解每个部门的业务特点、工作内容以及企业对这两个部门的期望和要求。同时还考虑到企业整体战略目标和业绩考核体系，以确保绩效考核计划书能够真正反映企业的需求和期望。其编制的计划如表 7－1－2 所示。

表 7－1－2　202×年 A 企业上半年采购及仓配绩效评价计划

<table>
<tr><th colspan="3">202×年 A 企业上半年采购及仓配绩效评价计划</th></tr>
<tr><td>评价目的</td><td colspan="2">• 评估上半年 A 企业电子商务供应链整体运营中采购业务和仓配业务的重要性和贡献度。
• 提供对两个部门的绩效反馈，以指导未来改进和发展方向。
• 为员工提供明确的目标和激励，促使其更好地执行工作职责</td></tr>
<tr><td>评价对象</td><td colspan="2">采购部门；仓储配送部门</td></tr>
<tr><td rowspan="2">评价内容</td><td>采购业务</td><td>采购成本管理
供应商管理与合作关系
采购流程效率</td></tr>
<tr><td>仓配业务</td><td>准时交付率
仓库管理效率
订单处理准确性
物流成本控制</td></tr>
<tr><td>评价周期</td><td colspan="2">评价周期为上半年，具体时间为 202×年 1 月 1 日至 202×年 6 月 30 日</td></tr>
<tr><td>评价人员</td><td colspan="2">评价由公司内部相关部门负责，涵盖跨部门的综合评价团队。
评价团队成员包括采购主管、仓配经理、财务经理和绩效管理专员</td></tr>
<tr><td>评价流程</td><td colspan="2">确定评价实施方案
↓
数据收集
↓
评价会议
↓
结果分析和反馈</td></tr>
</table>

（二）确定评价标准与方法

为了确保评价过程全面、客观、可操作，小王计划结合定量和定性评价法开展此次评估，小王初步确定了此次绩效评价的标准与方法，如表 7－1－3 所示。

表 7-1-3　评价标准与方法

	评价内容	评价标准	评价方法
采购	采购成本管理	预算标准	比较实际采购成本与预算成本
	供应商管理与合作	定性指标	评价采购部门与供应商的合作情况，包括沟通效果和问题解决能力等，制定相应绩效指标并给予评分
	采购流程效率	历史标准	比较采购订单执行时间、供应商交货时间、采购周期等指标与历史数据的差异
仓储与配送	准时交付率	计划标准	比较订单实际交付时间与承诺交付时间，计算准时率
	仓库管理效率	历史标准	比较库存周转率、滞销库存占比、出入库速度、评效等指标与历史数据的差异
	订单处理准确性	计划标准	统计订单处理错误的次数，计算错误率
	物流成本控制	历史标准；行业标准	分析每个订单的物流成本，与历史数据和行业平均值进行比较

（三）收集资料

确定评价标准与方法后，小王分析了各个评价内容所需的数据资料及其来源与处理方式，如表 7-1-4 所示。

表 7-1-4　收集资料

	评价内容	需求（数据/工具）	来源	处理
采购	采购成本管理	实际采购成本；预算成本	系统导出	收集上半年度的采购数据，包括实际采购成本、每个采购项目的详细成本、采购数量、采购周期等相关信息。 对采购数据进行验证和清理，确保数据的准确性和完整性。处理可能存在的异常或错误数据。 将实际采购成本与预算成本进行对比，计算成本差异
	供应商管理与合作	采购订单执行情况；供应商沟通记录；问题解决记录	召开评价会议	收集上半年度的与采购部门和供应商相关的数据，包括采购订单执行情况、供应商沟通记录、问题解决记录等。 采购团队领导、供应链经理等对供应商管理的情况，分享各自的观点和评价结果。 根据评价会议的讨论结果，为采购部门在每个绩效指标上分配绩效评分
	采购流程效率	采购流程执行时间；历史数据	系统导出	收集上半年度与采购流程相关的数据，包括采购订单执行时间、供应商交货时间、采购周期等。 采购的业务存在周期性的变化，需选择具有相似业务环境和特征的历史时期进行比较，以识别可能的趋势和改进机会

续表

	评价内容	需求（数据/工具）	来源	处理
仓储与配送	准时交付率	订单交付时间；承诺交付时间；实际交付时间	系统导出	收集上半年度的与准时交付相关的数据，包括订单交付时间、承诺交付时间、实际交付时间等。 设定与准时交付相关的绩效评价指标，如准时交付率目标、异常情况处理时间目标等
	仓库管理效率	库存周转率；滞销库存占比；出入库速度；评效等	系统导出	收集上半年度与仓库管理效率相关的数据，包括库存周转率、滞销库存占比、出入库速度、评效等。 整理好上半年数据后将当前期间的绩效与历史数据进行比较
	订单处理准确性	订单错误率；退货率；缺货率等	系统导出	收集上半年度与订单处理准确性相关的数据，包括订单错误率、退货率、缺货率等
	物流成本控制	运输成本；仓储成本；订单处理成本；历史数据；行业数据	系统导出；市场调研	收集每个订单的具体物流成本数据，包括运输成本、仓储成本、订单处理成本等。 将每个订单的物流成本与相同期间历史订单数据进行比较，分析成本的变化趋势。 搜集行业平均值或同行业竞争对手的订单物流成本数据。 将每个订单的物流成本与行业平均值进行对比，分析公司在物流成本上的相对位置

（四）分析与评价

评价团队召开评价会议，深入剖析相关业务资料、对每个评价内容做出专业、精准的评价，得出每项评价内容的综合得分。在执行过程中，要确保流程的透明性、可追溯性，并及时做好各阶段的沟通和协调。依照上述流程与方案实施绩效评价后，结果如表 7－1－5 所示。

表 7－1－5　评价结果

202×年 A 企业上半年绩效评价结果			
采购			
评价内容	综合得分	权重	
采购成本管理	78	40%	
供应商管理与合作	62	30%	
采购流程效率	73	30%	
总分	71.7	等级	一般
仓储与配送			
评价内容	综合得分	权重	
准时交付率	88	30%	
仓库管理效率	75	20%	

续表

评价内容	综合得分		权重
订单处理准确性	81		20%
物流成本控制	76		30%
总分	80.4	等级	良好

（五）运用评价结果

为了确保绩效评价结果得到充分运用，并推动组织更深入地了解其业务运营状况，明确后期优化方向，小王提出了以下建议：

（1）制订改进计划：根据评价结果，针对每个评价内容和子项，制订具体的改进计划。确保计划是可衡量的、具体的，并与实际业务目标一致。

（2）知识分享和培训：如果评价结果中显示存在知识或技能缺陷，考虑进行培训和知识分享活动。确保团队具备必要的技能和知识，以更好地履行其职责。

（3）分享最佳实践：如果某些部分表现出色，鼓励分享最佳实践，以便在整个组织中推广成功的经验和方法。

（4）奖励和认可：对于表现出色的团队或个人，提供奖励和认可。这有助于建立积极的绩效文化，激发团队的工作动力。

（5）借鉴成功经验：如果行业内有类似的成功经验，考虑借鉴并针对本公司具体情况进行适当的调整。

三、实训考核

老师根据模拟过程为学生评分，包括：

（1）流程是否清晰。

（2）知识掌握程度。

（3）小组间组员配合是否流畅，任务分配是否合理。

实训考核主要是评价学生实训过程表述是否清楚、逻辑性如何、成员协作配合情况等。评价的标准见表 7－1－6。

表 7－1－6　实训评价表

考核要素	评价标准	分值/分	评分/分		
			自评（20%）	小组（30%）	教师（50%）
电商供应链绩效评价管理	知识掌握	40			
	逻辑性	40			
	成员配合情况	20			
评价人签名					
合计					

续表

考核要素	评价标准	分值/分	评分/分		
			自评（20%）	小组（30%）	教师（50%）
教师评语： 年 月 日					

任务 2 电商供应链绩效评价应用

任务导入

在掌握了供应链绩效管理的基础后，小王将着眼于如何将这些知识应用到实际运营中。这个任务将帮助公司建立一个基于 BSC 和 KPI 的绩效评价体系，以监测和改进他们的供应链运营。

学习标杆

三只松鼠的 ERP 流程管控系统——KPI 考核系统

三只松鼠的各项战略成效显著，尤其是供应链的管理。从内部供应链绩效管理来看，主要从技术模式上来加以把握。

技术上，三只松鼠采用 ERP 流程管控系统——KPI 考核系统开展供应链绩效管理。这是一个可追溯的软件，需要购买的顾客只需要用手机扫一下产品的二维码，并输入对应的可追溯码，就可以了解这个产品生产的整个流程，从而能够做到品质与服务的可追溯，顾客的一个好评或者差评，将会直接影响对应环节职员工资的增加或者减少，这样就直接将供应链各个环节纳入绩效考核当中了。三只松鼠所拥有的一百多个上游的供应链、八大物流分仓点遍布全国，还有超大型的分装工厂以及附属的含有食品检测中心、信息技术研究部和食品研究院等在内的13 个部门。如此庞大且错综复杂的供应链流程体系，应用 ERP 流程管控系统——KPI 考核系统就可实现整体解决方案。

（资料来源：https://www.zgswcn.com/cms/mobile_h5/wapArticleDetail.do?article_id=20220726152949107 6&contentType=article#）

思考

三只松鼠开展 ERP 流程管控系统——KPI 考核系统开展绩效考核的主要好处有什么？

必备知识

电子商务供应链绩效虽然是一个整体的概念，但是，电子商务供应链本身的流程、其内部成员之间的协调与合作以及供应链面临的外部环境（如行业、市场竞争状况、经济环境等）均会影响供应链的运营效果。也就是说，电子商务供应链绩效受内外部诸多因素的影响，理解电子商务供应链绩效的影响因素是制定合理的绩效评价指标体系，从而正确进行电子商务供应链绩效管理的基础。下面介绍基于 BSC + KPI 的电子商务供应链绩效评价方法，分析基于 BSC + KPI 的电子商务供应链绩效评价模型的构建及评价。

一、基于 BSC + KPI 的电商供应链绩效概述

BSC + KPI 把 BSC 的财务、客户、内部流程、学习与成长这 4 个不同绩效维度看成电子商务供应链 KPI 的主控绩效因素，然后在每个主控绩效因素之下按照相关方法寻找和设定每一级关键绩效指标和下一级关键绩效指标。基于 BSC + KPI 的电子商务供应链绩效指标设计如表 7－2－1 所示。

表 7－2－1　基于 BSC + KPI 的电子商务供应链绩效指标设计

BSC 绩效维度	KPI 主控绩效因素	说明
财务	财务类	可依据企业的情况将关键绩效指标分类，并可将其分为若干层次
客户	客户类	
内部流程	内部流程类	
学习与成长	学习与成长类	

BSC 与 KPI 均是提高电子商务供应链绩效水平的战略管理工具，但作为不同理论指导下的方法，两者在思想基础、指标设定、指标运用等方面既有相同之处也有不同之处。两者的相同之处主要体现在以下几个方面。在思想基础方面，它们都是一种整体性的绩效管理工具，都是从一个总目标出发，寻找衡量指标、设定分目标、掌控行动。在指标设定方面，它们的主旨均是体现各维度或主要因素的绩效，它们的分解都是为了体现绩效维度或上一层指标的绩效。在指标运用方面，每一个指标可由更细的指标构成；运用各级、各类指标可进行以事实为基础的衡量；指标作为对方向的指引和对范围的约束，可被设定为检查标准，进而形成制订计划、分配资源、监控行动、检查评价的工具。

两者的不同之处主要体现在以下几个方面。在思想基础方面，BSC 将企业电子商务供应链总目标的绩效划分为不同的维度，不同的维度之间具有明确的因果支撑关系，形成了一个绩效控制和发展循环；KPI 则要求分析和寻找影响企业电子商务供应链总目标实现的主控绩效因素，各主控绩效因素之间不存在明显的逻辑关系，但它们一起构成了总目标的组成部分。在指标设定方面，BSC 从绩效维度中设定指标，KPI 从主控绩效因素中设定指标。在指标运用方面，由 BSC 不同维度分解出的指标之间具有明显的逻辑关系，而由 KPI 不同主控

绩效因素分解的指标之间没有明显的逻辑关系，但并不影响指标的分解和应用。

KPI 是对目标的直接分解，一级一级分解建立指标体系并实施成果导向的评价；但与 BSC 相比，KPI 的要素基本是相互独立的，没有体现彼此的联系，也没有超前与滞后之分。它的分解与落实都是以既定目标为核心的，不能突出部门或个人的特色及职能。相比较而言，使用 KPI 进行绩效评价的落实层面没有得到战略管理意义的深化。BSC 首次将因果关系引入绩效考评体系，增加了绩效考评体系的功能，也提升了绩效考评体系在企业管理中的地位。BSC 将企业多元化目标归为可计量的财务、客户、内部流程、学习与成长 4 个方面，对企业的战略进行全面的考评，其内涵在于关注过程而非结果，形成由一系列因果链条贯穿起来的一个有机整体。

BSC 能使企业及时修改、调整战略，并随时反映学习情况。应用 BSC 绩效评价系统可以鼓励企业各级领导积极投身于战略执行过程，而不是简单地监督财务结果，其对财务指标不足的弥补是通过补充非财务指标来完成的。BSC 是由通向长远目标的绩效发展循环系统建立的绩效指标体系。BSC 板块建立后，可能会用到 KPI。但如果把 BSC 等同于 KPI，就会忽略 BSC 板块间、指标间的支撑关系；并不是所有的 KPI 都应归入 BSC，有些 KPI 虽然重要，但不能突出电子商务供应链企业的战略和价值定位。

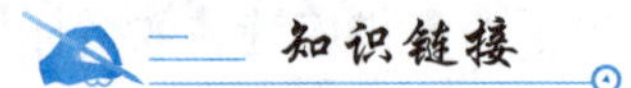

KPI 与 OKR 的区别

二、基于 BSC + KPI 的电商供应链绩效指标

确定电子商务供应链绩效评价指标是构建基于 BSC + KPI 的电子商务供应链绩效管理体系的中心环节，是进行电子商务供应链绩效评价的基本前提。制定科学有效的电子商务供应链绩效评价指标是电子商务供应链绩效评价取得成功的保证。

（一）建立指标体系的总体思路

按照 20/80 法则和 SMART 原则，运用 KPI 从业绩评价指标体系中提炼出电子商务供应链企业级 KPI，根据企业级 KPI，按照流程重点、部门职责之间联系的原则，提取部门级 KPI，然后根据部门级 KPI 及岗位职责提取员工级 KPI，进而建立电子商务供应链绩效评价指标体系。

（二）电子商务供应链 KPI 的提取程序与方法

围绕战略目标的要求，同时覆盖电子商务供应链绩效考评，利用头脑风暴法和特性要因图找出电子商务供应链关键成功因素（Key Success Factor，KSF），进一步确定电子商务供应链关键绩效指标。

（1）确定电子商务供应链企业级 KPI。第一，通过访谈及文献调研对战略目标进行梳理，并绘制电子商务供应链整体及各企业战略地图。第二，为了设计电子商务供应链企业级 KPI，利用特性要因图对企业的 KSF 范围进行分析。

（2）确定部门级 KPI。在确定电子商务供应链企业级 KPI 后，根据战略地图确定与部门相关联的目标，然后确定部门级的战略地图，利用部门业绩评价责任书来确定部门级 KPI。

（3）确定员工级 KPI。在企业级 KPI 和部门级 KPI 确定之后，各部门的主管根据企业级 KPI、部门级 KPI、岗位职责和业务流程，采用与分解企业级 KPI 相同的方法，将部门级 KPI 进一步细分，分解出员工级 KPI。

（三）整体绩效评价模型

基于 BSC + KPI 的电子商务供应链绩效评价模型的整体绩效评价可以从流程维度、运营成效、绩效管理稳定性 3 个方面进行。

1. 流程维度

流程维度可根据如下内容进行评价。

（1）电子商务供应链绩效评价流程是否流畅。

（2）电子商务供应链绩效评价范围及内容是否与电子商务供应链企业业务流程一致。

（3）电子商务供应链绩效评价结果是否能够反映电子商务供应链企业业务流程内部存在的问题并促使其得到有效改正。

（4）电子商务供应链绩效评价结果是否能够促进电子商务供应链企业业务流程的不断完善与发展。

（5）判断电子商务供应链流程是否具有有效性。

（6）判断电子商务供应链流程效率的高低。

（7）判断电子商务供应链流程周期是否符合实际情况。

（8）判断电子商务供应链流程成本是否符合相关规定。

2. 运营成效

运营成效可根据如下内容进行评价。

（1）用历史分析的方法将资金、设备设施、时间等的实际使用情况与预算、历史数据及标杆企业的数据相比较，判断是否实现了资源的优化配置和成本投入的持续走低。

（2）尤其关注是否最大限度地利用了长期以来形成的管理资源。

（3）由领导对现行电子商务供应链全员绩效管理制度与体系进行评价，通过与标杆企业绩效进行对比，判断现行的电子商务供应链全员绩效管理体系是否真正对电子商务供应链企业的业绩起到了促进作用。

（4）由领导判断现行的电子商务供应链全员绩效管理体系是否真正对电子商务供应链企业长短期目标的实现起到了促进作用。

（5）员工评价电子商务供应链全员绩效管理是否真正达到其提高个人业绩、全员绩效持续改进、共同提高的根本目的。

（6）员工是否真正自觉自愿地参与电子商务供应链全员绩效管理。

3. 绩效管理稳定性

绩效管理稳定性可从电子商务供应链绩效评价周期、组织结构、电子商务供应链协调绩效体系的开发性 3 个方面进行评价。

（1）电子商务供应链绩效评价周期。

①电子商务供应链绩效评价周期的时间设置是否符合电子商务供应链企业的实际情况。

②电子商务供应链绩效评价周期的设置是否有利于促进电子商务供应链企业业务流程的改进。

③电子商务供应链绩效评价周期的设置是否有利于提升电子商务供应链企业全体员工工作任务的完成效率。

④电子商务供应链绩效评价周期的设置是否能够督促和激励电子商务供应链企业全体员工开展工作的积极性。

⑤电子商务供应链绩效评价流程是否能够在评价周期内顺利进行并按期完成。

（2）组织结构。

①电子商务供应链绩效评价结果是否能够真实反映电子商务供应链企业和部门组织结构及其职能设置的合理性与有效性。

②电子商务供应链绩效评价是否能够促进电子商务供应链企业各组织结构的良好运行。

③电子商务供应链绩效评价过程及反馈结果是否能够促进组织结构的不断自我完善。

④电子商务供应链绩效评价结果是否能够发现电子商务供应链企业组织结构及其职能设置存在的问题并促使其得到及时修正。

（3）电子商务供应链协调绩效体系的开发性。

①判断电子商务供应链协调绩效信息系统是否始终处于动态的、可调整的、可改进的状态。

②对可能做出的对电子商务供应链企业战略、工作目标和各项业务的具体管理要求等的宏观和微观调整是否具备足够的适应性和快速的反应能力，能否体现一种制度的张力。

另外，电子商务供应链绩效文化可根据如下内容进行评价。

（1）判断电子商务供应链绩效体系的运行是否能够纠正电子商务供应链绩效评价过程中产生的不良文化，并产生良好的绩效文化、不断自我完善。

（2）判断电子商务供应链绩效文化是否与电子商务供应链企业文化一致，并能促进电子商务供应链企业文化的良性发展。

电子商务供应链绩效管理信息系统可根据如下内容进行评价。

（1）判断电子商务供应链绩效管理信息系统是否能够良好运行。

（2）判断电子商务供应链绩效管理信息系统是否能够促进电子商务供应链绩效的实施。

一、实训目标

通过完成本次实训任务，学生能够对基于 BSC 的 KPI 绩效考核体系的构建有更深入的了解，并能根据企业发展战略，将关键考核指标逐层分解，以评估电子商务供应链整体绩效，为企业制定更完善的绩效考核体系。

二、实训步骤

（一）确定电子商务供应链企业级 KPI

要确定企业级 KPI，需要先明确企业的战略目标，A 企业当前阶段的战略目标为提高市场份额与提高盈利能力。A 企业基于 BSC + KPI 的绩效评价体系选取了 20 个指标，具体如表 7 - 2 - 2 所示。

表 7－2－2　A 企业基于 BSC＋KPI 的绩效评价体系指标

维度	关键成功因素	KPI
财务	利润指标	销售利润率
	收入指标	主营业务收入额
		收入增长率
	成本费用指标	成本预算完成率
		采购成本降低率
		销售费用率
客户	满意度指标	网站日均访问量
		物流配送满意度
		售后服务满意度
	客户指标	客户保持率
		新客户增长率
内部运营	质量管理指标	产品质量合格率
		仓储管理合格率
		采购质量合格率
		配送开箱不良率
	工作效率指标	订单处理时间
		库存周转率
学习与成长	人才团队指标	优秀人才吸收数
		专业教育背景数
	培训拓展指标	员工培训覆盖率

（二）确定部门级 KPI

确定好指标体系后，需要进一步确定各绩效关键指标 KPI 的相关责任部门及评价标准。部门 KPI 是以公司为基础，结合员工以及公司整体发展而设置的，只有少数高层管理人员需使用部门 KPI 进行评价，其相关责任部门如表 7－2－3 所示。

表 7－2－3　A 企业各绩效关键指标的相关负责部门

维度	KPI	财务部	采购部	物流部	业务部	行政部
财务	销售利润率				√	
	主营业务收入额	√				
	收入增长率	√				
	成本预算完成率	√				
	采购成本降低率		√			
	销售费用率				√	

续表

维度	KPI	财务部	采购部	物流部	业务部	行政部
客户	网站日均访问量				√	
	物流配送满意度			√		
	售后服务满意度				√	
	客户保持率				√	
	新客户增长率				√	
内部运营	产品质量合格率		√	√	√	
	仓储管理合格率			√		
	采购质量合格率		√			
	配送开箱不良率			√		
	订单处理时间				√	
	库存周转率		√	√	√	
学习与成长	优秀人才吸收数	√	√	√	√	√
	专业教育背景数	√	√	√	√	√
	员工培训覆盖率	√	√	√	√	√

各指标的评价标准如表 7－2－4 所示。

表 7－2－4　A 企业各绩效关键指标的评价标准

维度	KPI	评价标准
财务	销售利润率	指企业总利润与销售总收入的比率，其考核结果用百分比表示
	主营业务收入额	指企业主要业务经常性发生的基本收入，是按照主营业务种类设置明细账目，可以是本周期发生额，也可以是累计发生额，用具体数值体现
	收入增长率	指企业本周期产品销售收入增长额与上一周期产品销售收入总额的比率
	成本预算完成率	指企业本周期实际完成和预算的差额与本周期预算额之间的比率，反映企业预算计划的完成情况以及本年度成本的预留情况。年度预算完成率指标越高，说明本年度企业的预算完成情况很不好，成本预留过高
	采购成本降低率	指企业同一产品不同时期成本相比的降低比率，反映企业采购成本的降低的变化情况
	销售费用率	指企业销售费用与销售收入之间的比率，反映企业取得销售收入所需要付出的销售成本情况
客户	网站日均访问量	可通过电商平台的统计功能直接获得
	物流配送满意度	指企业销售产品物流配送环节的作业质量程度，反映客户群体对企业销售产品物流配送中安全性、配合性以及物流人员提供服务的态度等方面的情况
	售后服务满意度	指企业商品出售后所提供的服务活动给客户群体带来的服务享受程度，主要是通过连续性的定量分析来获得客户群体对特定服务的满足程度
	客户保持率	指企业保持与老客户群体的交易关系的比率，反映企业保留客户群体的能力，同时反映的是企业保有市场的能力

续表

维度	KPI	评价标准
客户	新客户增长率	指企业新增长客户数与原客户之间的比率，反映企业扩展市场的能力
内部运营	产品质量合格率	指企业合格产品数与产品总数的比率，反映了企业销售产品的质量情况
	仓储管理合格率	指企业在产品销售流通环节中的管理标准化程度。仓储管理合格率指标越高，表明企业流通中间环节的管理程度越高，产品在流通中的质量保障就越高
	采购质量合格率	指企业在上游商品采购过程中合格产品数量与采购产品总数量之间的比率，反映了企业产品采购质量情况
	配送开箱不良率	是指企业在一定时间内配送产品中不良产品与总产品之间的比率，反映了企业物流配送过程中的质量情况
	订单处理时间	是指企业所有订单处理时间之和与订单总量之间的比率，反映企业供应链的运转效率
	库存周转率	是在某一时间段内库存货物周转的次数，反映库存周转快慢
学习与成长	优秀人才吸收数	是指企业招聘的优秀人才与招聘总人数之间的比率，反映了企业吸引人才的情况
	专业教育背景数	企业中有专业化教育背景并从事相同专业职业方向的人数，反映企业对人才的尊重程度
	员工培训覆盖率	企业进行培训的员工数与全体员工数之间的比率，反映了企业员工参加培训学习的状况

（三）确定员工级 KPI

员工 KPI 要在部门 KPI 的基础上进行细化，并根据部门中岗位的不同作出调整。以采购部门为例，其 KPI 设置如表 7－2－5 所示。

表 7－2－5　A 企业采购部门员工 KPI 设置

职能维度/考核项目	指标分类	KPI	指标计算公式或定义	指标性质（BSC）	考核周期	适合范围
采购总体任务及采购质量	采购总体任务完成情况	采购计划达成率	达成率＝实际完成采购数量＋计划采购数量×100%	内部运营	年/月	通用
		采购到货交货率	采购到货交货率＝准时到货批次＋采购总批次×100%（具体可以按照原材料、生产物料、包装物、其他物资等进行细分）	内部运营	年/月	通用
		外协加工准时交货率	外协加工准时交货率＝准时交货批次＋外协采购总批次×100%	内部运营	年/月	外协采购员
	采购质量	采购质量合格率	合格率＝合格采购批数＋采购总批数×100%	内部运营	年/月	通用
		不良物料退仓率	退仓率＝退仓不良批数＋不良总批数×100%	内部运营	年/月	通用
		外协加工合格率	外协加工合格率＝合格批数＋外协采购总批数×100%	内部运营	年/月	外协采购
		外协加工回收率	回收率＝外协加工实际回收数＋外协加工总数×100%（要求100%回收）	内部运营	年/月	外协采购员

续表

职能维度/考核项目	指标分类	KPI	指标计算公式或定义	指标性质（BSC）	考核周期	适合范围
采购成本控制	物料及外协加工成本控制	物料成本达成率	物料成本达成率 = 物料实际采购成本率 + 计划采购成本率 × 100%（物料采购成本率 = 物料采购成本 + 总产值 × 100%）	财务	年/月	通用
		外协加工成本达成率	外协加工成本达成率 = 实际加工成本率 + 计划采购成本率 × 100%（外协加工成本率 = 外协加工成本 + 总产值 × 100%）	财务	年/月	外协采购员
	管理成本控制	采购相关费用控制率	采购相关费用控制率 = 当期实际费用 + 当期预算费用 × 100%（采购费用主要指：采购人员工资（不含提成）、差旅费、招待费、考察费、办公费等）	财务	年/月	部门主管以上
采购供应及物料使用监控	采购供应	物料供给及时率	供给及时率 = 准时发放批次 + 总发放次数 × 100%	内部运营	年/月	部门主管以上
		库存周转达成率	库存周转达成率 = 实际库存周转率 + 计划库存周转率 × 100%（库存周转率 = 生产成本 + 总库存 × 100%）	内部运营	年/月	部门主管以上
	物料供给及监控	物料异常处理及时性	不及时每次扣 2 分，最多扣 10 分。（不及时是指未对生产部门或者其他部门投诉的来料异常问题进行现场处理，而影响生产的正常运转）	内部运营	年/月	通用
		物料供给及监管灵活度	根据生产部门反馈的实际情况适当调整物料的采购计划或者发放计划	内部运营	年/月	部门主管以上
供应商开发与管理	供应商开发	供应商开发完成率	完成率 = 新增合格供应商数量 + 计划开发合格供应商数量 × 100%	客户	年/月	通用
		新供应商联络数量	包括电话、拜访、邮件、活动等形式联络的供应商数量（要求供应商数据信息有效，符合公司要求）	客户	年/月	通用
	供应商关系维护/管理	供应商信息的完整性与准确性	具体包括供应商的基本信息、信用评估情况、供应商往来账目，等等	客户	年/月	通用
		供应商关系维护	对供应商进行分级、分类管理，并定期与供应商沟通、交流，建立良好的沟通渠道与合作关系	客户	年/月	通用
		优质供应商流失率	无流失；或者优质供应商数量保持持续增长，增长率为 20%。（注：此为关联因素，优质供应商的流失还与自身生产需求、市场变化等因素有关）	客户	年/月	通用

续表

职能维度/考核项目	指标分类	KPI	指标计算公式或定义	指标性质（BSC）	考核周期	适合范围
日常工作管理	计划与落实	工作总结与计划	每周、每月、每个季度、每年定期按照要求准时提交工作总结与计划，并进行汇报。（具体包括物料需求计划、采购计划、物料发放计划、供应商管理计划）	内部运营	年/月	通用
		工作计划完成情况	采购计划与发放计划的合理性与准确性	内部运营	年/月	通用
			按照个人工作计划及公司要求，100% 高质量完成工作任务	内部运营	年/月	通用
	制度建立与执行	制度与流程建设	制度的完善性与有效性，流程的简化程度以及高效性。具体包括采购管理制度及流程、生产物料管理制度、生产设备管理制度、采购人员管理规定、供应商评估与管理制度，等等	内部运营	年/月	通用
		采购管理制度的执行	严格按照采购管理制度与流程执行工作	内部运营	年/月	通用
	资料与信息管理	资料整理的及时性及准确性	对采购部门所有文档资料及模具进行分类整理，要求做到资料分类准确、资料完整、数据信息准确无误	内部运营	年/月	通用
		信息传达的及时性及准确性	按照公司管理制度及时、准确地把物料需求计划表、物料请购表、物料验收单、供应商档案、各类账单等重要资料和信息进行汇报或者总结反馈	内部运营	年/月	通用
	合同管理	合同跟进	按时进行合同履约跟进工作，及时反馈合同中出现的问题，并协调解决问题	内部运营	年/月	通用
		结算与对账	定期完成与客户方的结算与对账工作。若出现一次不及时，扣 1 分；若对账出现错误，一次扣 1 分	内部运营	年/月	通用
	团队管理	员工满意度	员工满意度达到	学习与成长	年	部门主管
		部门绩效考核	绩效考核数据的准确率、完成的及时率	学习与成长	年/月	部门主管
		组织或部门的凝聚力	组织表现为较强的凝聚力，员工协同能力强	学习与成长	年	部门主管
		组织执行力	执行力强，计划、制度得到严格、高效执行	学习与成长	年	部门主管
		员工能力提升及个人职业生涯规划发展	员工能力得到大幅度提升，或者员工对个人职业生涯规划发展满意	学习与成长	年	部门主管以上
	沟通管理	沟通活动	定期或者不定期举行工作例会、沟通会议、报告会议、问题协调讨论会等，并及时解决各项问题	内部运营	年/月	通用
		关系协调	与其他部门、设备或材料供应商、合作伙伴、客户等保持良好关系	内部运营	年/月	通用
	其他日常工作	其他日常工作	公司统一开展的活动或要求的事项是否按时完成	内部运营	年/月	通用

续表

职能维度/考核项目	指标分类	KPI	指标计算公式或定义	指标性质（BSC）	考核周期	适合范围
知识、技能与品质	领导力	成就特征	成就导向、积极主动性	学习与成长	年/月	部门经理
		服务与助人特征	顾客服务能力	学习与成长	年/月	部门经理
		影响特征	影响力、关系建立能力	学习与成长	年/月	部门经理
		管理特征	决策力、组织领导能力、培训他人能力、团队协作能力，建立信任与尊重	学习与成长	年/月	部门经理以上
		认知特征	专业知识、经验与技能、分析思考能力、创新与变革能力	学习与成长	年/月	部门经理以上
		个人特征	诚实正直、自信心、专业学习能力、适应能力、预测与应对能力、组织认同	学习与成长	年/月	部门经理以上
	一般要求的知识、技能与品质	知识与技能	岗位要求所必须的知识（基础知识、业务知识、关联知识）及技能水平（包括分析判断能力、沟通能力、问题解决能力、团队合作精神以及协调性）	学习与成长	年/月	通用
		愿望与态度	主要指公司要求的通用类素质（公司可根据自我需求进行调整），例如创新与改善能力、诚信正直、责任感、纪律性、工作热情、服务态度等	学习与成长	年/月	通用

三、实训考核

老师根据模拟过程为学生评分，包括：

（1）流程是否清晰。

（2）知识掌握程度。

（3）小组间组员配合是否流畅，任务分配是否合理。

实训考核主要是评价学生实训过程表述是否清楚、逻辑性如何、成员协作配合情况等。评价的标准见表7－2－6。

表7－2－6　实训评价表

考核要素	评价标准	分值/分	评分/分		
			自评（20%）	小组（30%）	教师（50%）
电商供应链绩效评价应用	知识掌握	40			
	逻辑性	40			
	成员配合情况	20			
评价人签名					
合计					

续表

考核要素	评价标准	分值/分	评分/分		
			自评（20%）	小组（30%）	教师（50%）
教师评语： 年　月　日					

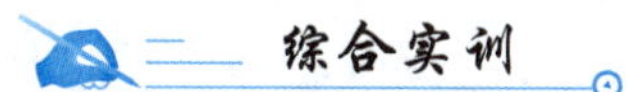

综合实训

一、知识巩固与技能提高

项目七　在线试题

二、项目实训任务单

在掌握电商供应链绩效评价运营的相关知识基础上，按照表7-2-7所示的电商供应链采购运营任务单的要求，完成任务。

表7-2-7　电商供应链绩效评价运营任务单

项目名称	电商供应链绩效评价运营	项目编号	7-2-7
项目说明	一、任务要求 在掌握电商供应链绩效评价运营的相关知识基础上，能够运用合适的方法开展电子商务企业的供应链绩效评价，以确保其供应链高效运营。 二、项目实施所需的知识 重点：评价计划、评价标准与方法、评价分析、评价结果运用 难点：BSC+KPI的绩效评价体系 三、小组成员分工 按照收集资讯、计划、决策、实施、检查、评价的过程，完成每一个任务步骤。		
项目资源	任务实训、Excel		

续表

<table>
<tr><td>项目名称</td><td>电商供应链绩效评价运营</td><td>项目编号</td><td>7-2-7</td></tr>
<tr><td rowspan="4">项目实施</td><td colspan="3">一、电商供应链运用绩效评价管理</td></tr>
<tr><td colspan="3"></td></tr>
<tr><td colspan="3">二、电商供应链绩效评价应用</td></tr>
<tr><td colspan="3"></td></tr>
</table>

三、项目考核

<table>
<tr><td colspan="2">知识巩固与技能提高（40 分）</td><td>得分：</td></tr>
<tr><td colspan="3">计分标准：
得分 =1×单选题正确个数 +2×多选题正确个数 +1×判断题正确个数</td></tr>
<tr><td colspan="2">学生自评（20 分）</td><td>得分：</td></tr>
<tr><td colspan="3">计分标准：初始分 =2×A 的个数 +1×B 的个数 +0×C 的个数
得分 =（初始分/26）×20</td></tr>
<tr><td>专业能力</td><td>评价指标</td><td>自测结果
（A 掌握；B 基本掌握；C 未掌握）</td></tr>
<tr><td>电子商务供应链运营绩效评价管理</td><td>1. 掌握具体评价流程，熟练运用各种合适的评价准则与方法
2. 为供应链绩效制订合理的评价计划与评价标准
3. 对每个评价内容做出专业、精准的评价，并使评价结果得到充分运用</td><td>A□ B□ C□
A□ B□ C□
A□ B□ C□</td></tr>
<tr><td>电子商务供应链运营绩效评价应用</td><td>1. 根据实际情况，合理确定电子商务供应链企业级 KPI
2. 根据实际情况，合理确定电子商务供应链部门级 KPI
3. 根据实际情况，合理确定电子商务供应链员工级 KPI</td><td>A□ B□ C□
A□ B□ C□
A□ B□ C□</td></tr>
</table>

续表

<table>
<tr><td>专业能力</td><td colspan="2">评价指标</td><td>自测结果
（A 掌握；B 基本掌握；C 未掌握）</td></tr>
<tr><td colspan="3">小组评价（20 分）</td><td>得分：</td></tr>
<tr><td colspan="4">计分标准：得分 = 10 × A 的个数 + 5 × B 的个数 + 3 × C 的个数</td></tr>
<tr><td>团队合作</td><td>A□　B□　C□</td><td>沟通能力</td><td>A□　B□　C□</td></tr>
<tr><td colspan="3">教师评价（20 分）</td><td>得分：</td></tr>
<tr><td>教师评语</td><td colspan="3"></td></tr>
<tr><td>总成绩</td><td></td><td>教师签字</td><td></td></tr>
</table>

项目八　电商供应链数据分析

项目背景

随着消费者在线购物和企业间的供应链变得日益复杂，大量数据的生成和收集变得至关重要。电子商务供应链数据分析旨在充分利用这些数据，以帮助企业更好地了解市场、优化供应链运作、提高客户满意度，并取得竞争优势。

项目目标

知识目标

- 了解电子商务数据采集的原则。
- 熟悉电子商务数据采集的流程。
- 熟悉不同数据采集渠道和工具，了解数据采集从数据源到存储的完整过程。
- 掌握数据处理和预处理的基本概念，为数据质量提高和分析做好准备。
- 掌握电子商务数据分析的基础方法。
- 掌握描述性统计分析方法。

能力目标

- 通过熟悉不同数据采集渠道和工具，学生将能够选择适当的渠道和工具，以满足特定的数据需求。
- 通过掌握数据处理和预处理，学生将能够清洗、转换和准备数据以供后续分析使用。
- 通过了解基础数据分析方法，学生将能够选择和应用适当的方法来分析电子商务供应链数据。
- 通过熟悉描述性统计分析方法，学生将能够使用统计工具和软件来进行数据分析，提取有关电子商务供应链的有用信息。

素养目标

- 强调数据采集的伦理和法规要求，培养学生的数据安全和隐私保护意识，鼓励他们在实践中遵守相关法规。
- 鼓励学生在数据采集和处理过程中注重数据质量，认识到数据质量对分析和决策的重要性。
- 强调数据的价值和应用，鼓励学员将数据分析技能用于实际业务中，提高企业的竞争力。
- 强调数据透明和公平分析，鼓励学员在数据分析过程中遵守道德原则，推动可持续发展。

项目导航

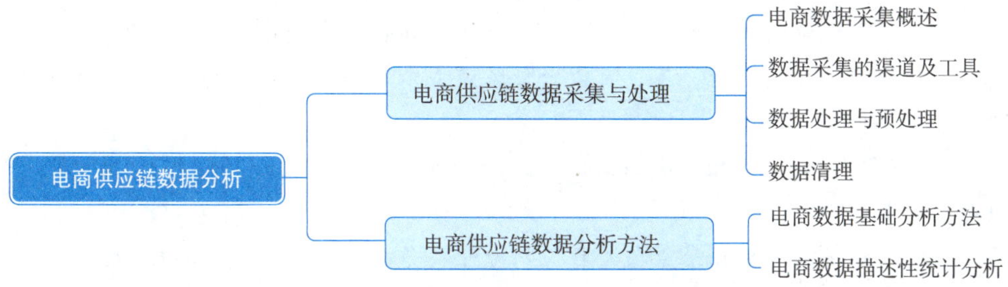

任务1 电商供应链数据采集与处理

任务导入

数据对于A企业来说不仅是一种资产，更是决策的基石。在竞争激烈的市场中，作为管培生的小王急需了解如何有效地采集和处理供应链数据，以提高效率、满足客户需求并实现可持续增长。

学习标杆

大数据加持“新”电商企业，供应链的效率得到大提升

传统的供应链包括供应商、工厂、分销与零售企业、物流企业等线下体系。而新电商则在大数据的支持下，让供应链的效率得到更大提升。面临价格与品质的多重竞争，一些新电商企业通过大数据分析消费者偏好，反馈给制造商，迅速确定生产数量或者产品形态。此外，他们还通过与供应商的战略合作压缩仓储、物流等成本，以确保拿到更低的价格——这样既能及时消化库存，又能较好地满足消费者对性价比的诉求。新电商已从流量的竞争，进化到供应链比拼，考验着新电商企业对供应链的掌控能力。

从解决销售，到提供需求，电商在供应链中逐渐起到主导作用，而上下游产业链从业者都能从中挖掘机会。新电商企业具有强大的底层数据协同能力、中层数据算法能力和前端数据服务能力，能显著提高生产和消费的信息匹配水平，促进消费和产业双升级。一方面，根据终端消费者的反馈信息，生产出更符合客户需求的针对性产品。另一方面，厂家在特定消费市场中找到更为精准的产品定位，通过大数据实现终端消费者与生产厂商双赢。这也是新制造、未来工厂的一个环节。传统外贸正加速向跨境电商方向转型，跨境电商在迎来机遇的同时，也存在商品退货难、物流周期长等问题。而新电商高效的供应链管理，可为其提供新

的解决方案。

以快时尚电商品牌“子不语”为例，品牌搭建的服装集采平台，让“设计制作、服装加工到成品生产、电商销售”的传统供应链，升级成“小单快反”的柔性模式——厂商短时间内迅速生产小批量的货。通过大数据，采集平台在销售中搜集市场反应等信息，如果商品畅销则追加生产。如此一来，不仅可以降低物流成本，服装行业常存在的产能过剩问题也可得到解决。

（资料来源：https://zcom.zj.gov.cn/art/2022/9/8/art_1384592_58936937.html）

思考

请你总结加强供应链数据采集与处理，对电子商务企业而言有什么积极作用？

一、电商数据采集概述

数据采集也叫数据获取，是指通过在平台源程序中预设工具或程序代码，获取商品状态变化、资金状态变化、流量状态变化、用户行为和信息等数据内容的过程，为后续进行数据分析提供数据准备。

（一）数据采集的原则

数据采集过程需遵循及时性、有效性、准确性和合法性原则。及时性是指尽可能地获取到电子商务平台最新数据，只有用最新的数据与往期的数据比对才能更好地发现当前的问题和预测变化趋势。有效性是指需要注意数值期限。准确性是指在进行数据采集时需要确保所摘录的数据准确无误，避免数据分析时出现较大偏差。合法性是指数据采集的合法性，比如在进行竞争对手数据采集过程中，只能采集相关机构已经公布的公开数据，或是在对方同意的情况下获取的数据，而不能采用非法手段获取。

（二）数据采集的流程

首先，确定采集范围及人员分工。进行数据采集前首先需要对数据采集目标进行分析，明确数据采集的指标范围和时间范围。接着明确这些数据需要从哪些途径及部门采集，确定参与部门和人员配备。

其次，建立必要的数据指标规范。数据指标需对数据进行唯一性标识，以及贯穿之后的数据查询、分析和应用。建立数据指标规范是为了后续工作有可以遵循的原则，也为庞杂的数据分析工作确定可以识别的唯一标识。

最后，进行数据检查，主要从完整性、准确性和规范性三个方面入手。其中完整性检查是完成数据采集后对数据进行复查或计算合计数据，将其和历史数据比较，同时还要检查字段的完整性，保证核心指标数据完整。在数据采集录入过程中可能会有个别数据出现录入错误，准确性检查可以通过平均、求和等操作与原始数据比对，如发现比对结果不匹配，则需要检查出相应的错误数据。规范性检查是检查采集的数据中是否存在多个商品标识编码相同或同一数据出现多个数据指标等问题。

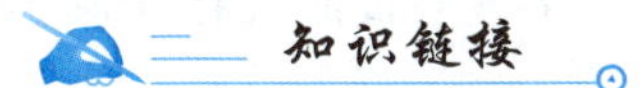

知识链接

电商数据采集指标

二、数据采集的渠道及工具

数据的主要来源渠道包括内部数据和外部数据两大类。内部数据是指在电子商务运营过程中站点或店铺自身所产生的数据信息，如站点的访客数、浏览量、收藏量，商品的订单数量、订单信息、加购数量等数据，其可通过电子商务站点、店铺后台或第三方数据工具获取；对于独立站点的流量数据，还可使用百度统计、CNZZ 等工具进行统计采集。外部数据主要来自政府部门、行业协会、新闻媒体、出版社等发布的统计数据；还包括行业调查报告，新闻报道、出版物、行业权威网站或数据机构发布的报告、白皮书等，如易观数据、艾瑞咨询等发布的报告。另外电子商务平台上聚集着众多行业卖家和买家，其也是外部数据产生的重要来源；还有百度指数、360 趋势、搜狗指数等工具，依托平台海量用户搜索数据，将相应搜索数据趋势、需求图谱和用户画像等数据，通过指数工具向用户公开，该类型数据可为市场行业、用户需求和用户画像数据分析提供重要参考依据。

（一）内部数据采集渠道

内部数据包括流量数据、商品数据、交易数据、用户和物流服务数据、市场和竞争数据。通过收集和分析这些数据，可以找到电子商务运营中出现的问题，并提出具有针对性的解决方案，从而提升和优化运营手段。

1. 流量数据

在店铺运营中，我们必须掌握平台的流量构成，根据实际情况选择适合自己的流量入口以提升店铺的流量。下面主要介绍站内免费流量数据和站内付费流量数据的收集方法。

（1）站内免费流量数据。

站内免费流量的来源有很多，要想收集站内免费流量数据，一定要清楚站内流量的结构。站内免费流量的入口有很多，如搜索、首页、站内活动和类目频道等。另外还有消息中心、其他店铺商品详情、社区等，这些是每一个店铺都可以实现的站内免费引流方式，其操作简单、门槛低。店铺可以先尝试各种免费引流方式，然后长期坚持并筛选出最适合自己店铺的方式，最后重点投入。

（2）站内付费流量数据。

站内付费流量来源包括直通车、钻石展位和超级推荐三种主要方式。

①直通车属于搜索广告，买家搜索后才会出现，没有搜索买家是看不到的，是人找货。相对来说，直通车关键词引流比较精准，转化周期短，购物目的明确。

②钻石展位展示广告，曝光量很大，但是流量价格会相对高些，适合活动前的预热投放和实力强的商家。

③超级推荐属于系统通过人群和兴趣点的匹配方式进行商品推荐，是货找人，系统展示

流量。一般来说，超级推荐的转化率较低，但是拉新能力很强，容易在商品人群精准的基础上获得更加精准的用户。

2. 商品数据

商家除了需要观测店铺整体运营数据，还需要对店铺商品效果数据进行分析。通过对商品访客数、商品浏览量、有效访问商品数、详情和评价停留时长、详情跳出率、访问收藏转化率和访问加购转化率等数据进行分析，对表现一般或销量不太乐观的商品进行优化，甚至下架。另外商家需要从流量来源分析中清楚引流的来源效果，从销售分析中总结商品销量变化规律，从客群洞察中获得商品吸引消费者的具体特征，从系统的关联搭配中选择合适的商品进行关联销售，促进提高销量。

3. 交易数据

交易数据最能体现店铺的经营情况，有效收集交易数据对店铺分析意义重大。店铺交易数据分析结果一直是店铺运营及后期决策调整的重要指标。一般来讲，店铺交易数据的分析离不开对交易的数量、类目、渠道、金额及转化率等的分析。而主推品交易数据则反映了店铺主推的单品或热销产品的交易信息数据，其主要包括下单买家数、支付买家数、下单件数、支付件数、下单金额、支付金额、下单支付转化率和支付转化率等几类数据。

4. 用户和物流服务数据

店铺的用户服务质量和物流服务效率是提升店铺转化率的两项关键因素。

（1）用户服务数据。

用户服务质量影响消费者的忠诚度。用户服务的目的是让消费者在购买商品的过程中享受到优质的服务，提高消费者对店铺的满意度，从而提升商品回购率。店铺要提高销售额、店铺业绩，优质的用户服务是不可或缺的。店铺的客服人员在整个购物流程中扮演着越来越重要的角色，客服人员已经不再是简单的聊天工具，而是直接面对买家的销售员，客服人员的咨询转化率影响着店铺的销售额。

（2）物流服务数据。

物流服务数据一直是商家比较难以把控和收集的数据，只有掌握其数据结构才能分析诊断出店铺产品在物流途中发生的异常。物流服务数据包括创建订单数、发货订单数、揽收订单数、签收订单数等。

5. 市场和竞争数据

市场和竞争数据是商家在前期开展市场调研时需要收集的重要数据。商家需要精准收集市场和同行的信息，以制定相应的营销策略。

（1）市场行业数据指标。

市场行业数据主要包括行业概况、产品排行类目、商家排行、产品属性等。商家通常使用生意参谋的市场洞察模块统计市场行业数据，该模块主要包括市场监控、供给洞察、搜索洞察、客群洞察和机会洞察 5 个维度统计分析的相关数据指标。其中市场监控数据是帮助商家快速监控市场概况的一个手段，可提供实时的市场行业数据。供给洞察数据可提供热销属性及产品排行 500 强的数据，帮助商家对总体行业趋势及整个市场商品的排行概况进行统计。搜索洞察数据可帮助商家精准定位市场机会，深度解析需求趋势、转化率及人群画像等。客群洞察数据可帮助商家细分市场、精准营销及调整战略。机会洞察数据可提供产品属性和市场排行 500 强的数据，支持周期对比及从不同维度分析行业，可灵活高效地发掘市场。

（2）竞争店铺运营数据。

在店铺的运营过程中，除了要了解自身店铺的运营情况，还要了解竞争店铺的运营状况。对于竞争店铺，可以对访客数、流量指数、交易指数、各级转化率、搜索人气、收藏人气、加购人气、预售定金指数和上新商品数等核心指标进行监控，并将竞争店铺的入店关键词和访客数等数据与自身店铺的相应数据进行对比，快速了解竞争店铺与自身店铺的差距。商家还需要掌握竞争店铺的商品，明确竞争商品的数据结构，收集流量指数、交易指数、搜索人气、收藏人气和加购人气等关键指标数据，通过这些关键指标分析对比得到本店商品的优势与劣势。

（二）外部数据采集渠道

外部数据的采集渠道主要包括政府部门、行业协会、新闻媒体、出版社、行业权威网站或数据机构、电子商务平台等。这些基于互联网的采集渠道通常使用的采集工具为互联网爬虫工具，具体可分为第三方爬虫软件（如八爪鱼采集器等）、基于浏览器的爬虫插件（如 Web Scraper 等）和使用 Python 自行编写的爬虫程序。下面重点介绍 Web Scraper、八爪鱼采集器和 Python 爬虫程序。

1. Web Scraper

Web Scraper 是一个轻量级免费的 Chrome 浏览器爬虫插件，具有抓取速度快且支持绝大部分的网页抓取的特点。Web Scraper 是适用于普通用户的爬虫工具，可以方便地通过鼠标和简单配置获取你想要的数据，如知乎回答列表、微博热门、微博评论、电子商务网站商品信息、博客文章列表等。Web Scraper 的主要缺点如表 8－1－1 所示。

表 8－1－1　Web Scraper 的主要缺点

缺点	说明
只支持文本数据抓取	图片、短视频等多媒体数据无法批量抓取
不支持范围抓取	默认全量抓取，无法配置抓取范围，若停止抓取，则只能待数据加载完毕
不支持复杂网页抓取	无法抓取复杂交互、酷炫特效的网页
导出数据乱序	默认使用 Local Storage 存储数据，存储数据乱序，需借助 Excel 工具重排

2. 八爪鱼采集器

八爪鱼采集器是一款业界领先的网页数据采集软件，它是集网页数据采集、移动互联网数据及应用程序接口（Application Program Interface，API）服务（包括数据爬虫、数据优化、数据挖掘、数据存储、数据备份）于一体的数据采集工具，其主要特性如表 8－1－2 所示。

表 8－1－2　八爪鱼采集器主要特性

特性	说明
覆盖全球主流电子商务平台数据	淘宝、天猫、京东、苏宁、唯品会、1688、Amazon、eBay 等国内外主流电子商务平台和一些官方/第三方电子商务数据分析平台

续表

特性	说明
涵盖 90% 以上的数据类型及字段	商品类目、标题、统一资源定位符（Uniform Resource Locator，URL）、价格（挂牌价与到手价）、销量、库存、评价、图片、发货地、促销活动
独家云采集，实时采集更新数据	支持设置灵活的定时采集策略与多节点高并发采集，能够在极短时间内完成多个数据源大规模更新数据的采集，保障商品价格等电子商务数据的时效性
支持导出为 Excel、Json 或数据库	采集结果可实时导出为 Excel、Json 或同步到数据库中，便于灵活生成各类报表，帮助用户进行大盘分析、价格监控、店铺监控、活动效果跟踪、库存管理、预算管理、品牌维权等电子商务运营工作

3. Python 爬虫程序

Python 爬虫程序指的是用 Python 语言编写的爬虫程序。使用 Python 爬取数据需要使用者具有一定的 Python 基础，包括 Python 的下载、环境配置、安装方法，以及基本语法和函数使用、脚本的执行等，对使用者要求较高。除了 Python 外，用其他语言也可以编写爬虫程序，如 Java、PHP 等，不过相比较而言，Python 更为简单和实用。一方面 Python 提供了许多可以应用于爬虫的库和模块。另一方面 Python 语法简单、易读，更适合初学者学习，因此 Python 爬虫几乎成了网络爬虫的代名词。Python 爬虫架构主要由五个部分组成，分别是调度器、URL 管理器、网页下载器、网页解析器、应用程序（爬取的有价值数据），具体如表 8－1－3 所示。

表 8－1－3　Python 爬虫架构

组成部分	说明
调度器	主要负责调度 URL 管理器、下载器、解析器之间的协调工作
URL 管理器	包括待爬取的 URL 地址和已爬取的 URL 地址，防止重复抓取 URL 和循环抓取 URL
网页下载器	通过传入一个 URL 地址来下载网页，将网页转换成一个字符串，网页下载器有 urllib2（Python 官方基础模块）
网页解析器	将一个网页字符串进行解析，可以按照用户的要求提取出有用的信息，也可以根据文档对象模型（Document Object Model，DOM）树的解析方式来解析
应用程序	从网页中提取的有用数据组成的一个应用

三、数据处理与预处理

（一）数据处理

电子商务数据处理的基本目的是从大量的、杂乱无章的、难以理解的数据中抽取并推导出对于某些特定的人来说有价值、有意义的数据。电子商务数据处理主要包括八个方面。

（1）数据采集：采集所需的信息。

（2）数据转换：把信息转换成机器能够接收的形式。

（3）数据分组：指定编码，按有关信息进行有效分组。

（4）数据组织：整理数据或用某些方法安排数据，以便进行处理。

（5）数据计算：进行各种算术运算和逻辑运算，以便得到进一步的信息。

（6）数据存储：将原始数据或计算结果保存起来，供以后使用。

（7）数据检索：按用户的要求找出有用的信息。

（8）数据排序：把数据按一定要求排序。

数据处理的过程大致分为数据准备、数据处理和数据输出3个阶段。在数据准备阶段，从各个渠道获取数据，并将其录入某个数据处理软件中，这个阶段也可以称为数据录入阶段。数据录入以后，就要由计算机对数据进行处理。最后输出的是各种文字和数字的表格和报表。

（二）数据预处理

数据预处理是指在进行主要的处理之前对数据进行的一些处理。数据预处理方法有数据清理、数据集成、数据变换、数据规约（图8－1－1）。这些数据处理技术在数据分析与挖掘之前使用，大大提高了数据分析与挖掘的质量，降低了实际分析与挖掘所需要的时间。

图8－1－1　数据预处理的方法

1. 数据质量问题

数据质量问题主要表现在非完整性、不一致性、有噪声和冗余性方面，这几个方面对应的细化问题见表8－1－4。其中非完整性是指数据属性值遗漏或不确定；不一致性是指数据的来源和定义标准的不同，导致数据的内涵不一致，例如，同一属性的命名、单位、字长不相同；有噪声是指数据中存在异常（偏离期望值）；冗余性是指数据记录或属性重复。

表8－1－4　数据质量问题

问题	脏数据举例	描述
未经校正的数据输入错误	身份证号＝“41038119990927”	身份证号用字符型来存储，正确的身份证号410381199909277312被错误地输入为41038119990927
未经约束造成的数据错误	出生日期＝“1999－14－27”	月份大于12，日期错误，可以通过约束来保证其正确性
数据冗余	用户1为：身份证号＝410381199909277312，姓名＝张婕；用户2为：身份证号＝410381199909277312，姓名＝张洁	用户1和用户2分别存储在不同的表格中，实际上是一个用户，却产生了不同的姓名
特殊事件造成的有关信息不准确	某一用户有两条交易记录：记录1，购买日期＝2023－1－1，购买产品＝“A”“B”、单价＝1 680、数量＝2；记录2，购买日期＝2023－1－6，购买产品＝“A”“B”、单价＝1 680、数量＝2	用户在购买A产品后，又退掉了，因此应该把这两条记录在要分析的数据表中删除

由表8－1－4可以看出，数据可能存在很多质量问题，如果直接对这样的数据进行分析，其结果就可能不尽如人意。因为高质量的决策依赖高质量的分析结果，而高质量的分析结果必须有高质量的数据作为支撑。数据质量不高，即使分析方法运用得再合适，低质量的

数据也必然导致低质量的分析结果。

2. 数据预处理内容

数据预处理是指对收集的数据进行分类或分组前所做的审核、筛选和排序等必要的处理。

（1）数据审核。

从不同渠道取得的统计数据，在审核的内容和方法上有所不同。对原始数据应主要从完整性和准确性两个方面审核。完整性审核主要是检查应调查的单位或个体是否有遗漏，所有的调查项目或指标是否填写齐全。准确性审核主要包括两个方面：一是检查数据资料是否真实地反映了客观实际情况，内容是否符合实际；二是检查数据是否有错误，计算是否正确等。

审核数据准确性的方法主要有逻辑检查和计算检查。逻辑检查主要是审核数据是否符合逻辑，内容是否合理，各项目或数字之间有无相互矛盾的现象，此方法主要适合对定性（品质）数据的审核。计算检查是检查调查表中的各项数据在计算结果和计算方法上有无错误，主要用于对定量（数值型）数据的审核。

对于通过其他渠道取得的二手资料，除了对其完整性和准确性进行审核外，还应该着重审核数据的适用性和时效性。二手资料可以来自多种渠道，有些数据可能是为特定目的而通过专门调查获得的，或者是已经按照特定目的需要做了加工处理。对于使用者来说，首先应该弄清楚数据的来源、数据的口径以及有关的背景资料，以便确定这些资料是否符合自己分析研究的需要，是否需要重新加工整理等，不能盲目生搬硬套。此外，还要对数据的时效性进行审核，对于有些时效性较强的问题，如果取得的数据过于滞后，则可能失去了研究的意义。一般来说，应尽可能使用最新的统计数据。数据经审核后，确认符合实际需要的，才有必要做进一步的加工整理。数据审核的内容主要包括以下四个方面。

①准确性审核，主要是从数据的真实性与精确性角度检查资料，审核的重点是检查调查过程中发生的误差。

②适用性审核，主要是根据数据的用途，检查数据解释说明问题的程度。具体包括数据与调查主题、与目标总体的界定、与调查项目的解释等是否匹配。

③及时性审核，主要是检查数据是否按照规定时间报送，如未按规定时间报送，就需要检查未及时报送的原因。

④一致性审核，主要是检查数据在不同地区、不同时间段是否一致。

（2）数据筛选。

对审核过程中发现的错误应尽可能予以纠正。调查结束后，当数据中发现的错误不能纠正，或者有些数据不符合调查的要求而又无法弥补时，就需要对数据进行筛选。数据筛选包括两方面的内容：一是将某些不符合要求的数据或有明显错误的数据剔除；二是将符合某种特定条件的数据筛选出来，对不符合特定条件的数据予以剔除。数据的筛选在市场调查、经济分析和管理决策中是十分重要的。

（3）数据排序。

数据排序是按照一定顺序将数据排列，以便于研究者通过浏览数据发现一些明显的特征或趋势，找到解决问题的线索。除此之外，排序还有助于对数据检查纠错，为重新归类或分组等提供依据。在某些场合，排序本身就是分析的目的之一。

对于分类数据，如果是字母型数据，则排序有升序与降序之分，但习惯上升序使用得更为普遍，因为升序与字母的自然排列顺序相同。如果是汉字型数据，则排序方式有很多种，比如按汉字的首位拼音字母排序，这与字母型数据的排序完全一样；也可按笔画排序，其中也有笔画多少的升序降序之分。交替运用不同方式排序，在汉字型数据的检查纠错过程中十分有用。

对于数值型数据，排序只有两种，即递增和递减。排序后的数据也称为顺序统计量。

四、数据清理

数据清理是通过填写缺失的值、去除冗余数据、识别或删除离群点、平滑噪声数据和解决不一致数据等方法来清理数据，从而达到数据格式标准化、异常数据清除、错误纠正和重复数据清除的目的。本节重点讲解电子商务数据中缺失值、重复值和错误值的清理方法。

（一）缺失值处理

在对实际数据进行处理的过程中，经常会遇到数据中存在一些缺失值的情况。缺失值产生的原因有很多，比如在采集信息时有些数据项的信息无法得到；有些信息在当时没有被关注，因此没有被记录；收集或录入过程中产生错误的数据；数据收集设备有问题等。

以电子商务企业用户信息数据为例，一些自然信息是用户自己提供的，如用户的年收入等，而对这类比较敏感的信息，很多用户可能故意不准确填写。基于上述情况，人们提出了以下解决方法。

1. 删除

对于缺失情况很严重的数据字段（缺失比例在80%以上）或缺失值的记录数量相对较少（缺失比例小于20%）的数据，一般采用直接删除该数据字段的方式进行处理。但当存在丢失重要数据的风险时，不应该将数据删除，而是通过创建一个新的、相关的、具有布尔值的属性替代，比如缺失值用True替代，正常值用False替代。

2. 填充

填充缺失的数据是数据清理中最常见的方法。该方法主要用于定性属性，最有效的方式是估计一个值，可以使用以下几种方法来估值。

①如果缺失值为数值型数据，数据分布近似正态分布，则可以使用均值填充。

②如果缺失值为数值型数据，数据分布呈偏态分布，则可以使用中位数填充。比如某用户的年收入值缺失，就可以用所有用户的年平均收入来代替。

③如果缺失值为字符型数据，则使用众数填充。

④数据中的空值有特殊含义的，可以单独归为一类数据。

⑤如果为模型填充，比如通过回归分析、决策树等方法，将缺失的数据作为目标进行预测，则可以得到最为可能的填充值。

对于以上几种方法，第1~4种方法相对简单，处理成本较低；第5种方法可以进一步改进估计效果，但成本较高。

例如，某电子商务企业2023年1月的进货单包含商品名称、来源、类型、单价、数量、总计费用、上次进货量等字段数据，进行数据分析时发现上次进货量字段数据存在缺失，要求将缺失的数据全部填充为“0”。

（1）选定 G 列，选择【开始】-【查找和选择】-【定位条件】选项，打开【定位条件】操作框；设置定位条件为【空值】，单击【确定】按钮，如图 8－1－2 所示。

	A	B	C	D	E	F	G	H
1	商品名称	来源	类型	单价/元	数量/个	总计费用/元	上次进货量/个	销售情况/个
2	无线鼠标	中国	电子产品	25	10	250	4	1
3	蓝牙耳机	美国	电子产品	267	5	1335		0
4	电动牙刷	德国	电子产品	112	16	1792		6
5	电热水壶	中国	生活用品	230	4	920	8	2
6	熨斗	中国	生活用品	120	2	240	6	2
7	垃圾桶	中国	生活用品	15	8	120	14	2
8	时尚T恤	中国	服装	120	10	1200	20	2
9	短裤	美国	服装	56	9	504		8
10	发卡	印度	服装	8	19	152		1
11	钢笔	美国	学习用品	42	6	252	2	4
12	写字本	新加坡	学习用品	27	10	270	6	1
13	修改液	中国	学习用品	12	10	120	2	3

定位条件 ? ×
选择
○注释(N) ○行内容差异单元格(W)
○常量(O) ○列内容差异单元格(M)
○公式(F) ○引用单元格(P)
数字(U) ○从属单元格(D)
文本(X) 直属(I)
逻辑值(G) 所有级别(L)
错误(E) ○最后一个单元格(S)
●空值(K) ○可见单元格(Y)
○当前区域(R) ○条件格式(T)
○当前数组(A) ○数据验证(V)
○对象(B) 全部(L)
相同(E)
确定 取消

图 8－1－2　定位条件选择

（2）直接输入【0】，按 Ctrl + Enter 组合键确定，如图 8－1－3 所示。

	A	B	C	D	E	F	G	H
1	商品名称	来源	类型	单价/元	数量/个	总计费用/元	上次进货量/个	销售情况/个
2	无线鼠标	中国	电子产品	25	10	250	4	1
3	蓝牙耳机	美国	电子产品	267	5	1335	0	0
4	电动牙刷	德国	电子产品	112	16	1792	0	6
5	电热水壶	中国	生活用品	230	4	920	8	2
6	熨斗	中国	生活用品	120	2	240	6	2
7	垃圾桶	中国	生活用品	15	8	120	14	2
8	时尚T恤	中国	服装	120	10	1200	20	2
9	短裤	美国	服装	56	9	504	0	8
10	发卡	印度	服装	8	19	152	0	1
11	钢笔	美国	学习用品	42	6	252	2	4
12	写字本	新加坡	学习用品	27	10	270	6	1
13	修改液	中国	学习用品	12	10	120	2	3

图 8－1－3　输入【0】

（二）重复值处理

在数据集成过程中，数据输入错误、非标准的缩写或者不同数据源记录的差异等导致数据中可能包含同一实体的重复记录。缺失值是数据的缺乏重复记录则是数据的过剩。重复数据删除技术是一种预处理技术，其目标是识别和删除数据集中重复的记录。比如数据库中有两条关于用户信息的记录，这两条记录的用户身份证号相同，只是一条记录的用户名为【张洁】，另一条记录的用户名为【张婕】，很明显这两个记录是重复记录，这就要与其他一些相关信息进行确认后去掉一条重复记录。总之，数据清理是一项繁琐但重要的工作，需要相关人员认真、仔细、反复检测和处理。

例如，根据某电子商务企业 2023 年 1 月的进货单，现需要统计进货的产品类型有多少种。

下面使用高级筛选法和函数法分别对产品类型进行数量统计。

1. 高级筛选法

选择【数据】-【排序筛选】-【高级】选项，打开【高级筛选】操作框。进行高级筛选设置，其中在选择列表区域时，一定要从该列的列标题，即第一行开始选择（图 8-1-4），如果未选择列标题行，则显示的结果中第一行内容为选择区域的第一行内容。设置完成后，单击【确定】按钮，结果如图 8-1-5 所示。

	A	B	C	D	E	F	G	H
1	商品名称	来源	类型	单价/元	数量/个	总计费用/元	上次进货量/个	销售情况/个
2	无线鼠标	中国	电子产品	25	10	250	4	1
3	蓝牙耳机	美国	电子产品	267	5	1335	0	0
4	电动牙刷	德国	电子产品	112	16	1792	0	6
5	电热水壶	中国	生活用品	230	4	920	8	2
6	熨斗	中国	生活用品	120	2	240	6	2
7	垃圾桶	中国	生活用品	15	8	120	14	2
8	时尚T恤	中国	服装	120	10	1200	20	2
9	短裤	美国	服装	56	9	504	0	8
10	发卡	印度	服装	8	19	152	0	1
11	钢笔	美国	学习用品	42	6	252	2	4
12	写字本	新加坡	学习用品	27	10	270	6	1
13	修改液	中国	学习用品	12	10	120	2	3

高级筛选 ? ×
方式
○ 在原有区域显示筛选结果(F)
● 将筛选结果复制到其他位置(O)
列表区域(L): $C$1:$C$13
条件区域(C):
复制到(T): $L$1:$L$13
选择不重复的记录(R)
确定　取消

图 8-1-4　高级筛选设置

	A	B	C	D	E	F	G	H	L
1	商品名称	来源	类型	单价/元	数量/个	总计费用/元	上次进货量/个	销售情况/个	类型
2	无线鼠标	中国	电子产品	25	10	250	4	1	电子产品
3	蓝牙耳机	美国	电子产品	267	5	1335	0	0	生活用品
4	电动牙刷	德国	电子产品	112	16	1792	0	6	服装
5	电热水壶	中国	生活用品	230	4	920	8	2	学习用品
6	熨斗	中国	生活用品	120	2	240	6	2	
7	垃圾桶	中国	生活用品	15	8	120	14	2	
8	时尚T恤	中国	服装	120	10	1200	20	2	
9	短裤	美国	服装	56	9	504	0	8	
10	发卡	印度	服装	8	19	152	0	1	
11	钢笔	美国	学习用品	42	6	252	2	4	
12	写字本	新加坡	学习用品	27	10	270	6	1	
13	修改液	中国	学习用品	12	10	120	2	3	

图 8-1-5　高级筛选结果

2. 函数法

使用 COUNTIF 函数识别出重复项，并计算非重复项的数量。在 J1 单元格中输入【出现次数/次】标题，在 K1 单元格中输入【类型数量/个】标题。选择 J2 单元格，输入公式【=COUNTIF($C$2:C2,C2)】，按 Enter 键。选择 J2 单元格，使用公式进行快速向下填充，得出所有商品类型出现的次数（图 8-1-6）。选择 K2 单元格，输入公式【=COUNTIF(J2:J13,【1】)】，计算所有类型出现次数为 1 的数量，结果如图 8-1-7 所示。

	A	B	C	D	E	F	G	H	J	K
1	商品名称	来源	类型	单价/元	数量/个	总计费用/元	上次进货量/个	销售情况/个	出现次数/次	类型数量/个
2	无线鼠标	中国	电子产品	25	10	250	4	1	1	4
3	蓝牙耳机	美国	电子产品	267	5	1335	0	0	2	
4	电动牙刷	德国	电子产品	112	16	1792	0	6	3	
5	电热水壶	中国	生活用品	230	4	920	8	2	1	
6	熨斗	中国	生活用品	120	2	240	6	2	2	
7	垃圾桶	中国	生活用品	15	8	120	14	2	3	
8	时尚T恤	中国	服装	120	10	1200	20	2	=COUNTIF($C$2:C8,C8)	
9	短裤	美国	服装	56	9	504	0	8	COUNTIF(range, criteria)	
10	发卡	印度	服装	8	19	152	0	1	3	
11	钢笔	美国	学习用品	42	6	252	2	4	1	
12	写字本	新加坡	学习用品	27	10	270	6	1	2	
13	修改液	中国	学习用品	12	10	120	2	3	3	

图 8-1-6　使用 COUNTIF 函数计算类型出现次数

	A	B	C	D	E	F	G	H	I	J	K	L	M
1	商品名称	来源	类型	单价/元	数量/个	总计费用/元	上次进货量/个	销售情况/个		出现次数/次	类型数量/个		
2	无线鼠标	中国	电子产品	25	10	250	4	1		1	=COUNTIF(J2:J13,"1")		
3	蓝牙耳机	美国	电子产品	267	5	1335	0	0		2	COUNTIF(range, criteria)		
4	电动牙刷	德国	电子产品	112	16	1792	0	6		3			
5	电热水壶	中国	生活用品	230	4	920	8	2		1			
6	熨斗	中国	生活用品	120	2	240	6	2		2			
7	垃圾桶	中国	生活用品	15	8	120	14	2		3			
8	时尚T恤	中国	服装	120	10	1200	20	2		1			
9	短裤	美国	服装	56	9	504	0	8		2			
10	发卡	印度	服装	8	19	152	0	1		3			
11	钢笔	美国	学习用品	42	6	252	2	4		1			
12	写字本	新加坡	学习用品	27	10	270	6	1		2			
13	修改液	中国	学习用品	12	10	120	2	3		3			

图 8－1－7　使用 COUNTIF 函数计算类型数量

扩展产业领域，“数据供应链”赋能数字经济

党的二十大报告对促进数字经济和实体经济深度融合作出重大部署，提出“加快发展数字经济，促进数字经济和实体经济深度融合，打造具有国际竞争力的数字产业集群”。近年来，我国主动把握新一轮科技革命和产业变革机遇，大力实施创新驱动发展战略，以数字产业化和产业数字化为抓手，充分发挥海量数据、超大规模市场和丰富应用场景等优势，积极推动数字经济与实体经济深度融合。

以“共建网络世界　共创数字未来——携手构建网络空间命运共同体”为主题的 2022 年世界互联网大会在浙江·乌镇召开。国家信息中心大数据发展部数据管理与开放处处长刘枝在致辞中指出，数字经济已成为推动我国经济高质量发展的重要引擎。数据要素市场化已拉开序幕，也为“数据供应链”的建设发展注入了新的动力。

数字中国研究院数跑实验室主任、数梦工场研究院院长念灿华介绍，数据供应链课题从政府、城市领域进入产业领域，并与相关单位开展了“数据供应链赋能数字经济”课题研究。产业数据供应链是指围绕产业数据，以数字经济主管部门为主体，通过制定统一产业数据标准、管理统一产业数据质量、保障统一产业数据安全，畅通“政－政”“政－企”“企－企”等各个通道间数据资源流通共享，从政府侧和企业侧两端推动各类产业数据的充分汇聚和有序交换，对产业数据进行全生命周期管理的功能网链结构。

产业数据供应链能够为省市级产业数据仓、行业产业数据仓、企业数据仓的建设提供一体化数据通道，实现产业数据资产全域“一本总账”、数据流转全域“一键通达”，形成集约化建设、平台化应用、一体化服务的产业数据协调发展格局。

一、实训目的

通过完成本实训任务，学生能够基本掌握电子商务供应链数据的采集渠道，并结合数据处理方法整理出企业所需的供应链数据，为企业提供决策基础，提高企业的核心竞争力。

二、实训步骤

（一）电子商务数据采集

小王首先确定了本次数据采集的平台为京东平台，采集范围包括环保清洁产品交易及服务数据。

（二）数据采集渠道及工具选择

小王通过外部渠道进行数据采集，选取了“八爪鱼采集器”对环保用品数据进行抓取。

小王首先搜索八爪鱼官网，下载八爪鱼客户端并注册、登录（图 8－1－8）。

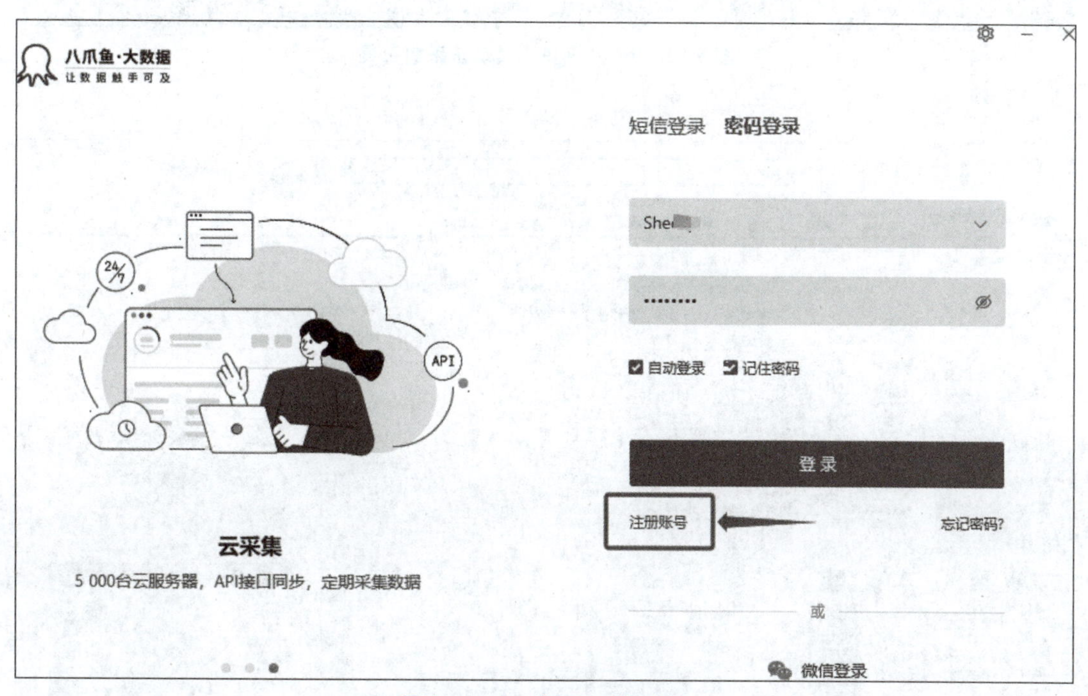

图 8－1－8　注册八爪鱼账号

小王采用八爪鱼内的采集模板完成数据的采集。首先小王点击“采集模板”，页面呈现出多种采集模板，小王为了获取京东商城的环保清洁数据信息，因此选择了京东商品详情采集的采集模板（图 8－1－9）。

通过点击查看详情，小王仔细阅读模板介绍，确定该模板符合需求，然后点击“立即使用”，接着自行“配置参数”，首先输入需要采集的京东商城页面网址（图 8－1－10）。

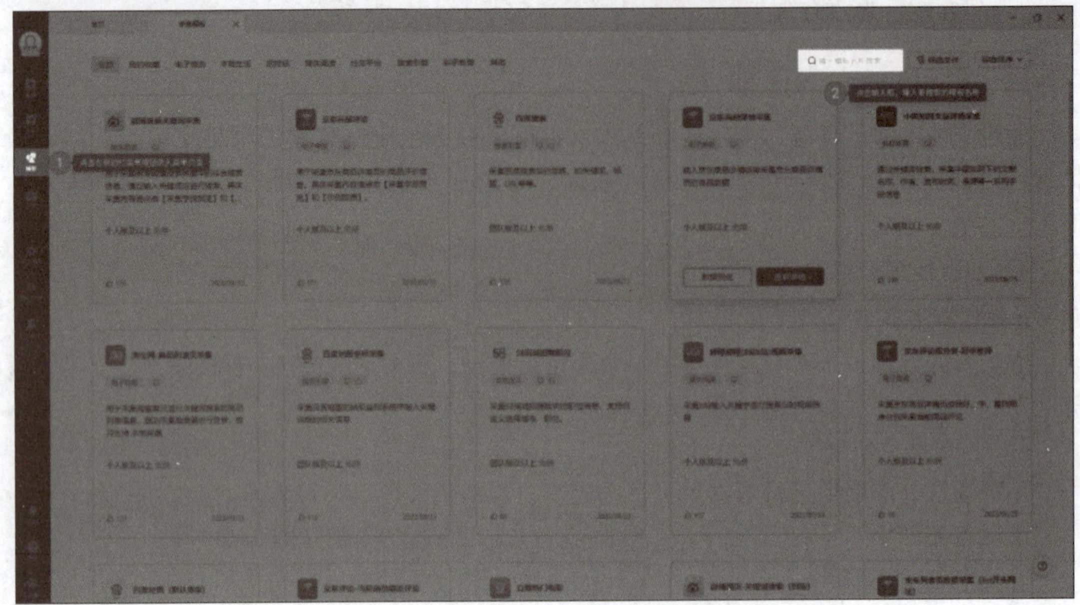

图 8-1-9　八爪鱼工具京东采集工具

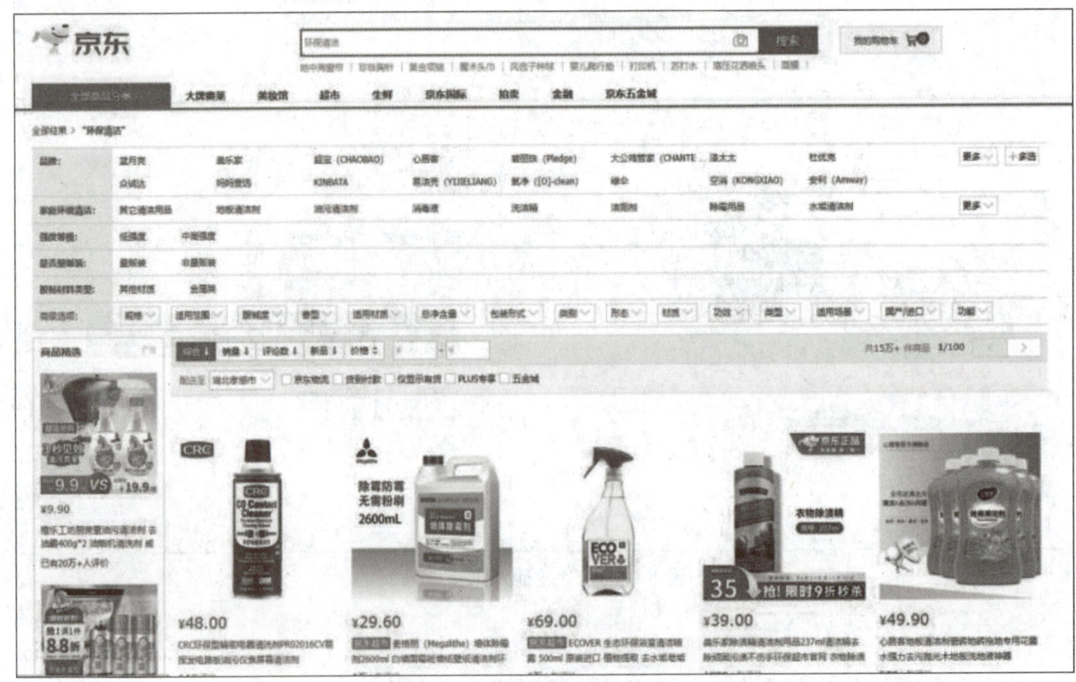

图 8-1-10　京东商城环保清洁产品网址

将网址输入八爪鱼采集网址栏，由于京东商品评价只显示前 100 页，因此设置翻页次数为 100，具体设置如图 8-1-11 所示。然后点击“保存并启动”，选择启动“本地采集”，从而收集需要的供应链数据（图 8-1-12）。

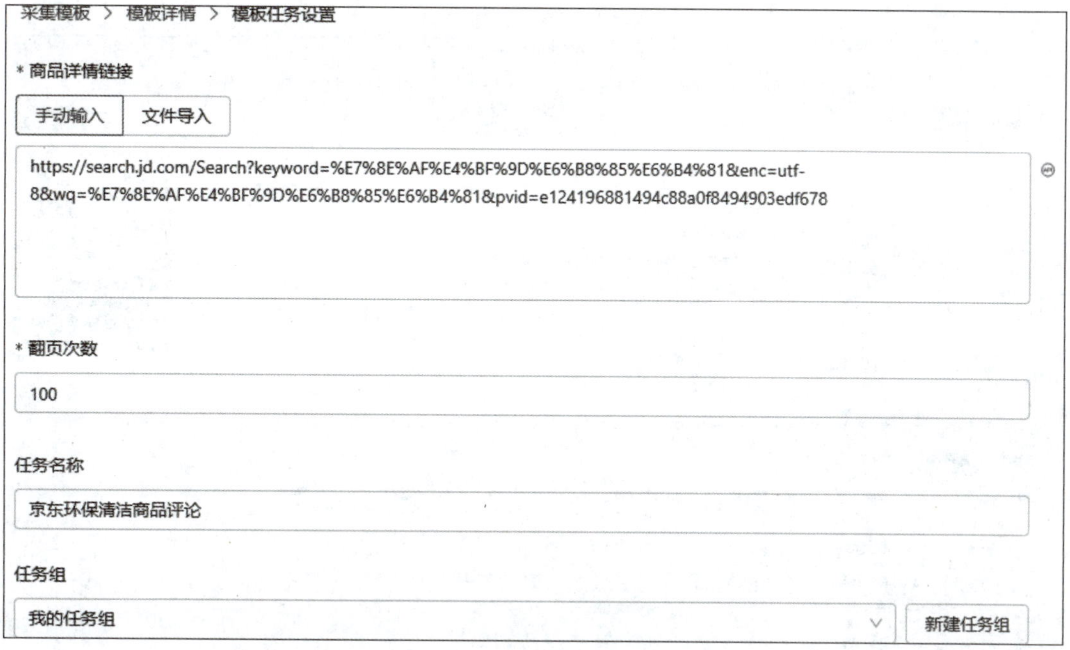

采集模板 > 模板详情 > 模板任务设置
* 商品详情链接
手动输入
文件导入
https://search.jd.com/Search?keyword=%E7%8E%AF%E4%BF%9D%E6%B8%85%E6%B4%81&enc=utf-8&wq=%E7%8E%AF%E4%BF%9D%E6%B8%85%E6%B4%81&pvid=e124196881494c88a0f8494903edf678
* 翻页次数
100
任务名称
京东环保清洁商品评论
任务组
我的任务组
新建任务组

图 8－1－11　八爪鱼工具数据采集设置

请选择采集模式
本地采集
在本地电脑采集，数据保存在本地电脑上。
也可用 来测试任务配置是否正确。
普通模式
加速模式
设置自动采集
云采集
在云服务器中采集，7x24小时不间断采集，最高12倍加速，
数据保存在云服务器随时查看不丢失，支持API调用。
普通模式
加速模式
设置自动采集

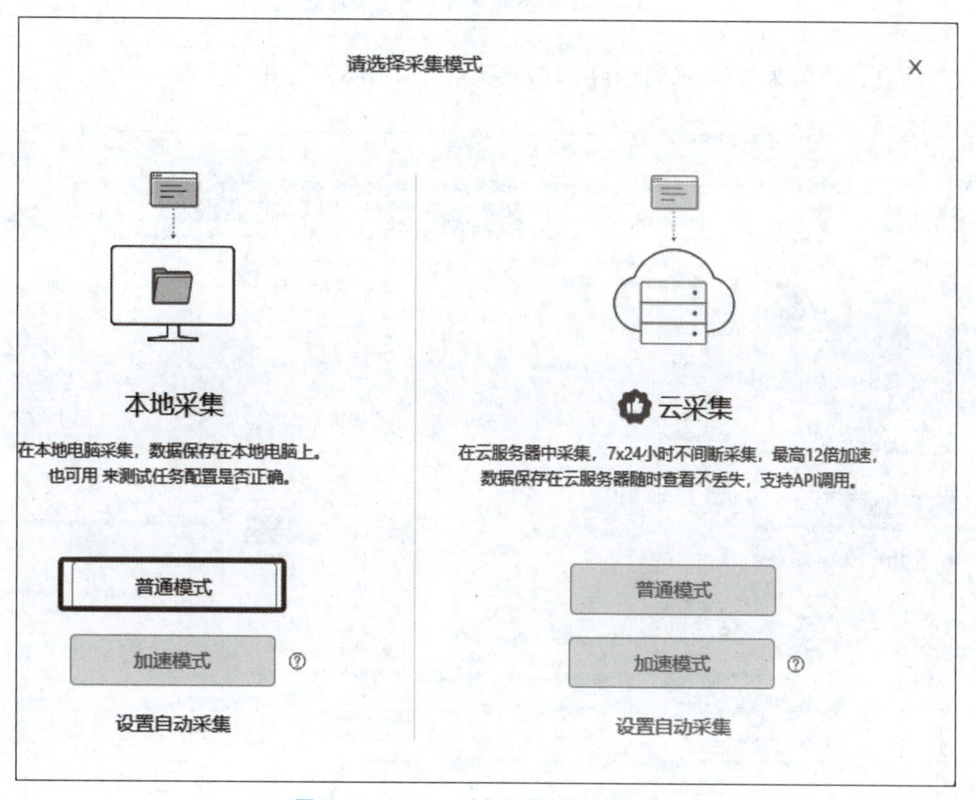

图 8－1－12　八爪鱼工具数据采集启动

启动数据采集后，小王选择 A 产品开启数据采集，等待数据自动采集完成（图 8－1－13）。

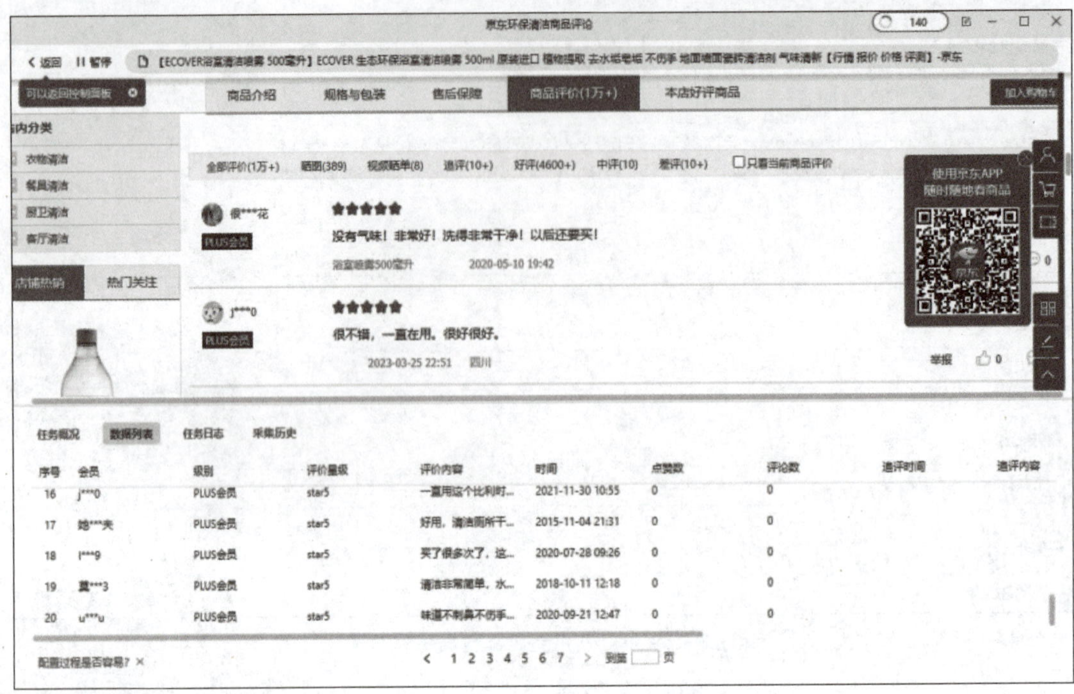

图 8－1－13　八爪鱼 A 产品数据抓取

完成后，小王将采集到的数据导出为 Excel 格式（图 8－1－14）。

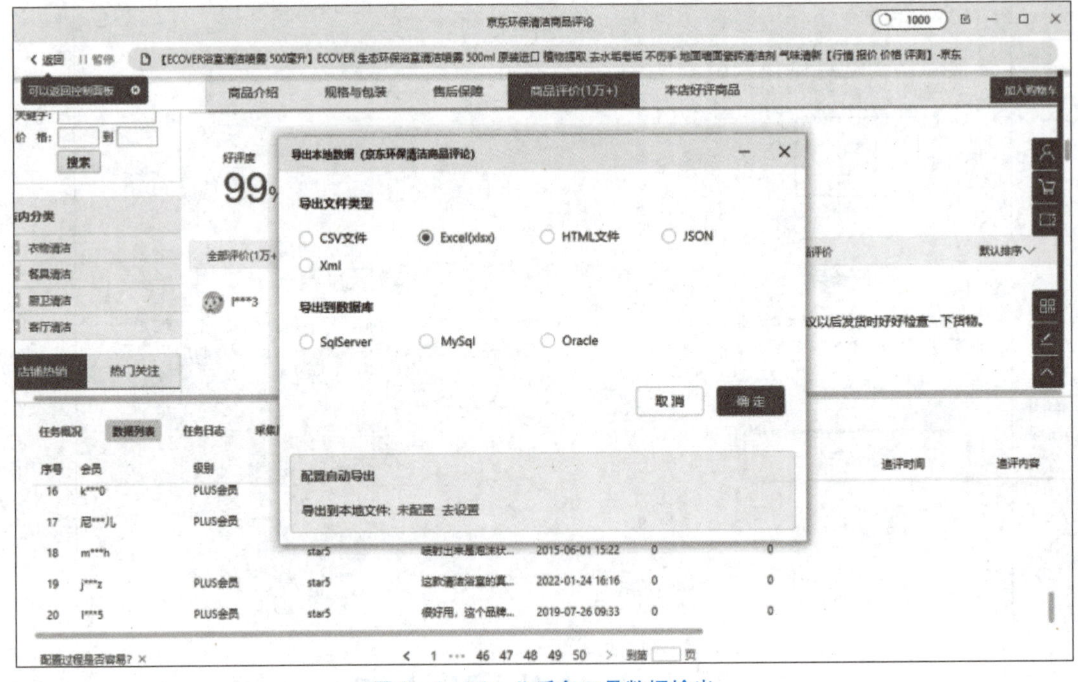

图 8－1－14　八爪鱼工具数据输出

小王导出的 Excel 数据表包括商品标题、评论人数、评论星级、评价时间、评价内容等，最终成果如图 8－1－15 所示。

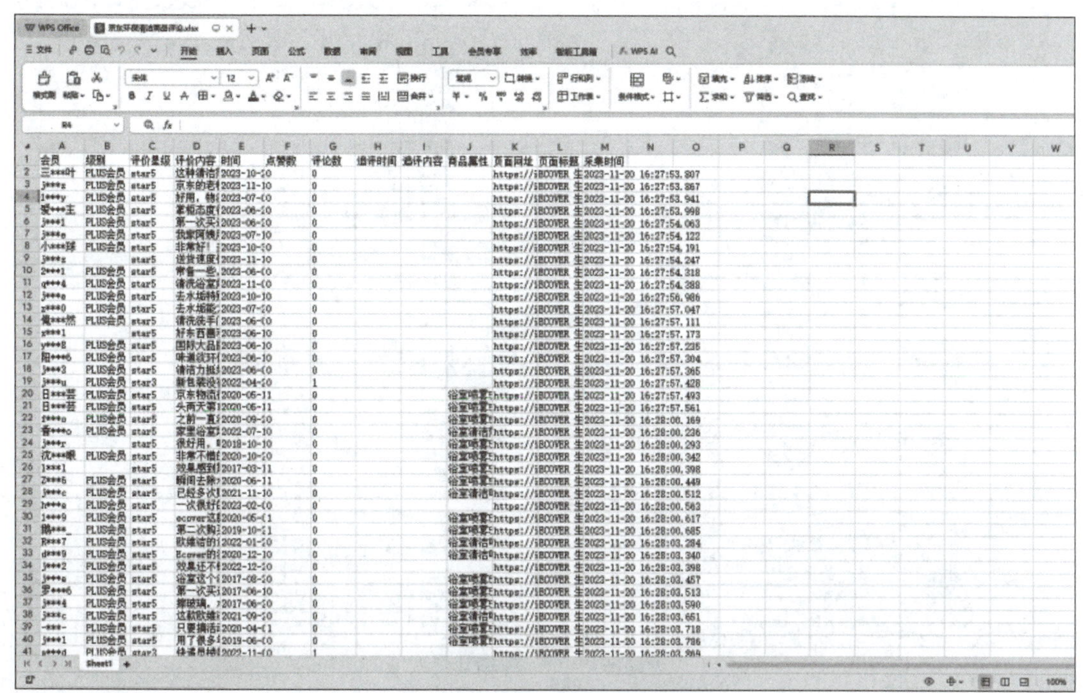

图 8－1－15　八爪鱼数据 Excel 整理

（三）数据处理与预处理

采集好的数据需要进行分步处理。

1. 数据预处理

小王首先对于采集数据进行预处理，对数据进行审核。经过审核小王发现其中一列评论中出现了文字表情（图 8－1－16），这可能导致后续数据处理中出现乱码，因此进行了删除。

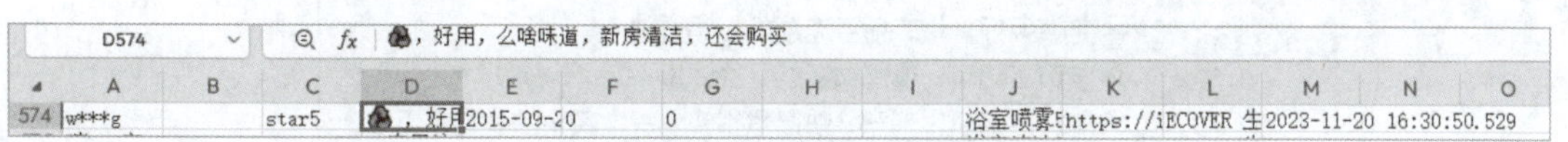

图 8－1－16　删除异常评论

2. 数据处理

完成数据预处理后，小王对数据进行存储，并开启排序功能，选择降序排列，将评论数据按照日期从新到旧进行排序（图 8－1－17）。

（四）数据清理

小王经过数据处理后，开始检查数据中是否存在缺失值和重复值等，经过检查发现无明显错误，但小王在 Excel 表中对重复值进行筛选时，筛选出两个重复数据，于是小王选中其中一行数据进行了删除，然后点击保存文件，完成数据预处理（图 8－1－18）。

通过一系列处理，小王得到了有效的京东平台清洁用品 A 产品的交易数据，以供开展数据分析（图 8－1－19）。

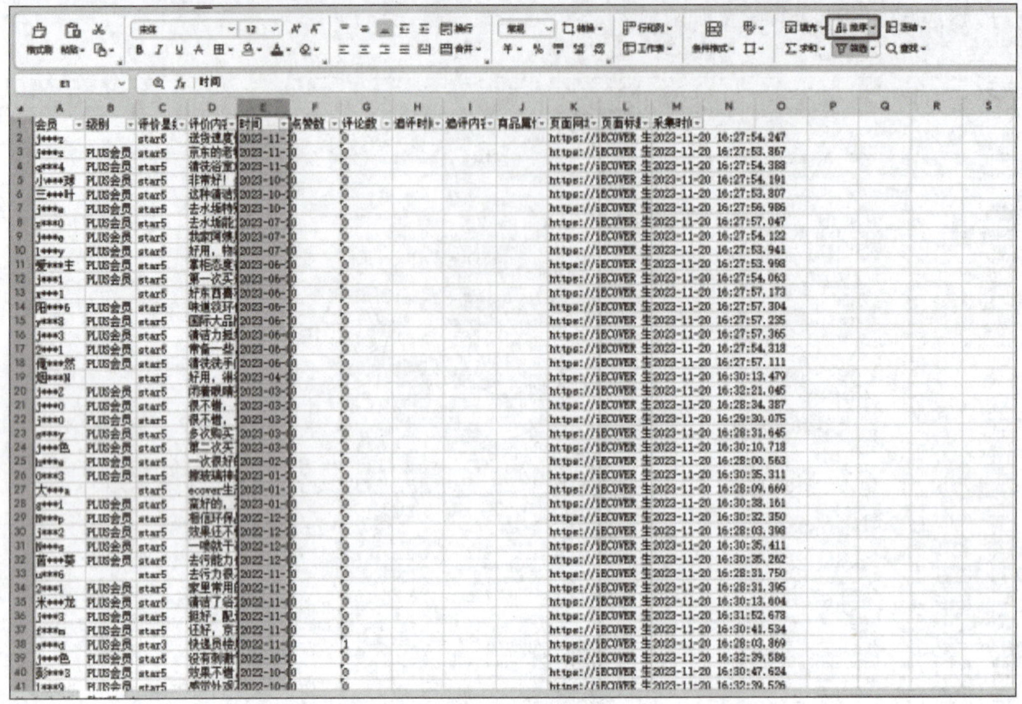

图 8－1－17　数据处理

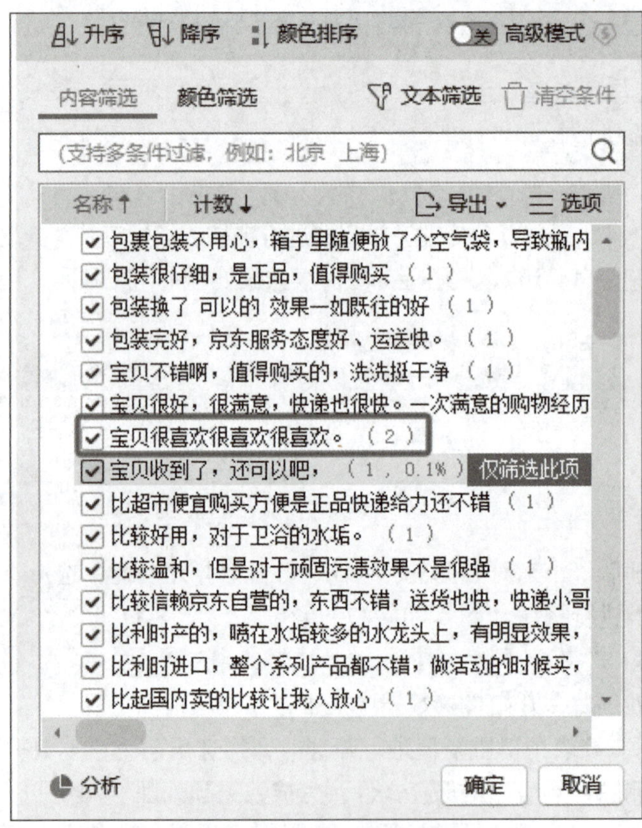

图 8－1－18　数据预处理

	A	B	C	D	E	F	G	H	I	J	K	L	M	N	O
1	会员	级别	评价星	评价内	时间	点赞数	评论数	追评时	追评内	商品属	页面网	页面标	采集时		
2	j***z		star5	送货速度	2023-11-1	0	0				https://i	ECOVER 生	2023-11-20 16:27:54.247		
3	j***z	PLUS会员	star5	京东的老	2023-11-1	0	0				https://i	ECOVER 生	2023-11-20 16:27:53.867		
4	q***4	PLUS会员	star5	清洗浴室	2023-11-0	0	0				https://i	ECOVER 生	2023-11-20 16:27:54.388		
5	小***球	PLUS会员	star5	非常好！	2023-10-3	0	0				https://i	ECOVER 生	2023-11-20 16:27:54.191		
6	三***叶	PLUS会员	star5	这种清洁	2023-10-2	0	0				https://i	ECOVER 生	2023-11-20 16:27:53.807		
7	j***e	PLUS会员	star5	去水垢特	2023-10-1	0	0				https://i	ECOVER 生	2023-11-20 16:27:56.986		
8	z***0	PLUS会员	star5	去水垢能	2023-07-2	0	0				https://i	ECOVER 生	2023-11-20 16:27:57.047		
9	j***e	PLUS会员	star5	我家阿姨	2023-07-1	0	0				https://i	ECOVER 生	2023-11-20 16:27:54.122		
10	1***y	PLUS会员	star5	好用，物	2023-07-0	0	0				https://i	ECOVER 生	2023-11-20 16:27:53.941		
11	爱***主	PLUS会员	star5	掌柜态度	2023-06-2	0	0				https://i	ECOVER 生	2023-11-20 16:27:53.998		
12	j***1	PLUS会员	star5	第一次买	2023-06-2	0	0				https://i	ECOVER 生	2023-11-20 16:27:54.063		
13	x***1		star5	好东西喜	2023-06-1	0	0				https://i	ECOVER 生	2023-11-20 16:27:57.173		
14	阳***6	PLUS会员	star5	味道淡环	2023-06-1	0	0				https://i	ECOVER 生	2023-11-20 16:27:57.304		
15	y***8	PLUS会员	star5	国际大品	2023-06-1	0	0				https://i	ECOVER 生	2023-11-20 16:27:57.235		
16	j***3	PLUS会员	star5	清洁力挺	2023-06-0	0	0				https://i	ECOVER 生	2023-11-20 16:27:57.365		
17	2***1	PLUS会员	star5	常备一些，	2023-06-0	0	0				https://i	ECOVER 生	2023-11-20 16:27:54.318		
18	俺***然	PLUS会员	star5	清洗洗手	2023-06-0	0	0				https://i	ECOVER 生	2023-11-20 16:27:57.111		
19	烟***N		star5	好用，淋	2023-04-2	0	0				https://i	ECOVER 生	2023-11-20 16:30:13.479		
20	j***Z	PLUS会员	star5	闭着眼睛	2023-03-2	0	0				https://i	ECOVER 生	2023-11-20 16:32:21.045		
21	j***0	PLUS会员	star5	很不错，	2023-03-2	0	0				https://i	ECOVER 生	2023-11-20 16:28:34.387		
22	j***0	PLUS会员	star5	很不错，	2023-03-2	0	0				https://i	ECOVER 生	2023-11-20 16:29:30.075		
23	s***y	PLUS会员	star5	多次购买	2023-03-0	0	0				https://i	ECOVER 生	2023-11-20 16:28:31.645		
24	j***色	PLUS会员	star5	第二次买	2023-03-0	0	0				https://i	ECOVER 生	2023-11-20 16:30:10.718		
25	h***e	PLUS会员	star5	一次很好	2023-02-0	0	0				https://i	ECOVER 生	2023-11-20 16:28:00.563		
26	0***3	PLUS会员	star5	擦玻璃神	2023-01-2	0	0				https://i	ECOVER 生	2023-11-20 16:30:35.311		
27	大***a		star5	ecover生	2023-01-1	0	0				https://i	ECOVER 生	2023-11-20 16:28:09.669		
28	g***i	PLUS会员	star5	蛮好的，	2023-01-0	0	0				https://i	ECOVER 生	2023-11-20 16:30:38.161		
29	N***p	PLUS会员	star5	相信环保	2022-12-3	0	0				https://i	ECOVER 生	2023-11-20 16:30:32.350		
30	j***2	PLUS会员	star5	效果还不	2022-12-2	0	0				https://i	ECOVER 生	2023-11-20 16:28:03.398		
31	N***s	PLUS会员	star5	一喷就干	2022-12-0	0	0				https://i	ECOVER 生	2023-11-20 16:30:35.411		
32	茵***葵	PLUS会员	star5	去污能力	2022-12-0	0	0				https://i	ECOVER 生	2023-11-20 16:30:35.262		
33	u***6		star5	去污力很	2022-11-1	0	0				https://i	ECOVER 生	2023-11-20 16:28:31.750		
34	2***1	PLUS会员	star5	家里常用	2022-11-1	0	0				https://i	ECOVER 生	2023-11-20 16:28:31.395		
35	米***龙	PLUS会员	star5	清洁了浴	2022-11-0	0	0				https://i	ECOVER 生	2023-11-20 16:30:13.604		
36	j***3	PLUS会员	star5	挺好。配	2022-11-0	0	0				https://i	ECOVER 生	2023-11-20 16:31:52.678		
37	f***m	PLUS会员	star5	还好，京	2022-11-0	0	0				https://i	ECOVER 生	2023-11-20 16:30:41.534		
38	a***d	PLUS会员	star3	快递员楼	2022-11-0	0	1				https://i	ECOVER 生	2023-11-20 16:28:03.869		
39	j***色	PLUS会员	star5	没有刺激	2022-10-2	0	0				https://i	ECOVER 生	2023-11-20 16:32:39.586		
40	彭***3	PLUS会员	star5	效果不错，	2022-10-0	0	0				https://i	ECOVER 生	2023-11-20 16:30:47.624		
41	1***9	PLUS会员	star5	感觉外观	2022-10-0	0	0				https://i	ECOVER 生	2023-11-20 16:32:39.526		

图 8-1-19　处理后数据

三、实训考核

老师根据模拟过程为学生评分，包括：

（1）流程是否清晰。

（2）知识掌握程度。

（3）小组间组员配合是否流畅，任务分配是否合理。

实训考核主要是评价学生实训过程表述是否清楚、逻辑性如何、成员协作配合情况等。评价的标准见表 8-1-5。

表 8-1-5　实训评价表

考核要素	评价标准	分值/分	评分/分		
			自评（20%）	小组（30%）	教师（50%）
电商供应链数据采集与处理	知识掌握	40			
	逻辑性	40			
	成员配合情况	20			
评价人签名					
合计					

续表

考核要素	评价标准	分值/分	评分/分		
			自评（20%）	小组（30%）	教师（50%）
教师评语： 年 月 日					

任务2 电商供应链数据分析方法

任务导入

A企业已经积累了大量的商务数据，但如何将这些数据转化为有用的见解是一个挑战。那么，小王如何应用这些分析方法帮助A企业揭示潜在的趋势和关键业务指标呢？

学习标杆

奥雪公司借助数据分析，完成品牌知名度和企业实力的双重提升

电子商务是与数据分析关系尤为紧密的行业，也是数据分析广泛应用的行业之一。对数据的有效整理和分析，可以为电子商务经营决策提供依据。如辽宁营口奥雪公司（简称“奥雪公司”）借助数据分析，完成了品牌知名度和企业实力的双重提升。

奥雪公司旗下的冰激凌“台式珍珠奶茶”“双黄蛋”等迅速走红网络，上市半年，仅“双黄蛋”在一二线城市的销量就超过3 600万支。奥雪公司成功的重要原因之一是产品特殊口味的选择和线上经营策略的制定，无论是产品定位还是经营策略的选择都有赖于奥雪公司对数据分析的应用。

通过对冰激凌市场人物画像的分析，奥雪公司电商部门负责人发现目前客户对冰激凌的偏好呈现出三种趋势，分别是：吃得有趣、吃得健康、吃得“土酷”（too cool）。其中，吃得有趣体现出客户对小众口味雪糕的偏好。

同时，以线上冰激凌客户为主要研究对象，在线上购买一单冰激凌，客户一般会买十多支，花费几百元。尤其是近三年，线上销售不管是客户数还是销售额，都呈现出极快的增长趋势，人均消费也逐年攀升。以淘系线上冰激凌销售为例，在6～8月冰激凌销售旺季，多数客户会在购买冰激凌后的1～20天进行复购，显示了线上冰激凌市场的火爆。借助数据分析，奥雪公司推出了口味独特的“台式珍珠奶茶”“双黄蛋”冰激凌，并且确定了线上销售冰激凌的经营策略，天猫旗舰店上线的三个月内，便实现了500万元销售额的目标。对奥雪公司来说，数据分析是运营决策的指挥棒，是实现运营优化的关键因素。

（资料来源：https://www.lbgzxx.com/api/sys/stl/actions/download?siteId=275&channelId=325&contentId=20&fileUrl=DSomCmB82TLYF8NqCtmbyAW1UyMA1Jsvmfz4aNiuoqY0hiA0slash0F9iUWw5Ih2acgCaLG99cWtIu8YZjaCu4iui10ewxtj2owJ7U18kahF8JVG80equals00secret0）

思考

请结合上述案例分析，数据分析可以为企业带来哪些好处？

一、电商数据基础分析方法

（一）对比分析法

对比分析是指将两个及两个以上的数据进行比较，从数量上展示和说明这几个指标的规模大小、速度快慢、关系亲疏、水平高低等情况。在电子商务数据分析中，对比分析法用于在时间维度上销售额的同比和环比、增长率对比，与竞争对手的对比，类别之间的对比，特征和属性对比等情况。对比分析法可以发现数据变化规律，经常和其他方法搭配使用。

在进行对比分析时需要考虑以下3点因素。

（1）计算单位必须一致，指标的口径范围、计算方法及计量单位必须一致，也就是用同一种单位或标准去衡量。

（2）指标类型必须一致，对比的指标类型必须是一致的。无论是相对数指标、绝对数指标、平均数指标，还是其他不同类型的指标，在进行对比时，双方都必须统一。

（3）对比对象必须具有可比性。例如，不能用“双11”销售额与日常销售额、全年销量与日均销量进行对比。

例如，某店铺产品根据销售数据计算环比增幅和同比增幅。

环比增幅=(本期数－上期数)/上期数×100%，本期数=上期数×(1+环比增幅)。例如，(2022年9月的数值－2022年8月的数值)/2022年8月的数值。

同比增幅=(本期数－同期数)/同期数×100%，本期数=同期数×(1+同比增幅)。例如，(2022年9月的数值－2021年9月的数值)/2021年9月的数值。

使用Excel公式法计算环比/同比数据，计算结果如图8－2－1所示。

（二）公式分析法

公式分析法就是用公式层层分解某个指标的影响因素。比如，需要分析某店铺中某产品的销售额较低的原因，通过对销售额逐层拆解，逐步细化评估和分析的粒度，分解结果如下。

销售额=销售量×产品单价

销售量=渠道A销售量+渠道B销售量+渠道C销售量+……

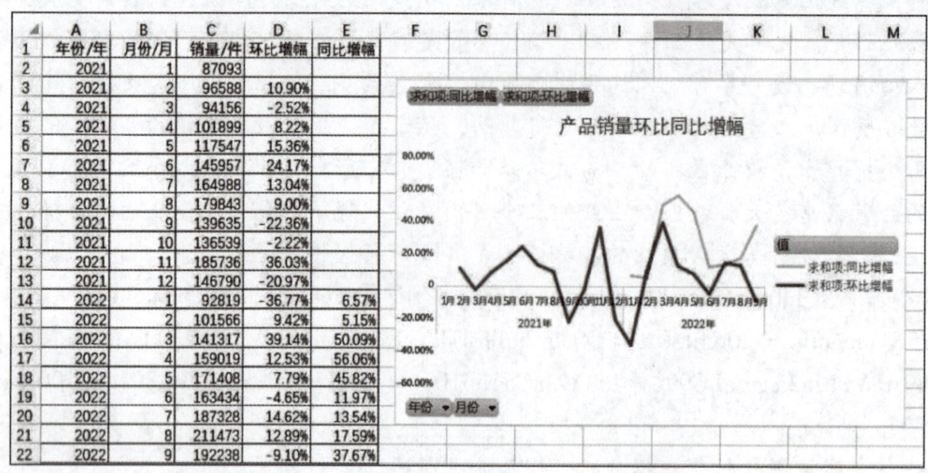

年份/年	月份/月	销量/件	环比增幅	同比增幅
2021	1	87093		
2021	2	96588	10.90%	
2021	3	94156	-2.52%	
2021	4	101899	8.22%	
2021	5	117547	15.36%	
2021	6	145957	24.17%	
2021	7	164988	13.04%	
2021	8	179843	9.00%	
2021	9	139635	-22.36%	
2021	10	136539	-2.22%	
2021	11	185736	36.03%	
2021	12	146790	-20.97%	
2022	1	92819	-36.77%	6.57%
2022	2	101566	9.42%	5.15%
2022	3	141317	39.14%	50.09%
2022	4	159019	12.53%	56.06%
2022	5	171408	7.79%	45.82%
2022	6	163434	-4.65%	11.97%
2022	7	187328	14.62%	13.54%
2022	8	211473	12.89%	17.59%
2022	9	192238	-9.10%	37.67%

图 8－2－1　公式法计算环比/同比数据

渠道销售量＝点击用户数×下单率

点击用户数＝曝光量×点击率

通过上述指标之间的公式关系，可以按照以下层级进行分析。

（1）找到产品销售额的影响因素。分析是销量过低，还是价格设置不合理。

（2）找到销售量的影响因素。分析对比各渠道销售量，是哪些过低了。

（3）分析影响渠道销售量的因素。分析是点击用户数少了，还是下单量过低。

（4）分析影响点击的因素。分析是曝光量不足需要拓宽投放渠道，还是点击率太低需要优化广告创意。

公式拆解法是对问题的层级式解析，对因素层层分解，可转换多个维度看指标。公式拆解法没有固定标准，一个目标变量在不同的场景下需要利用公式拆解的细致程度也不一样。

（三）漏斗分析法

例如，对某电子商务网站用户转化率进行分析，计算各个阶段的转化率并绘制漏斗模型。

用户在网站上的购物流程为浏览商品、存入购物车、生成订单、支付订单和完成订单 5 步（图 8－2－2）。

图 8－2－2　用户访问的关键路径

1. 计算关键路径的转化率

以上述购物流程为例，分别统计出每一步的人数，从而计算并得到每一步的转化率，其中第 N 个环节转化率＝第 N 个环节进入人数/第（$N-1$）个环节进入人数，第 N 个环节总体转化率＝第 N 个环节进入人数/第 1 个环节进入人数，结果如图 8－2－3 所示。

	A	B	C	D
1	环节	人数/人	每环节转化率	总体转化率
2	浏览商品	2 000	100.00%	100.00%
3	存入购物车	1 200	60.00%	60.00%
4	生成订单	800	66.67%	40.00%
5	支付订单	600	75.00%	30.00%
6	完成订单	300	50.00%	15.00%

图 8－2－3　计算关键路径的转化率

2. 绘制漏斗模型

漏斗模型不仅显示了用户从进入流程到实现目标的最终转化率，而且展示了关键路径中每一步或每一个环节的转化率（图 8－2－4）。

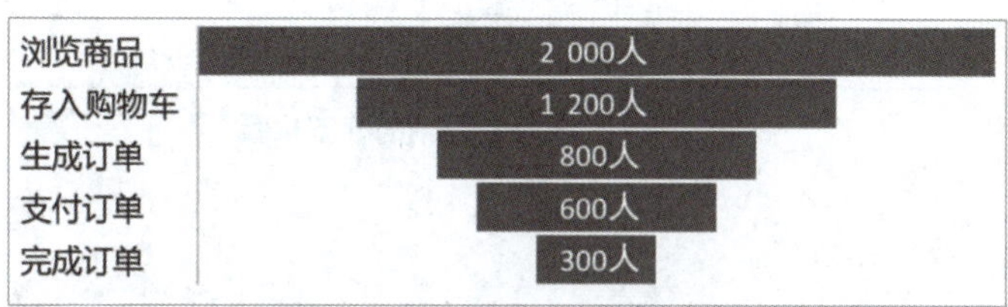

图 8－2－4　用户转化率漏斗图

（四）矩阵分析法

例如，某电子商务企业对 10 个项目的重要性和用户满意度进行调查，选择出哪些项目需要提高用户满意度，使用矩阵分析法进行分析。

1. 插入散点图

使用 AVERAGER 函数计算重要性和满意度的平均值，选中重要性和满意度两列数值，插入散点图（图 8－2－5）。

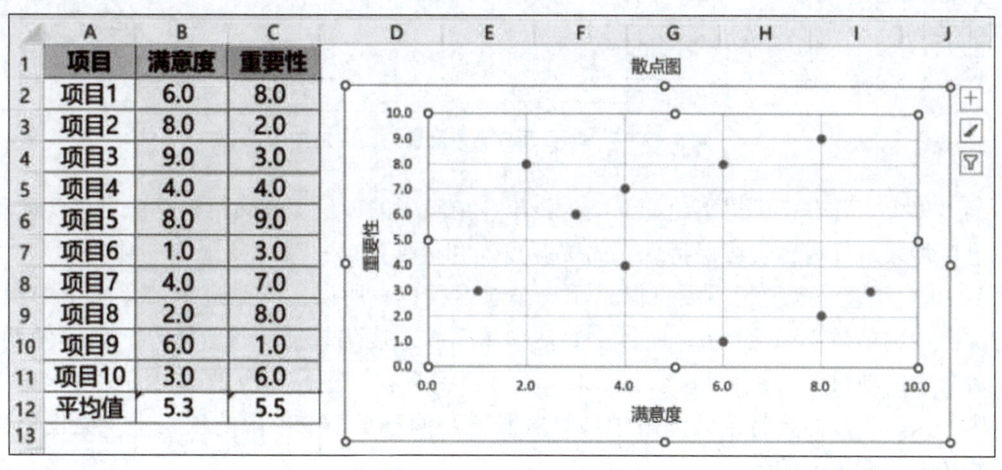

	A	B	C
1	项目	满意度	重要性
2	项目1	6.0	8.0
3	项目2	8.0	2.0
4	项目3	9.0	3.0
5	项目4	4.0	4.0
6	项目5	8.0	9.0
7	项目6	1.0	3.0
8	项目7	4.0	7.0
9	项目8	2.0	8.0
10	项目9	6.0	1.0
11	项目10	3.0	6.0
12	平均值	5.3	5.5
13			

图 8－2－5　插入散点图

2. 修改纵坐标与横坐标的交叉点

选中纵坐标轴，单击鼠标右键，选择【设置坐标轴格式】，【横坐标轴交叉】选择【坐标轴值】，输入【5.5】，【标签位置】为【低】。使用同样的方法，将横坐标轴的【纵坐标轴交叉值】设为【5.3】，【标签位置】为【低】（图8－2－6）。

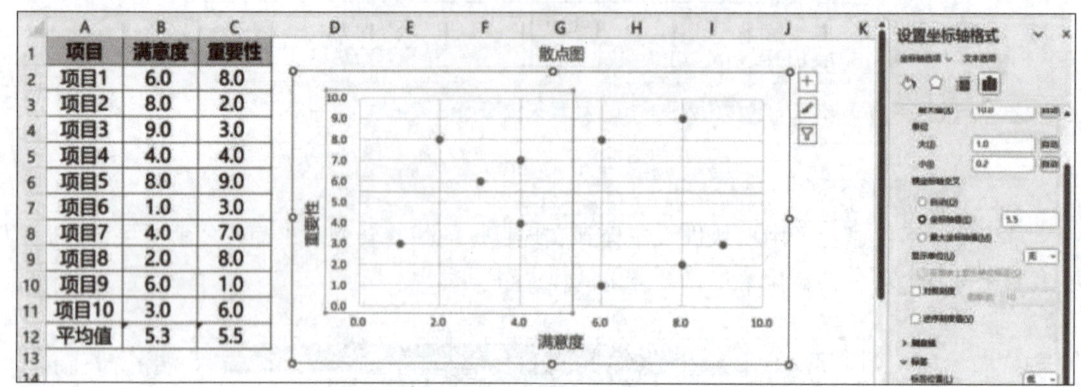

项目	满意度	重要性
项目1	6.0	8.0
项目2	8.0	2.0
项目3	9.0	3.0
项目4	4.0	4.0
项目5	8.0	9.0
项目6	1.0	3.0
项目7	4.0	7.0
项目8	2.0	8.0
项目9	6.0	1.0
项目10	3.0	6.0
平均值	5.3	5.5

图8－2－6　调整坐标轴的标签位置

3. 美化图表

输入坐标轴的标题，纵坐标轴为【重要性】，横坐标轴为【满意度】。修改标题为【项目用户满意度优先改进矩阵】。去除网格线，添加数据标签，结果如图8－2－7所示。

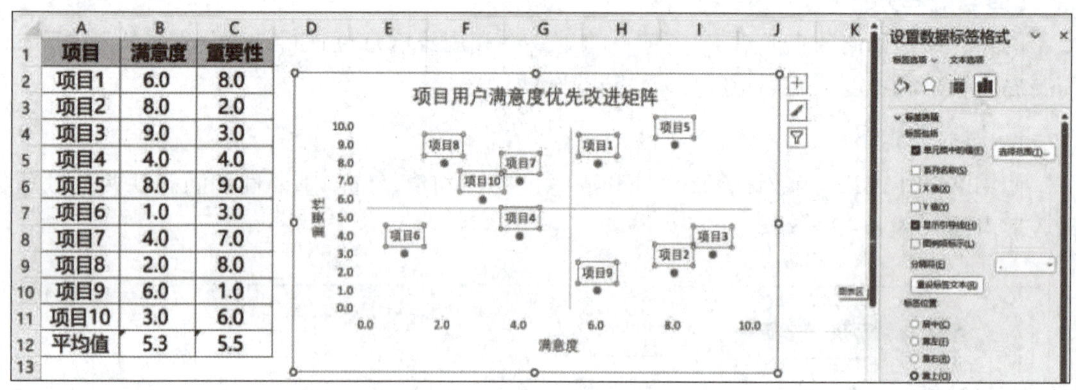

项目	满意度	重要性
项目1	6.0	8.0
项目2	8.0	2.0
项目3	9.0	3.0
项目4	4.0	4.0
项目5	8.0	9.0
项目6	1.0	3.0
项目7	4.0	7.0
项目8	2.0	8.0
项目9	6.0	1.0
项目10	3.0	6.0
平均值	5.3	5.5

图8－2－7　项目用户满意度优先改进矩阵

通过以上矩阵分析可以得出如下结论：第一象限中的项目1和项目5是项目重要性和用户满意度均表现优秀，继续保持现有的资源投入和运营策略；第二象限中的项目7、项目8和项目10对于企业来说很重要，但是用户满意度很低，所以优先改进第二象限中的项目；第三象限中的项目4和项目6，项目重要性和用户满意度均较低，符合预期，暂不做调整；第四象限中的项目2、项目3和项目9对于企业来说重要性不高，但是用户满意度很好，资源投入过大，所以需要将第四象限中项目资源适当调整至第二象限的项目中，优化资源配置，给企业创造更大的效益。

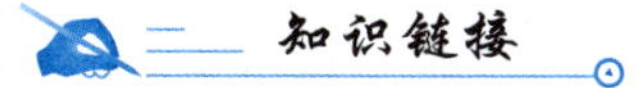

漏斗分析法

二、电商数据描述性统计分析

描述性统计量是对数据特征进行描述的统计量，是对数据的概括和简化。通过描述性统计可以对总体数据做出统计性描述，从而发现数据的分布规律，并挖掘出数据的内在特征。描述性统计的内容包括集中趋势统计分析、离散程度统计分析和分布形态统计分析。

（一）集中趋势统计分析

集中趋势反映了一组数据中心点所在的位置。统计分析集中趋势不仅可以找到数据的中心值或一般水平的代表值，还可以发现数据向其中心值靠拢的倾向和程度。比如，全国人均国内生产总值就是一个集中趋势指标，反映的是人均国内生产总值的情况，虽然每个人对 GDP 的贡献度不同，但人均 GDP 能够反映一个国家的经济发展水平。

1. 算术平均值

算术平均值是指一组数据相加后除以数据个数的结果，它可以反映一组数据的平均水平，如上文所述的人均 GDP。该指标的优点在于利用了所有数据的信息，缺点是容易受极端值的影响，导致结果的代表性较差。

根据所计算的数据是否分组，算术平均值有简单算术平均值和加权算术平均值之分。

简单算术平均值是对未经分组的数据计算平均数而采用的计算形式。假设一组数据有 n 个变量值，分别为 x_1，x_2，…，x_n，则这组数据的简单算术平均值的计算如下所示。

在 Excel 中可以直接使用 AVERAGE 函数计算某一组数据的简单算术平均值，例如，AI:A20 单元格区域包含不同的数值，则【=AVERAGE(A1:A20)】将返回这些数值的平均值。该函数等效于公式【=SUM(A1:A20)/COUNT(A1:A20)】，其中 COUNT 函数用于计数。

加权算术平均值是对已分组的数据计算平均数而采用的计算形式。若将一组数据分为 k 组，各组的简单算术平均值表示为 $\bar{x}_1$，$\bar{x}_2$，...，$\bar{x}_k$，每组数据的个数为各组数据的权数，分别为 f_1，f_2，…，f_k，这组数据的加权算术平均值的计算如下所示。

在 Excel 中可以使用 SUMPRODUCT 函数计算加权算术平均值公式中的分子部分。该函数可以返回对应区域的乘积之和，如公式【=SUMPRODUCT(A1:A5,B1:B5)】。

2. 中位数

中位数是指将一组数据按从小到大或从大到小的顺序排列后，处于中间位置上的数据。当一组数据中含有异常或极端的数据时，通过算术平均值这个指标就有可能得到代表性不高甚至错误的结果，此时可以使用中位数作为该组数据的代表值。

需要注意的是，当该组数据的个数 k 为奇数时，中位数是位于 $(n+1)/2$ 位置上的数值，如当 $n=13$ 时，中位数是第 7 位对应的数值；当该组数据的个数 n 为偶数时，中位数是位于 $(n+1)/2$ 前后相邻的两个自然数位置对应数值的算术平均值，如当 $n=14$ 时，中位数是第 7 位和第 8 位数值的算术平均值。

在 Excel 中可以直接使用 MEDIAN 函数返回一组数据的中位数，如果该组数据的个数为偶数，则该函数将自动返回位于中间两个数的平均值。例如，公式【=MEDIAN(A1:A20)】将返回该区域中位于第 10 位和第 11 位（按大小排序）的两个数的平均值。

3. 众数

众数是指一组数据中出现频率最高的数值，这个指标对定类数据、定序数据、定距数据和定比数据都适用，能表示由它们组成的一组数据的集中趋势。

如果总体包含的数据足够多，且数据具有明显的集中趋势时，就可以使用众数反映该组数据的集中趋势。例如，一个班级有 50 位学生，其中 45 位学生的年龄为 14 岁，3 位学生的年龄为 13 岁，2 位学生的年龄为 15 岁，就可以用 14 岁作为该班级学生的平均年龄。

需要注意的是，如果在一组数据中只有一个数值出现的次数最多，就称这个数值为该组数据的众数；如果有两个或多个数值的出现次数并列最多，则称这两个或多个数值都是该组数据的众数；如果所有数值出现的次数都相同，则称该组数据没有众数。

在 Excel 中可以使用 MODE. SNGL 函数返回一组数据的众数，例如，【=MODE. SNGL(AI:A20)】将返回该区域中出现频数最高的数值。

（二）离散程度

在统计学中，离散程度反映总体中各个个体的变量值之间的差异程度，也称为离中趋势。描述一组数据离散程度的指标有很多，常用的包括极差、四分位差、方差、标准差、变异系数等，使用这些指标并结合集中趋势的描述，可以更好地发现数据的特性。例如，算术平均值会受到极端值的影响，不能完全展现一组数据的特征，结合离散程度指标可以在一定程度上弥补这个缺陷。例如，有两组数据，一组数据的数值为 13、14、16，另一组数据的数值为 10、14、19。如果只考虑两组数据的算术平均值，则无法判断这两组数据有什么区别。通过仔细观察可以看出，两组数据是存在明显不同的，即第二组数据中各数值之间的差距比第一组数据更大，这种情况就需要使用离散程度指标来进一步发现问题。

一般而言，在同类离散指标的比较中，离散指标的数值越小，说明该组数据的波动（变异）程度越小；离散指标的数值越大，说明该组数据的波动（变异）程度越大。

1. 极差

极差又称为范围误差或全距，通常以 R 表示，反映一组数据中最大值与最小值之间的差距。

极差代表一组数据中最大值与最小值之差，因此该组数据中任何两个变量之差自然都不会超过极差。这一特性使得极差能够刻画出一组数据中变量分布的变异范围和离散幅度，能体现出一组数据波动的范围。也就是说，一组数据的极差越大，该组数据的离散程度越大；极差越小，离散程度就越小。

需要注意的是，极差只能反映一组数据的最大离散范围，未能利用该组数据的所有信息，不能细致地反映出变量彼此之间的离散程度，从而不能反映变量分布情况，同时极差也易受极端值的影响。在 Excel 中可以利用 MAX 函数和 MIN 函数来计算极差。其中 MAX 函数为最大值函数，可以返回指定区域中的最大值，MIN 函数为最小值函数，可以返回指定区域中的最小值。

2. 四分位差

如果将一组数据按从小到大或从大到小的顺序排列后等分为 4 份，则处于该组数据 25% 位置上的数据称为下四分位数 Q_L，处于 50% 位置上的数据称为中位数，处于 75% 位置上的数据称为上四分位数 Q_U。四分位差 Q_D指的是上四分位数 Q_U与下四分位数 Q_L之差，即 $Q_D = Q_U - Q_L$（图 8－2－8）。

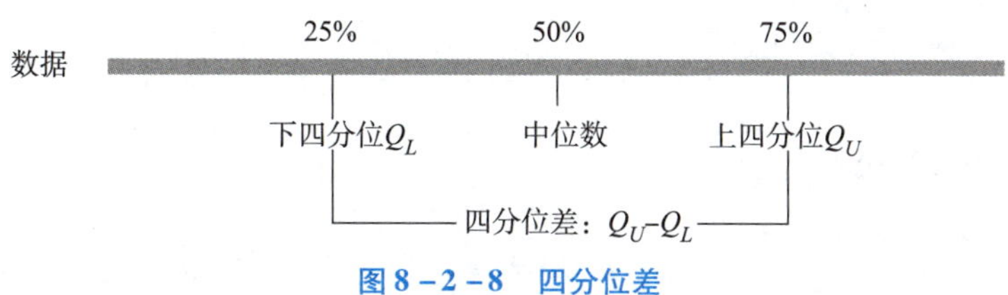

图 8－2－8　四分位差

若一组数据中包含 n 个数值，则下四分位数 Q_L和上四分位数 Q_U的位置分别是：下四分位数 Q_L的位置 $=(n+1)/4$，上四分位数 Q_U的位置 $=3\times(n+1)/4$。

从图 8－2－8 中可以发现，约有 50% 的数据包含在上四分位数 Q_U和下四分位数 Q_L之间，说明四分位差可以表示占全部数据一半的中间数据的离散程度。四分位差越大，表示数据离散程度越大；四分位差越小，表示数据离散程度越小。四分位差不受极值的影响，适用于顺序数据和数值型数据。此外，由于中位数处于数据的中间位置，所以四分位差的大小在一定程度上也说明了中位数对一组数据的代表程度。尤其是当用中位数测度数据集中趋势时，特别适合用四分位差来描述数据的离散程度。

在 Excel 中可以借助 QUARTILEINC 函数来计算四分位差。该函数的语法格式为 QUARTILEINC（Array，Quart）。其中参数 Array 为需要返回的四分位数值所在的单元格区域，参数 Quant 为需要返回的具体的值，取值范围为 0～4 的整数。

3. 平均差

平均差也是一种表示各个变量值之间差异程度的指标，是指各个变量值与其算术平均值的离差绝对值的算术平均值，可以用 $A.D$ 或 $M.D$ 表示。其中，离差就是偏差，是某个变量值与整个数据的算术平均值之差。

假设一组数据有 n 个变量值，分别为 x_1，x_2，…，x_n，其算术平均值为 $\bar{x}$，则平均差的计算公式如下所示。

$$A.D = \frac{\sum|x-\bar{x}|}{n}$$

例如，一组数据包含的数值有 20，40，60，80，100，则该组数据的平均差为：

$$A.D = \frac{\sum|x-\bar{x}|}{n} = \frac{|20-60|+|40-60|+|60-60|+|80-60|+|100-60|}{5} = 24$$

由于每个变量与整个数据的算术平均值之差可能大于 0，也可能小于 0，各个变量的离差之和可能等于 0，这样就无法反映出平均差的情况。为此，上述公式才需要为离差取绝对值，以避免所有变量离差之和为 0 的情况。

4. 方差与标准差

平均差通过绝对值的方法消除离差的正负号，从而保证离差之和不为 0。在数学上还有一种方法比使用绝对值来处理该问题更为合理，即对离差进行平方计算，这就是方差。考虑到方差是经过平方处理的，其单位与数据单位不相同，因此为了更好地比较和分析数据，可以对方差开平方根，这就是标准差。

（1）总体的方差和标准差。

假设一组数据有 N 个变量值，分别为 x_1，x_2，…，x_n，σ^2 为总体方差，μ 为总体均值，则总体方差的计算公式如下所示。

$$\sigma^2 = \frac{\sum (x - \mu)^2}{N}$$

总体标准差的计算公式为：

$$\sigma = \sqrt{\frac{\sum (x - \mu)^2}{N}}$$

（2）样本的方差和标准差。

在实际工作中，如果总体参数无法得到，则可以使用样本统计量代替总体参数。假设样本量为 n，样本量的均值为 $\bar{x}$，样本方差的计算公式如下。

$$s^2 = \frac{\sum | x - \bar{x} |^2}{n - 1}$$

样本标准差的计算公式为：

$$s = \sqrt{\frac{\sum (x - \bar{x})^2}{n - 1}}$$

需要注意的是，在总体方差和标准差的计算公式中，分母部分即总体的数据总量为 N；在样本方差和标准差的计算公式中，分母部分则是样本量与 1 之差，即 $n-1$。这样处理可以使样本方差和标准差更好地估计总体方差和标准差。

在 Excel 中，如果采集到的是总体的所有数据，则可以使用 STDEV. P 函数计算总体标准差，将结果进行平方处理得到总体方差的数据；如果采集到的是总体的部分样本数据，则可以使用 STDEV. S 函数计算样本标准差，将结果进行平方处理得到样本方差的数据。

5. 变异系数

极差、平均差和标准差实际上都是以绝对值形式反映的数据离散指标，其计量单位与算术平均值的计量单位相同。如果两组数据的计量单位相同且平均水平相当，就可以用上述绝对值形式的离散指标对这两组数据进行对比。如果两组数据的计量单位不同或平均水平差距较大，上述离散指标在不同的总体之间就缺少可比性，这时需要计算相对值形式的离散指标，即变异系数（也称离散系数）。

变异系数是用绝对值形式的离散指标与平均值相除的结果，是用比率的形式反映离散程度大小的一种指标，通常用标准差除以算术平均值的百分数来表示。

总体的变异系数计算公式如下所示。

$$V_\sigma = \frac{\sigma}{\mu} \times 100\%$$

样本的变异系数计算公式如下所示。

$$V_s = \frac{S}{\bar{x}} \times 100\%$$

需要注意的是，变异系数无单位指标，它不仅可以说明同类数据的相对离散程度，还可以说明不同类型数据的相对离散程度。例如，比较一群人的收入离散程度和忠诚度离散程度，因为收入与忠诚度的单位不一致，所以其他的离散指标都不适用，而变异系数能够用于两者的比较，因为它消除了单位的影响。

（三）分布形态

集中趋势和离散程度都是分析数据的分布特征。对于任意两组数据而言，即使它们的集中趋势和离散程度特征都相同，表现出来的分布特征也有可能不同，原因在于决定数据分布的特征除了集中趋势和离散程度外，还有分布形态。

数据的分布形态并没有确切的定义，但作为数据描述的第三个维度，它是最为形象的描述方式，可以用各种统计图形将数据的分布形态形象地展现在图形上，使分析者对数据的各种分布特征一目了然。

在统计分析中，通常要假设样本的分布属于正态分布，因此需要用偏度和峰度两个指标来检查样本是否符合正态分布。具体如图 8－2－9 所示。

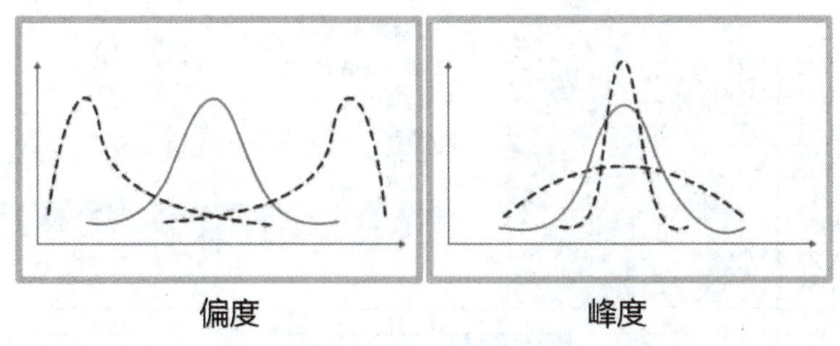

图 8－2－9　偏度和峰度

1. 偏度

偏度是描述样本分布的偏斜方向和程度。偏度系数是以正态分布为标准来描述数据对称性的指标。如果偏度系数大于 0，则高峰向左偏移，长尾向右侧延伸，称为正偏态分布；如果偏度系数等于 0，则为正态分布；如果偏度系数小于 0，则高峰向右偏移，长尾向左延伸，称为负偏态分布。

2. 峰度

峰度是描述样本分布曲线的尖峰程度。峰度系数是以正态分布为标准来描述分布曲线峰顶尖峭程度的指标。如果峰度系数大于 0，则两侧极端数据较少，比正态分布更高、更窄，呈尖峭峰分布；如果峰度系数等于 0，则为正态分布；如果峰度系数小于 0，则两侧极端数据较多，比正态分布更低、更宽，呈平阔峰分布。

例如，对某店铺 2021 年 11 月的独立访客 UV 值进行描述性统计。

（1）数据分析功能加载。

在 Excel 中选择【文件】－【选项】－【加载项】－【管理】－【转到】－【分析工具库】－【确定】选项，将 Excel 的【数据分析】功能加载显示。

（2）数据分析——描述性统计。

选择【数据】－【数据分析】－【描述性统计】选项，打开【描述统计】操作框，设置

【输入区域】为【$B$1:$B$21】,【分组方式】为【逐列】,勾选【标志位于第一行】复选框,在输出选项中,【输出区域】可选择【$K$2】,【汇总统计】【平均数置信度】【第K大值】和【第K小值】复选框均勾选(图8-2-10),单击【确定】按钮,结果显示如图8-2-11所示。

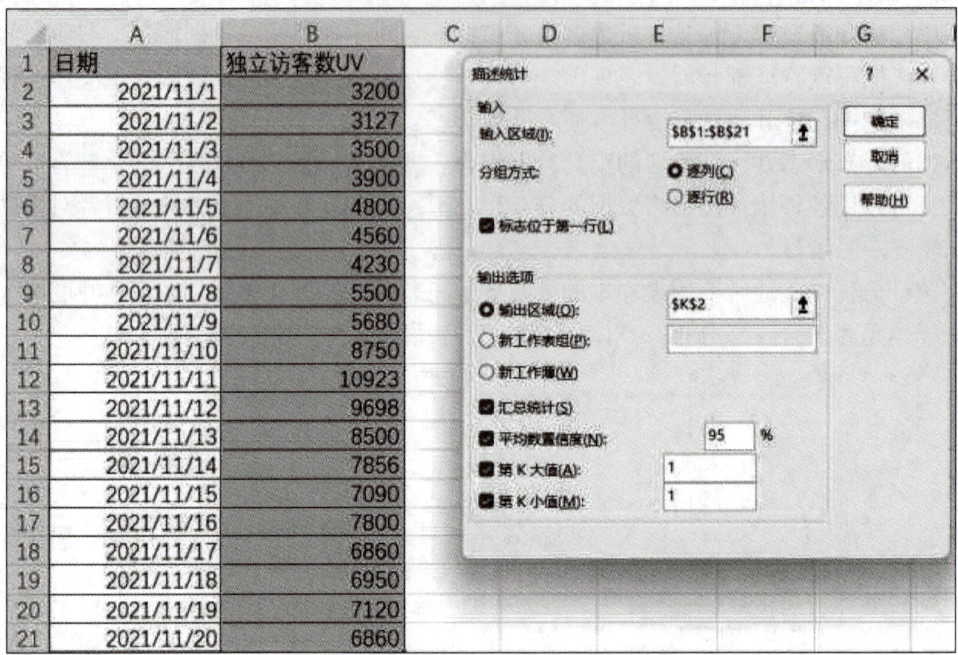

	A	B
1	日期	独立访客数UV
2	2021/11/1	3200
3	2021/11/2	3127
4	2021/11/3	3500
5	2021/11/4	3900
6	2021/11/5	4800
7	2021/11/6	4560
8	2021/11/7	4230
9	2021/11/8	5500
10	2021/11/9	5680
11	2021/11/10	8750
12	2021/11/11	10923
13	2021/11/12	9698
14	2021/11/13	8500
15	2021/11/14	7856
16	2021/11/15	7090
17	2021/11/16	7800
18	2021/11/17	6860
19	2021/11/18	6950
20	2021/11/19	7120
21	2021/11/20	6860

图8-2-10 描述统计设置

	A	B	C	D	G	H	I
1	日期	独立访客数UV					
2	2021/11/1	3200			独立访客数UV		
3	2021/11/2	3127					
4	2021/11/3	3500			平均	6345.2	
5	2021/11/4	3900			标准误差	498.952	
6	2021/11/5	4800			中位数	6860	
7	2021/11/6	4560			众数	6860	
8	2021/11/7	4230			标准差	2231.38	
9	2021/11/8	5500			方差	4979070	
10	2021/11/9	5680			峰度	-0.7006	
11	2021/11/10	8750			偏度	0.22949	
12	2021/11/11	10923			区域	7796	
13	2021/11/12	9698			最小值	3127	
14	2021/11/13	8500			最大值	10923	
15	2021/11/14	7856			求和	126904	
16	2021/11/15	7090			观测数	20	
17	2021/11/16	7800			最大(1)	10923	
18	2021/11/17	6860			最小(1)	3127	
19	2021/11/18	6950			置信度(95	1044.32	
20	2021/11/19	7120					
21	2021/11/20	6860					

图8-2-11 描述统计结果

一、实训目标

通过完成本次实训任务，学生可以掌握电子商务数据的基本分析方法，包括电子商务数据基础分析法及电子商务数据描述性统计分析。通过分析统计数据，定位问题节点，找出问题的环节所在，及时调整经营策略，防止客户流失。

二、实训步骤

（一）电子商务数据分析方法选择

小王结合 A 公司情况，认为应该重点分析用户访问流程，因此决定采用漏斗分析法。

1. 用户访问流程分析

小王对销售数据进行分析，分析各环节的基本情况。小王根据公司内部数据以及顾客购物的一般流程，将整个线上交易分为 5 个环节（图 8－2－12）。

图 8－2－12　环节分析

2. 搜集转化数据

确定好交易步骤之后，就需要搜集每一个环节停留的人数，以此数据计算用户转化率，为此小王使用 Python 爬虫软件，结合 A 公司内网数据，获取了停留人数数据，按照每个环节的停留人数情况绘制了表格（表 8－2－1）。

表 8－2－1　各环节人数表

环节	浏览	购物车	订单	支付	完成订单
人数/人	2 071	622	284	235	223

3. 计算转化率

小王对表 8－2－1 数据进行了基础分析，根据数据计算出用户每环节转化率以及总体转化率，具体计算公式如下：

$$\text{每环节转化率}=\text{本环节用户数}\div\text{上一环节用户数}\times 100\%$$

浏览转化率 $=100\%$；

加入购物车转化率 $=622\div 2\,071\times 100\%\approx 30\%$；

订单转化率 $=284\div 622\times 100\%\approx 45.7\%$；

支付转化率 $=235\div 284\times 100\%\approx 82.7\%$；

完成交易转化率 $=223\div 235\times 100\%\approx 94.9\%$。

$$\text{总体转化率}=\text{某环节用户数}\div\text{第 1 环节数量}\times 100\%$$

浏览总体转化率 $=100\%$；

加入购物车总体转化率 $=622\div 2\,071\times 100\%\approx 30\%$；

订单总体转化率 = 284 ÷ 2 071 × 100% ≈ 13.7%；

支付总体转化率 = 235 ÷ 2 071 × 100% ≈ 11.3%；

完成交易总体转化率 = 223 ÷ 2 071 × 100% ≈ 10.8%。

小王将计算结果汇总为表格，具体数据如表 8－2－2 所示。

表 8－2－2　各环节转化率表

环节	浏览	购物车	订单	支付	完成订单
人数/人	2 071	622	284	235	223
环节转化率/%	100	30	45.7	82.7	94.9
总体转化率/%	100	30	13.7	11.3	10.8

4. 绘制漏斗模型

为了更加直观地观察数据，最后小王根据表 8－2－2 数据绘制了漏斗模型（图 8－2－13）。

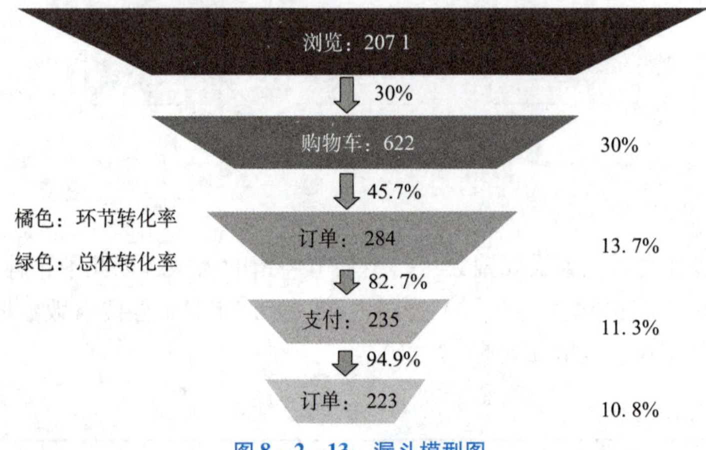

图 8－2－13　漏斗模型图

（二）电子商务数据描述性统计分析

在完成环保用户数据基础分析之后，为了能够更加直观地展示 A 公司销售情况，小王又对数据进行了描述性分析。

首先小王搜集企业内部数据，绘制环保用品销售数据汇总情况（表 8－2－3）。

表 8－2－3　A 公司环保用品销售数据汇总表

产品	数量/万箱	平均销售价格/元	销售金额/百万元
A 产品	316	144	45.4
B 产品	458	94	43.1
C 产品	63	518	32.8
D 产品	111	270	30.1
E 产品	62	247	15.3

然后小王将汇总数据导入到EXCEL表中，选择对销售金额进行数据分析，小王依次点击“数据/数据分析/描述性统计”，对于销售数据集中趋势进行统计分析（图8-2-14）。

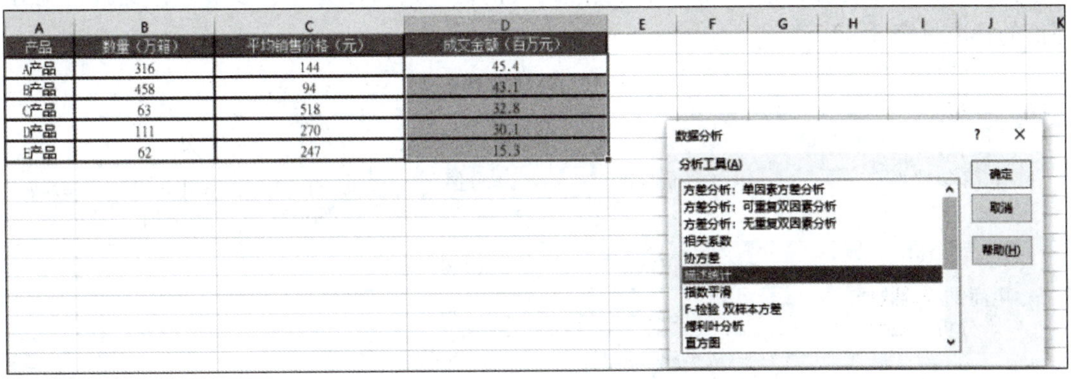

图8-2-14　描述统计

然后小王选择需要分析的数据，点击确定需要分析的数据范围，设置输出区域为“新工作表组”，勾选“汇总统计”（图8-2-15）。

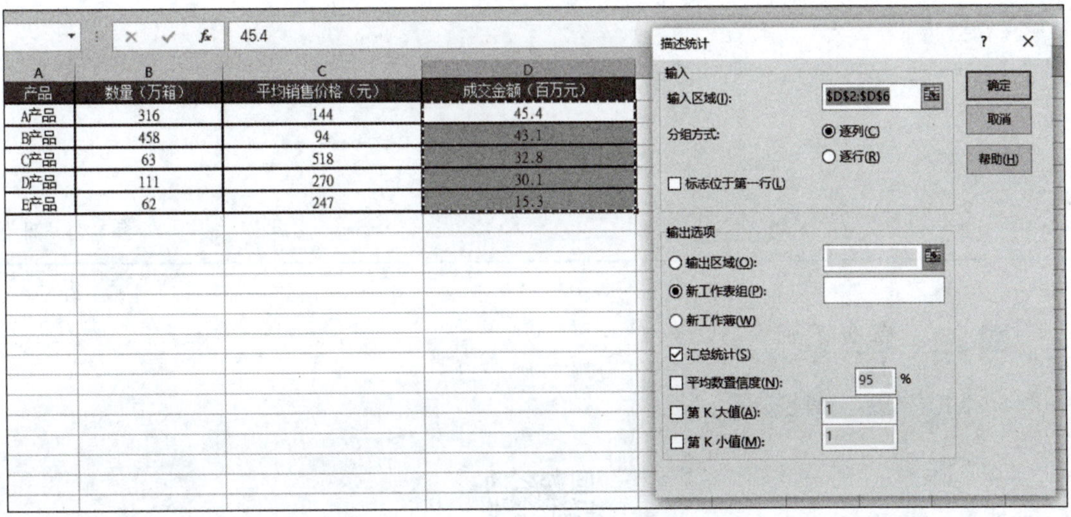

图8-2-15　描述统计设置

最后，小王将A公司环保用品销售数据集中情况及描述统计结果输出为分析汇总表（表8-2-4）。

表8-2-4　描述性统计分析情况

项目	平均	标准误差	中位数	标准差	方差	峰度	偏度	区域	最小值	最大值	求和
数值	33.34	5.37	32.8	12.01	144.23	0.19	-0.77	30.1	15.3	45.4	166.7

三、实训考核

老师根据模拟过程为学生评分，包括：

（1）流程是否清晰。

（2）知识掌握程度。

（3）小组间组员配合是否流畅，任务分配是否合理。

实训考核主要是评价学生实训过程表述是否清楚、逻辑性如何、成员协作配合情况等。评价的标准见表 8－2－5。

表 8－2－5　实训评价表

<table>
<tr><th rowspan="2">考核要素</th><th rowspan="2">评价标准</th><th rowspan="2">分值/分</th><th colspan="3">评分/分</th></tr>
<tr><th>自评
（20%）</th><th>小组
（30%）</th><th>教师
（50%）</th></tr>
<tr><td rowspan="3">电商供应链数据分析方法</td><td>知识掌握</td><td>40</td><td></td><td></td><td></td></tr>
<tr><td>逻辑性</td><td>40</td><td></td><td></td><td></td></tr>
<tr><td>成员配合情况</td><td>20</td><td></td><td></td><td></td></tr>
<tr><td colspan="3">评价人签名</td><td></td><td></td><td></td></tr>
<tr><td colspan="3">合计</td><td colspan="3"></td></tr>
<tr><td colspan="6">教师评语：

年　月　日</td></tr>
</table>

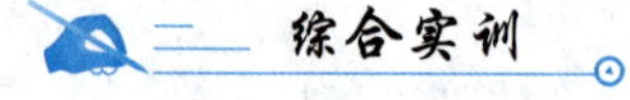

一、知识巩固与技能提高

项目八　在线试题

二、项目实训任务单

在掌握电商供应链数据分析的相关知识基础上，按照表 8－2－6 所示的电商供应链数据分析任务单的要求，完成任务。

表 8－2－6　电商供应链数据分析任务单

<table>
<tr><td>项目名称</td><td>电商供应链数据分析</td><td>项目编号</td><td>8－2－6</td></tr>
<tr><td>项目说明</td><td colspan="3">一、任务要求
在掌握电商供应链数据分析的相关知识基础上，能够运用合适的方法进行电商供应链数据的采集与处理、数据的分析与描述性统计，以帮助电商企业更好地了解市场，优化供应链运作。
二、项目实施所需的知识
重点：数据采集、数据分析、数据处理与预处理、数据清理
难点：数据描述性统计
三、小组成员分工
按照收集资讯、计划、决策、实施、检查、评价的过程，完成每一个任务步骤。</td></tr>
<tr><td>项目资源</td><td colspan="3">任务实训、八爪鱼、Excel</td></tr>
<tr><td rowspan="4">项目实施</td><td colspan="3">一、电商供应链数据采集与处理</td></tr>
<tr><td colspan="3"></td></tr>
<tr><td colspan="3">二、电商供应链数据分析方法</td></tr>
<tr><td colspan="3"></td></tr>
</table>

三、项目考核

<table>
<tr><td>知识巩固与技能提高（40 分）</td><td>得分：</td></tr>
<tr><td colspan="2">计分标准：
得分＝1×单选题正确个数＋2×多选题正确个数＋1×判断题正确个数</td></tr>
<tr><td>学生自评（20 分）</td><td>得分：</td></tr>
<tr><td colspan="2">计分标准：初始分＝2×A 的个数＋1×B 的个数＋0×C 的个数
得分＝(初始分/26)×20</td></tr>
</table>

续表

<table>
<tr><td>专业能力</td><td colspan="3">评价指标</td><td colspan="2">自测结果
（A 掌握；B 基本掌握；C 未掌握）</td></tr>
<tr><td>电子商务供应链数据采集与处理</td><td colspan="3">1. 善于应用合适的方法，开展电商数据的采集工作
2. 掌握数据的预处理与数据处理方法与流程
3. 能够对采集的数据进行合理清理，保障数据的完整与清晰以便开展数据分析</td><td colspan="2">A□ B□ C□
A□ B□ C□
A□ B□ C□</td></tr>
<tr><td>电子商务供应链数据分析方法</td><td colspan="3">1. 能够对采集到的数据进行转化与分析，得到所需数据
2. 熟练应用 Excel 表格等工具，完成电商数据的描述性统计，进一步得到直观的统计结果</td><td colspan="2">A□ B□ C□
A□ B□ C□</td></tr>
<tr><td colspan="5">小组评价（20 分）</td><td>得分：</td></tr>
<tr><td colspan="6">计分标准：得分 = 10 × A 的个数 + 5 × B 的个数 + 3 × C 的个数</td></tr>
<tr><td>团队合作</td><td>A□ B□ C□</td><td colspan="3">沟通能力</td><td>A□ B□ C□</td></tr>
<tr><td colspan="5">教师评价（20 分）</td><td>得分：</td></tr>
<tr><td>教师评语</td><td colspan="5"></td></tr>
<tr><td>总成绩</td><td></td><td colspan="2">教师签字</td><td colspan="2"></td></tr>
</table>

参考文献

[1] 范刚龙，谭文武，赵军．电子商务数据分析与应用［M］．北京：人民邮电出版社，2023.

[2] 邵贵平．电子商务物流管理［M］．3 版．北京：人民邮电出版社，2018.

[3] 范珍，管亚风．智能仓储与配送［M］．北京：电子工业出版社，2022.

[4] 李永飞．电子商务供应链管理（微课版）［M］．北京：人民邮电出版社，2023.

[5] 阮伟卿．电子商务物流实务［M］．北京：北京理工大学出版社，2022.

[6] 王昊．电商平台供应链金融运作模式及风险防控对策［J］．中国商论，2023（3）：51.

[7] 水藏玺，吴平新，廖文平．互联网+：电商采购、库存、物流管理实务［M］．北京：中国纺织出版社，2017.

[8] 陈影．第三方支付发展及其对商业银行影响研究［D］．安徽大学，2014.

[9] 梁雅琼，朱涛．电商企业战略驱动型供应链研究［J］．商业经济研究，2021（16）.

[10] 苏尼尔．乔普拉．供应链管理（第六版）［M］．北京：中国人民大学出版社，2017.